MITOS DE LA CREACIÓN, POR LOS INDIOS DE NORTEAMÉRICA

MITOS DE LA CREACIÓN, POR LOS INDIOS DE NORTEAMÉRICA

JEREMIAH CURTIN

TÍTULO: *MITOS DE LA CREACIÓN, POR LOS INDIOS DE NORTEAMÉRICA*
TÍTULO ORIGINAL: *CREATION MYTHS OF AMERICA*
AUTOR: *JEREMIAH CURTIN*
TRADUCCIÓN: *MARÍA JESÚS SEVILLANO*
DISEÑO DE CUBIERTA: *Juan Manuel Domínguez*

Traducido del idioma inglés, de una edición publicada por SENATE, perteneciente a RANDOM HOUSE U.K. Ltd.

© M. E. EDITORES, S. L.
C/ Marcelina, 23
Teléf.: 315 10 08
Fax: 323 08 44
28029 Madrid

Depósito Legal: M-36.962-1997
I.S.B.N.: 84-495-0420-1
Impreso en: COFÁS, S. A.

IMPRESO EN ESPAÑA - PRINTED IN SPAIN

Señor: Usted ha perdido la mano derecha luchando por salvar la unidad americana, pero aunque la mano ya no esté permanece su ingenio, con el poder de planear y ejecutar.

La misma clase de impulso que le envió al campo de batalla para servir al país y al mundo, le envió al campo de la ciencia para servir de geólogo y de explorador en la majestuosa región del Colorado, y finalmente le llevó a fundar la Oficina de Etnología. A través de sus obras, combinadas con las de los hombres que se asociaron con usted, el mundo ha aprendido más sobre la gran raza primitiva de nuestro país que lo que se había aprendido desde el descubrimiento del continente hasta el día en el que se fundó la Oficina.

Ruego que me permita dedicarle a usted este libro como muestra de mi respeto y de mi amistad.

JEREMIAH CURTIN.

21 de octubre de 1898.

CONTENIDO

INTRODUCCIÓN

L
OS mitos americanos de la creación forman un sistema completo. Dan cuenta detallada y circunstancial del origen de este mundo y de todas las cosas y criaturas que contiene. A través de las narrativas varias que componen este sistema de mitos, se nos describe un mundo anterior, con un orden de existencia y un método de conducta sobre los cuales se ha formado la vida del hombre primitivo de América.

Este mundo anterior tuvo dos períodos de duración: uno de armonía completa y perfecta; otro de violencia, colisión y conflicto. El resultado y consecuencia de este segundo período fue la creación de todo lo animado que existe sobre la Tierra, a excepción del hombre. El hombre, en el esquema de creación americano, permanece aparte y separado; él está completamente solo y es peculiar y especial. Sobre todo él pertenece a este continente. El hombre blanco es desconocido para los creadores americanos de mitos, lo son también los hombres de cada una de las razas y regiones que están fuera del hemisferio occidental.

Descrito de una forma abreviada por un indio, el sistema del mito americano es como sigue: "Había un mundo antes que éste en el que vivimos actualmente; era el mundo de los primeros pueblos, que eran completamente diferentes de nosotros. Aquellos pueblos eran muy numerosos, tan numerosos que si se pudieran contar todas las estrellas del cielo, todas las

9

plumas de los pájaros, todos los pelos y pelajes de los animales, todos los cabellos de nuestras propias cabezas, no serían tan numerosos como los primeros pueblos."

Estos pueblos vivieron durante mucho tiempo en paz, concordia, armonía y felicidad. Ningún hombre sabe, ningún hombre puede decir, cuánto tiempo vivieron de esta manera. Por fin las mentes de todos cambiaron, a excepción de un pequeño número de ellos; se deshicieron en conflictos: uno ofendía a otro consciente o inconscientemente, uno dañaba a otro con intención o sin ella, uno quería algo en especial, otro quería la misma cosa también. Llegó el conflicto, y a causa de él vino una época de actividad y lucha, que no tuvo fin hasta que la gran mayoría de estos primeros pueblos, es decir, todos menos ese pequeño número, se convirtieron en la variedad de clases de criaturas vivas que hay sobre la Tierra o han existido alguna vez sobre la Tierra, a excepción del hombre, es decir, toda clase de bestias, pájaros, reptiles, peces, gusanos e insectos, así como árboles, plantas, hierbas, rocas y algunas montañas. Se convirtieron en todo lo que vemos sobre la Tierra o en el cielo.

Ese pequeño número de los primeros pueblos que no pelearon, aquellos grandes primeros pueblos de los viejos tiempos que se quedaron con entendimiento y en armonía, "abandonaron la tierra, navegaron muy lejos hacia el Oeste, atravesaron la línea donde el cielo baja a la tierra y la toca, navegaron a lugares más allá; permanecieron allí o se retiraron a regiones más altas y vivieron allí felizmente, vivieron en acuerdo, así viven hoy y de la misma manera vivirán en el futuro".

El sistema americano, como vemos, comieza con un gran número indefinido de seres increados desconocidos; en otras palabras, personajes o divinidades con existencia propia. Esas divinidades lo eran todo al principio; no hay nada excepto ellas. Nada aparte de ellas, nada más allá de ellas. Permanecieron sin cambios durante un período incalculable, o más bien tuvieron una duración que serían períodos en los que hubiera una medida para dividirlos. Vivían uno al lado de otro, en concordia perfecta, en la calma de un caos primitivo de una mente inactiva que presenta la analogía más notable con el tema atenuado, inactivo e indiferente que, conforme a la hipótesis nebular, llenó todos los puntos del espacio del universo físico antes de que se le diera el primer impulso de movimiento.

Al fin este largo período termina, hay diferencia de pensamiento entre la mayor parte de los primeros pueblos, el carácter evoluciona y se hace manifiesto; comienzan las rivalidades, las colisiones y los conflictos.

Los mitos americanos de la creación, en la medida en la que los conocemos, forman sencillamente una serie de informaciones de conflictos, sucesos y métodos varios por los que el primer mundo cambió al mundo que existe ahora. Este cambio se realizó de varias maneras. En los mitos de ciertas tribus o naciones, fue principalmente por luchas entre personajes hostiles. Un dios de gran poder y cáracter vence a un vasto número de oponentes, y los cambia a cada uno de ellos en bestia, pájaro, planta o insecto; pero siempre la bestia, u otra criatura, resultante corresponde en alguna facultad de la mente o en alguna cualidad destacada de carácter con el dios desde cuya posición ha caído. En algunos casos sencillos, los oponentes están muy igualados, casi son iguales en el combate; la lucha entre ellos es larga, incierta y difícil. Al fin, cuando una parte triunfa, el ganador dice: "A partir de ahora no serás más que un… ", y dice lo que va a ser el vencido. Pero en este momento el vencido se vuelve al vencedor y envía su réplica como una flecha de parto: "No serás más que un… ", y declara lo que va a ser su enemigo. La metamorfosis tiene lugar inmediatamente en ambas partes, y cada uno se marcha en la forma que el enemigo le impuso en principio, pero que realmente le pertenecía a él.

Hay casos en los que el héroe transforma de forma

11

indirecta a enemigos numerosos y poderosos, por medio de un deseo especial que él tiene.

Por ejemplo, un cierto héroe y mito provoca que una gran compañía de los primeros pueblos sea invitada a un banquete y, mientras todos están comiendo con gran deleite, él sale afuera sin ser visto, camina alrededor de la casa y pronuncia, según va caminando, la fórmula mágica: "Deseo que las paredes de la casa sean de pedernal y el tejado también." Al momento la casa entera es de pedernal, el tejado también. Después dice: "Deseo que esta casa se ponga al rojo vivo." Se pone al rojo inmediatamente. Dentro, sus enemigos están en un apuro horrible; corren de un lado para otro desordenadamente, vociferan, buscan una abertura; no hay ninguna, no ven escapatoria, no encuentran salida. Sus cabezas estallan de calor. Desde una cabeza brota un búho, que vuela a través del agujero de humo; de otra un águila, que escapa por el mismo sitio; de una tercera sale un halcón, que sigue a los otros dos; de una cuarta sale otro pájaro. Así continúa la acción hasta que cada una de las cabezas de la casa de pedernal estallan y dejan salir a su ocupante. Todos se alejan volando y de esta forma se metamorfosea toda la compañía. Cada uno se convierte en lo que sus cualidades le pide, en lo que su naturaleza le ordena, llega a ser exterior y visible lo que antes había sido interno y secreto.

El héroe en el caso de arriba no pudo desear que sus oponentes se metamorfosearan directamente, no podía desear esto cada vez que quisiera o siempre que se encontrara a la gran compañía; él tuvo que inducirlos a entrar en la casa, que por su deseo la vuelve de pedernal y luego la calienta. Cuando llega sobre ellos el momento de angustia terrible, la verdadera naturaleza de esas gentes se hace evidente; estalla cada una de las cabezas y brota la persona real.

Todos estos primeros pueblos cuyas mentes habían sido modificadas, que, por así decir, se habían especializado internamente, que eran diferentes de lo que habían sido al comienzo, son forzados a cambiar también externamente y no podían escapar o evitar ese gran poder cuya sombra se estaba acercando: su destino estaba sobre ellos, y ellos lo sentían.

En el sistema Wintu, uno de los dos que se exponen en este volumen, casi todos los cambios los efectúa Olelbis; pero hay ejemplos de agentes con otros medios. Tulchuherris transforma al viejo Tichelis en una ardilla en el colmo de su perfidia. Cambia a Hawt, el mozo de cuerda de un río peligroso, en una anguila lamprea, a cuyos hijos se comeran los indios en el futuro. Al viejo Sas, el jefe falso y vanidoso de Saskewil, le vence su yerno y recibe su forma actual de sol y luna al final de una lucha larga y amarga, en la que la fortaleza, el ingenio y la agudeza utilizan hasta el último de sus recursos.

Hay casos en los que algunos de los primeros pueblos están tan modificados mentalmente que son conscientes de lo que ha ocurrido dentro de ellos. Están preparados para el cambio, están deseando experimentar, pero no hay una ocasión inmediata, ninguna lucha inminente en la que un oponente pudiera tener la oportunidad de transformarles. Estos pueblos se transforman a ellos mismos mediante la pronunciación de un deseo y producen su propia metamorfosis. Hay otros también que saben, como todos, que está llegando una raza nueva, que les cambiarán cuando llegue a menos que ellos cambien un poco antes. Saben que ellos tienen que cambiar tan pronto como vean al nuevo pueblo o una señal o signo de su llegada. Estos primeros pueblos inalterados, pocos en comparación, intentan escapar; pero sus intentos son en vano, sus esfuerzos inútiles. En el lejano Este ven humo procedente de fuegos de los nuevos pueblos que avanzan, los indios de América, u oyen los ladridos de los perros de estos pueblos, y en ese instante reciben las formas que les corresponden. Otros escapan por una temporada y se ocultan el lugares oscuros; pero los indios llegan a todas partes y las metamorfosis continúan hasta que acaba el curso de los primeros pueblos.

Me viene a la mente en este momento un cuadro representativo de este último grupo de personas que no deseaban ser metamorfoseadas y procuraron evitar a la nueva raza, los inevitables indios. No tenían ningún deseo de ver a los hombres y se retiraron a toda clase de refugios solitarios y lugares remotos del bosque. En cierto punto de Klamath hay una pendiente montañosa pronunciada que se eleva de forma abrupta sobre el agua; arriba en lo alto, cerca de la cima, a una séptima parte de ocho desde el río hasta la cumbre, hay una piedra alta y voluminosa que vista a distancia se parece mucho a una estatua. Justo al lado hay otra piedra, algo más pequeña, inclinada hacia delante en la postura de una persona que corre con impaciencia. Las dos son blancas y radiantes. Tienen el aspecto de rocas de cuarzo. Son dos hermanas que se apresuran, que se marchan corriendo para escapar del cambio que llega. Cuando alcanzan el punto donde están en la actualidad, la primera hermana miró hacia el Este y vio humo; la segunda no miró, pero oyó los ladridos distantes de los perros que llegaban desde el lugar de donde procedía el humo; las dos se convirtieron en piedra en el mismo instante.

Con la transformación de los últimos primeros pueblos o divinidades, que terminó únicamente cuando los indios o alguna señal suya apareció en cualquier rincón remoto y esquina en los que un remanente de los primeros pueblos se habían refugiado, se estableció por completo el orden actual de las cosas. Ahora hay en el mundo individuos de tres clases y órdenes distintos. Primero, ese pequeño número de los primeros pueblos cuyas mentes nunca han cambiado, esos dioses que se retiraron y que viven en su integridad y armonía original, que se retiraron a lugares fuera del cielo o sobre él; segundo, la gran mayoría de los dioses, que se han convertido en todo lo que existe en el mundo actual a excepción únicamente de los indios. Este ciclo terminó, hay un punto de partida nuevo, y encontramos un segundo grupo de mitos que conciernen al mundo existente tal como es ahora con sus sucesos (mitos que contienen información sobre conflictos siempre recurrentes, que comienzan antes de que se transformaran todos los primeros pueblos, conflictos que van a continuar en el presente y continuarán siempre); luchas entre la luz y la oscuridad, calor y frío, verano e invierno, luchas entre vientos que soplan en direcciones distintas (en realidad, información de varios fenómenos y procesos que atraen la atención de los hombres primitivos más que otros, porque los hombres primitivos están viviendo cara a cara con ellos siempre).

Este segundo grupo contiene un gran número de mitos, muchos de ellos muy bellos y, hasta donde se les conoce, muy satisfactorios para la gente culta. Por desgracia pocos mitos de éstos han llegado a nosotros, por la sencilla razón de que pocos se han recogido de los indios en comparación.

Al primer ciclo de mitos (es decir, aquellos que se refieren a la creación o, en otras palabras, a las transformaciones de los primeros pueblos o de los dioses en todo lo que existe en el mundo, incluyendo al mismo mundo) le sigue otro en el que se describen varios cambios, fenómenos y procesos observados en toda la naturaleza.

En este segundo, como ya he mencionado, luz y oscuridad, calor y frío, vientos opuestos y cuerpos celestiales aparecen como héroes y actores principales. Durante siglos los hombres primitivos habían dado a estos héroes veneración, simpatía y entusiasmo, y todavía se los da cada una de las tribus que mantienen sus creencias e ideas antiguas.

En este ciclo hay un pequeño grupo de mitos que son muy sagrados para los indios, un grupo que en muchas tribus son mucho más venerados que los demás. Este grupo asocia la Tierra con el cielo y al Sol lo consideran una persona, o al cielo y al Sol los consideran distintos a los demás. A éstos hay que añadir un personaje, y algunas veces dos, nacidos de la Tierra. En la versión más sencilla de este mito la Tierra virgen se convierte en madre al ser mirada por el Sol, da a luz a un gran héroe, el jefe benefactor de los indios. Este héroe da a la raza todos los dones que sostienen su existencia, y por medio de él

15

el hombre vive y prospera. Con cualquier nombre que aparezca este benefactor es en realidad esa luz cálida, temblorosa, ondulante y danzante que vemos sobre la Tierra cuando hace buen tiempo. Es el hijo de la Tierra virgen, de esa madre que nunca ha conocido más consorte que aquel que la miró desde el elevado cielo.

Las vidas de los primeros pueblos se describen en los mitos de la creación y se presentan como modelos sobre los cuales los indios fieles adaptan sus vidas en todas las épocas y lugares. Todas las instituciones del hombre primitivo de América están hechas según el modelo de los "primeros pueblos". Cada acto de los indios, tanto en la paz como en la guerra, como individuo o como miembro de una tribu, tiene su única aprobación en el mundo de los primeros pueblos, las divinidades americanas.

En este continente no hay ninguna institución, acatamiento, derecho ni costumbre que no les hayan sido dados por los dioses, teóricamente. Los indios de América siempre actúan de una forma prescrita en una situación dada, porque los dioses del mundo que les precedieron hubieran actuado de la misma forma en condiciones y circunstancias similares.

Ningún pueblo pudo ser tan religioso como los de este continente, porque no hay ningún tipo de acto en la vida en el que ellos estén libres de la dirección religiosa. La fuente de esta religión está en los mitos, y en las explicaciones que les conciernen y que les han dado los hombres sabios; en otras palabras, los hechiceros.

¿Qué diremos de este sistema indio y cuál es su valor?

Lo primero que se ha de decir es que es completo y está bien fundado y desarrollado simétricamente para cada creyente indio. En la religión primitiva de América no hay especulación, todo es un planteamiento sencillo; no hay abstracciones, las cualidades están siempre relacionadas con las personas.

Los indios creen que la totalidad del inmenso grupo de mitos se lo entregaron los primeros pueblos a ellos en un lugar u otro. Entre los iroqueses hay una información detallada de la forma en que los mitos fueron narrados a un antiguo jefe y a una asamblea de los pueblos en un espacio circular abierto de un bosque profundo. En este espacio hay una gran piedra en forma de rueda. Desde debajo de esta piedra salió una voz que le contó la historia del mundo anterior, le contó cómo los primeros pueblos se habían convertido en lo que son en la actualidad.

Día tras día el jefe y su pueblo iban a la piedra, se sentaban y escuchaban hasta que oyeron la totalidad del ciclo de historias.

En el Bajo Klamath hay un árbol inmenso y muy viejo que ha dado información del primer mundo y las primeras gentes. Este mismo árbol pertenece a uno de los primeros pueblos metamorfoseados; nadie sabe la edad que tiene. Los hechiceros van allí todos los años, mantienen conversaciones, hacen preguntas, reciben respuestas. Cada año se añade una piedra pequeña a un montón en el que al parecer hay miles de guijarros. Este montón está situado cerca del árbol; no se permite que nadie cuente las piedras. El montón es sagrado; una vez que se ha colocado un piedra con las demás, tiene que permanecer allí para siempre.

Este árbol sagrado ha contado historias del primer mundo, las historias que conocen los indios Weitspekan y que ellos veneran.

En el Alto Columbia hay una gran roca que se parece en cierto modo a un alce. Esta roca es también un oráculo, uno de los primeros pueblos; ha hablado del primer mundo, como la piedra redonda de los iroqueses, y todas sus historias pertenecen a los Shahaptianos.

El sistema indio tiene su revelación evidente y clara; para los creyentes tiene una conexión indudable y tangible con el mundo que precedió al actual. Su narración explica cómo revelaron la historia de la transformación del mundo los primeros pueblos en lugar u otro.

Para los indios ésta es totalmente satisfactoria. Tiene un

sistema perfecto, extenso, rico en detalles, lleno de interés, un sistema que da prueba de su origen a través del testimonio expresado por las divinidades. Se reveló a los hombres sabios, los nobles, los patriarcas de su raza. ¿Qué más podía desear? ¿Qué más podía pedir? Nada. La sabiduría de su nación es más válida, más fiable, que la sabiduría de sus propios sentidos. A sus ojos y a sus oídos les podían engañar los embusteros, pero no la verdad expresada a los hombres grandes de su propio pueblo, preservada por ellos en secreto y pasada a los otros.

Ésta es la posición de los indios. Creen en su propio sistema plenamente. ¿Cómo vamos a relacionarnos nosotros mismos con ese sistema y su contenido? ¿Qué pensaríamos de él? ¿Cómo se concibió, cómo se desarrolló?

Nosotros no creemos en un primer mundo indio ni en pueblos previos que se convirtieran en animales, plantas, insectos, pájaros, peces o reptiles. No tenemos antecesores que fundaran ese sistema. No poseemos tradiciones que vengan de él, ni creencias que estén basadas en sus enseñanzas, ni fe en sus hechiceros, ni terror a sus obras. Cualquier declaración sobre cómo se concibió el sistema indio y cómo se desarrolló tiene un carácter muy diferente de lo que es externamente el sistema indio y las bases de su propia historia.

Al presentar el sistema de una forma puramente formal, nos ocupamos de hechos sencillos que recogimos y colocamos en orden. Una vez que tenemos ordenados estos hechos, tenemos el aspecto exterior de todo lo indio, no sólo la religión, sino la medicina, la política, la vida social. Pero desde nuestro punto de vista estamos obligados a ir más allá, tenemos que buscar explicaciones. Nosotros no formamos parte de la asamblea india de creyentes, no tenemos fe en su sistema salvo para que nos muestre cómo es la mente india; por tanto estamos obligados a preguntar cómo fundaron los indios su religión y cómo evolucionó, estamos obligados a buscar su origen y significado. No damos crédito a su historia de la revelación;

estamos seguros de que ella misma, es decir, la raza, comenzó el sistema, que se desarrolló desde un principio insignificante y se incrementó a través de largos períodos de tiempo hasta que alcanzó su forma y plenitud actuales.

No tenemos los detalles sobre la forma de actuar, pero sabemos dónde tuvo que comenzar el autor de los mitos y vemos lo que ha realizado.

El universo físico al principio era el mismo para los autores de mitos de los viejos tiempos en América que el nuestro de hoy en día, el resultado visible y la expresión del poder y las cualidades invisibles. La diferencia entre nosotros y ellos está determinada por las cosas que vemos y la forma en que las percibimos.

¿Qué dicen los antiguos autores de mitos de este universo y qué interes y valor tienen sus declaraciones para nosotros en este momento?

Los hombres primitivos de América vieron ante ellos bosques, llanuras, desiertos, montañas, lagos y ríos de varias medidas, desde lo más pequeño a lo más grande; vivían en climas que variaban desde el más frío e inclemente al más caluroso y más dificil de soportar. Vieron que les rodeaba por todas partes un mundo mucho más hostil que amistoso, un mundo de bestias, criaturas salvajes, reptiles venenosos, insectos mortales. Cada criatura, cada planta, tenía su propio carácter fijo y establecido, su propio fin y propósito. ¿De dónde vinieron las bestias que eran buenas para alimentarse y vestirse; de dónde las otras que eran peligrosas para la vida, bestias que había que matar o evitar? ¿De dónde vinieron los árboles y las plantas de tipos y usos varios? ¿De dónde vino la dulzura del arce y el amargor y el veneno de otro árbol? ¿Cuál es el origen del grano y por qué crece el veneno para matar igual que crece el grano para alimentar? ¿De dónde viene la serpiente cascabel y de dónde el salmón? A causa de estas preguntas aparecieron los mitos, y esos mitos dieron respuestas que fueron recibidas con fe y creencia, respuestas sobre las que se creó una teoría sobre el origen del mundo y un auténtico y apropiado proyecto de vida.

El autor de los mitos miró al universo que le rodeaba y desde principio a fin vio en cada parte de él individualidades que tenían cualidades, deseos y pasiones en grados diferentes. Observó estas individualidades y dio una información detallada de la historia sobre el origen del mundo. Dio esta historia por medio de la proyección de la existencia en el pasado que era remota y desapasionada. Fuera de ese pasado armonioso, él evolucionó al mundo actual y su orden, presentando en el mundo anterior una representación de todas esas pasiones, deseos y apetitos que vio que obraban en la vida que le rodeaba. Éste fue el método empleado para crear los mitos americanos de la creación. La labor requiere mucho tiempo, larga observación, pensamiento esmerado y un poder constructivo nada pequeño. Estos mitos de la creación con los siguientes, los que he mencionado ya y los he llamado mitos de acción, son el gran resultado del trabajo y esfuerzo mental en los viejos tiempos de este continente. En estos dos grupos de mitos los indios nos cuentan lo que piensan del universo.

Cuando los europeos vinieron a este hemisferio, el sistema americano de mitos era indestructible y perfecto. No había un segundo orden de pensamiento aquí. El continente estaba intacto de conquistas o ideas extranjeras. Los habitantes habían vivido en soledad mental, en absoluta libertad con respecto a cualquier influencia de afuera. La historia de la humanidad no tiene un segundo ejemplo de un sistema de pensamiento sencillo que se desarrollara en un área tan extensa. La zona habitada de América se extendía por lo menos nueve mil millas de Norte a Sur, más de un tercio de la circunferencia de la Tierra y considerablemente mayor que el diámetro de la Tierra. La zona más ancha de este territorio tenía por lo menos tres mil millas de Este a Oeste, tanto en América del Norte como en América del Sur. Sobre esta inmensa porción de superficie de la Tierra con su ilimitada variedad de suelo, clima, paisaje y condiciones de existencia, se desarrolló un sistema de filosofía sencillo con una riqueza y abundancia de ejemplos que no pueden encontrar paralelo en ningún otro lugar. El resultado de todo esto es que tenemos en América un monumento de pensamiento absolutamente inigualable, así como único en la experiencia humana. El valor especial de este pensamiento yace, además, en el hecho de que es primitivo, de que es el pensamiento de largos siglos anteriores a los que encontramos registrados en el hemisferio occidental, o en los libros sagrados, historia o literatura, o conservados en ladrillos cocidos, cilindros quemados o papiros.

El sistema americano, que nos da una información circunstancial del principio de todas las cosas, es como mucho una hipótesis nebular, o como esa teoría que da un origen común al hombre y a todas las existencias sensibles.

El hombre primitivo de América permanecía a cada paso cara a cara con la divinidad tal como la conoce o entiende. Nunca podía escapar de la presencia de esos poderes que habían constituido el primer mundo, y que compusieron todo lo que existe en el actual. En la mayor parte de los sitios los medios de subsistencia del jefe del hombre estaban sobre la tierra o en el agua. Toda clase de caza y pesca estaba bajo la supervisión divina directa. Poderes invisibles podían echar la caza o apartarla rápidamente. Con la pesca ocurría algo parecido. En relación a la pesca y a la caza había un ceremonial elaborado, una variedad de cumplimientos y prohibiciones. Cada hombre tenía un gran número de cosas que cumplir como individuo, y también un gran número como miembro de su tribu o sociedad.

La cuestión más importante de todas en la vida de los indios era la comunicación con la divinidad, las relaciones con los espíritus de personajes divinos. Ningún hombre podía comunicar con ellos a menos que se manifestaran al hombre que elegían. Un hombre tenía que hacer varias cosas para conseguir comunicarse con la divinidad y recibir una promesa de ayuda; pero únicamente el elegido, la persona correcta, el apropiado, conseguía el favor deseado. Por ejemplo, veinte hombres podían ir al lugar de la montaña y cumplir cada regla cuidadosamente, pero sólo un hombre era obsequiado con una visión, sólo uno se convertía en vidente. Otros veinte podían ir al lugar de la montaña y ninguno ser considerado válido para advertir el espíritu; una tercera veintena podía ir y ser elegidos dos o tres de ellos. Ningún hombre podía decir de antemano si le esperaba el éxito o el fracaso. El método general actual es el mismo de los viejos tiempos y es el siguiente:

Poco después de la pubertad, y en cualquier caso antes del matrimonio o de tener relaciones con una mujer, el muchacho o joven que espera llegar a ser doctor va a un estanque o fuente sagrada donde bebe agua y se baña. Después de bañarse y vestirse, él habla a los espíritus, les ruega que vengan a él para darle conocimiento, para concederle su ayuda. El joven no toma alimentos de ninguna clase, ayuna, según su capacidad, siete días y noches, algunas veces más tiempo. Durante todo este tiempo no se le permite beber nada más que agua. Duerme tan poco como es posible. Si los espíritus vienen a él, tiene visiones, recibe poder y favor. Un número de espíritus puede visitar a un hombre uno tras otro, y prometerle ayuda y cooperación. Puede venir el espíritu águila, el espíritu del alce o el del salmón, cualquier espíritu al que le guste el hombre. El espíritu dice en esencia: "Cada vez que pronuncies mi nombre, vendré y te daré mi poder para ayudarte." Después de que se ha ido un espíritu, puede aparecer otro y otro… Un hombre no es libre para rehusar los dones de los espíritus, él tiene que recibir todos los que vengan a él. Al haber prácticas peculiares asociadas a cada espíritu, el doctor que recibe ayuda de muchos queda obstaculizado en gran medida en su forma de vida. Hay espíritus a los que no les gusta el ante; el hombre al que ellos van no puede llevar nunca ante. Si un hombre come alimentos repugnantes para su espíritu, el espiritu le matará. Como cada espíritu tiene su alimento favorito, y hay clases que son detestables para ellos, podemos entender fácilmente que el doctor que tiene diez espíritus o veinte (y algunos tienen treinta) que le ayudan está limitado en su forma de vivir. La grandeza tiene su precio siempre, el poder se tiene que pagar en cada lugar. Aquellos para los que los espíritus no tienen dones, y son la mayoría, vuelven a casa sin visiones ni esperanza de ayuda; los espíritus son capaces de mirar directamente a través de las personas, en seguida ven lo que es el hombre. Encuentran a la mayoría de la gente inadecuada para sus propósitos, no aptos para ser ayudados.

Esta preparación para convertirse en adivinos o hechiceros entre los indios tiene un profundo interés. Me han dado un considerable número de detalles sobre el tema en las notas a "Kol Tibichi". El espíritu de cualquier planta, de cualquier estrella u otro personaje de la creación puede convertirse en un sirviente del hombre. En nuestra fraseología popular a esto le llamamos su "rito mágico".

En un mito Modoc la estrella de la mañana es la sirviente del Sol. Según este mito, el Sol se destruye físicamente todos los días, se consume en un montón de cenizas; pero como el Sol tiene un disco de oro inmortal en su cuerpo, un disco que contiene toda su existencia, nunca puede perecer. Este disco permanece siempre en el montón de cenizas. Sin embargo, hay una condición que incide en la resurrección del Sol: le tienen que llamar. Cada mañana alguien tiene que levantarse, como se levanta un mercenario para su trabajo diario. La estrella de la mañana tiene ese deber y nunca estará libre de él. Mientras el Sol exista, la estrella de la mañana tiene que llamarle. A la llamada de la estrella, el disco de oro salta desde el montón de cenizas, el Sol está completamente renovado y se va a correr hasta que se consuma de nuevo por la tarde. Aquí tenemos al Fénix surgiendo de sus cenizas diariamente, en lugar de una vez en cinco siglos.

El sistema de los mitos resumido que contiene este volumen es el de los wintus y el de los yanas, dos reservas indias que describiré más adelante.

23

El sistema Wintu se destaca por el peculiar desarrollo de su dividinidad jefe, Olelbis, llamado también Nomhliëstawa.

La palabra "Olelbis" está formada por tres elementos etimológicos: *ol,* arriba; *el,* dentro; *bis,* que habita o se sienta, habita en lo alto. Nomhliëstawa está formado también por tres elementos: *nom,* oeste; *hliës,* lanzar, y *tawa,* zurdo. Los dos nombres son epítetos, y los wintus han olvidado quién o qué es su divinidad jefe; al menos yo no he sido capaz de encontrar a ningún hombre entre ellos que pudiera darme información sobre este tema. Olelbis vive en la parte más elevada del cielo; con él están los mejores de los primeros pueblos. Desde su hermosa casa, Olelpanti Hlut, ve todo en la Tierra, y parece más real y familiar que cualquier divinidad relacionada con otras tribus. Con seguridad es más eficaz en la dirección, más activo que cualquier divinidad de las otras reservas indias, según he sabido.

Olelbis dispone de los primeros pueblos, excepto en algunos casos, y retiene a su lado a cualquiera que le guste. Él envía a la Tierra y transforma a aquellos que cree que son más útiles abajo que arriba, y da ejemplo de divinidad gobernante sencilla y, sin ser todopoderoso ni sabio, es capaz, a través del conocimiento y servicios de otro, de ejercer su gobierno sobre el mundo en todos los lugares y en cualquier parte.

Las dos ancianas, las abuelas, son personas interesantes, consejeras de la divinidad jefe, sabias gracias al conocimiento de pueblos de los cuales Olelbis está ignorante, al menos de forma declarada. Estas ancianas se han transformado en piedra y tienen una apariencia esponjosa, parecen la parte porosa o interna de los huesos que no tienen médula.

La gran mayoría de las metamorfosis de los wintus las ha efectuado Olelbis. La únicas excepciones son las de Sas, Hawt y Tichelis, transformados por Tulchuherris, y algunos cambios como el del color producidos en el gran concurso musical ofrecido por Waida Dikit. Cuando cada uno de ellos tocaba la flauta en ese concurso hasta que no podía hacerlo mejor, hasta que había perdido el aliento, entonces cambiaba de color. Aunque el sistema Wintu difiere mucho de los otros en detalles, está totalmente de acuerdo con todos los grupos de mitología en el punto principal: la metamorfosis. Por medio de la metamorfosis, todas las cosas se han convertido en lo que son; por medio de la revelación se ha aprendido que tuvo lugar la metamorfosis y de qué forma tuvo lugar. No hemos de considerar el acto final en conjunto; el cambio había estado en proceso durante un largo período y las palabras finales de los adversarios en un conflicto, las órdenes de Olelbis, las decisiones de los personajes que se cambiaron a sí mismos al acercarse los indios, o ante las señales de su llegada, no son más que el acto final, el incidente final, el final oficial, por así decir, de una carrera larga y enorme en cada caso.

Por supuesto no hay una información real en la religión étnica americana como en los cambios reales que afectaron al mundo que nos rodea; pero hay en él, como en todos los sistemas de este tipo, información real que se refiere a la historia de la mente humana. Cada religión étnica nos da pruebas documentales. Nos da hechos positivos que, en nuestra propia esfera, son tan reales como los datos de la geología en la historia de la corteza y superficie terrestres. No nos cuentan lo que tuvo lugar en el mundo, en el universo físico, sin que tuvieran medios para hacerlo; pero nos cuentan lo que tuvo lugar en ciertos períodos del mundo de la mente, en el interior del hombre.

El término "religión étnica" necesita, quizá, alguna explicación antes de seguir adelante. Una religión primitiva o étnica es la que pertenece a los pueblos de la misma sangre y lengua, a los pueblos que crecieron y se desarrollaron junto con las creencias de cada clase que les pertenecen a ellos. Dicha religión incluye toda especie de conocimiento, todo tipo de costumbres, instituciones y arte. Cada nación aborigen o progenie humana tiene sus dioses. Todos los pueblos de la misma sangre y origen están bajo el cuidado directo y la supervisión de sus dioses, mantienen comunicación continua y conversan con ellos. De acuerdo con sus propias creencias, estos pueblos recibían de los dioses todo lo que tenían, todo lo que practicaban, todo lo que sabían. Estos pueblos, mientras su sangre no se mezcló y su sociedad no fue conquistada, se adherían a sus dioses con total fidelidad.

Los vínculos que unen a una nación con sus dioses, los vínculos de la fe, y aquellos que unen a los individuos de una nación con los de otra, los vínculos de sangre, son los que reconoce con más fuerza el hombre primitivo, y son los únicos vínculos sociales en la era prehistórica. En esta primera etapa fue en la que se encontraban, incluso los grupos de indios de América más avanzados, cuando se descubrió el continente.

En el hemisferio oriental, donde había tantas razas totalmente distintas y diferentes unas de otras, era frecuente la conquista de una raza por otra, o la conquista de una de ellas sobre varias razas, y tuvo una gran influencia en el pensamiento y en la religión. Algunas veces la influencia de una religión o sistema de pensamiento sobre otro era considerable, como la influencia intelectual de Egipto sobre Grecia, y algunas veces grande, como la de Grecia sobre Roma.

La influencia de la conquista física de muchos sobre uno era inmensa tanto política como socialmente, como en el caso de Roma, que dominó Grecia, y, junto con Grecia, todo lo que Alejandro había conquistado en Asia y Egipto. Con la derrota de Cartago, Roma destruyó el antiguo pensamiento de los fenicios, consanguíneos de los primeros hebreos, y una de las naciones semíticas más importantes. Con la conquista y asimilación de la Galia transalpina y cisalpina, toda la antigua estructura de pensamiento celta se perdió en el continente y sus elementos principales se perdieron poco después.

La última religión étnica de Europa, y una de las más valiosas, la de los lituanos, continuó en condiciones perfectas hasta el siglo XV, cuando terminó por medio de derramamientos de sangre y violencia. Este último sistema de pensamiento ario primitivo en Europa desapareció dejando huellas insignificantes. Sabemos los nombres de algunas divinidades; sabemos que se parecía al eslavo, pero estaba más desarrollado, que tenía serpientes sagradas y sacerdotisas que guardaban el fuego sagrado e inextinguible; pero para gran pesar de los hombres de ciencia, sólo tenemos pequeños fragmentos del sistema, informaciones breves y escasas sobre él.

Si miramos de cerca la historia religiosa del hemisferio oriental, encontraremos que la situación sería aproximadamente como sigue: En las versiones registradas más antiguas del "Libro de los Muertos", en los muros de las pirámides, hallamos que la religión de Egipto se adelantó mucho más allá en las primeras etapas de desarrollo. Aunque los animales, pájaros, reptiles e insectos ocupaban un lugar prominente en la religión egipcia, no hay pruebas de por qué ocupaban ese lugar. No hay ninguna inscripción o libro que nos informe. La etapa más antigua de la religión egipcia se ha perdido. Los sacerdotes egipcios, cuando reprochaban la adoración nacional rendida a varios animales, pájaros, reptiles e insectos, criaturas que eran viles, inútiles, limpias o sucias, según el caso, fueron incapaces de dar una razón para la adoración. Fueron incapaces porque la información mitológica les era desconocida, o se había perdido o no se había tenido en cuenta; cualquiera que fuera la razón, ningún papiro ni ninguna inscripcion lo explica.

Los dioses jefes del Egipto sacerdotal respondían exactamente a las divinidades indias del segundo tipo de los mitos de América, aquellos que yo he llamado mitos de acción. Entre ellos el Sol y la Tierra eran muy prominentes. No encontramos ninguna información en los primeros dioses de Egipto que respondan a los "primeros pueblos" ni a divinidades de los mitos americanos de la creación. Si tuviéramos esa información, se explicaría por qué hay animales, reptiles e insectos en la religión egipcia.

En Grecia, esas partes de la mitologia más antigua que no se perdieron estaban ocultas. O los mitos antiguos de la creación no eran comprendidos, o los desconocían los cultos en el período del cual nos han llegado los primeros momumentos literarios. Hesíodo planea y da forma a la mitología griega para satisfacerse a sí mismo y a su audiencia, así que es totalmente imposible conocer por este autor lo que eran los mitos primitivos de Grecia. Si llegaron a él, sin duda los habría mirado como miraría cualquier algonquino francés o escolar iroqués de Canadá a los mitos de América. El hombre tenía un amplio conocimiento de palabras algonquinas e iroquesas, pero un completo desdén por el pensamiento indio y ningún conocimiento verdadero sobre el tema. Cuando mencioné la mitología india, él exclamó: *"Mais, monsieur, c'est quelque chose d'absurde."*

No hay duda de que los primeros mitos de la creación eran bien conocidos entre los analfabetos de la Grecia rural, pero no había ningún filósofo en esos días que conociera su valor. No hubo ningún hombre que los tuviera en cuenta.

La mitología romana, igual que la griega, sufrió la interpretación literaria, y sólo somos capaces de obtener algo que vaya más allá de la religión oficial y de la sociedad elegante de Grecia y Roma en recopilaciones de fragmentos sueltos y obras del pensamiento primitivo procedentes de todo el campo de la literatura clásica.

Se ha salvado mucho del naufragio del pensamiento antiguo celta y teutónico en las dos islas de Irlanda e Islandia, Con éste, y junto con el sistema americano y la herencia mitológica del mundo eslavo de Europa oriental, quizá seamos capaces de obtener meterial para explicar la primera etapa del pensamiento ario, la etapa que corresponde en desarrollo con el mundo de los mitos americanos de la creación. En ese caso obtendremos una idea conectada con la especulación aria y sus métodos desde los primeros comienzos cuando no había pasión ni cualidades aparte de los de la persona, cuando los símbolos, metáforas y personificaciones estaban en un futuro distante. Todo el problema es relacionar el pensamiento de este continente con el del resto de la humanidad, pero especialmente y sobre todo con las divisiones arias y semíticas.

Es de lamentar que las creencias semíticas del período primitivo no hayan llegado a nosotros en mayor cantidad; por ejemplo las de los fenicios, los primeros hebreos y otras naciones de tronco común. Afortunadamente los árabes, la raza más poética, los miembros caballerescos de ella, nos han dado en su historia un hecho de gran valor. Justo antes del establecimiento de la nueva religión debida a Mahoma, había en la Meca más de trescientas divinidades árabes, animales, vegetales y minerales. No hay apenas duda de que el sistema de religión árabe anterior a Mahoma perteneció en el tiempo a toda la raza semítica, diferente en detalles de algunas divisiones, por supuesto, pero en esencia la misma en todas partes. Esta afirmación de la condición árabe contiene un hecho de gran significado. Señala un sistema exactamente igual al americano. El árabe anterior a Mahoma era el superviviente más espléndido e importante de la religión primitiva de cualquier raza histórica del hemisferio oriental.

Aquí es apropiado explicar la situación de los espíritus en los sistemas indios. Todos los primeros pueblos estaban concebidos con cuerpos y también con almas. Cuando hablamos de que un espíritu se aparece a un hechicero o a un "doctor", se entiende que ese espíritu ha dejado su cuerpo temporalmente y regresará a él. No hay espíritus sin cuerpos, salvo en casos excepcionales, en la época de las metamorfosis de los primeros pueblos que perdieron los cuerpos que les habían pertenecido en su primera condición y no recibieron cuerpos nuevos cuando cayeron. Esta pérdida de cuerpos era impuesta como castigo. Estos espíritus sin cuerpos y solitarios vagan ahora por montañas y lugares solitarios y misteriosos. Poseen un carácter extraño y se les ve rara vez, y entonces sólo los ven los hechiceros.

Últimamente, escritores capacitados han dado mucho al mundo sobre mitología; ellos, con buen material, conseguirían buenos resultados; pero como el material del que disponían era malo, gran parte de su trabajo, con todo su ingenio, es principalmente un continuo verter sobre vacío.

Hemos visto intentos realizados para mostrar que los verdaderos dioses los habían fomentado los hombres primitivos desde sus propios jefes difuntos primitivos. Tal cosa no se había hecho nunca desde que comenzó la raza humana, y desde la experiencia actual o el testimonio adecuado nunca lo podía haber imaginado ningún hombre que conociera las ideas de razas primitivas. El aspecto más sorprendente de toda la fe primitiva es la poca estimación que tiene un hombre sin ayuda de una divinidad, un poder no creado. En la fe india cada objeto del universo es divino, excepto el hombre. Las divinidades tienen una extensión inmensa de poder, hay una diferencia incalculable entre los mayores y los menores (algunos tienen una fortaleza y sabiduría inconcebible, mientras que otros son sensiblemente débiles y de inteligencia limitada), pero todos pertenecen a una categoría, todos son divinos, todos son sobrehumanos.

Los escritores de mitología han omitido a los llamados dioses vegetales. Es infundado, porque los primeros pueblos fueron convertidos, o se convirtieron a sí mismos, en árboles y en plantas varias con tanta frecuencia como lo hacían en animales y otras criaturas. El maíz o el cereal indio es un dios transformado que se da a sí mismo para ser comido y salvar así al hombre del hambre y de la muerte. Cuando los sacerdotes españoles vieron a los indios comer unos pastelitos de harina en una ceremonia, y cuando uno les informó que se estaban comiendo a su dios, los buenos sacerdotes pensaron que era una burla diabólica al Sagrado Sacramento y un truco blasfemo de Satanás para echar a perder a los pobres indios ignorantes.

Tengo un mito en el que el protagonista es un personaje viejo, violento y cruel, que no tiene piedad ni fe, que no deja de hacer daño hasta que al fin le acorrala un héroe bueno y le convierte en una chirivía silvestre. Antes de la transformación, esta vieja chirivía podía viajar veloz, pero ahora tiene que permanecer en un lugar, y por supuesto mata a la gente sólo cuando se la comen.

El tesoro que ha salvado para la ciencia la raza primitiva de América es único en valor y de gran importancia. El primer resultado es transportarnos atrás, a través de siglos incontables, a esa época en la que el hombre hizo su primera colectividad y la primera explicación firme de este universo y su origen.

Ocupando esta posición ventajosa, ahora podemos dar luz a todas esas mitologías y religiones étnicas o sistemas de pensamiento de los que, en mayor o menor medida, se han perdido parte de los materiales necesarios para probar los cimientos y comienzos de cada uno de ellos. En esta situación están todas las religiones antiguas registradas, tanto la de Grecia, como la de Roma, Egipto, Caldea, Persia o la India.

Por medio de la capacidad asombrosa para conservar de este hombre primitivo, quizá por medio de su incapacidad para cambiar o avanzar, ha conservado un sistema de pensamiento que ya era antiguo en la época de las primeras escrituras cuneiformes y de las primeras informaciones escritas sobre piedra o papiros. Y el descubrimiento de este sistema nuestro coincide casi con el momento en el que América, después de un siglo y cuarto de actividad política libre, y de un trabajo intelectual sin igual en productividad, toma su merecido lugar como potencia mundial y entra en relaciones íntimas y minuciosas, no sólo con Europa, o una parte de la humanidad, sino con la totalidad de la raza humana fija o permanente.

JEREMIAH CURTIN.

Washington, D. C., U.S.A.
11 de octubre de 1898.

OLELBIS

PERSONAJES

Después de cada nombre figura el del animal, ave u objeto en el que se ha convertido el personaje posteriormente. Los nombres que no están acentuados se acentúan en la penúltima sílaba. Nombres de lugares aclarados en las notas. Kiemila y Herit significan "viejo" y "joven", respectivamente. Se aplican a personas masculinas. Pokaila y Loimis se aplican a femeninos; el primero significa "vieja", el segundo "joven".

Bisus, visón; **Chálilak,** ganso; **Chuluhl,** alondra; **Dokos,** piedra; **Hau,** zorro rojo; **Héssiha,** alionín; **Hilit,** mosca doméstica; **Hlihli,** roble blanco; **Hus,** buitre; **Kahit,** viento; **Kahsuku,** perro nublado; **Kaisus,** ardilla gris; **Kar,** garza gris; **Karili,** mapache; **Katkatchila,** vencejo; **Katsi,** polluelo de gavilán; **Kau,** grulla blanca; **Kiriú,** colimbo; **Klabus,** topo; **Klak,** serpiente cascabel; **Kuntihlé,** pigargo; **Lutchi,** colibrí; **Mem Loimis,** agua; **Mem Tulit,** castor; **Mim Taitai,** pájaro carpintero americano; **Móihas,** águila común; **Pákchuso,** la piedra pakchu; **Patsotchet,** tejón; **Poháramas,** estrella fugaz; **Sas,** Sol; **Sedit,** coyote; **Sosini,** pequeño pájaro palmípedo; **Sútunut,** águila negra; **Tede Wiu,** pájaro pequeño; **Tilichi,** pájaro acuático; **Tilikus,** perforadora de fuego; **Titchelis,** ardilla; **Toko,** rueda; **Tórihas,** grulla azul; **Tsárarok,** martín pescador; **Tsaroki Sakahl,** serpiente verde; **Tsurat,** pájaro carpintero; **Wehl Dilidili,** correcaminos; **Wima Loimis,** oso pardo; **Wokwuk,** gran pájaro, extinguido; **Yilahl,** ardilla terrestre; **Yoholmit,** rana; **Yonot,** castaño de Indias.

LO primero que sabemos de Olelbis es que estaba en Olelpanti. No sabemos si vivió en otro lugar, pero al principio él estaba en Olelpanti (en la parte más alta), el lugar más elevado. Estaba en Olelpanti antes de que hubiera algo aquí abajo sobre la Tierra, y las dos ancianas estaban siempre con él. A estas dos ancianas las llamaban abuelas, y se llamaban Pakchuso y Pokaila.

Había un mundo anterior al que hay ahora. Ese mundo duró tiempo, mucho tiempo, y había muchos pueblos viviendo en él antes del mundo actual y antes de que nosotros, el pueblo actual, llegáramos.

En cierta ocasión, los pueblos de ese primer mundo que vivían entonces en el país que había aquí[1] estaban hablando de los que vivían en un lugar u otro. Abajo en el Sudoeste había una persona que se llamaba Katkatchila. Cazaba de forma maravillosa, pero nadie sabía cómo lo hacía, ni nadie podía descubrirlo. No mataba como hacían los demás; tenía algo que lanzaba y arrojaba; apuntaba un palo hueco que él tenía, y algo salía de él y mataba la presa. En aquella época un gran número de pueblos vivían por este lugar donde estamos ahora, y su jefe era Torihas Kiemila; estos pueblos se reunieron y hablaron sobre Katkatchila.

Uno dijo: "Me pregunto si subiría aquí si enviáramos a alguien a por él."

"Enviemos a alguien a por él", dijo Torihas, "pidámosle que venga, digámosle que vamos a tener un gran baile. Mañana enviaré a alguien abajo para que le invite."

A la mañana siguiente Torihas envió a un mensajero para invitar a Katkatchila; envió a Tsaroki Sakahl, un viajero muy rápido. Aunque estaba lejos, Tsaroki llegó allí en un día, le comunicó la invitación y habló sobre Torihas y su pueblo.

---

[1] Es decir, la parte alta del valle del Sacramento.

"Estoy de acuerdo", dijo Katkatchila. "Iré por la mañana."

Tsaroki volvió a casa por la noche y contó al pueblo que Katkatchila vendría al día siguiente.

"¿Qué haremos?", preguntaron ellos.

"Primero, bailaremos una noche", dijo el jefe; "luego le llevaremos a cazar y veremos cómo lo hace."

Katkatchila tenía una hermana. Ella tenía marido y un hijo. Nunca salía sola al exterior. Siempre estaba en casa. Nadie veía nunca ni a la mujer ni al hijo.

Cuando Katkatchila estuvo preparado, dijo a su hermana que se iba y dijo a su cuñado: "Me voy. Tienes que quedarte en casa mientras estoy fuera."

La hermana era Yonot. Su marido era Tilikus.

Katkatchila subió a una colina de aquí, llegó a su cima y se sentó. Desde la colina podía ver el campamento del pueblo que le había invitado. Permaneció allí un rato y vio a muchas personas bailando. Era verano y media tarde. Al fin Katkatchila bajó a donde estaban bailando y se detuvo un poco afuera. Torihas, que le estaba esperando, le vio y dijo:

"Ven aquí, Katkatchila, y siéntate a mi lado."

En ese momento Olelbis estaba mirando hacia abajo desde Olelpanti y dijo a las ancianas: "Abuelas mías, veo a gente que se reúne en la Tierra; van a hacer algo."

Katkatchila se sentó y observó. Pronto dejó de bailar el pueblo y se fueron a sus casas. Torihas hizo que le llevaran comida a Katkatchila después del viaje. Mientras estaba comiendo, Torihas le dijo:

"Hijo mío, yo y mi pueblo hemos vivido aquí durante mucho tiempo. Mi pueblo quiere bailar y cazar. Envié a uno de ellos para que te pidiera que vinieras hasta aquí. Ellos bailarán esta noche e irán a cazar mañana."

Torihas se levantó entonces y dijo:

"Vosotros, pueblo, bailaréis todos esta noche y mañana por la mañana iremos a cazar. No os vayáis ninguno de

35

vosotros. Quedaos. Tendremos una gran cacería. Katkatchila, ¿te quedarás con nosotros?", le preguntó. "Me alegraré mucho si vas a cazar con nosotros."

"Iré contigo", dijo Katkatchila. "Estaré encantado de ir."

Bailaron toda la noche. A la mañana siguiente, después de haber comido, y cuando estaban a punto de salir a cazar, el jefe dijo a su pueblo:

"Enviaré a mi nieto con Katkatchila, y algunos de vosotros, hijos míos, os quedaréis cerca de mí."

Hubo uno que dijo a los otros: "Cuando Katkatchila dispare a un ciervo, corramos prestos y saquemos del ciervo el arma con la que lo ha matado, y luego no se lo devolveremos a él."

"Quédate con él también", dijo Torihas a Kaisus, que era un corredor veloz.

Todo el grupo, un gran número de gente, fue a cazar a Hau Buli. Cuando subieron a la montaña vieron diez ciervos. Katkatchila disparó sin demora; tan pronto como disparó cayó un ciervo, y Kaisus, que estaba preparado, se lanzó y corrió hacia el ciervo, pero Katkatchila había llegado antes que él y había sacado el arma.

Mató a los diez, uno tras otro, y Kaisus corrió cada vez para estar el primero junto al cuerpo caído, pero Katkatchila siempre llegaba antes que él. Cuando regresaron a casa Kaisus transportaba un ciervo y contó todo lo que habían hecho, diciendo:

"Ahora, pueblo, id y traer los otros ciervos. No creo que ningún hombre entre nosotros pueda correr tan veloz como Katkatchila; es un corredor maravilloso. No sé lo que utiliza para matar ciervos y no creo que podamos quitárselo."

Esa noche Hau hablaba con sus amigos y decía: "Iré con Katkatchila mañana y veré qué puedo hacer."

Un gran número de ellos hablaron sobre Katkatchila aquella noche, diciendo:

"No creo que vuelva con nosotros otra vez, así que

tenemos que hacer lo más que podamos por conseguir su arma mientras esté aquí."

Katkatchila estaba preparado para regresar a casa después de la cacería, pero Torihas le persuadió diciendo: "Quédate un día más. Caza con nosotros mañana."

Katkatchila estuvo de acuerdo en quedarse. A la mañana siguiente fueron a cazar. Con ellos fue Hau, que permaneció cerca de Katkatchila todo el tiempo.

Vieron de nuevo diez ciervos en la montaña. Katkatchila se preparó para disparar. Hau también estaba preparado para dar un salto hacia delante y coger el arma. En el momento en que disparó el arma, Hau corrió con todas sus fuerzas, llegó el primero al ciervo, sacó el arma y se la escondió en su oreja. En ese momento Katkatchila llegó hasta allí. "¡Has cogido mi pedernal!", gritó. "¡Devuélvemelo!"

"Yo no lo he cogido", dijo Hau. "No tengo nada tuyo. Acabo de llegar."

"Lo tienes. Te vi cogerlo", dijo Katkatchila.

"No cogí nada. Sólo puse la mano en la cabeza del ciervo."

"Te vi cogerlo."

"No, no me viste. No lo tengo."

Katkatchila continuó preguntando por su pedernal todo el día, pero Hau no se lo devolvería ni confesaría que lo tenía. Al final, cuando casi se había puesto el sol, Katkatchila se volvió a Hau y dijo:

"Te vi coger el pedernal. Sería mejor para ti que me lo devolvieras, mejor para ti y mucho mejor para tu pueblo. Quieres quedarte con el pedernal; muy bien, guárdalo. Verás algo como pago de esto, algo que no te hará feliz."

Abandonó la cacería y se alejó muy enojado; viajó toda la noche y llegó a casa a la mañana siguiente.

El pueblo de Torihas regresó de la cacería y Hau con los demás. Entró en la casa de sudación, y sacó el pedernal de la oreja y se lo puso sobre la palma. Todo el mundo se acercó a mirarlo. Era sólo un trocito pequeño de algo.

"Cuando cogí esto", dijo Hau, "Katkatchila se enfadó mucho; nos abandonó en la montaña y se fue a su casa."

Todo el pueblo permaneció alrededor mirando al pedernal sobre la mano de Hau.

"Pueblo, habéis hecho mal", dijo Patsotchet. "Katkatchila es muy fuerte y muy rápido; veréis lo que hará. Tiene gran poder, más poder del que creéis, y se vengará. Nos hará sufrir terriblemente. Él es más fuerte que nosotros. Puede hacerlo todo. Veremos algo horrible sin tardar mucho."

"Ahora, pueblo", dijo Torihas, "entremos en la casa de sudación y veremos lo que podemos hacer con este pedernal."

Entraron todos. Hau entró el último porque tenía el pedernal. Lo sacó, lo enseñó de nuevo y dijo: "Cogí esto porque vosotros lo queríais."

Pasaron el pedernal de uno a otro; todos lo miraron, todos lo examinaron. Un anciano dijo: "Tráemelo aquí, déjame verlo." Lo puso en la mano y dijo: "Ahora saldréis todos de la casa de sudación."

Éste era Hilit Kiemila. Salieron y le dejaron solo. Patsotchet continuaba repitiendo: "Katkatchila está enfadado, es rencoroso; sin tardar mucho veremos lo que sucederá."

Tan pronto como Hilit se quedó solo en la casa de sudación, comenzó a frotar el pedernal con las manos y lo colocó entre sus piernas (después Hilit se convirtió en una mosca doméstica, y ésa es la razón por la que las moscas domésticas continúan frotándose las patas una contra otra hoy en día). Él quería agrandar el pedernal. Después de que hubo enrollado y frotado el pedernal durante toda la noche, tenía cuatro o cinco pies de largo, de grueso y de ancho. Dejó caer al suelo el bloque e hizo un gran ruido, un ruido muy fuerte; el pueblo lo oyó a gran distancia. Hilit salió entonces y dijo:

"Entrad todos, pueblo, y mirad al buen pedernal."

Entraron y miraron. Era casi de día a esa hora, y dijeron: "Bueno. No sé lo que será mejor hacer; quizá sería mejor tirar esto fuera. Puede ser malo para nosotros guardarlo aquí. Malo para nosotros tenerlo en la casa de sudación o en el pueblo."

No sabían quién podía transportar el gran bloque, era demasiado pesado. "Quizá Patsotchet pueda transportarlo", dijeron ellos.

Torihas salió afuera y llamó a Patsotchet, diciendo: "Entra en la casa de sudación un momento. Vienes raras veces, pero ven ahora."

Patsotchet dejó su casa, que estaba cerca, y entró en la casa de sudación.

"¿Qué voy a hacer?", preguntó él. "Ahora es demasiado tarde para hacer algo. He sabido sobre Katkatchila durante mucho tiempo. Él es muy fuerte. Hará algo terrible tan pronto como llegue el alba."

"Patsotchet", dijo Torihas, "tú eres un buen hombre. Deseo que cojas este gran pedernal y lo transportes lejos hacia el Norte."

"No quiero cogerlo", dijo Patsotchet. "Pesa demasiado."

Torihas fue a Karili, que vivía un poco más lejos, y le dijo: "Entra en la casa de sudación. Quiero hablar contigo."

Karili entró. "Coge este bloque", dijo Torihas. "Nadie quiere llevarlo lejos, pero tú eres fuerte. Llévalo al Norte por mí."

Karili levantó el bloque, pero cuando lo tuvo fuera de la casa dijo: "No puedo transportar esto. Pesa demasiado. Soy incapaz de transportarlo."

Torihas llamó a Tichelis y le dijo: "Tío, ¿llevarás esto al Norte por mí?"

"¿Por qué no lo cogen otros? ¿Por qué no quieren transportarlo?", preguntó Tichelis. "Bueno, lo cogeré", dijo él después de pensar un momento, y se preparó.

"Cógelo y aléjate en línea recta", dijo Torihas. "Se acerca el alba. Ve recto. Yo iré contigo también y cuando esté en la cima del Toriham Pui Toror gritaré y te enseñaré dónde colocar el bloque."

Tichelis se colocó el pedernal sobre la espalda y marchó aprisa con él.

Cuando Katkatchila llegó a casa contó a su cuñado, Tilikus, y al hermano de su cuñado, Poharamas, y a Yonot, su hermana, cómo le habían robado el pedernal.

Era justo antes de amanecer. Tilikus y Poharamas salieron frente a la casa y barrieron un espacio, dejándolo limpio y cepillado; luego corrieron hacia el Este y cogieron pino, tan lleno de resina como pudieron encontrar. Trajeron gran cantidad, lo partieron muy fino e hicieron un montón grande allí, sobre el lugar cepillado.

Justo en ese momento el pueblo de Torihas estaba en la casa de sudación hablando sobre el robo. "No sucederá nada", decía la mayoría de ellos; "el viejo Patsotchet siempre habla de la misma manera, prediciendo los problemas. Hoy bailaremos. Tichelis se ha llevado lejos esa cosa; todo irá bien ahora."

Yonot, la hermana de Katkatchila, tenía un hijo, un pequeño bebé que se llamaba Pohila (niño de fuego). La mujer nunca salía de casa sola, nunca permitía que nadie sacara a su hijo.

"Ahora, hermana mía", dijo Katkatchila, "trae a tu hijo aquí; saca a mi sobrino y colócale en ese lugar limpio y agradable que hemos barrido. Será agradable para él."

Ella sacó al niño y lo colocó sobre el lugar limpio. Poharamas estaba preparado en el lado sudeste y Tilikus en el lado sudoeste. Tan pronto como Yonot colocó abajo al niño, empujaron hacia él palos de pino con resina. En ese instante se encendió fuego. Cuando el fuego se prendió bien, Poharamas cogió una gran rama de pino resinoso ardiendo y se fue a toda velocidad hacia el Sudeste; Tilikus cogió otra y corrió hacia el Sudoeste. Cuando Poharamas alcanzó el Sudeste donde el cielo se junta con la Tierra, corrió hacia el Norte cerca del cielo; puso la punta de su rama ardiendo sobre el suelo e incendió todo según corría. Cuando Tilikus alcanzó el Sudoeste, el lugar donde el cielo toca a la Tierra, corrió hacia el Norte cerca del cielo. Los dos hermanos iban veloces, dejando una línea de llamas tras ellos, y el humo se elevaba con el fuego en forma de nube.

Después de ponerse en marcha los dos, Yonot cogió rápidamente a Pohila y, según levantaba al niño, una gran llamarada subió del lugar. Entró corriendo en la casa con su hijo y le puso en la cesta donde le había guardado hasta esa mañana.

El pueblo de Torihas había comenzado a bailar. Algún tiempo después del amanecer vieron un gran fuego muy lejos tanto en el Este como en el Oeste.

"¡Oh!, mirad el fuego por los dos lados", dijo uno.

"Está muy lejos y no llegará aquí", dijo otro.

"¡Yo siento el calor ya!", gritó un tercero.

Pronto vieron que el fuego se acercaba a ellos desde el Este y desde el Oeste como enormes olas de agua, y la línea iba hacia el Norte a toda prisa. El fuego producía un gran rugido según ardía, pronto todo estaba abrasado. Por todas partes la gente trataba de escapar, todos se dirigían hacia el Norte. A media mañana el calor y el fuego eran tan grandes que la gente comenzó a desfallecer, gritando:

"¡Oh, tengo calor! ¡Tengo calor!"

Torihas se fue a toda velocidad hacia el Norte y llegó a la cima del Toriham Pui Toror. Cuando vio que se acercaba el fuego llamó a Tichelis que avanzaba penosamente con el gran bloque de pedernal sobre la espalda:

"¡Sigue adelante con el pedernal! ¡Vamos, vamos, el fuego está lejos de aquí, lejos detrás de nosotros!"

Tichelis oyó el grito, pero no dijo nada; siguió hacia el Norte constantemente. Cuando estaba al nordeste de Bohem Puyuk, vio que el fuego se acercaba muy rápido, una llamarada poderosa que rugía hacia el cielo. Venía del Sur, del Este, del Oeste. Tichelis no podía ir más lejos; no había lugar para escapar sobre la tierra; el fuego estaría pronto donde él estaba. El pedernal se había calentado mucho por el calor, lo tiró al suelo; había pelado su espalda, estaba muy caliente y era muy pesado. Corrió bajo la tierra, fue tan lejos como pudo, y se echó allí. Ahora oía el fuego rugiendo sobre él, la tierra estaba ardiendo, estaba enterrado vivo; pronto se encendió todo, tierra, rocas, todo.

Tichelis se fue hacia el cielo de llamas y humo.

Cuando los hermanos Tilikus y Poharamas habían llevado el fuego alrededor del mundo y se encontraron en el Norte, justo a mitad de camino entre el Este y el Oeste, golpearon sus antorchas una con otra y las arrojaron a la tierra. En el momento justo antes de unir las ramas ardiendo, dos personas salieron precipitamente entre ellos. Una era Klabus y la otra Tsaroki, el que había llevado la invitación de Torihas a Katkatchila. Escaparon.

La roca de pedernal que Tichelis dejó caer yace allí todavía, justo donde cayó, y cuando el pueblo Wintu quiere perdernal negro ellos lo encuentran en ese lugar.

Poharamas y Tilikus corrieron a casa tan pronto como golpearon las dos antorchas.

Katkatchila tenía un hermano pequeño. Colocó al niño sobre su espalda y se fue al Sur, más allá de donde el cielo toca a la Tierra.

Yonot, la madre de Pohila, cogió a su hijo y se fue detrás del cielo; su marido, Tilikus, se fue con ella. Poharamas fue a Olelpanti. Voló hasta donde está Olelbis.

Olelbis miraba abajo al mundo que ardía. Sólo podía ver olas de llamas; las rocas estaban ardiendo, la tierra estaba ardiendo, todo estaba ardiendo. Se elevaban grandes espirales y piras de humo; el fuego volaba en llamas hacia el cielo, con grandes chispas y tizones. Estas chispas se convirtieron en *kolchituh* (ojos del cielo) y todas las estrellas que vemos ahora en el cielo vienen de esa época en la que se quemó el primer mundo. Las chispas se fijaron rápidamente en el cielo, y han permanecido allí siempre desde la época del *wakpohas* (fuego del mundo). Las rocas de cuarzo y el fuego en las rocas viene de esa época. No hay fuego en las rocas antes de los *wakpohas*.

Cuando Klabus escapó fue hacia el Este, fuera del cielo, fue al lugar llamado Pom Wai Hudi Pom. Tsaroki subió a la parte oriental del cielo, afuera.

Antes de que comenzara el fuego Olelbis habló con las dos ancianas y dijo: "Abuelas mías, id a trabajar por mí y haced un cimiento. Deseo construir una casa de sudación."

El día antes de que comenzara el fuego, excavaron y limpiaron un lugar para la casa de sudación. Olelbis lo construyó en el camino.

Cuando las dos mujeres habían excavado el cimiento, él preguntó:

"¿Qué clase de madera conseguiré para la piedra angular de la casa?"

"Dirígete hacia el Sur", dijeron las ancianas, "y consigue un gran roble blanco joven, arráncalo con las raíces, tráelo y plántalo en medio para que sostenga la casa."

Él se fue, encontró el árbol y lo trajo.

"Bien, abuelas, ¿qué haré ahora?"

"Ve al Norte y trae un roble negro con sus raíces. Luego ve al Oeste, saca la mano y allí tocarás un roble diferente a los demás."

Se fue al Norte y al Oeste y trajo los dos árboles.

"Ahora", dijo Olelbis, "quiero un árbol del Este."

"Ve recto hacia el Este a un robledal, lo puedes ver desde aquí, consigue uno de esos robles." Él lo trajo con las raíces y dijo:

"Ahora quiero dos árboles más."

"Ve al Sudeste", dijeron ellas, "donde crecen los robles blancos, y consigue dos."

Fue y consiguió dos robles grandes blancos, arrancados con las raíces, y los trajo con todas las ramas, que estaban cubiertas de bellotas.

Olelbis colocó en el medio el gran roble blanco del Sur como piedra angular; luego colocó el roble negro del Norte al lado norte; lo colocó inclinado para que sus ramas estuvieran al lado sur de la casa; frente a éste colocó un roble blanco del Este inclinado de tal forma que la cabeza saliera por el lado norte. El roble del Oeste lo plantó en el lado oeste, inclinado para que sus ramas colgaran por el lado este; luego levantó los dos robles blancos del Sudeste sobre el lado este: seis árboles en total. La copa de cada árbol estaba afuera, opuesta a las raíces; sus bellotas caían por el lado opuesto. Olelbis deseaba atar juntos los árboles, firmemente, para que nunca se aflojaran.

"Alto, nieto", dijo una de las ancianas, "¿cómo atarás la parte de arriba?"

"No tengo nada con que atarlo", contestó Olelbis.

Ella sacó la mano hacia el Sur y trajo sobre ella *humus koriluli* (una planta con flores hermosas). La cogió con raíces, tallos y flores, e hizo una estera larga y estrecha, con todos los tallos y las raíces tejidos en el interior y las flores en el exterior.

"Aquí está, nieto", dijo ella; "pon esto alrededor de la parte alta de la casa y ata los árboles a ella firmemente."

Él hizo esto. La cubierta era hermosa y muy fragante. Él la ató entonces alrededor de los árboles por dentro, en el lugar donde se juntaban en la parte alta de la casa.

Las dos ancianas hicieron ahora cuatro esteras grandes, una para cada lado de la casa. Primero tejieron una estera de *yosoü* (planta de un pie de alta aproximadamente, que no tiene ramas y sólo tiene una mata de flores rojas arriba). Cuando lo terminaron le dijeron a Olelbis que la colocara en el lado norte de la casa.

"Ahora, abuelas", dijo Olelbis, "quiero una cubierta para el lado este."

"Nieto mío", dijo cada una, "sentimos que estés solo, sentimos que no tengas a nadie que te ayude a construir esta casa. Ahora coge esta estera y colócala en el lado este."

Le dieron una estera, hecha de la misma planta que habían utilizado para atar, para colgarla en la parte de arriba de la casa.

"Ahora quiero una cubierta para el lado sur."

Las ancianas pusieron sus manos hacia el Este, y les llegó una planta de un pie de alto con flores blancas, de olor muy dulce.

Llegó una gran cantidad de estas plantas, e hicieron una estera con ellas. Pusieron todas las flores hacia afuera. La estera cubrió el lado sur.

"Ahora, ¿cómo cubriré el lado oeste?"

"Tenemos la cubierta aquí ya, hecha de *kintekchi-luli*" (una planta con flores azules y blancas).

Colocaron la estera en el lado oeste, con las flores vueltas hacia afuera.

Las ancianas le dieron ahora toda clase de plantas hermosas y flores para formar una gran valla alrededor de la casa. Se reunieron toda clase de flores que hay en el mundo alrededor de los pies de esa casa, una enorme valla de ellas; todos los colores hermosos y todos los olores dulces del mundo estaban allí.

Cuando entraron en la casa, el perfume era delicioso. Las dos ancianas dijeron entonces:

"Toda la gente que llegue al mundo de abajo hablará de esta casa y la llamarán Olelpanti Hlut cuando hablen de ella y alaben la casa de las alturas."

Olelbis dijo: "Quiero algo que cubra longitudinalmente cada lado de la puerta. ¿Qué obtendré?"

Las dos dijeron: "Conseguiremos *sau*" (pan de bellota hecho con un gran rodillo redondo como el tronco de un árbol).

Ellas consiguieron *sau,* y pusieron un rodillo a cada lado de la puerta; estos rodillos se pusieron allí para que la gente se sentara.

Olelbis caminó alrededor, miró todo y dijo:

"Quiero que esta casa crezca, que sea más ancha y más

alta, que sea lo suficientemente grande para todos los que vengan aquí."

Entonces la casa comenzó a extenderse y hacerse más ancha y más alta, y se hizo maravillosa tanto en medidas como en esplendor. Justo cuando llegó el alba la casa estaba terminada y preparada. Permaneció hasta el amanecer de la mañana, una montaña de flores hermosas y ramas de robles; todos los colores del mundo estaban en ella, fuera y dentro. El árbol del centro era superior a la parte de arriba de la casa y estaba lleno de bellotas; unas cuantas habían caído a cada lado.

Esa casa se situó allí para durar siempre, el edificio más grande y más hermoso del mundo, arriba y abajo. Nada como ella se construirá nunca otra vez.

"Ahora, nieto mío", dijeron las ancianas, "la casa está construida y terminada. A todos los pueblos del mundo les gustará esta casa. Hablarán de ella y hablarán bien de ella siempre. Esta casa durará siempre y estas flores florecerán siempre; las raíces de las que nacen no morirán nunca."

El fuego del mundo empezó a la mañana siguiente después de haber terminado la casa. Durante el fuego ellos no podían ver nada del mundo de abajo salvo llamas y humo. A Olelbis no le gustó esto.

"Nieto", dijeron las ancianas, "te diremos qué hacer para extinguir ese terrible *wakpohas*. Hay un hombre muy anciano, Kahit Kiemila, que vive muy al norte hacia el Este, fuera del primer cielo. Él permanece allí en un lugar pequeño; está solo y siempre en el mismo lugar. Dile qué hacer y él lo hará. Si no te gusta el fuego ni el humo de allá abajo, dile al hombre que vuelva la cara hacia ti, que coja este camino y que traiga con él a Mem Loimis. Él se sienta con la cabeza entre las manos y el rostro hacia el Norte, y nunca mira arriba. El lugar donde se sienta se llama Waiken Pom Pui Homok Pom."

La primera persona que se acercó a Olelbis el día del fuego fue Kiriu Herit. Éste vino alrededor del amanecer.

"Has terminado la casa, sobrino", dijo él.

"La he terminado", dijo Olelbis, "pero voy a tener problemas, y tú, tío, sube al lado oeste de la casa, mira alrededor a todas partes y dime lo que ves."

Kiriu fue a la parte de arriba de la casa y miró. Pronto vino otro hombre y dijo: "Hermano mío, has terminado la casa."

"Sí", dijo Olelbis, "y tú, hermano mío, sube al lado este de la casa, quédate allí y llama a Kahit."

Éste era Lutchi Herit. Vinieron dos más y saludaron a Olelbis. "Entrad en la casa", dijo. Éstos eran los dos hermanos Tilichi. Vino una quinta persona, Kuntihle, y luego una sexta, Sutunut, una gran persona. Lutchi seguía corriendo alrededor y gritaba mirando hacia el norte:"¡Kahit no puede cogerme! ¡Kahit no puede cogerme!" Kahit se estaba enfadando y pensaba en ponerse a buscar a Lutchi, porque, aunque estaba muy lejos, oía el ruido de sus carreras y su llamada. "Ese viejo Kahit quizá venga, pero no puede cogerme!", gritaba Lutchi, mientras corría alrededor, siempre mirando al Norte.

Entonces Olelbis llamó a Lutchi y a Sutunut y dijo: "Tú, Lutchi, ve al Norte, levanta el cielo y apúntalo; aquí hay un poste de cielo y un puntal de cielo." Volviéndose a Sutunut, arrancó una pluma de cada una de sus alas y dijo: "Ve hacia Kahit, en Waiken Pom Pui Humok Pom; dile que venga al Sur con Mem Loimis. No vive muy lejos de él. Su casa está en la Tierra. Y dile que toque su silbato con todo su aliento. Pon estas dos plumas sobre sus mejillas justo delante de sus orejas."

Lutchi fue rápidamente. Nadie podía viajar tan rápido como él. Alcanzó el cielo al Norte, lo levantó y lo apuntaló. Sutunut dio el mensaje a Kahit, quien levantó lentamente su cabeza de entre las manos y se volvió hacia el Sur. Luego Sutunut puso las plumas en sus mejillas, como le había ordenado Olelbis.

Una persona, Sotchet, que vivía justo al sur de Kahit, habló ahora y dijo:

"Ve delante, Kahit. Tengo prisa por ver a mi padre Olelbis. Te seguiré. Estoy bebiendo la leche de mi madre" (él iba a traer gran cantidad de agua). Su madre era Mem Loimis.

"Ven conmigo, Mem Loimis", dijo Kahit a la madre de Sotchet. "Cuando yo me vaya, adelántate un poco. Te ayudaré más allá."

Olelbis estaba mirando y pensaba: "Kahit está preparado para partir y Mem Loimis está con él."

Luego Olelbis hizo un remo de roble y lo arrojó a donde estaba Sotchet. Sotchet cogió el remo, se lo puso y fue chapoteando a lo largo del río. No lejos de Kahit vivía una anciana, Yoholmit Pokaila. Hizo una cesta de sauce blanco y la terminó justo cuando Mem Loimis estaba preparada para partir. En el mismo lugar estaba Sosini Herit, ya preparado para avanzar. En una mano sostenía un arco y flechas, y con la otra iba a nadar.

Olelbis vio todo esto, miró y supo lo que la gente estaba haciendo o preparando para hacer. "Abuelas", dijo él, "Mem Lomis está preparada para marcharse. Kahit está preparado. Todo la gente que les rodea les seguirán."

El gran fuego estaba ardiendo, rugiendo por toda la Tierra, quemando rocas, tierra, árboles, gente, quemándolo todo.

Mem Loimis partió, y con ella Kahit. El agua se precipitó por el lugar abierto que había hecho Lutchi cuando levantó el cielo. Se precipitó como una multitud de ríos, cubrió la tierra y extinguió el fuego según seguía su curso hacia el Sur. Había tantísima agua afuera que no podía atravesar, se elevó hacia lo alto del cielo y se fue en dirección a Olelpanti.

Olelbis fue a lo alto de la casa de sudación y se quedó mirando hacia el Norte. Sula Kiemila y Toko Kiemila habían llegado aquella mañana. "Ocupad vuestro lugar al norte de la casa de sudación", dijo Olelbis, y así hicieron ellos. Olelbis vio que con el agua todo venía hacia él desde el Norte, toda clase de gentes que sabían nadar. Eran tantos que nadie podía contarlos. Antes de que hubiese construido la casa de sudación, las dos abuelas le habían dicho a Olelbis: "Ve lejos, hacia el

Sur, y consigue *pilok,* que es una planta alta de fibra fuerte, y haz una cuerda." Él así lo hizo y trenzó una cuerda de *pilok.* Con ella hizo una honda. Puso una mano hacia el Oeste y vino a ella *kilson,* una piedra blanca redonda de una pulgada y media de diámetro. Puso la piedra en la honda, se sujetó la honda alrededor de la cabeza y allí la mantuvo.

Luego cogió esta honda con la mano y se quedó mirando preparado para lanzar la piedra a algo que llegaba con el agua. Olelbis tiró con la mano izquierda. Era zurdo, y por esta razón le llamaban Nomhlyestawa (tirando al Oeste con la mano izquierda).

Mem Loimis seguía adelante y el agua subió a la altura de las montañas. Siguiendo de cerca a Mem Loimis venía Kahit. Tenía un silbato en la boca; según se movía hacia adelante lo tocaba con toda su fuerza y hacía un ruido terrible. El silbato era suyo; él lo había tenido siempre. Venía volando y tocando. Parecía un enorme murciélago con las alas extendidas. Según volaba al Sur hacia el otro lado del cielo, las dos plumas de sus mejillas crecían, se hicieron inmensamente largas, ondeando arriba y abajo, crecieron hasta que podían tocar el cielo por los dos lados.

Mientras Kahit continuaba volando y tocando su silbato, la anciana Yoholmit yacía en su cesta; flotaba en ella sobre las grandes olas y reía y gritaba: "¡Eh! ¡Eh!"

"¡Qué contenta está mi tía al ver el agua; oíd cómo se ríe!", dijo Olelbis. Y él le dio a ella dos nombres nuevos: Surut Womulmit (mujer de cinturón de pelo) y Mem Hlosmulmit (mujer espuma de agua). "Mirad a mi tía", dijo Olelbis de nuevo. "¡Se alegra de ver el agua!"

Según se reía y gritaba Yoholmit decía:

"¡Agua, tú eres grande! ¡Crece todo el tiempo! Sé tan profunda que pueda flotar y flotar, flotar toda mi vida."

Olelbis estaba mirando alrededor. Sosini Herit estaba llegando. Sostenía un arco y flechas en una mano y nadaba con la otra. Estaba justo detrás de Yoholmit.

"Mirad a mi hermano Sosini, mirad cómo nada", dijo Olelbis. Cuando las montañas de agua se acercaban a toda velocidad, Olelbis dijo a las dos ancianas: "Entrad en la casa de sudación." Los dos hermanos, Kuntihle y Tede Wiu, entraron también. Olelbis estaba preparado para usar su honda. Cuando Yoholmit se estaba acercando, él le tiró una piedra. No le dio. Él no deseaba darle. Dio a la cesta y la envió lejos hacia el Este hasta que la cesta alcanzó el cielo.

Cuando el agua alcanzó Toko, se dividió, fue al Este y al Oeste, no continuó hacia el Sur, a Olelpanti. En este momento Olelbis vio un tronco hueco que venía del Norte. Sobre él iban sentadas algunas de las gentes de Tede Memtulit y Bisus. Justo detrás del tronco venía alguien con un gran sauce en la boca, algunas veces nadaba al Este, otras veces nadaba al Oeste. Azotaba el agua con su nuevo remo, haciendo un gran ruido. Éste era Sotchet, el hijo de Mem Loimis. Olelbis golpeó el tronco con una piedra de su honda y arrojó lejos, hacia el Oeste, a todos los de Memtulit, a todos menos a uno, que llegó a la casa de sudación y dijo:

"Hermano mío, me gustaría quedarme aquí contigo." Éste era Tede Memtulit.

"Quédate aquí", dijo Olelbis.

El siguiente en llegar fue Wokwuk. Él era grande y hermoso y tenía unos ojos muy rojos. Cuando Kahit vino volando hacia la casa de sudación y estaba todavía al norte de ella, Olelbis le gritó:

"Tío, hemos tenido viento y agua suficiente, ¿por qué no los detienes?"

Kahit se alejó volando hacia el Este e hizo volver a Mem Loimis. Dijo: "Mem Loimis, tú eres grande y muy fuerte, pero yo soy más fuerte. ¡Regresa! Si no lo haces, yo te detendré. Ve a casa!"

Mem Loimis regresó al Norte, entró en la tierra donde ella había vivido antes. Kahit fue al Este, luego volvió y fue al

Norte, donde había estado al principio, y se sentó de nuevo en silencio con la cabeza entre las manos.

Cuando Mem Loimis y Kahit se habían ido a casa, desapareció todo el agua; de nuevo hubo calma, tiempo seco y claro en todas partes. Olelbis miró hacia abajo a la Tierra, pero no podía ver nada: no veía montañas, ni árboles, ni tierra, nada excepto rocas desnudas y lavadas. Se quedó mirando en todas direcciones, miró al Este, al Norte, al Oeste, al Sur, para ver si podía encontrar algo. No encontró nada. Después de un rato vio en la cavidad de una gran roca un poco de agua, todo lo que había quedado. La roca estaba en Tsarau Heril.

"Abuelas mías", preguntó Olelbis, "¿qué haré ahora? Mirad por todas partes, no hay nada en el mundo de abajo excepto rocas desnudas. No me gusta."

"Espera un poco, nieto", dijeron ellas. "Veremos si podemos encontrar algo en alguna parte. Quizá podamos."

En esta tierra no había ríos, ni riachuelos, ni agua en ninguna parte salvo ese agua de Tsarau Heril. Ésta era la mañana después de que Mem Loimis se hubiera ido a casa.

En este momento llegó una persona a Olelpanti desde el Este, Klabus Herit. "Tío mío", dijo Olelbis a Klabus, "estoy mirando a todo el mundo de abajo, pero no puedo ver nada sobre él. ¿Conoces algún lugar más allá del cielo en el Norte, Sur, Este y Oeste, donde haya tierra?"

"No conozco ningún lugar donde haya tierra", dijo Klabus.

Pronto vieron llegar desde el Oeste a otra persona, Yilahl Herit. Cuando subió, Olelbis preguntó:

"Tío mío, ¿sabes algo de tierra, árboles o gente en algún lugar más allá del cielo?"

"No", contestó Yilahl. "¿Pero estáis todos bien aquí?"

"Estamos bien e ilesos", contestó Olelbis. "¿Cómo viniste aquí? ¿Qué camino tomaste? ¿Dónde permaneciste ya que el fuego del mundo no te ha quemado?", preguntó Klabus a Yilahl.

"Te lo contaré", dijo Yilahl. "Cuando comenzó el fuego, fui al Oeste, fui bajo el cielo donde toca al mundo más bajo, y salí por el otro lado. El fuego no fue allí. Hay tierra ahora en ese lugar."

"Tíos míos", dijo Olelbis, "quiero que bajéis los dos, que vayáis al Oeste y consigáis esa tierra para mí."

"Lo haré", dijo Klabus y, volviéndose a las dos ancianas, dijo: "Dadme dos cestas, dos cestas redondas muy grandes."

Las dos mujeres fabricaron dos cestas muy grandes. Klabus las cogió y se fue al Oeste con Yilahl. Tan pronto como ellos salieron, Olelbis cogió una gran red de cielo *(kolchi koro)* y la extendió; llegó a los confines del cielo en todas direcciones; estaba llena de agujeros pequeños y finos, como una criba. La extendió en Olelpanti; la puso bajo su casa de sudación. Todavía está sobre este mundo, pero no podemos verla.

Klabus y Yilahl fueron al Oeste, donde estaba la tierra. Klabus excavó y llenó las cestas rápidamente; fue al lado norte de la casa de sudación y tiró la tierra sobre la gran criba, luego regresó con rapidez y trajo más tierra y la tiró sobre la criba. Caía abajo a través de la criba, caía como lluvia sobre las rocas de este mundo.

Klabus regresaba y se marchaba rápidamente, transportando una cesta en cada brazo. Estuvo yendo y viniendo durante cinco días y cinco noches; estuvo cayendo tierra fina todo este tiempo hasta que se cubrieron las rocas y hubo abundancia de tierra en todas partes.

Yilahl no le ayudó. Él bajó la primera vez con Klabus, le enseñó la Tierra y se quedó allí, pero no le ayudó a transportar la tierra ni a excavarla.

Cuando Klabus hubo cubierto todas las rocas con tierra buena, Olelbis le dijo que descansara.

"Ve al Oeste y dile a Yilahl que te ayude", dijo Olelbis a Klabus a la mañana siguiente, después de haber descansado.

"Dile que trabaje contigo, que fije la tierra que tú has arrojado. Id los dos; haced las montañas, las colinas, y allanad el campo, arreglad todo."

El fuego no era visible en ninguna parte; cada trozo se había apagado con la inundación que había llegado después de que Lutchi apuntalara el cielo. Yilahl salió a este mundo de abajo desde el límite del cielo del Oeste y Klabus salió desde debajo de él en el Este. Los dos se encontraron y fueron a trabajar. Yilahl hizo las colinas pequeñas y fijó el campo ondulado. Klabus elevó las grandes montañas y cadenas montañosas. Todavía no había nada más que tierra y rocas; no había gente trabajando, sólo estos dos: Klabus y Yilalh. Olelbis se quedaba observando y mirando; miró cinco días, no encontró fuego en ningún lugar. Al día siguiente vio un pequeño humo en el Sudoeste que subía recto como a través de una pequeña abertura. Olelbis tenía un winishuyat sobre la cabeza atado al pelo, y el winishuyat le dijo:

"Hermano mío, mira: hay un fuego pequeño allá abajo en el Sur; una mujer de allí tiene fuego en una cesta pequeña."

Esta mujer era Yonot, la madre de Pohila, que había regresado para vivir en su antigua casa.

"Hermano mío", dijo Olelbis, dirigiéndose a Tede Wiu, "¿ves aquel lugar de allí? Ve a traerme fuego."

Tede Wiu fue rápidamente al lugar donde Olelbis había visto el humo. Encontró una casa y al mirar por una rendija vio el resplandor del fuego, pero no el fuego.

Tede Wiu estuvo mirando cinco días y cinco noches. No podía entrar en la casa donde estaba la cesta. Esa casa estaba cerrada firmemente y no tenía puerta. Al final regresó a Olelpanti sin fuego.

"Me gustaría coger el pez que vi saltar en ese agua sureña", dijo Kuntihle, "pero no podríamos cocinar el pez si lo tuviéramos porque no tenemos fuego."

"Sería mejor que fueras a intentar conseguir fuego", dijo Olelbis.

Kuntihle fue a mirar cinco días. No pudo entrar en la casa y no salía ningún fuego. Regresó a Olelpanti.

"Necesitamos fuego", dijo Olelbis, "pero ¿cómo lo conseguiremos? Ve otra vez a intentarlo", le dijo a Tede Wiu. "Mira hasta que salga fuego o entra y cógelo."

Klabus y Yilahl estaban trabajando todavía.

Tede Wiu fue, se deslizó bajo la casa, observó cinco días y cinco noches, estuvo justo debajo de la cesta en la que estaba Pohila.

Al sexto día, por la mañana muy temprano, antes de que rompiera el día, cayó una chispa de fuego. Tede Wiu cogió la chispa, salió corriendo rápidamente y se la llevó con prontitud a Olelbis.

Ahora tenían fuego en Olelpanti y estaban contentos. Ni Yonot, la madre, ni Tilikus, el padre de Pohila, sabían que se habían llevado fuego a Olelpanti.

Klabus y Yilahl estaban todavía trabajando haciendo las montañas y valles, y casi habían terminado.

Ahora que había fuego en Olelpanti, Kuntihle dijo: "Iré a ver ese pez. Tilitchi, ¿vendrás conmigo?"

Tilitchi fue. Antes de que partieran Olelbis les dio una red para peces. Ellos cogieron un pez y regresaron, lo arreglaron, lo cocinaron y se lo comieron.

"Es un buen pescado", dijo Olelbis. "¿Cómo lo conseguiste en ese agua? Ese pozo de la roca es pequeño y redondo. El agua no corre dentro de él. Abuelas, ¿qué haré con este pozo y los peces que hay dentro de él?"

"Te lo diremos", dijeron las ancianas. "Ve al Oeste bajo el cielo, corta un listón de cielo, tráelo aquí y haz con él un poste puntiagudo."

Klabus y Yilahl estaban poniendo ya la cima sobre Bohem Puyuk; todas las demás montañas del mundo estaban terminadas.

Olelbis fue al Oeste, consiguió el poste de cielo y afiló uno de sus extremos. Clavó el poste a los pies de Bohem Puyuk, tiró de la otra punta hacia el Sur haciendo un surco profundo. Luego clavó el poste al Norte, más alejado, e hizo un segundo surco para unir el extremo oriental del primero. No había agua todavía en ninguno de los surcos, y Olelbis dijo:

"Ahora, abuelas mías, ¿qué haré a continuación?"

"Coge esta raíz de vid", dijeron. "Lánzala al lugar donde clavaste el poste a los pies de Bohem Puyuk."

Lanzó la raíz. Un extremo entró en la montaña, el otro colgaba; brotó el agua desde éste.

"Esto se llamará Wini Mem", dijeron las abuelas. "El campo que le rodea será bueno; en el futuro irá allí a vivir mucha gente."

Las abuelas le dieron una segunda raíz, una raíz de espadaña, y Olelbis la tiró hacia el Norte, donde un extremo se clavó en la tierra como la raíz de vid, y del otro extremo brotó Pui Mem. Hoy en día hay muchas espadañas en el nacimiento del Pui Mem.

Olelbis cogió otra vez el poste de cielo e hizo surcos profundos desde Bohema Mem hacia el Sur, surcos grandes para ríos grandes y surcos pequeños para riachuelos. El agua fluyó y llenó los surcos, fluyó hacia el Sur hasta que alcanzó el lugar donde Kuntihle encontró el primer pez, y cuando el gran río alcanzó ese pozo pequeño los peces salieron al río y del río a todos los riachuelos y ríos.

Cuando se terminaron los ríos y el agua corría por ellos, Olelbis vio un bellotero en el Este, fuera del cielo. Miró al lado norte del árbol y vio a alguien martilleándolo. Lanzó una piedra con su honda, derribó a la persona y envió a Tilitchi para que se lo trajera. Tilitchi se lo trajo.

"¿De qué pueblo es?", preguntó a las ancianas.

"De un buen pueblo", contestaron ellas. "Ponlo en la piedra angular de la casa de sudación; le llamaremos Tsurat."

Tsurat sólo estaba aturdido. Cuando llevaron a Tsurat a la piedra angular, escaló, y paraba a cada momento para martillear. El sonido que hacía, "¡Ya-tuck! ¡Ya-tuck!", se oía desde fuera de la casa de sudación. Un buen sonido; a todos les gustaba oírlo.

Olelbis vio en el mismo árbol otro de la misma familia. Cuando le trajeron, las ancianas dijeron: "Éste es Min Taitai, ponle sobre la tierra al este del fuego." El fuego estaba en el centro.

Min Taitai comenzó a hablar para sí mismo. Ellos podían oír dos palabras: "¡Wit, wit!" (regresa, regresa).

Olelbis aturdió a una tercera persona, que fue traída por Tilitchi. Las ancianas dijeron: "Él también es de un buen pueblo, es Hessiha; déjale que esté con Min Taitai, y pon una cesta de tierra roja y agua cerca de ellos."

Min Taitai hablaba para sí mismo: "¡Wit, wit!"

"¿Qué es wit, wit?", preguntó Hessiha.

Min Taitai contestó: "Sas (el Sol) se estaba poniendo y ahora regresa; eso es lo que es wit, wit."

"¿Quién regresa?", preguntó Hessiha.

"Sas regresa."

"Sas no regresa, siempre sigue."

(En invierno Sas baja al Sur y en verano regresa al Norte. Min Taitai estaba diciendo que Sas regresaba, subía al Norte. Hessiha pensaba que él estaba diciendo que Sas se ponía hacia el Oeste y ahora regresaba al Este sin ponerse.)

"Wit, wit (regresa, regresa)", dijo Min Taitai.

"¡Cherep, cherep!" (sigue, sigue), decía Hessiha.

Pronto llegaron a las manos, empezaron a luchar; mientras luchaban, Hessiha cogió barro rojo de la cesta y lo tiró. Min Taitai cogió barro también y se lo tiró a Hessiha. Pronto estuvieron los dos cubiertos de barro y agua.

Tréboles, hierbas hermosas y plantas de todas clases estaban creciendo alrededor de la casa de sudación de Olelpanti. Todo el lugar era un manojo de flores. "Ahora, abuelas", dijo Olelbis, "decidme lo que pensáis. Toda la tierra de debajo de nosotros está desierta; no hay nada sobre ella. ¿Qué podemos hacer por ella?"

"Nieto mío, en un lugar del Sudeste hay una casa en la que vive gente. El lugar se llama Hlihli Pui Hlutton (lugar de reunión al Este). Allí vive un anciano. Envía a Tsurat a que nos lo traiga."

"Lo haré", dijo Olelbis, y envió a Tsurat, que trajo a Hlihli Kiemila, que había vivido toda su vida en esa casa del Este. Cuando Olelbis miró al anciano, dijo a Tsurat: "Ve al mundo de abajo con Hlihli. Llévale por todo él, norte, sur, este y oeste."

Hlihli era por fuera como una bellota vieja comida por los gusanos; por dentro era como harina o rapé, y cuando se movía este interior se separaba de él. Tenía una hija, Hlihli Loimis, y ella tenía muchos hijos.

Tsurat llevó a Hlihli por todo el mundo, y cuando llevaban ya cinco días, gracias al polvo que caía de él, brotaban por todas partes arbustos de robles pequeños. Cogieron semillas de los tréboles que crecían alrededor de la casa de sudación de Olelpanti y las esparcieron; los tréboles crecieron por todas partes. Olelbis echó toda clase de semillas de las flores que florecían en Olelpanti.

Un poco hacia el Este de la casa de sudación de Olelbis vivía Sedit. En el momento del fuego corrió bajo el cielo hacia el Sur y subió al cielo, a Olelpanti. Allí permaneció con Olelbis hasta que se detuvieron el fuego y el agua. Luego fue al Este, a poca distancia, y se hizo una casa. Durante la inundación Sedit cogió a Wokwuk, y después construyó una casa para él cerca de la suya.

Había una gran roca al este de la casa de Sedit. Olelbis vio a Chuluhl sentado en esta roca y dijo:

"Hermano mío, he puesto tréboles en la tierra. Quiero que bajes allí y te quedes con esos tréboles, quédate con ellos siempre. El sitio es bueno para ti." Este sitio era Tokuston en Pui Mem. Toma este *pontcheuchi* (cinta de la cabeza hecha de rocío), llévalo alrededor de la cabeza, llévalo siempre, conserva al trébol, pon la cabeza entre las hojas y mantén la hierba y el trébol húmedos y verdes siempre. Cogeré esa roca que está cerca de la casa de Sadit y la pondré abajo en la tierra para ti" (la roca está situada ahora a unas cincuenta millas sobre Paspuisono. Se llama Pui Toleson: roca inclinada al Este).

Wokwuk perdió en la época de la inundación el dedo del medio y más largo de una mano; éste se alejó hacia el Norte y después de un tiempo se convirtió en un ciervo, y de ese ciervo vinieron todos los ciervos del mundo de después del fuego.

Cuando Kahit y Mem Loimis fueron al Este camino de casa, Wokwuk perdió una pluma pequeña de la parte superior de uno de sus ojos. Ésta fue hacia el Oeste y se convirtió en hermosas conchas *tsanteris*. También perdió dos plumas del cuello. Fueron al Oeste y se convirtieron en *kalas* y de ellas provienen todas las conchas de perla. Perdió la punta del dedo pequeño. Fue al Oeste y aquí abajo se convirtió en el pájaro Wokwuk. Perdió saliva. Fue al Este por el agua y se transformó en cuentas azules, como las que lleva la gente ahora alrededor del cuello. Wokwuk perdió una pequeña parte de su intestino. Fue al Sur sobre el agua y se convirtió en *mempak;* de esto proviene todo el *mempak* (agua hueso). Perdió un trozo de columna vertebral. Fue al Este por el agua y se conviritió en un alce y de ese alce vienen todos los alces.

Un día, cuando todos estaban diciendo a Olelbis lo que iban a hacer, dijo Sedit a Olelbis: "Hijo, voy a quitarme la piel y dejaré que caiga al mundo de abajo."

"Hazlo", dijo Olelbis.

Sedit se quitó la piel como si fuera un abrigo y la arrojó a este mundo.

"Ahora habrá Sedits por todas partes allí abajo", dijo.

Mientras Olelbis estaba reuniendo en Olelpanti a todas las gentes procedentes de todos los lugares de fuera de este cielo que hay sobre nosotros, Min Taitai y Hessiha estaban discutiendo y echándose barro rojo uno a otro.

Olelbis reunió a gente de todas partes hasta que los reunió

a todos en su casa. Estaban allí en multitudes y a millares, cantando y hablando dentro y fuera, por todo Olelpanti.

Una mañana Olelbis dijo a las ancianas:

"Abuelas mías, no sé deciros qué hacer ni cómo conseguir lo que quiero, pero lejos al oeste de aquí hay una cordillera que se extiende de Sur a Norte, y sobre esa cordillera gente de alguna clase viene del Sur y se acerca al Norte; hacen eso todos los días; van hacia el Norte por esa cordillera, y no sé qué clase de gente es. Cuando están sobre la cima de la cordillera, corren al Norte muy deprisa. Tan pronto como Klabus y Yilahl terminaron de nivelar el suelo y las colinas y montañas del mundo de abajo, estas gentes comenzaron a viajar por la cordillera de esta forma, y están yendo hacia el Norte desde entonces."

"No conoces a esas gentes", dijeron las ancianas, "pero nosotras las conocemos, los hermanos Katkatchila los conocen; son Kahsuku, los perros nublados, el pueblo nublado. Si deseas conocer más sobre este pueblo nublado, pregunta al mayor de los Katkatchila; él los conoce; él vive ahora lejos en el Oeste; ve a preguntarle, ve tú mismo."

Olelbis salió a la mañana siguiente temprano, y antes de que alcanzara la casa de Katkatchila en el Oeste, se acercó a alguien que estaba inclinado mirando hacia el Sur. Era el mayor de los Katkatchila que estaba observando al pueblo nublado.

"¡Detente, hermano mío", dijo Katkatchila, "y observa conmigo!"

Los dos miraron a lo largo de la cordillera hacia el Sur, era antes del amanecer, y vieron a una persona que se acercó un poco más, luego dio la vuelta y regresó. No se acercó más porque vio a Olelbis. El pueblo nublado es muy tímido. Pueden ver a gran distancia y tienen un olfato muy agudo. Cuando vio a Olelbis, huyó a casa.

"Hermano mío", dijo Katkatchila a Olelbis, "hemos estado observando aquí el regreso de este pueblo nublado. Los hemos visto noche y día, mi hermano pequeño y yo. Mi hermano está cerca de la ladera oriental de esta cordillera que va de Norte a Sur; él todavia permanece allí observando."

"¿Qué significa pueblo nublado?", preguntó Olelbis. "¿Qué tipo de pueblo es? Sólo he visto la cabeza y el cuello de uno; por lo que he visto bien, parecen buenos. Desearía, hermanos míos, que cogierais a uno de este pueblo, si podéis."

"¿Cómo es que no conoces a este pueblo?", preguntó Katkatchila. "Deberías conocerlo; has visto todos los lugares, a todas las personas, todas las cosas; deberías conocer a este pueblo. Te contaré cómo vinieron. Mi hermana y yo hicimos el gran fuego del mundo; hicimos el *wakpohas* porque Torihas y su pueblo me robaron mi pedernal. Yo estaba enfadado. Le dije a mi hermana que sacara a su niño de casa. Pusimos pino con resina alrededor de él y el fuego se encendió desde el bebé. Cuando el fuego estaba quemando todo lo que había sobre la Tierra y había grandes llamas y humo, llegó una gran cantidad de agua y un fuerte viento; el agua llenó todo el mundo con su corriente y el viento se llevó la corriente y el humo del gran fuego, y se los llevó lejos hacia el Sur, donde se convirtieron en pueblo, el pueblo nublado. Estas gentes son rojas, blancas o negras, todos ellos, y siempre van hacia el Norte. Tienen buenas cabezas y cuellos largos."

"Me gustaría quedarme cerca de algunos de este pueblo y mirarlos", dijo Olelbis.

"No me gusta verles ir al Norte", dijo Katkatchila. "Mi hermano y yo estamos intentando hacerles regresar; pero van al Norte a nuestro pesar. Mi hermano está en la otra ladera de allí para retenerlos, pero vuelven un poco al Este y le rodean."

"Trae a tu hermano aquí", dijo Olelbis.

Katkatchila trajo a su hermano y dijeron los dos:

"Este pueblo nublado es muy salvaje; no podemos acercarnos a ellos. Pero me gustaría hacerles retroceder o cogerlos."

"Hermanos míos, id al Oeste", dijo Olelbis, "y conseguid algo para tapar ese desfiladero del Este por donde os adelanta este pueblo nublado y se va hacia el Norte. Tapad esa abertura del Este y tapad la ladera occidental también, dejando sólo un lugar estrecho para que pasen. Conseguid madera de tejo, haced con ella una cerca alta y tapad la ladera oriental."

Ellos trajeron la madera de tejo e hicieron una cerca muy alta en la ladera oriental, y luego otra en el Oeste, dejando abierto solamente un paso estrecho.

"Ahora ve al Este", dijo Olelbis, "consigue *katsau,* que es una planta fuerte y fibrosa, y haz cordeles con ellas. Haz una cuerda con el cordel y pon una trampa en la abertura de la cerca de la ladera occidental para coger a ese pueblo nublado."

El hermano mayor estaba en la cordillera cerca de la ladera occidental, y el pequeño en la cordillera cerca de la ladera oriental. Los hermanos hicieron una trampa y la colocaron en la ladera occidental. Los dos observaron y esperaron a que llegaran los nublados.

"Ahora, hermanos míos", dijo Olelbis cuando vio el trabajo, "observad bien a este pueblo, ahuyentadlos hacia la trampa y yo regresaré a Olelpanti."

A la mañana siguiente temprano los dos hermanos estaban observando, y muy pronto vieron que llegaba un gran número del pueblo nublado. Los dos hermanos estaban tumbados en el suelo en el centro de la cordillera para que los nublados no pudieran verles. Los nublados observaban de cerca. Llegaron al lugar donde siempre habían vuelto al Este para adelantar al pequeño de los Katkatchila; chocaron contra la cerca y no pudieron pasar. Se dieron la vuelta y fueron hacia el Oeste para pasar al Norte a lo largo de la cordillera central; pero cuando los dos hermanos se pusieron de pie, los nublados se fueron hacia la ladera occidental y cayeron en la trampa.

Olelbis vio esto y dijo: "Ahora mis hermanos les están haciendo retroceder. ¡Tengo que ir a verlo!", y corrió a toda velocidad.

"Oh, hermano nuestro", dijeron los Katkatchila cuando llegó, "hemos cogido a un nublado. Todos los demás atravesaron la cerca. La rompieron. Cogimos uno, los otros se fueron a toda velocidad."

Olelbis miró al nublado y dijo:

"¡Éste es de los negros! ¡Tiraron la cerca y huyeron! Es un pueblo fuerte."

"Ahora, hermano mío", dijo el mayor de los Katkatchila, "pelaremos a este nublado y podrás tener la piel. Te la daremos a ti."

"Me alegrará tenerla", dijo Olelbis.

Le quitaron la piel al nublado y, cuando se la dieron a Olelbis, el mayor dijo: "Tendrás que curtirla con cuidado."

"Haced otra cerca", dijo Olelbis, "pero hacedla más fuerte. Cogeréis más de este pueblo."

"Un gran número de nublados han pasado a través de nuestra cerca hoy y han ido al Norte. Otros se fueron antes de que hiciéramos la cerca. Veremos a estas gentes más tarde", dijo Katkatchila (él quería decir que los nublados se quedarían en el Norte y se convertirían en otro pueblo; permacenerían allí siempre).

Olelbis cogió la piel, se volvió en dirección a casa y viajó. Iba frotándola con las manos, curtiéndola por el camino. Los hermanos colocaron al cadáver en un agujero y lo enterraron, sin preocuparse por la carne. Sólo querían la piel.

Olelbis siguió adelante e iba curtiendo la piel del nublado negro, y caminó por todas partes mientras la curtía. Se alejó hacia el Oeste, luego al Norte, luego al Sur, luego al Este. Al final llegó a casa con la piel bien curtida. La extendió, la estiró y la alisó. Los dos hermanos Katkatchila no habían sido capaces todavía de coger a otro nublado, pero estuvieron trabajando en ello todo el tiempo. Después de que Olelbis extendiera la piel sobre el suelo, la levantó y dijo a una de las ancianas:

"Mi abuela siempre tiene frío; démosle esta piel", y se la dio a ella. Cada una de las dos ancianas dijo:

"Nieto mío, nos alegramos de tener esta piel. Ahora dormiremos calientes."

Olelbis dijo: "Tengo que irme a ver cómo mis hermanos hacen retroceder a más de ese pueblo nublado." Y se fue.

"No podemos coger a estos nublados", dijo el hermano mayor. "Ellos atraviesan nuestra cerca, escapan, no podemos cogerlos; se han ido al Norte, se quedarán allí y se convertirán en un nuevo pueblo. Sólo hemos cogido uno, uno blanco. Aquellos que han escapado se convertirán en un nuevo pueblo; serán Yola Ka" (nubes de nieve).

Los Katkatchila quitaron la piel al nublado blanco y se la dieron a Olelbis. Él fue al Norte, al Sur, al Este y al Oeste, curtiéndola de la misma forma que había curtido la piel negra. Después de que la hubiera curtido bien, extendió la piel, la estiró y la alisó; luego se la dio a la otra abuela.

Las dos ancianas estaban contentas ahora. Las dos dijeron:

"Ahora dormiremos siempre calientes por la noche."

Al día siguiente los dos hermanos cogieron un tercer nublado, uno rojo, pero se quedaron ellos con esa piel. No se la dieron a Olelbis, porque él les había dicho que la guardaran. Ahora vemos esta piel muy a menudo, porque los hermanos la cuelgan cuando quieren en el Oeste y algunas veces en el Este.

"Ahora", dijeron las dos ancianas, "tenemos esta piel blanca y esta piel negra. Cuando colguemos la piel blanca fuera de esta casa, saldrán nubes blancas de ella, bajarán lejos hacia el Sur, donde la gente comenzó a vivir, y luego vendrán desde el Sur y viajarán al Norte para traer la lluvia. Cuando regresen, colgaremos la piel negra, y de ella saldrán muchas grandes nubes negras, y de estas nubes caerá una fuerte lluvia sobre todo el mundo de abajo."

Desde ese momento las ancianas cuelgan las dos pieles, primero la blanca, luego la negra, y cuando han salido suficientes nubes, meten otra vez las pieles en la casa de sudación, y de estas dos pieles proviene toda la lluvia para la gente de este mundo.

"El pueblo nublado que se fue al Norte se quedará en el Noroeste", dijo Olelbis, "y de ahora en adelante de ellos provendrá la nieve para la gente."

Durante todo este tiempo la gente de Olelpanti cantaba y hablaba. Cualquiera podía oírles a distancia. Olelbis había traído muchas clases diferentes de pueblos, otros habían llegado por sí mismos, y todavía llegaban otros. Después de curtir las dos pieles, vino un hombre y ocupó su lugar sobre la puerta de la casa de sudación, y se sentó allí con el rostro hacia el Este. Era Kar Kiemila. Justo detrás de él venía Tsararok, que ocupó su lugar al lado de Kar. El siguiente en llegar fue Kau; luego vinieron los hermanos Hus y Wehl Dilidili. Todos éstos, que estaban en la casa de sudación y en sus alrededores, se preguntaban unos a otros:

"¿Qué haremos? ¿Dónde viviremos? Nos gustaría saber lo que hará Olelbis con nosotros."

"Sabremos muy pronto adónde vamos a ir", dijeron Toko y Sula. "Olelbis nos pondrá en nuestro lugar; él es el jefe de todo."

A la mañana siguiente dijo Olelbis: "Ahora, abuelas, ¿qué creéis que es mejor? ¿Qué haremos con la gente de aquí? ¿Es mejor para ellos quedarse en Olelpanti?"

"Nieto nuestro", contestaron las ancianas, "envía al mundo de abajo a todos los que no sean necesarios aquí; transfórmalos en algo bueno para la gente que llegará pronto, los equipados para este lugar. Las grandes personas, los mejores, los mantendrás en Olelpanti y envía abajo una pequeña parte de cada uno de ellos y transfórmalos en algo del mundo de abajo y que sea de utilidad para la gente de allí."

Olelbis llamó a todos los que estaban en la casa de sudación y comenzó a enviarles a sus lugares.

A Kar le dijo: "Ve a vivir en Wini Mem. Sé allí una garza gris; hay un buen campo para ti." (Antes de que llegara el hombre blanco había muchas de estas aves en aquel río.)

A Toko le dijo: "Ve a Kawiken en Pui Mem. Sé un pez luna y vive allí siempre. Tú, Sula, ve al sur de Bohem Puyuk en Wini Mem. Sé una trucha y vive en Sulanharas."

A Torihas le dijo: "Tú serás una grulla azul", y a Chalilak: "Tú serás un ganso. Los dos tendréis dos lugares donde vivir, uno en el Sur y otro en el Norte. Iréis al Norte en primavera y viviréis allí todo el verano; iréis al Sur al final y viviréis en el Sur todo el invierno. Haced esto siempre; haced ese viaje todos los años."

A Kiriu le dijo: "Ve a vivir sobre el agua. Tú serás un somorgujo, irás río arriba y abajo en los grandes ríos durante toda tu vida."

A Katsi le dijo: "Serás un pigargo, cogerás peces y te los comerás, vivirás a lo largo de los ríos."

Olelbis arrancó del cuello de Moihas una pluma pequeña. La tiró abajo y dijo: "Sé un águila y vive en las altas montañas." Todas las águilas comunes de la Tierra provienen de esa pluma, pero el gran Moihas se quedó arriba con Olelbis, donde está ahora.

Olelbis arrancó una pluma de Lutchi, la tiró abajo y dijo: "Serás un colibrí. Vuela en primavera cuando llega la hierba verde y los árboles y cuando se abren las flores. Estarás sobre las flores y volarás de una a otra en todas partes." Lutchi se quedó en Olelpanti.

Olelbis cogió una pluma de Kau, la tiró abajo y dijo: "Volarás a lo largo de los ríos, sé una garza blanca y vive cerca de ellas siempre." El gran Kau se quedó en Olelpanti con Olelbis.

Del mayor de los hermanos Hus arrancó un pluma del lado derecho, envió la pluma abajo a esta tierra y dijo:

"Serás un buitre allá abajo, y en primavera subirás por Wini Mem y buscarás salmones muertos y otros peces a lo largo del Pui Mem, del Bohema Mem y otro ríos, comerás salmón y otros peces muertos. Cuando la gente mate una serpiente o algo que no les guste, irás a comerte la serpiente u otra cosa muerta. Los wintus, el pueblo que llega, te alimentarán siempre con lo que esté muerto."

Envió a Tilitchi a por tres personas, y ahora trajo a la primera.

"¿Quién es éste?", preguntó Olelbis a las ancianas.

"Éste es Dokos", dijeron ellas. "Es malo."

Dokos fue colocado hacia el nordeste de la casa de sudación. Se sentó mirando hacia el Oeste. Tilitchi trajo a una segunda y tercera persona.

"¿Quiénes son éstas?", preguntó Olelbis.

"Éstas dos son mala gente", dijeron las ancianas. "Son Wima Loimis y Klak Loimis."

"Ponlas con Dokos", dijo Olelbis. Después de que hubo llamado a toda la gente que estaba fuera de la casa de sudación para enviarles a sus lugares adecuados, Olelbis les había puesto algo en los dientes para hacerles inofensivos.

"Ven aquí, Wima Loimis", dijo Olelbis. "Tengo que ponerte algo en los dientes para que no puedas dañar a nadie."

"No quiero nada en mis dientes", dijo Wima Loimis. "Si me pones algo en ellos no podría comer". Él lo pidió de nuevo, pero ella movió la cabeza diciendo: "No quiero nada en los dientes, no podría comer si me pones algo en ellos."

"Si ella no viene, ven tú, Klak Loimis." Klak Loimis no se acercaba.

"¿Por qué no vienes cuando te llamo?", preguntó Olelbis.

"Mi hermana Wima no fue. Ella dice que no podría comer si le tocan sus dientes. Yo no quiero nada en los dientes. Me temo que no podría comer."

"Muy bien", contestó Olelbis. "Tú, Wima, y tú, Klak, queréis ser diferentes de los demás. Ven, Dokos, te tocaré los dientes."

"Mis hermanas, Klak y Wima, no quieren nada en sus dientes. Yo no quiero nada en los míos. Estoy furioso con mis hermanas; mi corazón las odia. Yo no deseo ser bueno. Estoy furioso con mis hermanas. Seré muy malvado con ellas."

Luego, volviéndose hacia sus hermanas, dijo: "Cuando pase el tiempo la gente me mandará contra vosotras cuando estén enfadados con vosotras. Siempre que mordáis a la gente o les dañéis, me llamarán para luchar contra vosotras y yo iré con ellos. Entraré en vuestros cuerpos y os mataré. Luego sentiréis lo que habéis hecho hoy. Olelbis os pidió que fuerais buenas. Quiere que seáis buenas, pero no es vuestro deseo. Seré malo para castigaros."

Cuando las dos mujeres oyeron estas palabras, gritaron, y Wima dijo: "Bien, hermano, podemos poner algo en tus dientes todavía."

Dokos colocó la cabeza entre las manos y se sentó un rato en esa postura. Luego se enderezó y dijo:

"Vosotras dos habéis hablado demasiado; sería mejor que pararais. No sois como yo; soy más fuerte que vosotras dos y siempre lo seré. Tú, Wima, y tú, Klak, sólo odiaréis a la gente, pero yo odiaré a todas las criaturas vivientes. Os odiaré a vosotras, odiaré a todo el mundo; os mataré, mataré a todo el mundo. No quiero nada de nadie. No quiero amigos en ninguna parte."

"Bueno", dijo Olelbis, "te vas como eres."

"Iré el primero", dijo Dokos.

Olelbis dijo: "Ve a Koiham Nomdalpoti, sé pedernal allí y extiéndete por todos los alrededores de ese lugar. Tú, Klak Loimis, irás a Klak Kewilton, serás allí una serpiente cascabel, crecerás y te extenderás por allí. Te enviaré, Wima, a Wima Wai Tsarauton; serás allí un oso pardo. Después de un tiempo descenderá de ti una gran familia y se extenderá por todo el campo. Serás mala. Klak será mala, pero, Dokos, tú serás el peor, siempre dispuesto a herir y matar; siempre furioso, siempre odidando a tus hermanas y a cualquier ser viviente. Tú, Klak, y tú, Wima, cuando veáis a la gente les morderéis y la gente llamará a Dokos para mataros, y Dokos entrará en vuestros cuerpos y moriréis. Wima, sentirás no haber permitido que te cambiara los dientes. Tú, Klak, lo sentirás. Morderás a la gente y ellos te matarán porque no puedes huir de ellos. Tu cuerpo muerto yacerá en el suelo y los buitres se lo comerán. Dokos, irás a tu lugar y crecerás. La gente irá allí y te cogerá para matar a tus hermanas y otras como ellas, y cuando les hayas complacido y hayas matado a toda la gente, ellos desearán matarte; cuando no te quieran más, te arrojarán sobre una roca y te romperán en trozos, luego no serás nada. Morirás para siempre. ¡Ahora, vete!"

A todos los que les dejaron tocar sus dientes los hizo inocentes; Olelbis dijo: "Iréis a donde os envíe, uno aquí, otro allá." Y dio lugares a todos. A algunos les dijo: "Después de un tiempo el nuevo pueblo os usará como alimento", y a otros dijo: "El nuevo pueblo utilizará vuestras pieles y estaréis a su servicio, seréis buenos para ellos."

La primera persona que subió a la casa de sudación de Olelbis fue Tsurat, a quien Olelbis le habló en último lugar:

"Arranca una pluma de tu espalda."

Tsurat la arrancó. Olelbis tiró la pluma a la Tierra y dijo:

"El lugar donde caiga ésta se llamará Tsuratton Mem Puisono. Esta pluma se convertirá en pájaro carpintero, y su lugar estará allí. Sus plumas rojas serán hermosas y a todo el mundo le gustará su cabeza y las usarán como cintas. A los pájaros carpinteros se les llamará también *topi chilchihl* (pájaros collar).

Sólo a toda la gente que era buena para esta tierra, sólo para uso de aquí, Olelbis les envió abajo para ser animales, pájaros y otras criaturas. A la gente poderosa y grande que eran buenos en Olelpanti y útiles allí, los retuvo con él, y sólo envió una pluma o una parte de cada uno de ellos para que se convirtieran el algo útil aquí bajo. La gente buena por sí misma, los grandes, permanecieron arriba, donde ahora están con Olelbis.

OLELBIS Y MEM LOIMIS

Un personaje de este mundo es de gran importancia en la creencia india actual, el Hlahi o doctor, el hechicero. La posición y poder del hlahi se explican en las notas de este volumen. Sanihas Yupchi, el arquero del Alba, es Tsaroki Sakahl, el mensajero que envió Torihas para invitar a Katkatchila a cazar; aparece también como amigo y mensajero de Waida Dikit, que reunió en el concierto del mundo en el que Hawt demostró ser el mejor músico.

PERSONAJES

Después de cada nombre se da el del animal, pájaro o cosa en la que se transformó posteriormente el personaje.

Hubit, avispa; **Hus,** buitre; **Kahit,** viento; **Kaisus,** ardilla gris; **Kiriú,** somorgujo; **Kopus,** búho pequeño; **Kuntihlé,** pequeño pez halcón en agua fangosa; **Kut,** desconocido; **Lutchi,** colibrí; **Mem Loimis,** agua; **Móihas,** águila común; **Pákchuso,** la piedra pakchu; **Patkilis,** liebre americana; **Pori Kipánamas,** otro nombre para **Kopus Sútunut,** águila negra; **Sánihas,** luz del día (alba); **Sotchet,** castor; **Toko,** pez luna; **Tsaroki Sakahl,** serpiente verde; **Tsárorok,** martín pescador; **Tsudi,** ratón; **Tsurat,** pájaro carpintero de cabeza roja; **Winishuyat,** previsión; **Wokwuk,** desconocido.

UNA tarde llegó a Olelpanti una mujer. Se llamaba Mem Loimis.

"¿Por qué estás aquí?", preguntó Olelbis, "¿y de qué lugar has venido?"

"He venido desde mi casa en la Tierra para preguntarte si puedo vivir contigo. He venido del Norte."

"Puedes vivir aquí", dijo Olelbis, y ella se quedó allí. Vivió con Olelbis, se convirtió en su esposa y tuvo dos hijos: el primero era Wokwuk y el segundo Kut.

Kut era todavía pequeño cuando un día salió la mujer al lado de la casa para coger algo, y un hombre se acercó a ella y le dijo:

"¡Ven conmigo, ven sin volver la vista!" Y se la llevó, se la llevó con rapidez, se la llevó hacia el Norte, al lugar donde está Kahi Hlut. Este hombre era Kahit, y Kahi Hlut era su casa.

Olelbis no sabía a donde había ido su esposa; no sabía qué camino había tomado; no la había visto salir y no la había visto después. Preguntó a todos los que vivían en Olelpanti. Todo lo que sabían es que había ido un poco hacia el Oeste a coger algo.

Cinco años después de que se llevaran a la mujer, la gente de Olelpanti no tenía agua para beber. Esta mujer les había dado agua, y ahora alguien se la había llevado y sin ella no había agua.

"No puedo decir qué hacer sin agua", dijo Olelbis. "No creo que puedan vivir mis hijos sin agua. No sé a qué *yapaitu* le habrá gustado mi esposa y se la ha llevado."

La gente de dentro de Olelpanti y de los alrededores hablaron mucho sobre Mem Loimis.

"No sé cómo vamos a vivir ahora", dijo Toko Kiemila a Olelbis. "Alguien se ha llevado lejos a tu esposa. No puedo vivir sin agua mucho tiempo."

Otro hombre que yacía dentro de la casa de sudación en el extremo oeste, un anciano, se puso de pie y dijo:

"No sé qué va a hacer la gente sin agua. No sé cómo tú,

Olelbis, vas a vivir sin ella. No puedo vivir a menos que tenga agua. Estoy muy seco. ¿Por qué no intentas conseguir agua otra vez? Hay un hombre en Hlihli Pui Hlutton que se llama Kopus. Puedes ver su casa desde aquí. Es un gran *hlahi*. Él canta y baila todas las noches. Déjale que venga aquí a cantar y a bailar. Quizá sea capaz de traernos de nuevo el agua."

El hombre que dijo esto era Hubit. Había sufrido tanto de sed que había atado un cinturón de tendones alrededor de su cintura y lo había apretado hasta que casi le había partido en dos.

Olelbis fue a la parte de arriba de la casa de sudación y habló a toda la gente.

"Tengo que enviar a buscar a este *hlahi*", dijo. "Dejémosle que venga aquí a cantar y nos traiga agua de nuevo. Algunos jóvenes que caminen deprisa tienen que ir a buscarle mañana."

Esa noche hablaron sobre la persona que iría. Uno dijo a otro: "Tú caminas deprisa, tú deberías ir."

"Yo no", dijo el otro; "pero tú caminas deprisa. Tú eres la persona que irá."

Y así hablaron uno tras otro hasta que al final dijo Lutchi: "Yo no puedo caminar deprisa, pero iré."

A la mañana siguiente temprano él fue a la parte de arriba de la casa de sudación y dijo: "¡Me voy!" y salió disparado hacia el Sudeste.

Encontró al viejo *hlahi*. Todavía no había terminado su trabajo de la noche. Este *hlahi* era Kopus Kiemila.

"Anciano, tienes que parar un momento", dijo Lutchi. "Olelbis perdió a su esposa, Mem Loimis, hace años. Él tiene dos hijos, y él y todo su pueblo está muy seco; tienen sed, se están muriendo de necesidad de agua. Quiere que vayas a ver si puedes decirles cómo traer el agua a Olelpanti otra vez. Olelbis te dará cinco sacos de bellotas en pago. Tienes que cantar cinco noches por estos cinco sacos. Son bellotas viejas."

"Lo haré", dijo Kopus, "iré contigo."

Lutchi volvió a Olelpanti con Kopus, que se llamaba

también Pori Kipanamas, que significa hombre que lleva una cinta de hojas frescas de roble con dos bellotas verdes puestas a cada lado. Su cara estaba pintada con mantillo de bellota. Mucha gente le estaba esperando allí, todos muy secos, muy sedientos, todos esperaban el agua.

Dijo Olelbis: "Mandé que vinieras y tienes que 'hlaha'[2] cinco noches. Todo mi pueblo, mis hijos, están secos. Yo mismo estoy seco. Perdí a mi esposa hace cinco años. No sé a donde fue y no tenemos agua desde que nos abandonó. Quiero que cantes y bailes. Quiero que averigües dónde está mi esposa."

Cuando llegó la noche, Olelbis dio a Kopus una pipa llena de tabaco y dijo: "Ahora tienes que *hlaha*."

Kopus fumó, se convirtió en *tunindili* (esto es, poseído). Vino a él un yapaitu Tsudi y comenzó a cantar. A través de Kopus dijo el yapaitu:

"He mirado por todo el mundo, he mirado por todas partes; han llegado a mi nariz todos los olores, a mis ojos todas las visiones, a mis oídos todos los sonidos, pero esta noche no me llega nada. No puedo ver, no puedo oír, no puedo oler." Y se detuvo.

"Voy a bailar la danza del espíritu", dijo Kopus. "¿Quién cantará para mí?"

"Deja que canten estas dos muchachas Tsudi", dijo Olelbis.

Hubit estaba en el lado este de la casa de sudación y dijo:

"Daos prisa, vosotras dos, y cantad para ese *hlahi*. Estoy casi muerto, casi cortado en dos, estoy muy seco."

Él había apretado un poco su cinturón aquella tarde. Kopus bailó toda la noche y las dos muchachas cantaron para él.

"No he averiguado qué camino tomó la mujer", dijo a la mañana siguiente.

---

[2] Hlaha significa "actuar como un hlahi o doctor".

Él danzó durante cinco días y cinco noches, y dijo: "No puedo decir nada. No sé nada de esta mujer, Mem Loimis."

Cada bola heris [3] que estaba dentro de la casa de sudación estaba terriblemente sediento. Un anciano se levantó y dijo:

"¿Qué clase de *hlahi* tenemos aquí? ¿Qué clase de *hlahi* es Kopus? Está aquí cinco días y cinco noches y no puede decir nada ni saber nada. Si quieres averiguar algo, trae a un *hlahi* que tenga conocimiento del agua."

"Este viejo Kopus no sabe nada de agua", dijo Toko. "El viejo Kopus es un buen *hlahi* para las bellotas y para los pueblos de Tsudi y Kaisus; para eso es para lo único que es bueno. Conozco bien a este Kopus. Consigue a un *hlahi* que sepa más de lo que hace."

Olelbis dijo: "Tus 'bolas herises' nos dicen quién es un buen *hlahi* para el agua y lo conseguiremos. Mira a mis hijos; están casi muertos de sed. Dinos dónde está su madre, Mem Loimis."

"¡Oh, luz del día, ven aprisa, ven ya! Casi estoy cortado en dos de lo seco que estoy. ¡Oh, luz del día, ven aprisa!", gimió Hubit.

Nadie mencionó a otro *hlahi*, así que Olelbis continuó hablando:

"Toda esta gente dijo que Kopus era un buen *hlahi*. Ésa es la razón por la que lo conseguí; pero no es un buen *hlahi* para el agua. Ahora conseguiremos a Sanihas Yupchi, el arquero del alba, que vive en el Este más alejado, él es el hijo de Sanihas. Es pequeño, pero es un gran *hlahi*. Lutchi, tienes que ir ahora a por Sanihas Yupchi. Aquí hay cien flechas de ala de verderón para él, todas rojas, y muchas más."

Lutchi fue al extremo este de la casa de sudación, bailó un poco, saltó sobre la casa de sudación, bailó otro poco y luego

_____

[3] Bola significa "contar uno de los mitos de la creación"; bolas significa "uno de los mitos"; bola heris es un actor en cualquiera de ellos, un personaje mencionado o descrito en un mito de creación.

zumbó alejándose por el aire. Lutchi voló todo el día y toda la noche, alcanzó el lugar al alba del día siguiente y dijo a Sanihas:

"Olelbis me envía aquí para pedirte que tu hijo venga y *hlaha* para él. Te envía estas quinientas flechas hechas de caña de kewit y cien flechas de ala de verderón para que vaya a *hlaha.*"

"Tienes que ir", dijo Sanihas a su hijo, "y yo te seguiré. Olelbis es un yapaitu; él debería saber dónde está esa mujer, él cree que sabe todas las cosas; pero tú ve y *hlaha* y escucha lo que te diga tu yapaitu."

Sanihas Yupchi partió y a la mañana siguiente, justo cuando estaba saliendo el sol, estaba en la casa de sudación de Olelpanti. Entró en la casa de sudación y Olelbis le dio muchas cosas.

"Dame tabaco", dijo Sanihas Yupchi. "Voy a *hlaha.*"

Olelbis le dio una pipa con tabaco, fumó pero no fue poseído. Olelbis le dio otra pipa y fumó, pero no fue poseído. Fumó diez pipas y luego dijo la gente:

"Me temo que el yapaitu no vendrá a él."

Fumó veinte pipas, pero no fue poseído; luego veinte más, y no *hlaha.*

"Él no es un hlahi", gritaba la gente por todas partes; "si lo fuera, el yapaitu hubiera venido a él hace mucho."

"El yapaitu que él está esperando no vive cerca de esta casa de sudación; él está muy lejos", dijo Toko. "Dadle más tabaco."

Le dieron cinco pipas, luego cuatro, luego una más, sesenta en total; después de esto vino a él un yapaitu.

"El yapaitu ha llegado", dijo Olelbis. "Quiero que mires a todas partes y te enteres de todo lo que puedas; mis hijos están casi muertos por falta de agua; tienes que decirme dónde está Mem Loimis."

Sanihas Yupchi comenzó a cantar y dijo: "Tendré al espíritu de la danza esta noche; las dos muchachas Tsudi cantarán para mí."

74

Él bailó veinte noches y veinte días sin decir una palabra, bailó veinte días y veinte noches más. Las dos muchachas Tsudi cantaron todo este tiempo. Luego Sanihas Yupchi se sentó, no dijo nada; no había encontrado nada.

De nuevo bailó cinco días y cinco noches, luego cuatro días y cuatro noches, luego un día y una noche más. Después se sentó y dijo:

"Voy a hablar. El lugar del que voy a hablaros está a un largo camino de aquí, pero voy a hablar y escuchad lo que digo. ¿Vio alguien qué camino tomó esta mujer, Mem Loimis?"

Una persona contestó: "Ella fue un poco hacia el oeste a coger algo. Ésa fue la última vez que se la vio."

"¿Pasaba algo con esa mujer?", preguntó Sanihas Yupchi. "¿Lo sabe alguien?"

"Sí", dijo Olelbis. "Ella estaba embarazada."

"Bueno, cuando ella salió, un hombre se acercó a ella y se la llevó lejos con él, se la llevó lejos al Norte y luego al Este más allá del primer Kolchiken Top, donde el cielo baja, donde está el horizonte; la llevó al lugar donde él vive y él vive en Waiti Kahi Pui Hlut. Se llama Kahit y después de llevarla a casa ellos vivieron agradablemente hasta que nació el niño. Kahit no le reconoció como suyo. Después de un tiempo Mem Loimis se enfadó con Kahit, dejó al niño con él y se fue hacia el Este, fue al otro lado del segundo horizonte. Permaneció allí un tiempo y dio a luz a dos hijos, hijos de Kahit. Luego fue hacia el Este lejano, al tercer horizonte, fue al otro lado de él, se quedó allí y allí vive ahora. El niño que nació cuando vivía con Kahit es Sotchet. El padre de Sotchet era Olelbis. Cuando el niño creció un poco, Kahit le dijo: 'Tu padre vive en Olelpanti'."

Sanihas Yupchi contó todo esto y dijo a Wokwuk y a Kut, los dos hijos de Olelbis:

"Vuestra madre se ha ido a un lugar muy lejos de aquí. Mem Loimis está lejos de vosotros. Está muy al este. Si yo estuviera en casa, podría llegar a ella rápidamente, pero estoy aquí. Ahora tenéis que ir a ver a vuestra madre. En el Este lejano tenéis dos hermanos, los hijos de Kahit. Cuando hayáis pasado tres Kolchiken Topis, tres horizontes, los veréis y ellos os conocerán. El camino hacia vuestra madre y hermanos es largo. Eso es lo que mi yapaitu me dice, mi yapaitu es el Winishuyat de Patkilis."

Sanihas Yupchi era Tsaroki Sakahl, una gran persona.

Wokwuk y Kut, los dos hijos de Olelbis y Mem Loimis, se fueron camino del Este. Winishuyat de Patkilis, el yapaitu de Sanihas Yupchi, dijo que iría a ayudarles hasta que hubieran pasado el segundo horizonte. Ellos no le verían. Era invisible.

Viajaron durante un día, llegaron al primer horizonte y lo pasaron; luego viajaron durante el segundo día, alcanzaron el segundo horizonte y lo pasaron. El yapaitu Winishuyat de Patkilis les contó la forma de pasar el tercer horizonte y, habiéndoles dado todas las instrucciones útiles, regresó a Sanihas Yupchi.

Sanihas Yupchi estuvo esperándole todo el tiempo en Olelpanti. El hijo mayor de Olelbis, Wokwuk, se había atado la parte superior del pelo con una parra joven y la había atravesado con un hueso de chirtchihas (su padre le había dado este hueso al partir). Con este hueso alcanzaría el cielo. Él lo puso debajo del borde del cielo y lo levantó. Cuando él y su hermano habían pasado a través de él, el cielo bajó con un ruido terrible. Cuando hubieran pasado el tercer cielo ellos podrían ver el Este lejano. Todo era hermoso allí y parecía claro, igual que todo brilla y hermosea aquí a la luz del día. Después de caminar una distancia corta vieron a dos chicos que venían. Pronto se encontraron los cuatro.

"¡Hola, hermanos!", gritaron los otros dos.

"¿Quiénes sois?", preguntó Wokwuk. "¿Cómo sabéis que somos hermanos vuestros?"

"Lo sabemos porque nuestra madre habla de vosotros siempre. Nos dijo esta mañana que teníamos que salir a jugar hoy. Nos dijo: 'Quizá veais a vuestros hermanos; quizá vengan, no sabemos'. Vosotros habéis venido y ahora iremos a nuestra madre."

Cuando llegaron a la casa, a la tercera tarde, los dos hijos de Olelbis se quedaron en la puerta mientras que los dos hijos de Kahit entraron corriendo y dijeron: "¡Madre, nuestros hermanos han venido!"

Mem Loimis estaba tumbada en el extremo este de la casa. Estaba tumbada sobre un *mem terek,* ante de agua; su manta era un *mem nikalh,* una manta de agua.

"Bien, decidles que entren."

Los hermanos entraron. Mem Loimis se levantó y dijo:

"¡Oh, hijos míos, siempre pienso en vosotros! Vivo muy lejos de vosotros y vosotros habéis hecho un largo camino para encontrarme." Ella extendió el *mem terek* sobre el suelo y dijo: "Sentaos aquí y descansad."

"Madre mía", dijo el hijo mayor de Olelbis, "mi hermano está muy seco. No ha habido agua en Olelpanti durante muchos años. ¿Crees que podríamos vivir sin agua?"

"No puedo evitar vuestra pérdida. ¿Qué podría hacer?", dijo Mem Loimis. "Fui robada y llevada muy lejos, al Norte, y desde allí vine a este lugar; pero vuestro padre es mi marido. Él lo sabe todo; él puede hacer algo, ver algo, pero no sabía que yo estaba aquí. Tendréis agua, hijos míos; agua en abundancia."

Luego sujetó una cesta en su pecho y sacó agua de él, como un ama de cría saca leche; llenó la cesta y se la dio a los chicos. Les dio también comida en abundancia y dijo:

"Vosotros chicos sois todos hijos míos. Sois hijos de Mem Loimis. Yo estoy aquí ahora; pero si hubiera alboroto, si surgieran problemas, mi marido Kahit vendría y me llevaría lejos. Él así me lo dijo. Algún día mi marido Olelbis conocerá a su hijo del Norte, el que vive con Kahit. Algún día mi marido Olelbis pensará en mí; quizá quiera que vaya con él, quizá desee verme."

Wokwuk y Kut se quedaron cinco días con su madre, luego un día y después un día más. Sanihas Yupchi, que estaba bailando y cantando en Olelpanti continuamente, dijo después de que se hubieran ido los chicos:

"Dadme un suhi kilo" (cesta sin forro).

Olelbis le dio el suhi kilo, una cesta redonda pequeña de dos pulgadas y el interior muy pequeño. Sanihas Yupchi lo colocó en medio de la casa de sudación. Pasaron nueve días más y Sanihas Yupchi estuvo bailando todo el tiempo.

Aquella mañana Mem Loimis dijo a Kut, el hijo menor de Olelbis:

"Tu tío Mem Hui, un anciano que vive en el primer horizonte al oeste de Olelpanti, está seco. Está sediento de agua. Llévale agua. Tu hermano mayor se quedará aquí conmigo mientras vas tú."

Sanihas Yupchi había bailado cincuenta y nueve días. En la tarde del día sesenta Mem Loimis le dio a Kut una cesta llena de agua para su tío del Oeste.

Dijo ella: "Ve en línea recta hacia el Oeste donde vive el anciano. Cuando hayas llegado con el agua a Mem Hui, iré a ver a mi hijo Sotchet al Norte. Le oigo llorar todo el tiempo. Está seco. Le llevaré agua."

Antes de que Kut partiera le dio en una bolsa de malla diez palos de juego cortados de una parra. Ató la bolsa a su cuello y dijo:

"Hijo de Mem Loimis, serás un *bola heris;* serás un gran jugador."

Kut era un viajero muy rápido y podía ir en una noche tan lejos como su hermano en muchas noches y días. Él partió. Había agujeros en el fondo de la cesta y según iba por el cielo, alto sobre la cima de Olelpanti Hlut, el agua goteaba y goteaba por los agujeros de la cesta, y justo antes de la mañana una gota cayó de la cesta que transportaba Kut y cayó en la cesta que Sanihas Yupchi había colocado en el centro de la casa de sudación de Olelpanti.

Nadie vio llegar al agua, pero por la mañana la cesta pequeña estaba llena, la única gota la llenó.

"Pues bien", dijo Sanihas Yupchi, "yo he trabajado de *hlahi* todo este tiempo, y esa gota de agua es todo lo que puedo conseguir. La veis en la cesta."

La cesta pequeña de la casa de Olelbis que se había llenado con una sola gota estaba allí, y Olelbis dijo:

"Ahora estáis secos todos los que estáis en la casa de sudación. Estáis sedientos, estáis ansiosos de agua. Aquí hay una gota de agua. No sabemos quién beberá primero; pero hay un anciano en el lado oeste de la casa de sudación que llora todo el tiempo, llora día y noche por el agua. Dejémosle venir a mirarla." Se refería a Hubit.

Hubit se levantó, vino a mirar la cesta y dijo: "¿Qué bien me hará a mí? Sólo hay una gota ahí. No me hará bien."

"Bebe lo que hay, hablas tanto sobre el agua que sería mejor que bebieras", replicaron todos los demás.

"Esa gota no puede hacer bien a nadie."

"Bueno, inténtalo de todas maneras", dijo Olelbis, "no te hará daño."

"No quiero probarla, quiero beber", contestó Hubit.

"Bebe entonces", dijo Olelbis.

Hubit empezó a beber. Él bebió y bebió, se quitó el cinturón alrededor de la media mañana, puso la cabeza en el borde de la cesta y bebió desde la mañana hasta el mediodía, bebió hasta que dos hombres tuvieron que alejarle del agua y tumbarle en la parte superior de la casa de sudación.

Aunque Hubit bebió medio día, el agua de la cesta no disminuyó.

Kiriu Herit bebió después. Bebió largo rato, pero no hizo disminuir al agua. Después de él bebió Sutunut hasta que se sintió satisfecho; luego Mohias bebió todo lo que quiso.

"Dejemos que entren todos y beban. Cuando cada uno tenga bastante, dejémosle que se quede al lado", dijo Olelbis.

Tsararok bebió, luego Kuntihle; más tarde Hus y Tsurat.

Después de ellos bebieron las ancianas, Pakchuso Pokaila, las abuelas de Olelbis; luego Toko, luego bebió Kopus. Pero la gente murmuró diciendo:

"Kopus no es *hlahi;* no debería tomar nuestra agua. Él es bueno solamente para las bellotas."

Las dos muchachas Tsudi, que habían cantado durante tanto tiempo, bebieron de muy de buena gana.

Lutchi vivía afuera, al este de la casa de sudación; le llamaron para que bebiera. Él tomó un sorbo y salió. A Lutchi nunca le gustó el agua.

Ahora bebió Sanihas Yupchi, el que había traído el agua. Y el último de todos fue Olelbis.

Cuando todos estuvieron satisfechos y Toko había regresado y se había tumbado en su sitio al norte de la casa de sudación, le pusieron la cesta cerca de él; de ahí en adelante Toko tuvo agua en abundancia, y también todos.

Hubo siempre abundancia de agua para todos los usos en Olelpanti; pero si Sanihas Yupchi no la hubiera traído, todos hubieran perecido por necesidad de agua.

"Ahora me iré a casa", dijo Sanihas Yupchi, después de que hubo bebido. Él deseó el bien a cada uno y se marchó.

Cuando Kut estaba transportando la cesta hacia el Oeste, cada gota que caía formaba un manantial, siempre que caía una gota aparecía un manantial.

NORWAN

Este mito, que recuerda a Elena de la historia de Troya, es muy interesante tanto en lo que se refiere a los personajes como a la estructura. Por ahora sólo haré unos cuantos comentarios relacionados solamente a los personajes. Hluyuk Timikit, puerco espín tembloroso, conocido aquí como Norwan, es la causa de la primera guerra del mundo. El puerco espín de la mitología americana se asocia siempre con la luz del Sol, tan allá como llegan mis conocimientos, y Norwan está asociada con la luz del día porque ella baila todo el día, nunca para mientras hay luz. Su título de Bastepomas,"que da alimento", es significativo también y nos ayudaría a demostrar que ella es ese aire danzante y templado que vemos cerca de la tierra cuando hace buen tiempo, y que es requisito para que crezcan las plantas. Tenemos otra persona "luz" en este mito, Sanihas, que es la luz en sentido genérico, la luz del día en general, y lo es en todas partes. La raíz *Sa* de Sanihas es idéntica a la de *Sa* en Sas, la palabra *wintu* para "sol". *Sa* significa "luz" y *Sas* "para la luz", por ejemplo para el propósito de dar luz. Sanihas es la luz que se da.

En Bastepomas, el título dado por Olelbis a Norwan, la primera sílaba *ba* significa "comer", *bas* significa "para comer" o alimento, *tep* significa "dar", y *tepomas* "aquella que da"; todo el nombre significa "aquella que da alimento".

Chulup Win Herit, el gran jefe, el blanco, piedra puntiaguda que vive en el lecho del gran agua del Este, el océano, el marido de Sanihas, tiene un doble en Tithonos, el marido de Eos o Aurora de la mitología clásica. Los dos tienen esposas hermosas y cada noche las visitan en el lecho del océano. La tragedia de Chulup es algo mayor porque le coge Wai Karili y le muele en trocitos cerca del actual monte Shasta, mientras que a Tithonos sólo le transforman en grillo. Eos, la Aurora latina, era considerada por los poetas como el día entero, y Sanihas en la mitología wintu es el día entero, toda la luz que da Sas.

Había una razón por la que Norwan prefería Tede Wiu a Norbis, pero nosotros actualmente sólo podemos deducirla. El actual pájaro Wiu es marrón y es insignificante a este respecto, pero hay un Wiu rojo, el pájaro en el que fue transformado Tede Wiu cuando luchó con Norbis. Cuando consideramos la inmensa importancia de la tradición europea de los petirrojos, y los pájaros carpinteros de cabeza roja de los indios, es evidente que era una persona que debió ser preferida de Norwan, una forma especial de luz.

Esa Norwan, luz que da alimento a la tierra, es evidente que era digna de luchar por ella.

PERSONAJES

Después de cada nombre se da el del animal, pájaro o cosa en los que se transformó el personaje posteriormente.

Bisus, visón; **Boki,** esturión; **Búlibok,** chotacabras; **Chali Dokos,** obsidiana; **Chati Wai Halina,** bicho del pino; **Chir Chuma,** ventosa; **Cho,** mirlo; **Chuchu,** perro; **Chulup Win,** roca puntiaguda; **Chutuhl,** pájaro pequeño que va en bandadas; **Dokos,** pedernal; **Dokos Hilit,** alero de pedernal; **Hamam,** la pluma negra más larga de la cola de un buitre negro; **Hau,** zorro rojo; **Hawt,** anguila; **Héssiha,** alionín; **Hlihli,** bellota; **Hluyuk Tikimit,** puerco espín tembloroso; **Ho,** mofeta; **Hokohas,** tortuga de lodo; **Hus,** buitre; **Kahi Buli Pokaila,** anciano viento de la montaña; **Kahit,** viento; **Kaisus,** ardilla gris; **Kar,** garza azul; **Karili,** mapache; **Katsi,** pollo de halcón; **Kaukau,** garza blanca; **Kawas,** cesta; **Keli,** pedernal del que se hacen los cuchillos; **Kichi Not,** un tipo de flecha; **Kíchuna,** pájaro pequeño que frecuenta las rocas; **Kilichepis,** —; **Kiri Hubit,** tipo de avispa; **Kobalus,** concha; **Koip,** pájaro pequeño que dice "koip"; **Kopus,** chotacabras pequeño; **Kot,** somorgujo; **Kóyumus,** pedernal de colores mezclados; **Kukupiwit,** pecho curvo; **Nomdal Lenas,** corrientes del Oeste; **Nomel Hiwili,** pájaro con alas blancas que baja con un zumbido muy rápidamente; **Nom Sowiwi,** —; **Nom Toposloni,** corteza de abeto del Oeste; **Norbis,** morada o asiento del Sur; **Nórhara Chepmis,** viento fuerte con lluvia procedente del Sur; **Norpatsas,** chispas de fuego del Sur; **Norwan,** —; **Notudui Ulumus,** él se inclina y recoge piedras; **Pai Homhoma,** zumba en el manzanillo; **Patkilis,** liebre americana; **Puiké Tsumu,** pedernal rojo profundo; **Saiai Not,**

flecha hueca; **Saias,** pedernal blanco; **Sánihas,** luz del día; **Sau,** pan de bellota; **Sawe,** pedernal blanco y azul; **Sedit,** coyote; **Séhinom Chábutu,** pollo de halcón; **Serin Dólite,** abejorro pequeño; **Siriwit,** torbellino de aire; **Sútunut,** águila negra; **Tede Wiu,** pájaro marrón pequeño tan grande como un gorrión inglés; **Tenek Not,** tipo de flecha; **Tidok,** hormiga; **Tsánteris,** tipo de concha; **Tsotso Tokos,** erizo muy adhesivo; **Tsudi,** ratón; **Tsuini,** tipo de pez pequeño; **Tubuk,** —; **Tuichi Kelis,** redecilla de pluma para el pelo; **Wai Charatawa,** —; **Waida Werris,** estrella polar; **Wainom Yola,** nieve del Noroeste; **Wai Hau,** zorro rojo del Norte; **Wai Not,** flecha del Norte; **Wik,** pequeño pájaro nocturno; **Wai Karili,** mapache del Norte; **Wul Wuhl,** pardillo; **Yipokus,** zorro negro.

E N un lugar al este de Pas Puisono una mujer salió de la tierra. Se llamaba Hluyuk Tikimit. Tenía otro nombre, Pom Norwanen Pitchen. También la llamamos Norwan.

Apareció antes de que se presentara en la Tierra el actual pueblo Wintu, en Tsarau Heril.

"Ahora estoy en este mundo", se dijo Norwan a sí misma. "Miraré alrededor, a todas partes, para ver de qué lugares vienen las gentes."

Vivía sola en su casa, que se llamaba Norwan Buli Hlut; permanecía en casa y bailaba durante la luz del día.

Olelbis miró abajo a esta mujer y dijo:

"Ésta es mi hermana que se ha presentado en la Tierra antes que el nuevo pueblo. Aún no sé lo que hará."

Cuando Olelbis estaba construyendo su casa de sudación en Olelpanti, él cortó un trozo de roble blanco y este trozo lo hizo rodar fuera del cielo hacia el mundo de abajo donde se convirtió en el pueblo de Nor Puiken, en el Sudeste, y ese pueblo estaba allí antes que los wintus actuales se presentaran en Tsarau Heril.

"Mi querida hermana se ha presentado antes que los wintus y estará con ellos después", dijo Olelbis. "No he establecido todavía cuál será su trabajo, no la he preparado para ello."

Luego puso su mano hacia el Sudeste y cogió *yósoü* (una planta que tiene una flor roja). Le dio esta planta a Norwan y dijo:

"Toma esto, hermana mía, y cuando bailes utilízala de bastón. Tendrá una flor en la parte superior que florecerá siempre."

Alcanzó el Sudeste, el mismo lugar, cogió un pájaro pequeño, arrancó una pluma de cada ala, le dio las plumas a Norwan y dijo:

"Hermana mía, sujétatelas al pelo, justo encima de la frente, una a cada lado. Estas plumas empezarán a cantar temprano todas las mañanas; sabrás por ellas a qué hora tienes que empezar a bailar."

Extendió la mano de nuevo hacia el Sudeste y cogió *buri luli,* que es una flor pequeña roja que crece en primavera en una planta de aproximadamente un pie de altura. Le dio las flores a Norwan y dijo:

"Envuelve esto en tus manos, aplástalo, pon el zumo en tu cara y pon rojas las mejillas."

Luego Olelbis se volvió hacia sus abuelas, que estaban cerca, y preguntó si tenían bellotas.

"Tenemos", dijeron ellas. "Tenemos en abundancia."

Olelbis cogió un puñado, se las dio a su hermana y dijo:

"Cuando quites la cáscara a estas bellotas, frótalas entre las palmas y mantén las manos abiertas; sopla el polvo para que se disperse; verás que se eleva alto a los árboles y las bellotas llegarán sobre ellos."

Olelbis le dio a Norwan el bastón, las plumas, las flores y las bellotas en la primera mañana después de que ella hubiera venido a Norwan Buli. A la segunda mañana muy temprano empezaron a cantar las plumas, luego bandadas de pájaros de su especie vinieron volando hacia la casa de sudación y Norwan oyó una voz allá lejos en el cielo que la llamaba diciendo:

"Hija de mi hermano, tú te has presentado en la Tierra antes que el pueblo Wintu y estás bailando. Cuando bailes no tienes que mirar hacia el Oeste, ni hacia el Norte, ni hacia el Sur, sino volver tu rostro y mirar hacia Hlihli Pui Hlutton en el Sudeste, el lugar de donde proviene tu bastón y pintura."

Mientras hablaba este hombre, Norwan miró arriba y le vio sentado con una pierna cruzada sobre la otra. Sostenía en la mano un puñado de bellotas de roble blanco y estaba sentado sobre la puerta de la casa de sudación de Olelpanti. Era Kar Kiemila.

"Ahora, hermano mío", dijo Olelbis a Hessiha, que vivía con él en Olelpanti, "creo que es mejor para ti que bajes adonde está tu hermana y te quedes con ella. Vive siempre con ella. Cuando se caigan tus plumas o las arranquen, ellas se harán como tú y habrá hessihas por todas partes en la Tierra. Nuestra hermana te dirá qué hacer. Te quedarás con ella, nunca la abandonarás. La gente le llamará nuestra hermana Bastepomas, porque ella es la mujer que da alimento. Cuando veas algo, házselo saber; cuando oigas algo, díselo; cuando quieras hacer algo, pregúntale."

Hessiha bajó a vivir con su hermana. Al día siguiente vio a una mujer que venía del Este e iba hacia el Oeste. Él se lo dijo a Norwan y ella dijo:

"Observa qué camino lleva, hermano mío. Quizá venga hacia nosotros aquí."

Él observó. Ella venía recto a Norwan Buli.

"Hermana menor", dijo ella a Norwan, "salí en el Este, pero no me gusta vivir allí. He abandonado aquel lugar y me voy lejos hacia el Oeste. Por la tarde mira al Oeste, un poco después del ocaso, verás a una persona roja, amarilla y blanca, Nomdal Lenas Loimis. Soy ella. Pareceré hermosa. Ésa es la clase de persona que soy. Viviré siempre en el Oeste, y me verás allí en forma de rayos de luz de colores. Volveré mi rostro hacia el Este cada tarde en días agradables, y todo el pueblo Wintu dirá cuando me vean: 'Winis Nomdal Lenas Loimis'" (mira a Nomdal Lenas Loimis).

"Muy bien", dijo Norwan. "Me alegra oír lo que dices, hermana mayor."

Nomdal Lenas se fue hacia el Oeste. Era una mujer muy grande con un rostro grande, el pelo cortado por la frente, y esto le hacía parecer hermosa. Era la primera mujer del mundo que se cortó el pelo de esa forma. Su rostro estaba pintado a rayas rojas, amarillas y blancas.

A la mañana siguiente Hessiha vio a otra mujer que venía del Este. Se paró en Norwan Buli y dijo:

"Hermana menor, vinimos a esta tierra a la vez, antes que el pueblo Wintu. Voy un poco hacia el Oeste. Salí en el Este, pero no me gusta el lugar de allí. Voy a Bohem Buli. Me quedaré allí y viviré en el lado norte de la montaña. Seré una mujer montaña. Mi nombre es Kukupiwit Pokte."

Ella fue a Bohem Buli.

Norwan bailaba siempre durante la luz del día, nunca paraba durante el día, nunca descansaba hasta la tarde.

Norbis Kiemila, el roble blanco que rodó hacia el Sudeste, miró hacia el Noroeste y vio a Norwan. "Veo a mi esposa en esta tierra", dijo él.

Una tarde Hessiha y Norwan estaban en la casa de sudación y Hessiha dijo:

"Hermana mía, he oído noticias hoy de Norbis Kiemila. Dice que tú vas a ser su esposa."

Ella no dijo nada y Hessiha continuó hablando: "Hermana mía, oí decir a un hombre que vendría a verte. Vive en Sonomyai, él es Sedit, Sedit de Sonomyai."

"Hermano mío", dijo Norwan, "¿qué es lo que me estás diciendo?"

"Te estoy diciendo, hermana, lo que he oído. Sedit viene."

"¿Por qué viene? No me gusta. Tiene mal aliento."

A la mañana siguiente Norwan se levantó y empezó a bailar.

"Hermana mía", dijo Hessiha esa tarde, "oigo que llega un hombre de Chanahl Puyuk, un buen hombre. Se llama Kaukau Herit. Viene a verte."

"¿Por qué viene aquí?", preguntó Norwan. "Su cuello es demasiado largo, sus piernas son demasiado largas."

"Bueno, hermana mía, he oído que un hombre que vive muy lejos en el Oeste viene a verte, Kobalus Herit. Es un buen hombre. Vive en Nomken Kobalus Waimemton."

"Ese hombre tiene la nariz torcida", dijo Norwan, "y la boca torcida. No me gusta, está todo torcido."

A la mañana siguiente dijo Hessiha:

"Hay un hombre que vive en el mismo sitio que Kobalus Herit. Quiere verte. Se llama Tsanteris Herit."

"Ese hombre tiene el pecho hueco", dijo Norwan. "No me gusta."

"Viene un hombre desde lejos, del Norte, Keli Herit."

"No me gusta", dijo Norwan; "huele mal. Huele como la tierra."

"Un hombre del Sur, Bisus Herit, viene a verte."

"¡Oh!, no me gusta; sus piernas son demasiado cortas y come pescado lleno de espinas."

"Hermana mía, viene un hombre que vive a poca distancia al sur de nosotros, Tede Wiu Herit."

"No me gusta; tiene demasiado pecho; lo saca demasiado."

"Hermana mía, viene Katsi Herit."

"Le conozco", dijo Norwan. "Él es muy irritable, se enfada con demasiada facilidad."

"Chati Wai Halina Herit viene a verte."

"No me gusta; siempre huele a brea."

"Tengo que ir a por leña; no tenemos leña para esta tarde", dijo Norwan y salió a coger algo. Trajo una brazada y cuando iba al mismo lugar para coger un segundo fardo, oyó que venía alguien. Un hombre la cogió por el brazo. Ella se dio la vuelta y vio a Sedit de Sonomyai vestido hermosamente. Ella le empujó y corrió a casa. Sedit no la siguió.

A la mañana siguiente temprano ella salió y, mirando a un lado de la puerta, vio dos piedras situadas allí y un palo atado de cuatro o cinco pies de largo, llamado *lakus,* y que se utiliza para empujar la rama de un árbol hacia ti. Ella rompió en pedazos las piedras, rompió el palo, tiró los trozos al fuego y los quemó. Sabía que algún hombre los había puesto allí y había intentado llegar. Esa noche ella estaba acostada en el lado sur de la casa de sudación y su hermano en el norte. Estaba oscuro y ellos oyeron a alguien que venía hacia la casa. El extraño entró, se sentó detrás de Hessiha, se sentó con la cabeza entre las manos; el pelo le sobresalía y parecía como si nunca lo hubieran cepillado. Norwan miró a esta persona, no le quitó la vista de encima, pero no dijo una palabra y él no dijo nada. Después de un rato se levantó y se fue andando. Al irse tiró algo hacia Norwan. Cayó cerca de ella y ella lo recogió. Era una pequeña bolsa de malla medio llena de ratones. Ella se la tiró después al extraño. Él era Chati Wai Halina.

Cuando llegó la mañana, Norwan cogió un escobón, fue a donde el visitante se había sentado, barrió el lugar y echó tierra fresca sobre él.

A la noche siguiente oyeron que alguien caminaba afuera. Pronto entró un hombre, tenía una aljaba en la mano hecha de gamuza. Miró alrededor y fue detrás del lugar donde Norwan estaba tumbada y se sentó. Ella se quedó allí mirándole. Después de estar sentado un rato, se tumbó, se quedó toda la noche y se fue justo al romper el día. Éste era Norbis Kiemila.

A la mañana siguiente temprano, antes de bailar, ella hizo un fuego afuera y se sentó al lado. Esa misma mañana Hessiha vio a un hombre que venía hacia ellos, venía del Sudeste. Cuando llegó a donde estaba Norwan al lado del fuego, se sentó. Se llamaba Serin Dolite. Llevaba puesto un ramillete de hojas frescas a cada lado de la cabeza. Tenía un segundo nombre, Pai Homhoma.

"Hermana mía", dijo este hombre, "he venido porque mi tío me ha enviado a decirte que el pueblo de Hlihli Pui Hlutton terminó de hablar ayer, y van a tener un gran banquete y pasar un rato agradable. Él dijo: 'Dile a mi sobrina que venga a bailar con nosotros'. Mi tío es Kopus Kiemila. Se llama también Pui Uhlukyo. Él es un *hlahi*. Envió recado a Norbis hace dos días y envió recado a Kaukau Herit. Él ha enviado recados a todas partes. Habrá mucha gente en Hlihli Pui Hlutton. Ha enviado recado a Sedit, que vive en Sonomyai, y a Katsi Herit, que vive al otro lado de Pas Puisono, y a Kobalus Herit, Tsanteris Herit, Keli Herit, Tede Wiu Herit, que vive en Koï Nomsono, y a muchos otros. Ha llamado a tu hermano Waida Werris. Waida Werris puede que venga o puede que no. Kopus Kiemila quiere que vengas con toda seguridad."

"Muy bien", dijo Norwan, "iré mañana."

Serin Dolite quedó satisfecho y se marchó.

"Hermano mío", dijo Norwan a Hessiha aquella noche, "me voy mañana. Tú te quedarás aquí, espero. Me alegrará que te quedes en casa y cuides de ella."

Cuando se levantó por la mañana, ella extendió la mano hacia el Sudeste y cogió *buri luli,* que son unas flores rojas muy bonitas. Puso la mano una segunda vez y a su mano vinieron *hawe luli,* flores blancas puras, para vestirse. Sacó la mano una tercera vez y vinieron *hluyuk luli,* que son las flores estrella. Éstas se las puso alrededor de la cabeza en forma de guirnalda y se hizo unos zapatos de las mismas flores. Luego cogió su bastón *yósoü.*

"Hermano mío", dijo cuando se vistió, "estoy preparada para irme."

"Hija de mi hermano", la llamó Kar Kiemila desde Olelpanti cuando ella partía, "ve a bailar. Yo me sentaré aquí y te miraré." Las puertas de la casa de sudación miran hacia el Sur normalmente, pero la grande de arriba, hecha por Olelbis, en la que estaba sentado Kar Kiemila, tiene las puertas hacia el Este, porque Olelbis cogía las cosas más hermosas desde el Sudeste y podía mirar abajo en esa dirección desde la puerta de su casa de Olelpanti. La puerta de Hlihli Pui Hlutton estaba hacia el Oeste, porque desde esa puerta ellos podían ver la gran casa de Olelpanti. La casa construida por Olelbis era la mejor del mundo, de arriba y de abajo. La casa de Kopus Kiemila era la segunda y la mejor en la tierra de abajo.

Norwan fue a la hora señalada y Hessiha se quedó en Norwan Buli. Cuando Serin Dolite le trajo la invitación, Norwan le hizo prometer a él que se encontrarían en el camino.

Ella dijo: "Tienes que venir a darme noticias antes de que alcance la casa."

Justo al borde del lugar llamado Pui Toror, Serin Dolite salió corriendo y se encontró con Norwan.

"¡Oh, hermana mía!", dijo él. "Kopus Kiemila me envió a decirte que vayas rápidamente, deprisa. Gente de todos los lugares están allí ahora. Han venido todos los que te dije, excepto Norbis y tu hermano Waida Werris; ellos no han venido todavía. Entre otros han venido Boki Kiemila de Hlop Henmenas. Tienes que darte tanta prisa como puedas y llegar rápido."

Cuando él le había dado el mensaje, regresó veloz y dejó que Norwan viajara a su ritmo. Fue a lo largo de la cima de Pui Toror, y llegó a un punto donde oyó muchas risas y voces. Pronto vio a una gran multitud de niños jugando. El suelo estaba liso, no había rocas, ni hierba, sólo tierra llana. Cuando subió, los niños le dijeron:

"Hermana mayor nuestra, queremos verte bailar. Queremos ir a la casa de sudación, pero no tenemos nada que ponernos; no tenemos ropas y no podemos conseguir ninguna."

Las chicas eran todas del pueblo Tsudi, los chicos, patkilises. Norwan miró alrededor y vio a alguna distancia una gran cantidad de hojas de girasol.

"Cogimos hojas como éstas", dijo uno de los chicos, "e intentamos ponérnoslas como espigas, pero no podíamos hacer que se sujetaran."

Norwan extendió la mano hacia el Sur y vino hacia ella una niebla gris que sube desde el agua. Puso esta niebla sobre un chico patkilis para que la llevara puesta. Extendió la mano hacia el Este y vinieron a ella plumas rojas y amarillas. Con ellas hizo espigas para ese chico patkilis. Puso la mano al Sur y encontró candelillas de sauce. Cuando estuvo vestido uno de los chicos, dijo ella: "Dejad que todos los otros sean como éste", y en ese momento todos los chicos patkilis fueron como él.

Después cogió ella mantillo de bellota, verde y marrón, y se lo puso a una de las chicas tsudi. Cogió hojas de *yósoü* de su bastón (las hojas son como orejas de ratón) y se las puso de orejas a la chica. Cogió más mantillo de bellota, lo frotó y enrolló en forma de palo e hizo una cola. Cuando una de las chicas tsudi estuvo vestida bien, dijo: "Dejad que todas las demás sean como ésta", y en ese momento las demás fueron como ella.

"Ahora, hermana", dijeron ellos, "estamos preparados."

Norwan partió y todos, las chicas tsudi y los chicos patkilis, fueron con ella. Cuando llegaron a la puerta de la casa de sudación, miraron alrededor y vieron que todos los árboles estaban llenos de bellotas hermosas y frescas; la parte superior de la casa estaba cubierta de ellas. Había montones y montones de bellotas dentro y alrededor de la casa de sudación, y un poco más lejos había un gran número de árboles cargados de fruto.

Desde Olelpanti podían ver abajo Hlihli Puihlutton. Todas las personas que habían venido estaban dentro. Norwan miró dentro y vio a mucha gente, todos mirando hacia la puerta.

"Ved llegar a Norwan", dijeron ellos. "Ella es hermosa. ¡Oh, qué hermosa!"

Kopus Kiemila estaba en el lado sur, cerca de la puerta. Él tenía cinco sacos de bellotas cerca de él. Estaba cantando sobre ellas, cantando sobre la salud y la seguridad. Cuando vio a Norwan, dijo:

"Entra, entra, hija de mi hermano. Eres uno de los últimos. Han llegado todos menos dos."

Ella se fue a un asiento más allá de Kopus. Una mujer joven que estaba sentada cerca se levantó y dijo:

"Ven, hermana mía, ven a sentarte conmigo."

Ésta era Hlihli Loimis. Su hermano Hlihli Herit estaba siempre en la parte superior de la casa de Kopus y gritaba: "¡Hai! ¡Hai!", que significa "¡Ven! ¡Ven!", y hacía señas con la mano para que entrara la gente.

Norwan se sentó al lado sur de la puerta, y todos los niños tsudi y patkilis tomaron asiento detrás de ella.

"Casi has sido la última en venir", dijo Hlihli Loimis. "Mira al lado norte de la casa. Mira cuánta gente hay allí. Mira la luz, es Kaukau Herit. Es blanco y brillante, emite luz desde él."

"Ahora", dijo Kopus, "todos los del Norte, mis yernos y nueras, preparaos para bailar."

La gente del Norte se levantó a su llamada y bailaron. Kaukau Herit bailó. Cuando se levantó y se movió fue como cuando se mete una luz en un lugar oscuro. Bailó cinco veces y se sentó.

"Ahora, yernos míos", dijo Kopus, "volved a sentaros y mirad. Mis yernos del Oeste, ahora bailaréis vosotros; bailad, Katsi Herit y Sedit de Sonomyai, y bailad vosotras, nueras mías."

Bailó la gente del Oeste; Sedit, Bok, todos bailaron. Mientras bailaban dejaban caer conchas. Estas conchas caían desde ellos como la nieve cae del cielo, y todo el suelo se cubrió de conchas, igual que las montañas se cubren de nieve en el invierno.

"Ahora volved a sentaros y mirad", dijo Kopus. La gente del Oeste se sentó.

"Yernos y nueras mías", llamó Kopus a las gentes del sur, "preparaos para bailar."

Los dos hermanos Tede Wiu procedentes de Koï Nomsono iban a dirigir el baile a las gentes del Sur. Kopus les llamó cinco veces; la gente del Sur no se movió. Luego el mayor de los Tede Wiu dio un paso y se paró; cuando levantó el pie para dar un segundo paso, todos empezaron a bailar. Los dos hermanos llevaban *mempak* en los brazos, y cada uno tenía un cuchillo de pedernal. Según bailaban ataban cuerdas de *mempak* a un lado de la casa, más altos que la cabeza de un hombre; extendieron las cuerdas hacia el otro lado y las ataron. Extendieron *mempak* de lado a lado de esta forma, y de extremo a extremo, a lo largo y a lo ancho; luego bailaron debajo. Las hermosas cuerdas brillaban de todos los colores justo encima de ellos. La música, el *mempak* y la danza eran tan hermosas que les encantó a todos; todo la gente estaba contenta; apenas podían sentarse y mirar.

Los hermanos subieron bailando a donde estaba Kopus, cogieron cordones de concha y *mempak* de sus cuellos y cabezas y los pusieron debajo de él; luego pusieron sus dos hermosos cuchillos. Después de haber hecho esto se alejaron bailando hasta el otro extremo de la casa de sudación y luego subieron bailando otra vez hasta donde estaba Kopus.

Norwan se levantó y comenzó a bailar sin saberlo. No podía evitar bailar. Todos la miraron. Bailó con los dos hermanos, se alejó bailando con ellos hacia el otro lado de la casa. Sólo después de un rato se dio cuenta ella de que estaba bailando.

Los dos hermanos se sentaron; ella se sentó con ellos. Luego se pusieron de pie los tres y salieron.

Acababan de irse cuando entró Norbis. Iba vestido espléndidamente, llevaba puesto *mempak*, tenía una guirnalda de hojas frescas sobre su cabeza y *mempak* en la parte de arriba. Se sentó y preguntó a alguien que estaba cerca:

"¿Dónde está mi esposa?"

"Norwan se ha ido con los hermanos Tede Wiu."

"¡No creo eso!", dijo Norbis.

Él se levantó de un salto, fue alrededor y preguntó a otros. Todos dijeron: "Ella está con los hermanos Tede Wiu."

Al final salió Norbis llevándose a su gente. Ellos habían entrado en la casa pero no habían bailado. Ellos le siguieron a su llamada. Fue rápidamente hacia el Noroeste a alcanzar a los dos hermanos.

El baile se terminó. Todos se fueron a casa. El alba estaba cerca.

Los dos hermanos no fueron a Norwan Buli Hlut, que está más lejos al norte de Koï Nomsono. Retuvieron a la mujer en su propia casa hasta la mañana. Cuando llegaron a casa dijeron los hermanos:

"Pueblo mío, estad preparados para una gran cacería al romper el día."

Cuando llegó el alba el hermano mayor dijo:

"Venid, pueblo, comeremos juntos. Todos tenéis que comer conmigo esta mañana."

Mientras estaban comiendo oyeron gritos en la orilla occidental del Bohema Mem y pronto vieron a dos hombres que corrían hacia ellos, hombres muy bien vestidos, con plumas sobre las cabezas. Los hombres cruzaron el río y llegaron a la casa de los Tede Wius. Eran los hermanos Wul Wuhl.

Ellos dijeron: "Estamos aquí para decirte que Norbis está muy enfadado. Él ha despertado a toda su gente y vienen. Él nos ha enviado para decirte que está más allá del Bohema Mem esperándoos. Norbis te pide que le envíes a esa mujer."

Los hermanos no dijeron nada.

"Si se la das, él se volverá a casa; si no, luchará con vosotros."

"No podemos dársela", dijo el mayor de los Tede Wiu. "No fuimos al baile a por ella; no la trajimos de allí. Ella vino con nosotros por propia voluntad. Si la damos, ella puede que regrese derecha a nosotros. Ella puede ir a donde le guste, pero nosotros no se la daremos a nadie."

Los dos mensajeros llevaron esta respuesta a Norbis.

"Creo que este hombre vendrá contra nosotros", dijo cada uno de los hermanos. Entraron en la casa y sacaron armaduras de piel de alce [4].

"Vamos, pueblo mío", dijo el mayor, "tomad esto, ponéoslo."

Sacaron más y más armaduras de piel de alce sin curtir y el pueblo comenzó a prepararse para la batalla. No había pasado mucho tiempo cuando vieron venir a otros dos hombres. Éstos no cruzaron el río. Se quedaron en la orilla occidental y gritaron:

"¡Preparaos! ¡Preparaos para la batalla! Norbis pide que vengáis al río y crucéis. Lucharemos con vosotros en este lado."

Cuando los hermanos oyeron esto, su pueblo se puso las pieles de alce y se marcharon. Los hermanos dejaron en casa a Norwan y ataron la casa con *mempak*. Toda la casa estaba cubierta de *mempak;* ellos pensaron que nadie podría salir ni entrar. Hecho esto, los hermanos cruzaron el río con sus hombres. Miraron hacia el Sur y vieron a Norbis con su gente que se movían a lo largo de la orilla occidental del Bohema Mem y se extendían tan lejos como podían ver los ojos.

"No hay nadie más que Norbis y su gente", dijeron los

---

[4] Antiguamente los indios utilizaban como armadura la piel de alce sin curtir.

hermanos Wul Wuhl; "no son todos como él, pero ellos son toda su gente."

Se encontraron las fuerzas y los dos bandos comenzaron a luchar a la vez, lucharon obstinadamente. Norbis dirigió a los hermanos Tede Wiu hacia la orilla del agua, pero ellos se unieron en la orilla del río e hicieron retroceder a sus fuerzas. Por segunda vez Norbis les empujó hacia el río; por segunda vez ellos se unieron y le hicieron retrocer, hicieron retroceder a toda su gente. Lucharon todo el día, cada bando dirigía al otro por turnos. Era una batalla dura y sangrienta; murieron muchos en los dos bandos. Nadie ganó y los dos estaban muy enojados. Cuando llegó la noche dijeron los hermanos Tede Wiu:

"Paremos por hoy. Si quieres luchar mañana, nos encontraremos aquí."

"Os encontraré aquí", contestó Norbis.

Los hermanos Tede Wiu se fueron a casa. Encontraron a Norwan donde la habían dejado, encerrada con *mempak*. Esa tarde, cuando todos estaban reunidos y hablando, dijo el hermano mayor:

"Pueblo mío, si ellos quieren luchar mañana, lucharemos con ellos."

Luego llamó a un mensajero y dijo:

"Ve y dile a mi hermano Sehinom Chabatu que venga a ayudarnos, y que venga por la mañana temprano. Ve a ver también a dos mujeres Kawas Loimis que están en Waiti Nomken, un lugar en lo alto del Bohema Mem, hazles saber que estamos luchando. Al lado de sus casas vive Chir Chuma, un hombre cojo, házselo saber también. Enfrente de Pas Puisono vive Katsi Herit. Dile que venga temprano mañana. A corta distancia de Tsarau Heril vive Wik Herit. Dile que esté aquí. Todos ellos son grandes hombres, y cada uno traerá a su pueblo. Hay un hombre que vive en Kilichepin Kenharas, se llama Kilichepis. Dile que venga con su pueblo. Hay un hombre que vive en Sudi Sawul. Se llama Tuichi Kelis. Dile a este hombre que le espero a él y a su pueblo mañana temprano. Todos estos grandes hombres nos ayudarán enormemente."

Norbis envió mensajeros a sus amigos. Fueron al Sudeste, al Sur y al Sudoeste. En el Sudeste les envió a Saias Saias Herit y en el Sur a Hus Herit. Envió a por Karili Herit, a por Tcutuhl Herit.

A la mañana siguiente, casi al alba, llegaron los amigos de los hermanos Tede Wiu. Vinieron todos los que habían sido llamados, y cada uno trajo a su pueblo. Los amigos de Norbis llegaron de la misma forma; no falló ninguno de los que fueron invitados en cada bando.

Cuando hubieron llegado todos los amigos de Tede Wiu, el hermano mayor confinó a Norwan como el primer día. Ató *mempak* alrededor de toda la casa. Luego partió y cruzó el río con mucha gente. Había venido Chir Chuma. Él estaba tan cojo que no podía andar, y tenía a dos hombres para que le transportaran. Éstos eran los dos hermanos Siriwit (torbellino). (Los torbellinos son gente de esa época.)

Los Siriwits transportaron a Chir Chuma sobre dos palos. Él se sentó sobre los palos. Un hermano sujetaba los palos de detrás y el otro los de delante. Se movían a gran velocidad y viajaban con la misma facilidad sobre el agua que sobre la tierra. Cuando los dos hermanos habían cruzado el río, vieron a dos hombres cojos más, uno venía del Norte, Chali Dokos. Le transportaba Wainot Herit. El otro era Sawi Herit; venía del Oeste transportado por Kichinot Herit.

Después de que las fuerzas de los Tede Wiu habían cruzado el río, los hermanos Wul Wuhl vinieron de Norbis y dijeron:

"Hay mucha gente que viene con Norbis hoy procedentes del Sur. Tendréis una batalla dura."

Sehinom vio llegar a la gente del Sur y dijo al mayor de los Tede Wiu:

"Hermano mío, estaré contigo todo el tiempo. Te escoltaré."

Tres hombres de Tede Wiu, Wik Herit, Tuichi Kelis y Kilichepis, dijeron:

"Nosotros iremos juntos. Iremos al lado este, cerca del río, y nos llevaremos a nuestra gente con nosotros."

Cuando se iban se volvieron a los hermanos Wul Wuhl, o a los hombres de Norbis, y dijeron:

"Decid a Saias Saias Herit, Koip Herit y Tsutsu Herit que vengan hacia el río. Lucharemos con ellos allí."

"Lo haré", dijo el mayor de los Wul Wuhl y, volviéndose a Chir Chuma, dijo: "Hay un hombre con una red que viene del Sur, Karili Herit; él luchará contigo."

Las hermanas Kawas llegaron en ese momento al lado de los Tede Wiu, traían alimentos, pieles de alce y flechas para su hermano Sehinom Chabatu. Ellas no fueron a donde estaba la lucha, sino que se quedaron de pie un poco atrás, en la parte posterior. Llegó también Wai Charatawa al lado de los Tede Wiu. Era un hombre pequeño y zurdo, pero un gran jefe, hermano de Sehinom y Wik Herit. Llevaba el pelo atado arriba y sujeto con un hueso largo afilado en un extremo.

Norhara Chepmis vino a ayudar a Norbis en el lado sur.

Antes de que comenzara la lucha Norbis envió mensajeros a los hermanos para preguntarles: "¿Es vuestro deseo dejar a esa mujer?"

Ellos se negaron.

"Ahora, pueblo mío", dijo Norbis, "vamos a luchar. He hecho lo que he podido para persuadir a estos hermanos a que me dejen a Norwan, pero se niegan y vamos a luchar por segunda vez."

En este momento vino del Sur Kiri Hubit, un hombre fuerte. Fue al lado este a luchar. Sólo tenía una flecha sin punta.

Cuando se encontraron todas estas fuerzas, hubo un alboroto terrible.

"¡Ahora", gritó Wul Wuhl, "viene un hombre del Sur; es

pequeño, pero valiente y muy temperamental, un luchador terrible! Luchará en el flanco izquierdo. Se llama Nor Patsas Herit."

Yipokus Herit, que vivía en la ladera noroccidental de Bohem Puyuk, iba a estar en el campo al mediodía; era el que lucharía con Nor Patsas. Sus armas eran el hielo y la nieve.

Justo en este momento Norwan encontró un punto débil y flojo en el *mempak*. Tan pronto como salió, se fue a casa, a Norwan Buli.

Cuando estaban preparados para encontrarse, los dos ejércitos vieron a una mujer muy grande que venía del Noroeste: una anciana, Nom Toposloni Pokaila. Sobre la espalda llevaba una gran cesta, tan grande como una casa.

Esta cesta estaba llena de corteza de abeto molida, que hace que la piel pique terriblemente y casi ciegue al ojo que la toque.

Un hombre vino desde el ejército del Noroeste al del Sur y dijo a Wul Wuhl:

"Di a tu hombre Norhara Chepmis que no se emplee en la batalla, déjale que se quede a un lado y mire. Yo haré lo que haga él." Este hombre era Wainom Yola Herit. "Si lucha en el lado sur, yo haré lo mismo en el del norte."

Wul Wuhl dio el mensaje. Norhara se echó atrás y Wainom Yola hizo lo mismo.

Los dos ejércitos estaban de pie uno frente a otro, cada uno miraba al otro a la cara, cada uno esperaba que empezara el otro.

En ese momento los hermanos Siriwit abandonaron las filas del Este, el ala izquierda del ejército del Norte, y dieron vueltas corriendo a toda velocidad con Chir Chuma sobre dos palos. Entonces Nor Patsas, el hombre pequeño irritable del Sur, vio a Chir Chuma (los Siriwits eran invisibles) y no pudo contener su ira por más tiempo. Corrió hacia el hombre cojo con toda su fuerza. Justo cuando estaba enfrente de Chir

Chuma, golpeó el suelo con su hierro y cien personas, tan coléricas e irritables como él, dieron un salto y le rodearon. Pero Chir Chuma se fue directo a Nor Patsas. Los Siriwits le golperaron en un lado, se precipitaron hacia sus hombres, los pisotearon, los pegaron y los mataron.

Los hermanos Siriwit se alejaron un poco a lo largo de las filas del frente, luego se dieron la vuelta y se precipitaron hacia donde había caído Nor Patsas. Él estaba de pie otra vez y se lanzó por segunda vez contra Chir Chuma. Cuando estaba justo enfrente del enemigo, Nor Patsas golpeó su hierro contra el suelo, cien hombres dieron un salto y le rodearon; todos saltaron sobre Chir Chuma, pero los dos hermanos dispersaron y pisotearon a cada uno de ellos.

Nor Patsas estaba furioso. Hasta ese día nunca había estado tan enojado en su vida. Él se dio la vuelta y se precipitó hacia el ejército del Norte. Golpeó el suelo una, dos y tres veces con su hierro y trescientos hombres furiosos estaban allí a su alrededor. Comenzó una batalla en el ala izquierda del Norte, fiera y muy sangrienta. Nor Patsas no encontró a nadie que se enfrentara con él hasta que volvió Chir Chuma. Los Siriwits estaban algo cansados y se desplazaban más despacio mientras Chir Chuma luchaba con Nor Patsas. Chir Chuma tenía un pedernal rojo, también llamado pedernal ventosa. Con cada golpe él mataba a cincuenta y a veces a sesenta personas. Cuando Nor Patsas daba un golpe, mataba a muchos, y cada vez que golpeaba el suelo con su hierro, cien guerreros saltaban a ayudarle.

La lucha que comenzó entre Nor Patsas y Chir Chuma se libró en los dos ejércitos. Los dos bandos luchaban desesperadamente, pero ninguno pudo conquistar a Nor Patsas hasta que llegó Yipokus a mediodía. Él se precipitó contra el guerrero irritable y colérico, con armas hechas de hielo y nieve. En el fragor de la batalla el agua fluyó de ellas y mató a Nor Patsas, apagándole la vida. El ejército del Sur fue empujado hacia atrás y conducido a gran distancia río abajo.

A mitad de la tarde se reunieron, se convirtieron en perseguidores, los condujeron al campo donde comenzaron por la mañana y los condujeron muy lejos; cuando pasaron corriendo junto a Nom Toposloni, arrojaron al viento su corteza machacada, llenaron muchos ojos y casi los cegaron. Esto llevó el desorden al ejército del Sur.

Norbis, temiendo ser golpeado, se preparó para la lucha. Llamó a Norhara Chepmis, que corrió velozmente con sus guerreros desde el Sudoeste. Una tormenta fuerte de aire barrió por delante de Norhara. Golpeó fieramente al ejército del Norte. Wainom Yola, viendo esto, se precipitó hacia la fuerza del Sur con toda su gente, y había tantos que ningún hombre podía contarlos. Eran tan rápidos como flechas. Un viento que bramaba iba con ellos.

Wainom Yola cruzó recto atravesando el ejército del Sur, y, volviéndose, se precipitó hacia Norhara Chepmis y sus guerreros. Estos dos con sus hombres tuvieron la lucha más dura de aquel día. En media hora muy pocos quedaban vivos a cada lado, y los que quedaban estaban tan débiles que Norhara Chepmis y Wainom Yola apenas eran capaces de dirigirles desde el campo.

No había ningún hombre en las fuerzas de los hermanos Tede Wiu y en las de Norbis que no estuviera cubierto de nieve o empapado por la lluvia; todos estaban tiritando y casi muertos.

Ninguno deseó luchar más tiempo después de ese día.

Norbis se fue a casa, al Sur, sin Norwan, la mujer a la que él llamaba esposa, y cuando los hermanos Tede Wiu regresaron a su casa aquella tarde descubrieron que Norwan se había escapado a Norwan Buli.

Éste fue el fin de la primera batalla de la Tierra. Nadie ganó nada y murieron muchos. Más tarde hubo otra batalla entre los primeros pueblos, y muchas después entre los wintus cuando aparecieron.

Después de que Norwan había estado en casa un tiempo, dijo un día a Hessiha:

"Hermano mío, me equivoqué. Cuando pienso en ello ahora, veo que me equivoqué. Hoy lo entiendo todo. Veo que si no hubiera bailado con Tede Wiu, si no hubiera ido a casa con él, no hubiera habido lucha ni ningún problema en este mundo. Si me hubiera ido con Norbis al baile, no hubiera habido batallas, no hubiera habido matanzas; pero no quería ir con Norbis. No sé por qué, pero de alguna forma él no me gusta. Estuve bailando con Tede Wiu, me senté con él y me fui con él antes de saber que lo estaba haciendo."

Después de acabarse la primera batalla, Sehinom Chabatu fue a casa y vivió cinco años en Wini Mem antes de que tuviera ningún problema. Mientras ayudaba a Tede Wiu en su lucha con Norbis, Sehinom mató a Saias Saias y a Chuchu, dos de los mejores hombres de las fuerzas de Norbis.

Toda la gente del Sur hablaba de ellos dos y contaban cómo habían muerto. Un gran hombre, muy lejos en el sudeste, oyó esto. Él era jefe de los dos cuando estaban vivos y su nombre era Chulup Win Herit. Él era una persona delgada y fuerte. Cuando hubo oído la historia completa, dijo:

"Nunca me ha gustado la lucha, no me gusta la lucha ahora. Nunca he ido a la guerra, pero ahora voy a ir a la guerra. Norbis atacó a Tede Wiu, él lucho contra él. Norbis me ha mostrado lo que es la lucha y ahora voy a luchar."

Chulup investigó por todas partes para descubrir quién había matado a estos dos hombres. Quería estar seguro. Todo el mundo le decía por todas partes: "Sehinom Chabatu lo hizo."

Realmente fue Chir Chuma quien los había matado. Pero Chir Chuma estaba bajo el mando de Sehinom Chabatu y se culpó a Sehinom.

Hablaron sobre todo, hablaron toda la noche y Chulup envió este mensaje a Sehinom:

"Me gustaría verte, quiero que vengas a Miol Tapa, cerca

de Puidal Pom. Te encontraré allí. Si quieres luchar, lucharé contigo en ese lugar."

El mensajero era Tsotso Tokos Herit. Mientras Chulup estaba dando instrucciones a su mensajero, la abuela de Sehinom estaba hablando con él. Esa abuela era una mujer muy anciana, Chir Pokaila; se llamaba también Kahi Buli Pokaila. Ella sabía lo que estaba ocurriendo allá lejos en el Este y lo que iba a ocurrir pronto, aunque nadie se lo había contado: lo sabía por su propia mente.

"Nieto mío", dijo ella, "tú has estado luchando, has estado en la guerra y la gente hablará mucho de ti. Nieto mío, oirás algo muy pronto. Tienes que hacer lo que sea mejor, cuidar de ti mismo. Te diré qué hacer: cuando vayas a cazar o a pescar, nunca vayas hacia el Este. Ve al Norte, al Oeste o al Sur, pero nunca vayas al Este; la gente del Este está hablando de ti. Nieto mío, no sabía que ibas a hacer las cosas malas que has hecho. Cuando te estaba criando y eras un bebé todavía, te dije cómo cazar y pescar, nada más. No pensaba que lucharías y matarías a gente fuerte. Pero hay una mujer en Norwan Buli que ha provocado todo este problema al mundo; esta lucha empezó por ella, y ahora continuará siempre y en todas partes; ahora nunca tendrá fin la lucha en este mundo. Este lugar donde estamos viviendo hubiera sido bueno a no ser por esa mujer. Ahora, a partir de ahora, todos estos árboles, montañas, rocas, toda la gente de este mundo, será mala y dañará a los otros. (Esto significa que la gente utilizará piedras, palos y cualquier cosa para luchar cuando estén enfadados.) Ahora, nieto mío, tienes que actuar como te he dicho. Mi hermano vive cerca, vive en Kahi Buli, se llama Kahit. Ve a verle todas las mañanas temprano. Y hay un hombre que vive un poco más allá, arriba en Waitami. Él es tu hermano. Ve a verle todas las tardes. Es un gran hombre, puede hacer todo. Se llama Katsi Herit. Mis dos hermanas viven en Waiti Nomken. Ellas han estado en la guerra y han visto toda la lucha. Son las hermanas Kawas Loimis. Nieto mío, no podemos vivir como acostumbrábamos a hacerlo. Tenemos que vivir de forma diferente. Me estoy enfadando mucho. No podemos comer, no podemos dormir como en los viejos tiempos. Cuando fuiste a la guerra mataste a dos grandes hombres, dos de los mejores. Hace mucho, mucho tiempo, Chulup, un gran jefe, se fue lejos al Este, y ha vivido allí ese tiempo. Él va a venir pronto a verte. Cuida de ti; estate en guardia. Cuando Chulup partió hacia el Este fue a la orilla del gran agua y fue a la tierra que hay bajo ella, atravesó la tierra y ahora vive en el Este sobre el lecho del gran agua. Te contaré lo que va a ocurrir pronto. Me estoy enfadando y cuando me enfade tú sentirás un viento frío que viene del Norte. Ese viento viene porque estoy enfadada."

Cuando Sehinom Chabatu fue al Sur, era joven todavía, no había crecido, y ahora, cuando su abuela supo lo que estaba ocurriendo en el Este, estuvo dándole instrucciones. El lugar donde vivían ellos era Dau Paki Olel, una milla más arriba de la desembocadura del Wini Mem.

Una mañana Sehinom Chabatu llamó a todo su pueblo. La anciana sabía que llegaba alguien y ese día vino Tsotso Tokos. Le enviaba Chulup. Cuando la anciana supo que él estaba cerca, entró en casa, sacó una aljaba llena de flechas y la colgó en un árbol. Luego cogió un *tuichu kilis,* que es una red revestida de plumón blanco, se lo puso en la cabeza, cogió la aljaba y corrió a cierta distancia de la casa con gran furia. Ella actuaba como alguien que va a luchar. La gente la miraba.

"¿Qué le pasa a esa anciana?", preguntó una persona a otra.

Después de un rato ella regresó y se sentó. Unos minutos después se vio a un hombre que corría desde el Este y pronto Tsotso Tokos estaba en la casa.

"Sehinom Chabatu", dijo él, "estoy aquí para contarte lo que dice Chulup. Dice que él se está enojando, que quiere que vayas a Miol Tapa mañana, que te encontrará allí, que tiene a sus hombres con él. Él ha reunido a mucha gente. Te esperará en Miol Tapa."

Cuando Tsotso Tokos hubo dicho estas palabras se marchó. La anciana se levantó y dijo:

"Nieto mío, no te sientes más. Levántate. Eso que te dije hace un rato ha ocurrido. Te dije que estaba llegando un problema. Envía recado ahora a los dos hermanos Tede Wiu. Envía recado a todos tus amigos. Diles que vengan rápido a ayudarte."

Sehinom Chabatu envió un mensaje a los hermanos Tede Wiu, un segundo al Noroeste, un tercero al Norte y un cuarto al Sudoeste. El del Norte lo envió a Sau Herit y a Kichuna Herit, a Hokohas Herit de Puidal Pom. Los hombres de Hokohas llevaban puesto siempre armaduras de piel de alce. También llamó a Koyumas Herit y a Puike Tsumu, un gran jefe, aunque cojo. Avisó a todos los que habían estado con los hermanos Tede Wiu en la primera guerra.

Vinieron todos, incluso se unieron otros. Entre ellos estaba Cho Herit, que tenía un gran número de gente. La abuela de Sehinom estaba terriblemente excitada. Bailaba alocadamente y corría alrededor por todas partes; bailó aquella noche y al día siguiente. A la segunda mañana vinieron todos muy temprano para unirse a las fuerzas de Sehinom. Los primeros llegaron al romper el día y un pueblo siguió a otro durante todo el día y durante la noche siguiente.

Vino Chir Chuma, transportado por los hermanos Siriwit. Vino Wai Karili, que vivía en la orilla sur del Wini Mem. Todo su pueblo tenía redes. Bulibok vino de Bulibok Puyuk, y cuando la gente del camino se sentó a descansar, él se adelantó y gritó:

"¡Disparadme todos! Quiero ver qué clase de persona voy a ser."

Todos le dispararon. Él estaba sentado todavía pero nadie pudo darle. Y Kaisus Herit de Puidal Pom se adelantó también y pidió que le dispararan todos. Muchos lo intentaron, pero nadie pudo dar a Kaisus Herit.

Vino Tichelis de Penehl Kente, traía a su gente.

"Eres mi hermano", dijo a Kaisus, "iremos juntos."

Un Sedit vino de Buli Puiwakat y otro de Sonomyai.

Cuando se hubieron reunido todos los pueblos en casa de Sehinom, Wik Herit cogió carbón y se embadurnó la cara. "Quiero ver lucha", dijo él. "Soy un guerrero valiente. Quiero luchar." Luego jadeó y se pavoneó extraordinariamente.

Nomel Hiwili vino con su pueblo; vivía en Waiel Nomeltos.

"Hermano mío", dijo a Sehinom, "no soy muy fuerte, no puedo hacer mucho, pero iré contigo y haré lo que pueda."

Cuando llegaron al lugar donde se iba a librar la batalla, vino un mensajero y dijo:

"Saiai Not Herit viene a verte. No tiene corazón y todo su pueblo no tiene corazón. Saiai Not quiere luchar contigo. Kichuna de Kinwinis Pom y Hamam Herit del Este desean luchar contigo. Todos éstos están ahora en Memnom Kalai, no lejos de aquí."

En ese momento vieron que alguien venía hacia ellos desde el Este. Era una segunda Chir Pokaila. Era de Pokaitin Mem. Cuando llegó le dijo a la abuela de Sehinom:

"Hermana mía, ayudaremos a nuestro nieto, y si le matan le lloraremos juntas."

"Ahora es hora de movernos", dijo Sehinom.

"Estaremos en el centro del ejército", dijeron los hermanos Tede Wiu y tomaron sus posiciones. Wai Karili fue al ala sur del ejercito del Norte, y todo su pueblo fue con él. Subieron a un montículo llano y desde allí vieron que venía gente por los dos lados, desde el Norte y desde el Sur, tan lejos como alcanzaba la vista. Llegaban como una gran masa de agua, envolviendo hacia delante. La gente era en número como los granos de dos nubes de arena. Los dos ejércitos se acercaban uno a otro gradualmente.

La abuela de Sehinom, junto con su hermana, estaba enfrente de las fuerzas del Norte. Primero atrajo al enemigo y luchó fieramente. Tenía flechas de madera de kopus, afiladas con chirdokos, todas las hizo ella misma. El ejército del Norte hizo frente al del Este y el del Sur al del Oeste.

Chir Chuma, transportado por los Siriwits, se acercó a ayudar a sus hermanas. Los tres tenían el mismo tipo de flechas. Mataban cincuenta o sesenta de un disparo, y los tres dieron la victoria al ala izquierda del ejército del Norte.

En el flanco derecho del ejército del Norte y en el flanco izquierdo del Sur había hombres buenos, y hubo una enconada lucha. En el lado norte estaba Wai Karili con su gente, que tenían redes para capturar al enemigo. Luego Hokohas y sus fuerzas, todos vestidos con armaduras de piel de alce; los siguientes, Kaisus y Tichelis, con mucha gente. Entre Tichelis y el centro estaba Kichuna. Al otro lado, enfrente de Kichuna, estaba Hamam, el que había enviado recado a Kichuna de que lo encontraría en el campo. Enfrente de Sedit de Sonomyai había un jefe desconocido, pero un luchador muy grande.

Wai Karili, Hokohas, Kaisus y Tichelis junto con sus gentes se encontraron con Hawt y Tsuini, cuyos pueblos excedían en número a los de los cuatro pueblos que estaban enfrente de ellos. Los Hawt utilizaban como armas rocas sólidas azules. Las lanzaban con gran fuerza, rompiendo las armaduras del ejército de Hokohas y rasgando las redes de los hombres de Karili. El pueblo de Tsuini arrojaba infinidad de piedras pequeñas con hondas a los pueblos de Tichelis y Kaisus.

La batalla estuvo enfurecida en ese flanco hasta la tarde. Se mataron a muchos en los dos lados y entre los jefes cayeron Hamam y Sedit de Sonomyai. Ningún lado tenía la victoria cuando llegó la noche, aunque Hawt y Tsuini estaban siendo un poco superiores.

En el centro estaban los grandes jefes de los dos ejércitos. Allí Chulup, apoyado por Saiai Not, Tenek Not y Tubuk, se encontró con Sehinom Chabatu y los hermanos Tede Wiu.

Por la mañana Chulup comenzó la lucha y redujo el centro. A media mañana había hecho medio camino por entre el pueblo de Sehinom. Pero Sehinom le obligó a retroceder, y a mediodía Chulup estaba donde había empezado por la mañana. Sehinom avanzó de nuevo e intentó abrirse a través del pueblo de Chulup. Había hecho más de medio camino cuando Chulup se recobró, presionó a su alrededor, le empujó hacia atrás y al atardecer se había precipitado sobre los guerreros de Sehinom.

Justo en ese momento Sehinom vio en el campo, detrás de Chulup, a un mujer alta y muy hermosa. Era la esposa de Chulup. Se llamaba Sanihas. Sehinom Chabatu corrió rápidamente hacia esta mujer, mientras Chulup estaba luchando con los hermanos Tede Wiu, y la guió a su propio campo. Se puso el sol en ese momento. La noche había llegado.

Chulup descendió a su lugar. Había perdido a su esposa y no había ganado nada. Los dos lados se fueron del campo de batalla e hicieron fuegos de campaña. Se podía ver las dos líneas de fuego que salían al norte y al sur, pero no se podía ver el final de ninguna de ellas.

Chulup se levantó a la mañana siguiente al romper el día, se dirigió hacia el campo de Sehinom y después de una lucha rápida y corta recuperó a su esposa antes del amanecer. Los dos lados estaban muy enojados y lucharon duro. Al mediodía las fuerzas del Sur tenían ventaja en el centro y en el flanco sur, y hubieran golpeado a Sehinom Chabatu si no hubiera sido por su abuela, su tío y su tía. Las dos mujeres y Chir Chuma, llevado en dos palos por los hermanos Siriwit, habían golpeado a todo lo que tenían enfrente.

En este momento el centro y el flanco de las fuerzas del Norte habían sufrido mucho. Wai Karili abandonó la lucha, estaba enfadado.

"Haré algo mejor que esto", dijo él.

Cogiendo su malla se marchó al Sudeste y no se detuvo hasta que estuvo en el límite de la Tierra y encontró la abertura por la que pasaba Chulup cuando salía a la Tierra o regresaba a su casa en el lecho del gran agua del Este. Él colocó la red en el agujero, empujó en el centro profundamente, cubrió lo que quedaba afuera y esperó oculto.

Al mediodía, cuando Sehinom Chabatu fue presionado y el enemigo estaba empujando a su pueblo fuera del campo, su abuela, tía y tío, con todo el ejército tras ellos, cayeron sobre la retaguardia de las fuerzas de Chulup. La lucha comenzó de nuevo y desde ese momento hasta el ocaso se libró la batalla más dura del mundo hasta ese día. Al anochecer tuvieron que parar porque quedaba poca gente a ambos lados y los que se mantenían estaban tan cansados que no podían luchar más tiempo.

Cada bando abandonó el campo sin decir una palabra al otro. Chulup envió a su mujer Sanihas a casa por otro camino, y él se fue al paso donde estaba oculto Wai Karili. Entró en la abertura. Karili tiró de la red, la cerró alrededor de Chulup y la ató con firmeza. Luego la puso sobre su espalda y llevó a Chulup a Tehi Buli, a alguna distancia al este de Bohem Puyuk. Allí se mofó de él diciendo:

"Bueno, Chulup, no me cogiste sino que te he cogido yo. No vas a matarme sino que yo te mataré a ti. ¿Quién es mejor, tú o yo?"

Luego lo mató y molió finamente su cuerpo.

Cuando Sehinom Chabatu fue a casa le dijo su abuela:

"Ahora, nieto mío, te convertirás en un hombre fuerte; sabes luchar, pero los hombres que luchan no viven mucho. Nunca te he dicho que lucharas, pero desde ahora verás lucha. Tienes que mantenerte despierto, nieto mío. Tienes que levantarte temprano, no tienes que dormir mucho; algún día oirás noticias, algún día ocurrirá algo."

Después de que trajera Sehinom Chabatu el pino más alto de más allá de Dau Paki Olel, arrancó toda la corteza y la pintó de blanco, negro y rojo. La gente bailó alrededor de este poste, bailó dos días.

"Ahora nos iremos a casa", dijeron los hermanos Tede Wiu, "pero quizá ocurra algo más adelante."

Luego Dokos dijo a Wik Kiemila: "Hemos tenido toda esta lucha, pero deberíamos tener más aún; la gente puede venir a atacarnos, a matarte a ti o a mí."

"Suegro mío", dijo Wai Dokos a Wik Kiemila, "hemos matado a un gran hombre, Chulup Win Herit. Creo que tendremos muchos problemas ahora; él era jefe de mucha gente, ellos nos atacarán."

Después de hablar todo esto se fueron a casa. La gente vivió en paz durante dos años.

"Iré a dormir a la casa de sudación", dijo Sehinom Chabatu una noche. Él se fue. Había muchos en la casa de sudación y un número mayor afuera. Normalmente Chir Pokaila sabía todo; pero esta noche la anciana no sabía el problema que se acercaba, estaba en su propia casa durmiendo.

La puerta de la casa de Sehinom estaba en el lado este y él estaba durmiendo en el lado norte. Justo antes del alba algunos de los hombres que estaban tumbados afuera se despertaron, y algunos de dentro de la casa también se despertaron, pero ninguno se había levantado todavía. Todos a la vez oyeron un tumulto, una multitud de hombres gritando.

Cuando las gentes de alrededor de la casa de sudación oyeron este grito, cogieron sus armas y corrieron. Todos los de dentro de la casa se acercaron a la puerta, y tan pronto como salieron los mataron gente extraña.

Sehinom Chabatu permanecía en la casa de sudación. Chir Pokaila estaba cogiendo arco y flechas para su nieto, pero cuando llegó a la puerta la mataron.

Chir Chuma, que vivía cerca, vino cuando oyó el tumulto. Le transportaban los Siriwits y fue por los alrededores luchando acá y allá, matando a muchos.

Sehinom, en la casa de sudación, oyó a alguien afuera que preguntaba:

"¿Es ésta la casa de Sehinom Chabatu? No puedo encontrarlo. No está entre esta gente. Quizá después de todo ésta no sea su casa. Me gustaría ver a Sehinom Chabatu. Si es valiente, saldrá. Soy Sutunut."

Los otros gritaron: "¡Soy Hus!" "¡Soy Chutuhl!" "¡Soy Koip!" "¡Quiero ver a Sehinom Chabatu!"

Habían matado a toda la gente de afuera excepto a Chir Chuma. Los Siriwits le llevaron a casa. Sehinom Chabatu fue abandonado en la casa. Era alrededor de media mañana cuando los desconocidos mataron a todos y prendieron fuego a la casa. Había un tronco a cada lado de la puerta para que se sentara la gente. Sehinom entró en la tierra y salió por debajo del tronco del lado izquierdo. Excavó hacia delante, según se movía el fuego, hasta que llegó cerca del extremo del tronco. Se había quemado excepto un trozo muy corto. Se paró debajo de él.

La gente de Sutunut permaneció alrededor para verle.

"Nos gustaría saber dónde está", dijeron ellos. "La casa se ha quemado. Él no estaba allí o habría salido corriendo." Empujaron las cenizas, no encontraron rastro de sus huesos. "No puede estar debajo de este tronco", dijo un hombre; pero no tocó el tronco quemado.

Finalmente, casi en la oscuridad, cuando casi se había quemado el tronco hasta el extremo, Sutunut y toda su gente se marcharon.

Sehinom Chabatu oyó todo lo que dijeron. Cuando se habían ido y todo estaba en silencio, él salió arrastrándose desde debajo de la tierra; vio a sus amigos que yacían muertos, las casas destruidas y la casa quemada. Lloró toda la noche, se condolió por sus amigos, se condolió hasta el alba. Al alba caminó por los alrededores, por todas partes; miró las ruinas; no sabía qué hacer; caminó alrededor una y otra vez.

Antes de que saliera el sol oyó algo y se detuvo a escuchar. Era un sonido como el lamento de un perro pequeño. Miró y vio al fin un trozo de corteza de pino. El ruido provenía de debajo de la corteza.

"¿Qué puede haber debajo de esta corteza?", pensó Sehinom; le dio la vuelta y encontró a dos niños pequeños tumbados uno en los brazos del otro y llorando. Él se agachó y los levantó. "Bueno, hermano", dijo uno de ellos, "tuvimos suerte. Nos ocultamos aquí y escapamos."

Eran dos niños tsudi. Sehinom Chabatu cogió a los niños para cuidarlos. Enterró a toda la gente que pudo encontrar, cogió a los dos niños pequeños y subió a Pui Mem para conseguir madera de kopus para flechas. Encontró la madera, la llevó a casa e hizo cuatrocientas flechas. Luego hizo cinco arcos de madera de tejo.

Los dos niños crecieron muy deprisa. Sehinom les dio un arco y cuarenta flechas a cada uno de ellos y dijo:

"Desearía que pudierais hacer algo por mí, pero sois tan pequeños que no me gusta exponeros."

"Podemos ir a donde nos envíes", dijo el mayor.

A la mañana siguiente dijo Sehinom: "Bueno, hermano pequeño, ve a decirles a mis dos hermanas, Kawas Loimis de Waiti Nomken, que vengan aquí. Diles que tengo hambre, que no tengo nada para comer. Diles que me muero de hambre. Diles que me traigan comida. Desde mis hermanas ve a mi hermano Kichuna; vive en Kenwinis Pom. Ve luego a Wai Hau, en Hau Buli; luego a Nomel Hiwili en Waiel Nomeltos. Ve a Dokos Hilit; encontrarás su casa preguntando. Desde aquí ve a mi suegro, Nom Sowiwi. Di a esta gente que venga y traiga todas sus fuerzas."

Luego, volviéndose al otro hermano, le dijo: "Hermano pequeño, a ti te enviaré al Sur. Quiero que vayas a Tidok Kiemila en Tidok Waisono. Este anciano y su pueblo tienen abundancia de trajes para la guerra adornados con plumas. Ve a los hermanos Tede Wiu; ve a Hokohas Herit. Ve al Este a Dokos Herit, en Dokos Hleï Puriton; ve a Kaisus en Kaisansi

Haraston. Diles a todos que vengan mañana y traigan a su pueblo."

El hermano mayor tsudi regresó por la tarde. "Tus hermanas vendrán mañana por la mañana", dijo, "y todos los otros vendrán."

El hermano pequeño regresó un poco más tarde. "Toda la gente vendrá mañana por la mañana", dijo él; "todo el pueblo de Hokohas con sus pieles de alce, todo el pueblo Tidok vendrá con sus tocados de plumas. Cuando fui a los hermanos Tede Wiu, dijeron: 'Sehinom Chabatu tiene un gran problema.' Yo dije: 'Sí, sin duda lo tiene; mi hermano y yo somos todo lo que le quedó.' 'Él es nuestro hermano', dijeron ellos; 'tenemos que ayudarle'."

A la mañana siguiente llegaron las hermanas Kawas y trajeron muchas cosas. Cada una traía dos pieles de alce y un gran número de flechas y pieles de nutria.

"Ahora, hermano, come y alimenta a estos dos niños pequeños", dijeron ellas sacando la comida.

La gente comenzó a llegar. Venía de todas direcciones, por todos los lados. Durante todo el día entraron a raudales; continuaron llegando por la tarde y por la noche. Sehinom Chabatu tuvo que esperar algunos días para que llegaran todos. Las hermanas Kawas tenían comida para todos.

"Oímos que te habían matado", dijeron los hermanos Tede Wiu cuando llegaron. "Nos alegramos de verte vivo."

"Estoy solo", dijo Sehinom. "No sé lo que me salvó. Todo mi pueblo fue asesinado a excepción de estos dos niños pequeños."

Los hermanos Tede Wiu fueron los primeros en llegar desde el Sur. El siguiente en llegar fue el pueblo Tidok. Llegaron en multitudes, a miles, y cada uno de ellos tenía un red de plumas sobre su cabeza. Empezaron a llegar por la mañana y continuaron llegando todo el día, toda la noche, por la mañana y una segunda noche, sin parar. Vinieron sin detenerse durante doce días y doce noches, llegaron hasta que no hubo un lugar más para ellos en los alrededores. Se quedaron en casa más tidoks de los que vinieron, y vinieron más tidoks que de todos los demás pueblos juntos.

"Gentes", dijo Sehinom Chabatu, cuando hubieron llegado todos, "yo no causé esta guerra ni esta lucha. Yo no empecé. La guerra la hicieron los hermanos Tede Wiu y Norbis."

"Ahora, hermanos míos", dijo Sehinom a los hermanos Tede Wiu, "gente de muy lejos habla de mí, pero vosotros causasteis el problema. Vosotros lo empezasteis y tenéis que hacer todo lo que podáis por ayudarme. Tenemos que abandonar este lugar mañana por la mañana."

Partieron al día siguiente temprano. Sehinom Chabatu dio órdenes para viajar en grupos. Se movieron hacia el Sudeste. El último grupo del primer día salió por la tarde. Cuando llegó la noche acampó la vanguardia del ejército, y la retaguardia caminó durante toda la noche.

Cuando las fuerzas de Sutunut vinieron a atacar el pueblo de Sehinom al norte desde el límite del cielo en él, dejaron rastro de idas y venidas. Ahora el ejército de Sehinom seguía esos rastros. Viajaron durante el segundo día hasta que llegaron a un lugar donde acampó el ejército del Sur cuando volvía. Allí pasaron la noche. En la mañana del tercer día enviaron delante a Kaisus y a Bulibok para buscar al enemigo. Fueron hacia el Sur. A la mañana siguiente regresaron y dijeron:

"Encontramos un cañón donde acamparon; puedes acampar allí."

El ejército se movió. Las dos hermanas Kawas tenían alimentos para dar a todo el ejército; las dos cestas nunca se vaciaban y todos tenían suficiente.

Se quedaron tres días en el cañón y el pueblo Tidok no terminaba de llegar.

"Tenemos un largo camino, tenéis que daros prisa", dijo Sehinom al día siguiente, y las fuerzas de Tidok comenzaron a viajar más rápidas. Sehinom envió delante a Hus, un explorador. Antes de que rompiera el día se levantaron todos y viajaron hasta la tarde. Hus regresó y dijo:

"He bajado muy lejos. Encontré otro sitio donde acamparon ellos. Luego fui más allá, al Sur, vi fuego y humo muy lejos. Podemos descansar esta noche en su lugar de campamento."

"Dormid bien todos", dijo Sehinom Chabatu aquella noche. "Tenéis que estar bien frescos mañana por la mañana."

A la mañana siguiente enviaron a Hus delante otra vez y el ejército partió poco después. Viajaron todo el día. Al atardecer Hus regresó y dijo:

"Encontré el siguiente lugar para acampar, no está lejos de aquí. Luego hice un largo camino hacia el Sur hasta que llegué a una colina que se extiende al Este y al Oeste. Subí a la cima de la colina y miré abajo. En un llano amplio vi fuegos y a mucha gente. Su campamento es muy ancho desde el Este hasta el Oeste y se extiende hacia el Sur tan lejos como mis ojos pudieron ver. Ahora, amigos míos, he visto al enemigo; tenemos que hacer todo lo que podamos."

Cuando llegaron al lugar del campamento, Sehinom dijo: "Descansaremos aquí mañana, no viajaremos hasta el día siguiente."

A la segunda mañana se levantaron y partieron temprano, iban despacio, descansaban de cuando en cuando. Hacia el atardecer llegaron a la colina y acamparon en el lado norte.

"Enviaré a alguien para ver cuánta gente hay en ese campamento", dijo Sehinom Chabatu.

Fue Bulibok. Al final de la cordillera había un árbol con una rama que colgaba hacia el Este. Bulibok subió a ese árbol, se sentó en la rama y miró abajo. Vio a gente que se movía alrededor, jugando y bailando. Él podía ver a gran distancia. Muy pronto, la gente de abajo que miraba a los alrededores, por todas partes, vieron a Bulibok y uno de ellos preguntó:

"¿Qué es aquello que está sentado en la rama de allí?"

"No sé", contestó otro. "Parece una persona. Tiremos algo y veamos si se mueve."

Notudui Ulumus, que siempre llevaba una honda alrededor del cuello, la sacó, puso una piedra y dijo:

"Tiene que haber alguien allí. Nunca he visto eso antes sobre una rama."

"¡Oh, no es nada; está siempre allí", dijeron otros.

"Nunca he visto nada allí antes. Le lanzaré una piedra." Notudui lanzó una piedra que pasó justo por la cabeza de Bulibok; él no se movió. Notudui lanzó otra piedra, casi rozó la nariz de Bulibok, pero tampoco se movió.

"Es parte de la rama", dijeron algunos; "ha sobresalido de esa forma."

"Un hombre se movería si una piedra se acercara tanto a él", dijeron otros.

"Es alguien, alguien observándonos", dijo un tercer grupo, y se pusieron a discutir. La gente observó durante un rato, pero Bulibok estaba sentado allí, tan inmóvil como la rama, ellos se cansaron de mirar, se fueron y se olvidaron de él. Luego él se deslizó del árbol, se fue y dijo:

"Me senté en el árbol. Vi todo y ahora conozco el mejor camino para ir. Me vio gente y me lanzaron piedras. Estuvieron a punto de darme dos veces, pero no me moví y me dejaron marchar."

"Ahora, pueblo mío", dijo Sehinom Chabatu, "sabéis que esta guerra no la hice yo. Odio llevaros a un lugar como el que está delante de nosotros, pero tenemos que ir. Yo iré primero, iré solo y veré el lugar." Él subió a la cordillera y desde la cima fue por debajo de la tierra hasta que salió en la casa principal del enemigo. Luego, empujando la cabeza hacia arriba, miró y vio a un gran número de gente. Pronto le vio alguien y dijo:

"¿Por qué la gente no vigila? Sehinom Chabatu puede venir. Decís que está muerto, que le quemasteis hasta la muerte dentro de su casa, pero no creo que le matarais."

"¡Oh, él murió hace mucho tiempo! Nosotros le matamos, ¡le quemamos!"

Sehinom sacó la cabeza por segunda vez. Otra vez le vio alguien y dijo:

"¿Qué es aquello de allí? Quizá sea Sehinom Chabatu. Creo que podría venir."

"¡Oh, él murió hace mucho tiempo! Tiremos algo a eso y veamos qué es."

Alguien le tiró una piedra. Rozó la nariz de Sehinom y se metió en la tierra. "¡Es simplemente una ardilla!", dijeron unos cuantos. "Sehinom Chabatu está muerto."

Sehinom regresó a su ejército y dijo a Nom Sowiwi:

"He visto a mucha gente. Son los mismos que mataron a nuestros amigos. Nos matarán a menos que les matemos nosotros a ellos. Nos acercaremos mañana al romper el día y lucharemos. Hermanos míos, Tede Wiu, tenéis que encontrar a Sutunut. Cuando él llegue a mi lugar se jactará mucho. Dice que no podría luchar con nadie. Quiero ver a Sutunut. Tenemos que encontrarlo. No importan los otros. Encontremos a Sutunut y a Koip Herit, que se jactaban de haber matado a tantos de los nuestros."

"Iré a mirar el campamento antes de que llegue la oscuridad", dijo Hau Herit.

Se fue y justo debajo de la cima de la montaña encontró un trozo de roble hueco tan largo como la altura de un hombre; caminó lentamente dentro de este tronco seco, sólo sobresalía su cabeza por encima y era del mismo color. Alcanzó la cima de la cordillera y bajó una distancia corta por el lado sur.

No había ni árboles ni arbustos allí. Cuando se quedó mirando alrededor, con los ojos por encima del tocón, algunos gritaron abajo:

"¿Qué es eso que hay sobre la colina? Nunca he visto antes eso allí."

"No veo más que un tocón", contestaron otros.

Hau estaba mirando alrededor, por todas partes, tomando nota de todo.

"Hay alguien allí", dijo otro hombre.

"¡Oh, eso es un tocón! Lo he visto allí todo el tiempo."

"Bueno, lancémosle una piedra."

Notudui cogió su honda y lanzó una piedra. Hau bajó un poco la cabeza. La piedra golpeó el tocón e hizo un gran ruido.

"No es nada. ¿No oíste el ruido? Es sólo un tocón. Tiraremos otra vez y nos aseguraremos."

Hau acababa de sacar la cabeza cuando vio llegar otra piedra. La piedra golpeó el tocón e hizo un gran ruido.

"¿Crees que hay una persona allí? ¿Crees que la piedra haría un ruido como ése si golpeara a alguien?"

No tiraron más piedras. Hau esperó hasta el anochecer para regresar y contar todo a Sehinom.

"Ahora, hermanos míos", dijo Sehinom Chabatu a los dos niños tsudi, "tenéis que ir a ese campamento. Id derechos a la casa del centro, entrad juntos. Luego uno va hacia el Oeste y otro hacia el Este. Mirad con cuidado y, cuando veáis un arco, cortad la cuerda. Cortad las cuerdas de la primera casa antes de que os dividáis y luego cortadlas solos. Entrad en cada casa y cortad todas las cuerdas de los arcos. Cuando vayáis por las casas, alguien puede veros y decir: 'Mirad a esos niños tsudis', pero no prestarán atención, continuad cortando."

Los dos hermanos tsudi fueron juntos a la casa del centro; luego uno fue al Este y el otro al Oeste. Fueron a cada casa. En algunas encontraron unos pocos arcos, en otras encontraron muchos. Cortaron hasta que llegó el alba. Luego se volvieron a su campamento y dijeron:

"Cortamos cuerdas de arco toda la noche y tuvimos que detenernos porque llegaba el alba, pero sólo dejamos unas cuantas cuerdas sin cortar. La gente dormía, excepto un hombre de la casa de sudación. Creemos que no duerme nunca. Él habla siempre."

"Le conozco", dijo Sehinom, "él habla, pero está dormido

mientras habla (silba). Llega el alba, tenemos que irnos. Hacedlo lo mejor que podáis, todos vosotros."

El ejército eran tan grande, y había tantos tidoks, que se extendieron sobre el campo como una inundación: se precipitaron cruzando la colina y bajaron corriendo al valle; cuando las personas que dormían en sus casas les oyeron llegar, se levantaron de un salto y corrieron a por sus arcos.

"¡Oh, la cuerda de mi arco está rota!", gritaba uno.

"¡Oh, la cuerda de mi arco está rota!", gritaba otro.

"¡Dadme un arco! ¡Dadme un arco!", gritó un tercero.

Se oyó esto por todo el campamento, todos gritaban: "¡La cuerda de mi arco está rota! ¡Dadme un arco!"

El ejército de Sehinom se derramó sobre ellos como grandes olas de agua. Sehinom se fue hacia la casa principal y gritó:

"¿Dónde estás, Sutunut? Quiero verte. Te jactaste mucho en Dau Paki Olel, quiero verte. ¿Dónde estás, Sutunut?"

Sutunut no dijo nada, permaneció en silencio. Estaba en la casa a poca distancia y alguien más le mató.

La gente del Sur no podía luchar sin arcos ni flechas; ellos hicieron lo que pudieron para defenderse, pero a media mañana habían matado hasta la última persona, nadie escapó.

Sehinom Chabatu junto con sus hombres principales y sus fuerzas partieron hacia casa, dejaron atrás a Kot y Ho Herit con algunos tidoks para que quemaran todas las casas. Cuando hubieron incendiado todo, llegó una fuerza nueva del Sur, que les sorprendió y mataron a muchos.

"Sehinom Chabatu se ha ido", dijo Ho Herit cuando los vio. "Nuevas fuerzas vienen contra nosotros. Ahora, pueblo de Tidok, tenéis que luchar bien."

Las fuerzas nuevas persiguieron a Ho Herit y a sus hombres. Los tidoks lucharon con valentía. Murieron muchos en los dos lados. El mismo Ho Herit fue asesinado. Llegaba gente fresca del Sur constantemente, mientras que los tidoks no tenían refuerzos. Al final mataron a Kot Herit y la mayor parte de los tidoks que luchaban con él. Luego la gente del Sur se dio la vuelta y se fue a casa. Los pocos tidoks que escaparon vivos fueron al Norte a sus propios lugares.

Sehinom Chabatu regresó a Dau Paki Olel y vivió allí. Él y los que vinieron a casa con él no supieron nada durante mucho tiempo sobre la segunda batalla y la muerte de Kot y Ho Herit.

Éste es el fin de esa guerra. Toda la gente que volvió con Sehinom Chabatu llegó a casa segura. Los primeros pueblos no lucharon más después de aquello, porque Olelbis pronto los transformó en pájaros, animales y otras cosas.

TULCHUHERRIS

PERSONAJES

Después de cada nombre se da el del animal, pájaro o cosa en los que se transformó el personaje posteriormente.

Hawt, anguila; **Kúlitek,** pluma blanca en la cola de **Komos Kulit,** el buitre negro; **Nomhawena,** gusano; **Pom Pokaila,** anciana tierra; **Sas,** sol; **Tichelis,** ardilla de tierra; **Tulchuherris,** etimológicamente, una persona o cosa desenterrada; **Winishuyat,** previsión.

———————

NO era ni en el Este, ni en el Norte, ni en el Sur, sino en el Oeste, en un llano llamado Eli-Tsarauton (llano raíz), el lugar donde vivía una pequeña anciana desde hacía mucho tiempo. Ninguna persona vivía en el llano salvo esta anciana cuyo nombre era Nomhawena Pokaila. También se la llamaba Pom Pokaila.

Esta anciana había vivido diez veranos y diez inviernos sobre el llano, y un verano más; ella excavaba raíces allí todo el tiempo, porque las raíces eran su alimento. El llano era ancho y ella había excavado, empezando por el borde y fue todo alrededor, hasta que al final sólo quedaba un trozo pequeño sin excavar en el centro.

Una mañana, cuando metió su palo profundamente en la tierra, oyó un llanto como el de un niño pequeño. Se detuvo y escuchó; oyó el llanto allá abajo en la tierra. No sabía qué hacer, pero pensó: "Sea lo que sea lo desenterraré."

Ella metió su palo de raíces tan lejos como pudo al lado del sitio donde estaba el ruido y trabajó duro, sacó mucha tierra; luego oyó el llanto un poco más lejos y excavó más lejos. Se aproximó al lado contrario y excavó todo alrededor del llanto, excavó hasta media tarde, pero no encontró nada. Luego volvió a excavar alrededor, metió el palo más profundo en el primer sitio y dijo: "Tengo que encontrarlo, tengo que conseguirlo."

Metió el palo más profundo, no consiguió nada. Se fue al otro lado, empujó el palo todavía más profundo, dio la vuelta al gran terrón de tierra que había en el medio. Debajo encontró a un niño pequeño. En el momento en que lo vio escuchó un ruido parecido a un trueno allá lejos en el Este, en Saskewil, el lugar donde vive Sas. Cuando ella lo sacó a la superficie, oyó ese ruido por segunda vez.

Según lo sacaba a la superficie, la cabeza del niño estaba hacia el Este y los pies hacia el Oeste; debajo de la tierra la cabeza estaba hacia el Sur y los pies hacia el Norte.

"¡Tsok tso, tsok, tso!" (niño bueno, niño bueno), decía la anciana, acariciándole en sus brazos. Cogió el mandil de ante de su espalda, lo extendió sobre la tierra, puso al niño sobre él y lo arropó con cuidado. Luego le acarició otra vez diciendo: "¡Tsok tso, tsok tso!", y dijo: "Yo soy vieja, soy tu abuela", y le llevó a su casa. Cogió agua y le lavó, lavó todo su cuerpo. Le lavaba todas las mañanas. No podía dormir por las noches, estaba muy inquieta. Le miraba todo el tiempo. Toda la noche, todo el día le miraba, nunca le ponía sobre el suelo, sino que le lavaba mucho y decía:

"Quiero que crezcas rápidamante. Eres la única persona que se ve aquí. Quiero que andes pronto."

Cinco semanas después había descubierto que él podía andar un poco y hablar algo. Cuando fue capaz de hablar bien, dijo la anciana:

"Ahora, nieto mío, te contaré una cosa que tienes que recordar. Cuando juegues afuera alrededor de la casa, nunca vayas hacia el Este, nunca vayas hacia Saskewil, donde vive Sas. Juega en el lado norte o en el sur o en el oeste, pero nunca vayas al lado este."

El chico creció rápido y podía jugar. Como su abuela le había dicho siempre que no fuera al lado este, él se decía a sí mismo:

"Me pregunto por qué mi abuela me dice que no vaya al lado este. Me gustaría saber por qué."

Una mañana el chico fue a jugar, fue a corta distancia al sur de la casa, y oyó una voz, oyó a alguien que gritaba, llamaba desde algún lugar, él no sabía de dónde venía la voz. Escuchó y pronto la oyó por segunda vez. Venía de arriba, del cielo. No vio a nadie, pero la voz dijo:

"Niño, te llamas Tulchuherris. Te conozco, Tulchuherris. Tú eres la primera persona de este lugar, el más grande. Tienes que hacer lo posible por vivir. Tienes que hacer todo lo mejor por triunfar. Eres Tulchuherris."

El chico oyó y comprendió. Se fue a casa, pero no dijo nada a su abuela, no dijo nada sobre la voz del cielo que le había llamado.

Ella le dijo otra vez, como antes, que no fuera al lado este. Ella se lo decía muchas veces. Ahora era casi un joven, él había crecido muy deprisa. Era casi primavera, y la anciana le habló seriamente. Cuando él hubo estado con ella todo el invierno, dijo:

"Nieto mío, supongo que deseas saber algo. Voy a hablar contigo. Pronto habrás crecido del todo. Te haré saber por qué te he dicho tan a menudo que no vayas al lado este. Tú deseabas saber por qué, ahora te lo diré: Hace mucho tiempo todo mi pueblo, mi hijo, mi hermano, mis parientes, se marcharon al Este y nunca más volvieron. Me dejaron aquí sola. Hay una gran casa allí afuera en el Este, se llama Saskewil. En ella vive un anciano grande, Sas, con su esposa y dos hijas. Todos mis parientes fueron a aquel lugar y les mataron allí. Cuando alguien entra en Saskewil, la anciana, la esposa de Sas, se sienta al este de la puerta, que está abierta hacia el sur; sus hijas se sientan en el lado oeste. La anciana se sienta con la espalda hacia la pared y el rostro hacia el Norte. Nunca mira atrás, pero cuando hay un visitante dentro durante un rato y se sienta ella se gira lentamente, pone las manos a un lado y otro de los ojos y junta las yemas de los dedos en el centro de la frente, y con sus grandes ojos deslumbra al extraño. Luego él la mira a ella y cae muerto. Hay un poder en sus ojos que mata. Sas tiene algo en la nariz. Él lo coge, lo enrolla sobre su rodilla y lo rompe en la gente que va a su casa. Nadie le ve hacer esto, pero mata a mucha gente de esta forma. Ahora, nieto mío, sabes por qué no deseo que vayas al Este. Te contaré más: había un hombre, el mejor de mi pueblo, que fue a Saskewil; él fue al Este y le mataron allí. Lo siento por él, me aflijo todavía por él. Ahora me conduelo por él. Era tu propio hermano, por el que más me afligí de todos. Era mi nieto. Se llamaba Kulitek Herit. Tú eres grande ahora, bastante fuerte para oír esto, y yo te lo cuento."

Después de que la anciana le había hablado de la gente que había muerto al ir a Saskewil, Tulchuherris contestó:

"Lo siento por mi hermano. Siento que le mataran. Ahora, abuela mía, tengo que ver qué puedo hacer."

Entonces salió de casa, se fue hacia el Oeste y encontró un tipo de madera blanca, que la llevó a casa, e hizo una flecha, una flecha lisa y muy pequeña; pintó esta flecha de rojo, azul y negro, la pintó en un extremo y ató plumas a ella. Luego hizo un arco de madera que encontró en el mismo sitio, lejos en el Oeste, y lo pinto hermosamente por el lado exterior. A la mañana siguiente, antes del alba, fue a corta distancia hacia el sur de la casa de su abuela, cogió su arco y su flecha, puso la cuerda al arco y disparó su flecha hacia el Este.

Después de que la pequeña flecha hubiera abandonado el arco se convirtió en un colibrí según iba por el aire. Antes de que el pájaro alcanzara la casa de Sas se convirtió de nuevo en una flecha.

A poca distancia de Saskewil, el anciano Sas tenía su casa de sudación con una puerta solamente. Esa puerta miraba hacia el Sur. La flecha cayó al este de la puerta y se metió rápida en la tierra. Cayó antes del alba, mientras Sas estaba en la casa de sudación. Él oyó que caía algo fuera de la puerta, algo que se metió en la tierra con el peso de una gran roca. No sabía qué pensar. Nunca había oído un ruido semejante antes.

Cuando llegó el alba, Sas se levantó y salió de la casa de sudación. Él había dormido allí toda la noche. Miró alrededor para ver lo que había hecho aquel gran ruido y vio la pequeña flecha. Miró la flecha, se fue hacia ella, la cogió, intentó sacarla. Se afianzó, lo intentó con fuerza, la retorció y tiró de ella, pero no pudo sacar la flecha. Descansó e hizo todo lo que pudo. Tiró, se la ató. Sus manos se escurrieron y cayó de espaldas.

Sas tuvo que dejar la flecha donde estaba; él no podía sacarla. Fue a su casa, donde estaban su esposa e hijas. Las dos chicas eran muy hermosas. Sas cogió su vieja pipa de madera, la llenó de tabado y empezó a fumar.

"Anciana mía e hijas mías", dijo él, "os contaré lo que acabo de ver. He visto una cosa que no había visto desde hace mucho tiempo, mucho, mucho tiempo. Hace tiempo solía ver cosas como la que acabo de ver ahora fuera de mi casa de sudación. Algo debe ir mal. Alguien tiene que estar pensando en nosotros, alguien tiene que estar pensando en nuestra casa. Creo que algún día pronto veremos que viene alguna persona. Vi una flecha pequeña y traté de sacarla de la tierra, pero no fui capaz. Lo intenté hasta que caí de espaldas y me hice daño. Ahora, hijas mías, podéis ir si queréis a ver esa flecha."

Las chicas salieron, vieron la flecha y dijeron: "¡Oh, es un flecha bonita!", y trataron de sacarla de la tierra. No pudieron y regresaron a casa de su padre.

"Abuela mía", dijo Tulchuherris en Eli Tsarauton, "voy a dejarte. Me voy. Voy al Este. Voy a Saskewil."

A la anciana no le gustaba perder a su nieto. Dijo: "Oh, nieto mío, te matarán. Nunca regresarás conmigo."

"Abuela mía, me voy", dijo Tulchuherris. "Me voy porque tengo que ir, y haré todo lo que pueda."

Fue al Oeste y cogió pedernal, puso trocitos en sus dedos, hizo uñas con él y las hizo muy afiladas. Volvió al Oeste por segunda vez, consiguió la médula de Hunhunut (nadie sabe ahora qué criatura es Hunhunut), llevó a casa la médula, la frotó entre sus manos, luego se frotó él mismo, cara, cabeza, todo el cuerpo menos las piernas.

Fue por tercera vez al Oeste y cogió un pequeño arbusto lleno de espinas, cada una medía una pulgada y media de larga; con este arbusto espinoso hizo polainas y una camisa. Fue por cuarta vez al Oeste y recogió en un barranco la piedra verde de agua más sólida. De esta piedra verde se hizo unos zapatos. Por quinta vez fue al Oeste y cogió a una pantera como perro. Por sexta vez fue y cogió un zorro del norte como perro. Por séptima vez fue al Oeste, consiguió una lanza de cielo, una cabeza de lanza de cielo y una correa de cielo para la cabeza de lanza.

La anciana tenía escondido lejos a un Winishuyat y cuando no pudo evitar que se fuera su nieto, le dio este Winishuyat, que ató desde debajo de su pelo hasta la parte más alta de la cabeza. El pelo estaba recogido sobre él y atado de tal forma que nadie pudiera desatarlo excepto Tulchuherris, y nadie podía ver a Winishuyat, que era como un hombre pequeño, tan grande como un dedo pulgar. Winishuyat podía hablar a

Tulchuherris y contarle todo, advertirle de cada peligro. Él siempre le llamaba "mi hermano". Cuando Tulchuherris estuvo preparado, dijo:

"Abuela mía, tengo que irme y tú te quedarás aquí mientras estoy fuera."

Luego se levantó para partir y su abuela le dijo:

"Nieto mío, no puedo salir a por leña, soy demasiado vieja, soy demasiado débil. No soy capaz de traer leña y mi fuego se apagará."

Tulchuherris bajó su aljaba y su arco y fue al bosque. Arrancó de raíz muchos de los árboles más grandes y los ató en un fardo. Llevó el fardo a casa, puso los árboles sobre el fuego y dijo:

"Ahora ya tienes leña en abundancia, abuela mía, y me voy."

Cuando se había alejado un poco, la anciana gritó: "¡Nieto mío, regresa; el fuego se está apagando!"

Bajó su aljaba y el arco cerca de sus perros, regresó y vio que el fuego se estaba apagando. El gran fardo de árboles que había traído se había quemado. Tulchuherris fue entonces y arrancó de raíz árboles grandes; los puso en el fuego, muchos árboles grandes. Era el hombre más fuerte del mundo y podía hacerlo.

"¡Ahora me voy!", dijo él. Sus dos perros se quedaron esperándole al lado del arco y de la aljaba. Él había ido más lejos que la primera vez, había ido el doble de lejos, cuando la anciana gritó:

"¡Nieto mío, el fuego se apaga!"

Tulchuherris bajó su aljaba y su arco otra vez, dejó a los perros con ellos, y se apresuró a regresar. Encontró todos los árboles quemados y el fuego que se apagaba. Se quedó allí y pensó y pensó, al fin dijo:

"No sé qué hacer. No puedo encontrar leña suficiente y no puedo dejar a mi abuela sin fuego."

Entonces dijo Winishuyat:

"Tulchuherris, si no sabes cómo mantener el fuego para tu abuela, yo te lo diré. Sal a cualquier parte de aquí. Encontrarás raíces de girasoles silvestres, abundancia de ellos. Pon un puñado de estas raíces en el fuego y no se apagará otra vez."

Tulchuherris fue a excavar las raíces; trajo dos puñados; las puso en el fuego para que se quemaran lentamente, los extremos tocaban el fuego. Luego dijo:

"Me voy, abuela. Cuídate mucho."

Fue a donde estaban su aljaba, el arco y los perros; luego miró atrás. Su abuela no dijo nada. Ella no le llamó esta vez. Fue más lejos, miró atrás, escuchó, no hubo llamadas. Fue todavía más lejos, escuchó, todo estaba en silencio; fue todavía más lejos, se detuvo, esuchó, no oyó nada, por lo que dedujo que todo le iba bien a su abuela, y continuó hasta que había ido a una gran distancia; escuchó por cuarta vez y no oyó nada. Después de esto fue con rapidez hasta casi mediodía, entonces miró adelante y vio una gran roca puesta en vertical enfrente de él, pequeña en la parte superior y muy alta. Miró y vio que había alguien de pie en la cima. La roca era más alta que un pino grande. Un hombre muy anciano estaba de pie en la parte superior.

Tulchuherris no podía ir al norte ni al sur, la roca estaba justo en su camino. Buscó un paso por todas partes, pero no pudo ver ninguno. Miró a la izquiera, todo estaba oscuro; a la derecha, todo estaba oscuro, oscuro por todas partes. Sólo había luz en el camino que subía a la roca y sobre ella.

Cuando Tulchuherris se acercó, gritó el anciano de la roca:

"Nieto mío, ven recto hacia mí; no hay otro camino por donde viaje la gente. Cuando estés aquí, bajarás al otro lado fácilmente."

"Iré hacia ti", dijo Tulchuherris.

Cuando él hubo dicho: "Iré hacia ti", Winishuyat, el hombre pequeño de debajo del pelo, le dijo:

"Hermano mío, ten cuidado, él va a matarte." Tulchuherris se detuvo.

"Aquí", dijo Winishuyat, "está el lugar adonde vino nuestro pueblo en tiempos pasados. Mataron a muchos aquí. Ellos fueron hacia el anciano; él los tiró y los mató. Si vas hacia ese anciano, hermano mío, él agitará esta gran roca. En un instante te tirará al lugar oscuro de al lado donde no puedes ver el fondo. Corre hacia la roca rápidamente, dale una patada. Si no, él nos matará. Este anciano está sentado ahí por Sas, fue enviado para matarnos."

Tulchuherris no escaló la roca, no fue hacia el anciano, sino que se abalanzó a dar una gran patada a la roca con su zapato de piedra verde de agua. La roca cayó y el anciano cayó con ella, cayó al lugar oscuro. La roca nunca volvió a su posición original. Dejó un camino liso con un borde a cada lado del lugar donde había estado. Luego los dos perros corrieron hacia delante y Tulchuherris dijo al anciano:

"A partir de ahora no serás lo que has sido; a partir de ahora no serás más que una ardilla. Vivirás bajo las rocas, en la tierra, y la gente que viene te llamará *tichelis*. No eres como yo. Yo soy fuerte. No serás más que una pobre ardilla pequeña."

Tulchuherris siguió luego con sus perros. Miró atrás y escuchó; él podía oír a gran distancia, él podía oír por todo el mundo, pero no oyó ningún sonido que proviniera de su abuela; así que continuó hasta que llegó a un río largo y ancho. Allí vio a un hombre de pie. Tulchuherris se acercó, miró arriba y abajo, pero no pudo ver ningún sitio por donde cruzar el río. El hombre le vio y dijo:

"Nieto, no puedes pasar este gran río, tienes que conseguir que alguien te ayude. Yo soy el único que cruza en este punto. Puedo abrirme paso en el agua. Transporto encima a todos los que vienen aquí. Si quieres, te llevaré al otro lado, pero tú nunca podrías ir solo; nunca podrías cruzarlo por ti mismo."

Tulchuherris no sabía qué hacer y se quedó pensando.

"Vamos, hermano mío", dijo Winishuyat. "Deja que te transporte, aunque éste es uno de los lugares donde mataron a muchos de nuestro pueblo que habían escapado del anciano de la roca. Pero este hombre no puede matarnos. Déjale que nos transporte."

"¡Muy bien!", dijo Tulchuherris al anciano. "Llévame encima, crúzame el río."

El anciano llegó y le llevó sobre la espalda. Tulchuherris tenía un hueso puntiagudo en el pecho donde él podía cogerlo con rapidez. Había traído este hueso desde Eli Tsarauton. El anciano se metió en el río. Al principio no era profundo, pero en el medio de la corriente el agua le llegaba al pecho y se hacía más profundo. Luego alcanzaba el cuello y seguía subiendo. Los perros dieron un salto de un lado del río al otro. El agua llegaba ahora a los ojos del hombre.

"Ten cuidado, hermano mío", dijo Winishuyat, "ten cuidado. Este hombre mata a la gente de esta forma, los ahoga, te ahogará seguro si le dejas."

Tulchuherris sacó su hueso afilado, apuñaló al hombre en el pecho dos o tres veces, le hirió, le detuvo. Luego saltó desde la cabeza del hombre a la otra orilla, donde estaban sus perros. Tulchuherris se quedó mirando un momento al hombre herido. Luego dijo:

"A partir de ahora no serás lo que has sido. No serás más que una anguila. No serás ya una persona. Sólo serás una anguila, la gente que llega te llamará *hawt* y te comerán."

Tulchuherris siguió adelante con rapidez después de esto. Las dos hijas de Sas oían cada paso que daba, como si estuviera cerca, aunque él estaba lejos, muy lejos de ellas. Ellas siempre oían venir a los hombres del Oeste, siempre sabían cuándo venían.

Tulchuherris caminó rápidamente hasta casi el anochecer, cuando llegó a una cumbre alta cerca de la casa de Sas. Según llegaba a la cumbre oyó una especie de ruido de tintineos al otro lado. Se detuvo a mirar, pero no vio a nadie. Fue derecho al lugar de donde procedía el ruido, pero no había nadie a la vista. La cumbre era como un muro recto que alcanzaba el norte y el sur más allá de donde podía ver él, y subía fuera de la vista y bajaba a la tierra. Nadie podía atravesarlo, ni rodearlo, ni excavar debajo el muro o escalarlo. En medio de la cumbre había una abertura en la que había un gran pino y en el pino había una hendidura lo suficientemente grande como para dejar pasar a una persona con facilidad. Cuando alguno estaba pasando, y había atravesado media hendidura, el pino se cerraba y le aplastaba. El ruido lo hacía una persona que martilleaba justo al otro lado del muro. Tulchuherris miró a través de él y vio un brazo, y mientras estaba mirando sus perros saltaron al otro lado a través de la abertura.

"¿Qué es eso?", gritó el hombre y caminó hacia la abertura. "¡Ah!, ¿estás aquí? ¿Eres tú, yerno mío?"

Tulchuherris no dijo nada, pero miró y vio montones de huesos dentro.

"Ven recto por aquí, entra, yerno mío", dijo el anciano. "Entra, no puedes pasar por otro sitio."

Cuando el anciano gritó: "Entra, no puedes pasar por otro sitio", Tulchuherris dijo: "Tengo que pasar por aquí, pero tengo miedo."

"Éste es el camino que toma toda la gente, yerno mío. Ven recto a través de él; no temas, no hay peligro."

Los dos perros fueron hacia el anciano y le olieron. Gruñeron, no les gustaba, ni al hombre le gustaron los perros. Este anciano era el mismo Sas, el que vivía en Saskewil.

"Ahora, hermano mío", dijo Winishuyat, "sigue adelante, atraviésalo tan rápido como puedas. Si eres lento, nos cogerá. Éste es el lugar donde Sas ha matado a muchos de nuestro pueblo."

Tulchuherris cogió su arco y su aljaba en una mano, se mantuvo sobre un pie, se apoyó sobre un lado, dio un salto y lo atrevesó en un instante. En ese momento el árbol se cerró con un gran ruido y se hizo sólido.

Cuando Tulchuherris pasó como un rayo, él salió al campo, muy lejos, y Sas no le vio, así pasó de rápido. Sas oyó que se cerró el árbol y pensó que Tulchuherris estaba atrapado en él. Miró al árbol y empezó a hablar.

"Bueno, yerno mío, estás atrapado, ahora no eres nadie. Soy Sas. Tú eres débil, yo soy fuerte. Tú llevabas puesto el mandil de tu abuela. No sabías nada; yo sé todo."

Tulchuherris se había levantado y se quedó detrás del viejo Sas mientras hablaba. Él escuchó, oyó cada palabra. Después de dejar de hablar Sas, Tulchuherris preguntó:

"Suegro mío, ¿a quién estás hablando? ¿Qué estás diciendo?"

"¡Ah!", gritó Sas, volviéndose con rapidez. "Yerno mío, estaba hablando conmigo mismo. Estaba diciendo que había hecho mal con mi yerno. Soy anciano, mi corazón está débil, mi cabeza está medio loca. Estoy ciego, no sabía lo que estaba haciendo. Estaba diciendo que había hecho mal. Eres mi yerno. Soy viejo, soy débil, estoy ciego. Mi cabeza está gris. No puedo hacer mucho ahora. Ves mi casa allí arriba; es una casa pobre. Es pobre porque soy viejo. Ve delante, entra. Te seguire tan pronto como pueda."

Tulchuherris fue delante y Sas le seguía a distancia lentamente. Los perros habían corrido y estaban ya en la casa. A un lado de la puerta, afuera, había diez osos pardos, y diez al otro lado. Había serpientes cascabel en la puerta y alrededor de ella. Antes de que llegara Tulchuherris el perro pantera había matado a todos los osos, y el perro zorro a todas las serpientes y cosas venenosas. Cuando se acercó a la casa, se quedó un poco alejado y miró a sus perros. Vio alrededor de la casa de Sas montones grandes de huesos que yacían por todas partes, los huesos de sus parientes. Él empezó a llorar y a lamentarse por ellos.

Cuando los perros hubieron despejado el camino afuera,

entraron en la casa y mataron a todos los osos pardos y serpientes cascabel de allí; la casa estaba llena de ellos. Tulchuherris se quedó afuera, llorando sobre los huesos de su pueblo. Cuando había llorado lo suficiente, entró. La esposa anciana de Sas estaba sentada en el lado este de la puerta y sus hijas en el oeste. Cuando vieron a Tulchuherris, las chicas extendieron una estera, se sentaron y le dijeron que se sentara entre ellas.

"Ahora, hermano mío", dijo Winishuyat, "ten cuidado con esa anciana; a muchos de nuestro pueblo los ha matado ella. Si no les mató afuera, ella se dio la vuelta para mirarles y cayeron muertos cuando vieron sus ojos."

Cuando Tulchuherris estaba sentándose con las hijas de Sas, una araña venenosa, grande, con largas patas y lomo rojo se acercó a él; luego otra y otra más. Muchas arañas de éstas se deslizaron hacia él. Él llevaba puesta su camisa de espinos y no podían envenenarle, se atravesaban con los espinos y morían cada una de ellas.

Al fin llegó el anciano Sas y cuando entró en la casa cogió su pipa, la llenó de tabaco y echó unas cuantas bocanadas de humo. Luego dijo: "Toma una calada, yerno mío; no podemos hacer nada sin una pipa. Es mejor fumar primero y hablar de negocios después."

Tulchuherris tomó la pipa y simuló fumar. No estaba fumando; aun así llegaba el humo y el tabaco se quemaba. Le devolvió la pipa a Sas. El tabaco de Sas machacaba finamente la carne y los huesos de la gente.

Después de que Tulchuherris le hubo devuelto la pipa, cogió su hermosa aljaba, la puso en su mano y sacó su propia pipa de piedra verde de agua, una pieza sólida, no muy grande, pero tremendamente pesada. Sacó su propio tabaco y lo metió en la pipa. Su tabaco era del mismo tipo de médula con la que había frotado su cara, y mezcló algo con él (no se sabe qué era). Tulchuherris encendió la pipa, fumó un poco y dijo:

"Suegro mío, toma una calada. Sólo soy un hombre joven. Tú eres viejo, tú eres sabio, tú lo sabes todo. Dices que es mejor para nosotros tomar una calada. Soy joven, no sé mucho, pero creo que esta pipa y este tabaco son para hablar. Fuma conmigo."

Sas cogió la pipa, pero cuando Tulchuherris se la dejó al anciano, éste no podía sujetarla. Se estaba escurriendo y se caía. Cuando trató de cogerla, cayó sobre su brazo, le tiró y le mantuvo abajo.

Sas luchó por quitarse la pipa del brazo, pero no tenía fuerza suficiente. Tulchuherris esperó un momento, luego estiró la mano, recogió la pipa y preguntó:

"Suegro mío, ¿qué ocurre? Toma una buena calada. Ésta es la pipa de Tulchuherris."

Sas no podía levantar la pipa. Tulchuherris la sostuvo mientras el anciano fumaba. Cuando Sas aspiró el humo y lo tragó, le hirió por dentro. El anciano estaba asfixiándose. Cayó al suelo, cayó casi en el fuego. Su respiración disminuía. Tulchuherris puso a un lado la pipa.

"¡Oh, ayúdame a levantarme, ayúdame, yerno mío!", gritó Sas.

Tulchuherris le ayudó a levantarse y luego se sentó de nuevo con las chicas.

"Mi anciano padre, Sas", dijo la hija mayor, "¿qué ocurre? Has deseado durante mucho tiempo ver a un hombre con brazos fuertes. ¿Por qué no hablas ahora con éste? Has estado esperando a un hombre como éste durante mucho tiempo."

Mientras estaban sentados allí, Winishuyat dijo:

"Hermano mío, estate atento con la anciana. Va a girarse, ¡estate en guardia!"

Tulchuherris estaba preparado. La anciana no había mirado a su alrededor desde que llegó. Había estado sentada sin moverse. Ahora comenzó a girarse lentamente y Tulchuherris la observaba. Se sentó con la mano derecha doblada hacia

134

arriba y, antes de que ella pudiera mirarle a los ojos, cogió dos uñas de pedernal y envió una a cada ojo y se los sacó. Cayó muerta y rodó hasta el fuego.

Llegó la noche, Tulchuherris estaba tumbado en una cama preparada por las dos hijas de Sas. Ellas ocuparon sus lugares, una a cada lado de él.

Nunca se separaba de Winishuyat, no dejaba que nadie le conociera. Al tumbarse Tulchuherris sobre la espalda vio algo sobre su cabeza que colgaba del techo de la casa. Dos cuchillos de obsidiana estaban colgados juntos por una cuerda delgada hecha del interior de una corteza de arce. Tulchuherris se quedó dormido y durmió hasta medianoche. Entonces le despertó Winishuyat y le dijo:

"¡Oh, hermano mío, despierta! La cuerda de la que cuelgan los cuchillos está lista para romperse. ¡Despierta, hermano mío, despierta!"

Tulchuherris se despertó.

"¡Date la vuelta! ¡Date la vuelta!", dijo Winishuyat.

Tulchuherris se dio la vuelta al instante. En ese momento cayeron los cuchillos, golpearon el suelo justo a su espalda y se rompieron en pedazos, los dos cuchillos a la vez.

Ésta es otra forma de matar a la gente. Los forasteros siempre duermen profundamente en esta cama con las hijas de Sas; mientras duermen les dan en el corazón los dos cuchillos y mueren al instante.

A la mañana siguiente después de caer los cuchillos, se levantó Sas y dijo:

"Levántate, yerno mío. Tengo una sauna aquí afuera. Voy a sudar allí todas las mañanas y luego al río a nadar. Nado en el río todas las mañanas. Sudaremos y luego nadaremos."

Sas fue delante, fue primero a la sauna. Hizo un gran fuego con los huesos de la gente que había matado; había montones de estos huesos por los alrededores, por todas partes. Tulchuherris salió de Saskewil y entró en la sauna.

"Ahora, hermano mío", dijo Winishuyat cuando estaban

al lado de la sauna, "éste es el lugar donde Sas ha matado a mucha gente que ha escapado de la casa. Te ahumará hasta la muerte si puede."

La sauna estaba construida de huesos y estaba cubierta de mocos de la nariz de Sas para que no pudiera salir nada de humo a través de las grietas. Después de haber entrado, Tulchuherris vio cómo hacía el fuego Sas. El anciano nunca utilizaba madera, siempre huesos. Él amontonaba huesos, sacaba de ellos la carne y la médula, los encendía, hacía un gran humo y el olor del humo no era verdaderamente agradable.

Después de sudar un rato, dijo Sas:

"Estoy viejo y débil, casi ciego. No puedo quedarme mucho tiempo. Me duele la cabeza. Tengo que salir a descansar. Quédate aquí y toma una buena sauna. Cuando hayas terminado, sal."

El anciano Sas salió. La puerta era pequeña, apenas podía arrastrarse por ella. Cuando estuvo fuera, se tumbó en la puerta y tapó el paso con su cuerpo; de esta forma no podía salir nadie ni se podía escapar el humo. Después de un rato dijo Tulchuherris:

"Suegro mío, me gustaría salir. Vete de la puerta, déjame pasar, ya he sudado bastante."

"¡Oh!, soy viejo y débil", contestó Sas. "Estoy tumbado aquí para descansar. Cuando haya descansado un poco, yerno mío, me levantaré y te dejaré salir."

Tulchuherris se quedó en silencio un rato más. Luego se quejó: "¡Oh!, estoy casi muerto."

"Hermano mío", dijo Winishuyat, "¿quieres morir? ¿Quieres que te mate Sas, ahumarte hasta la muerte? No tienes deseos de morir, yo no quiero morir. Somos gente fuerte, más fuertes que Sas. Te diré cómo salir. Coge ese hueso de Chirchihas que tienes y haz un agujero en el lado norte de la sauna."

Tulchuherris hizo un agujero en la pared de la sauna.

Luego escupió y habló al escupitajo. "Haz ruido durante una hora", dijo él, "y gime como hago yo: ¡Enh, enh, enh! Hazle creer a Sas que estoy aquí, que me estoy muriendo."

Tulchuherris se arrastró por el agujero, caminó hacia el río, nadó allí, se lavó, regresó a Saskewil y se sentó con sus dos esposas, las hijas de Sas. Sas oía dentro el quejido del escupitajo y se dijo a sí mismo: "Tulchuherris se está muriendo."

Después de un rato largo cesó el ruido y Sas dijo: "Tulchuherris ha muerto." Entonces fue al río, se lavó y caminó lentamente hacia su casa. Cuando estaba cerca, iba diciendo:

"Tulchuherris, no eres nadie. Ahora he terminado contigo. Soy más sabio que tú, más fuerte que tú. Te educaste en el mandil de tu abuela."

Tulchuherris le oyó. Cuando Sas estaba en la parte de afuera de la puerta, se paró un momento y siguió hablando:

"Fuiste desenterrado de la tierra, Tulchuherris", dijo él. "No eres nadie. Te he vencido. Nunca me causarás problemas otra vez."

Empezó a entrar en la casa, miró alrededor y vio a Tulchuherris sentado con sus dos hijas. "Suegro mío, ¿estabas hablando de mí? ¿Qué estabas diciendo?", preguntó Tulchuherris cuando entró Sas y se sentó.

"¡Oh, yerno mío! No puedo contarte lo que decía, pero estaba pensando: 'Oh, soy tan viejo, no sé nada. Soy débil, estoy ciego. Algunas veces no sé lo que estoy haciendo. Creo que he hecho mal a mi yerno, mi pobre yerno'."

Poco después Sas salió y al lado de la puerta cavó una tumba para su anciana esposa. Cuando la hubo cavado, la enterró y con ella a todos sus osos y serpientes, y dijo: "Éstos eran mis hijos." Los puso en la misma tumba y lloró y cantó mientras lloraba:

"Koki, koki, koki nom,
Koki, koki, koki nom."
(Ve despacio, ve despacio, ve despacio al Oeste.
Ve despacio, ve despacio, ve despacio al Oeste.)

Mientras estaba enterrando a su esposa, a los osos y a las arañas, tenía colgados de cuerdas dientes de castor en la parte de atrás de su cabeza y a cada lado de la cara. Después de que hubo llorado un rato, bailó y cantó, y estos dientes sonaban según movía la cabeza de un lado a otro. Luego entró en la casa, se sentó, miró a Tulchuherris y le dijo:

"Tulchuherris, eres mi yerno; tus esposas, estas dos mujeres, son mis hijas. Hay algunas cosas con las que ellas han querido jugar desde hace mucho tiempo, y ellas me han rogado que vaya a por ellas, pero soy viejo y ciego; si fuera no podría conseguir lo que me han pedido. Mis hijas quieren mascotas. Yerno mío, sobre un árbol pequeño, no lejos de esta casa, hay un nido, y cada día cantan sobre él pájaros carpinteros jóvenes. Tus esposas quieren estos pájaros carpinteros de cabeza roja, pero yo soy viejo y ciego; no puedo trepar al árbol, pero tú puedes conseguir los pájaros carpinteros. Te enseñaré el nido."

"Ve delante", dijo Tulchuherris, "enséñame el nido."

El árbol estaba a una milla de distancia. Sas fue hasta él y se detuvo. Tulchuherris se quedó cerca. Los dos miraron arriba y Sas preguntó: "¿Ves el nido?"

El árbol era muy derecho y tan alto que apenas se podía ver la parte más alta; el tronco era tan liso como el hielo.

"Suegro mío", dijo Tulchuherris. "No creo que pueda subir allí, no creo que pueda trepar al árbol."

"Tú puedes trepar si yo te ayudo", dijo Sas, que sacó una cuerda hecha de cabellos atados extremo con extremo, una gran cantidad de ellos atados juntos; cabellos de las cabezas de sus hijas. Él tiró la cuerda muy alta sobre una rama cerca del nido y dijo: "Ahora, yerno mío, colgaré la cuerda, tú treparás."

Tulchuherris comenzó a trepar por la cuerda. Subió y subió hasta que llegó a la rama y se quedó sobre ella. Sas estaba en el suelo, sujetando el otro extremo de la cuerda. Cuando Tulchuherris soltó el asidero, Sas tiró de la cuerda y abandonó a Tulchuherris en la rama muy alto en el aire. Sas volvió a casa. Cuando todavía iba a corta distancia dijo:

"Ahora, Tulchuherris, no eres nadie. Tu abuela, Nomhawena, es vieja. Ella te desenterró del suelo con un palo de raíz. Creciste en sus enaguas. No eres fuerte, no eres sabio, sólo eres Tulchuherris. Yo soy Sas."

Cuando Tulchuherris miró abajó se aterrorizó, el suelo estaba muy lejos.

"Hermano mío", dijo Winishuyat, "bajaremos. Prolonga el hueso puntiagudo que tienes y vamos más arriba."

Tulchuherris fue al nido, miró dentro y vio un gran número de cabezas que asomaban en todas direcciones; todas eran cabezas de serpientes cascabel. Miró un momento, no podía pensar qué hacer.

"Haz más largo el hueso", dijo Winishuyat. Tulchuherris estiró el hueso. "Clava el hueso en la cabeza de cada una de las serpientes y júntalas todas en él."

Tulchuherris hizo esto con rapidez; las tenía todas, luego las dejó caer a tierra. Después de esto se sentó en la rama y pensó: "¿Qué haré ahora?"

"Hermano mío", dijo Winishuyat, "¿en qué estás pensando? ¿Por qué no intentas hacer algo? ¿Quieres morir? Si no puedes pensar en la forma de escapar, yo te lo diré."

"Dime, hermano mío."

"Estira tu mano derecha hacia el Oeste. Algo vendrá a ella."

Tulchuherris estiró su mano hacia el Oeste, donde estaba su abuela, e inmediatamente algo vino con un zumbido y un aleteo, y se posó en su brazo como un pájaro. Era una correa de cielo, azul como el cielo, estrecha y muy fuerte. Ató un extremo de ella a la rama, atándola con un nudo de tal forma que no pudiera desatarse al dar un tirón en el otro extremo. Se deslizó por ella y cuando estuvo en el suelo la soltó de un tirón. Ató las serpientes al hueso largo, todas estaban muertas, y las llevó a casa de Sas. Las dejó en la puerta, entró, se sentó y luego dijo a las dos mujeres:

"Tengo a los pájaros carpinteros si queréis jugar con ellos. Si no los queréis, podéis enviar a vuestro padre para que los vea."

Las chicas se lo dijeron a Sas. Él fue a las serpientes y gritó: "¡Oh, yerno mío, has matado a todos mis hijos." Sas las enterró en la misma tumba que a la anciana, y lloró y cantó alguna canción sobre ellas, así como sobre su esposa y los osos. Luego bailó, y llevaba puestos los dientes de castor.

A la mañana siguiente el anciano Sas se levantó primero y dijo: "Yerno mío, levántate. Mis hijas siempre quieren que vaya a pescar y a cazar; pero no puedo pescar ahora, no puedo cazar. Soy viejo y débil. Mis pies son frágiles, no puedo caminar; mi cabeza está mareada. Pero tú eres joven, yerno mío. Tú puedes hacer muchas cosas. Si deseas cazar, te enseñaré donde encontrar caza en abundancia. Cuando era joven solía ir a ese lugar y cazar piezas de todas clases."

"Iré", dijo Tulchuherris.

Cuando estuvieron en el lugar, Tulchuherris vio sólo arbustos gruesos por los que ningún hombre podía pasar. Sólo había una abertura estrecha, un camino pequeño y un árbol al final de él. "Quédate contra ese árbol", dijo Sas. "Cuando vienen los ciervos, siempre pasan corriendo por ese árbol. Guiaré adentro a los ciervos. Tú dispararás."

Sas se fue al Norte para guiar a los ciervos.

"Hermano mío", dijo Winishuyat, "ten cuidado. Mira los huesos que hay aquí alrededor. Son huesos de personas. Cuando Sas no podía matar a la gente en ningún otro lugar, los traía hasta aquí y los mataba. Guiará a diez osos pardos para que nos maten y nos coman. Dile a tu pantera perro lo que tiene que hacer."

"Tú, perro", dijo Tulchuherris, "quédate detrás del árbol hasta que veas a un oso pardo saltar sobre mí. Yo me echaré a un lado. Fallará y volverá de nuevo a mí. Mátale cuando vuelva."

Tulchuherris oyó en la distancia que Sas guiaba osos. "¡Ha-ha, ho-ho! ¡Ha-ha, ho-ho!", gritaba Sas.

"¡Estate preparado, ya vienen!", dijo Winishuyat.

Tulchuherris oyó venir a Sas. Luego vio a un oso pardo, y otro, y otro, hasta cinco estaban a la vista. Un poco más atrás había cinco más. Cuando se acercó el primer oso, saltó hacia Tulchuherris, Tulchuherris se echó a un lado. El oso se pasó a una gran distancia y luego volvió de nuevo a saltar. En ese momento la pantera perro le cogió por la garganta y lo mató. El segundo oso saltó sobre Tulchuherris. Él se echó a un lado; el oso pasó y se dio la vuelta para regresar. La pantera perro le cogió y lo mató allí mismo. Después de haber perseguido a los osos, Sas volvió a casa y decía mientras marchaba:

"Estabas en un buen sitio hoy, Tulchuherris. Te tengo ahora donde mis hijos te matarán. Sé más que tú. Soy más fuerte que tú. Soy Sas."

Después de haber matado a diez osos y de no venir ninguno más, Tulchuherris se quedó un rato y, cogiendo con la mano a los osos por las patas, caminó a casa con ellos; los transportaba como si fueran pájaros. Los colocó en la puerta de Sas, entró, se sentó y dijo a sus esposas:

"Tengo algo afuera. Podéis llamarlos ciervos, yo les daría otro nombre. Pero ésta es la única clase de ciervos que guió vuestro padre. Supongo que comeréis esta clase de ciervos. Id a verlos, o decidle a vuestro padre que vaya."

Sas salió a ver a los diez osos pardos que yacían muertos. "¡Oh, yerno mío!", gritó él. "¡Has matado a todos mis hijos!" Luego, cantando y llorando, enterró a los osos.

A la mañana siguiente Sas se levantó temprano. "Yerno mío", dijo él, "hay algo que me gustaría que hicieras hoy. Mis hijas me han estado pidiendo que lo hiciera durante mucho tiempo, pero soy demasiado viejo. Te enseñaré una casa de matorral. La hice para matar pájaros de todas las clases y toda clase de caza. Está cerca de un manantial donde se reúnen los pájaros para beber. Ven, te enseñaré la casa y el manantial."

"Hermano mío, ten cuidado hoy", dijo Winishuyat al partir. "Sas nos lleva a Wintubos, donde ha matado a mucha gente. No hay agua cerca de ese lugar, no hay manantiales, pero la casa está llena de serpientes, animales venenosos y osos. Llévate a los dos perros."

Después de que Tulchuherris y Sas habían caminado hasta una corta distancia, Sas se detuvo y dijo:

"Yerno mío, ¿ves aquella casita allí abajo? Entra y espera hasta que veas llegar algún pájaro o algún ciervo bonito, luego mátalos. Yo regresaré. Soy viejo y no puedo quedarme de pie o sentarme aquí a esperarte. Me iré a casa y me tumbaré hasta que regreses."

Sas se fue a casa.

Tulchuherris se acercó a la casa y se detuvo. Los dos perros saltaron dentro de la casa y mataron a todas las serpientes y osos que había en ella. Cuando hubieron salido los perros, Tulchuherris entró a mirar dentro de la casa y el manantial. Vio montones de huesos por todas partes. Lloró cuando los miró. No había agua en el manantial. Era lodo, lodo espeso mezclado con carne humana. Tulchuherris miró hacia el Este, y allá lejos vio una explanada abierta. Pronto vio lo que parecía un pequeño punto al principio. Se movía. Según miraba, aquello se acercaba y vio que era una persona. Allá lejos vio algo más. Lo primero era un hombre pequeño; lo segundo era más pequeño todavía. Tulchuherris vio que iban corriendo hacia él. Ellos se acercaron y se detuvieron.

"No temáis. Venid", dijo Tulchuherris.

El más alto dijo: "¡Oh, hermano mío, tengo sed!"

"¡Oh, hermano mío!", dijo el más pequeño. "Tenemos mucha sed."

Llevaban el pelo rapado. Tulchuherris dio un paso atrás hacia el norte, golpeó el suelo con el talón y brotó agua fría y clara en una corriente. Bebió él y dijo: "Venid a beber."

El primero de estos extraños era Anakurita (huérfano), el segundo era Biahori (hombre solitario); sólo quedaban estos dos hombres en aquella parte. Sas había matado a todos los demás. "Al último de nuestros parientes le mató en este manantial", dijeron ellos. "Sólo quedamos nosotros. Vamos a casa."

"Si venís aquí de nuevo", dijo Tulchuherris, "no os acerquéis al manantial de la casa. Es un mal lugar. Bebed este agua que yo os he dado."

Se marcharon los dos. Tulchuherris atravesó con el extremo afilado de su hueso las cabezas de las serpientes que habían matado los perros, había cientos de ellas. A los diez osos pardos los llevó a casa en una mano.

"Tengo algo afuera", dijo a las hijas de Sas. "Los llamáis pájaros, creo; son todos los pájaros que encontré en la casa de matorral. Decidle a vuestro padre que los vea."

Sas salió y empezó a llorar. Amplió la tumba de su esposa y los enterró. "Eran mis hijos", dijo él, y cantó y bailó como antes.

Sas se levantó pronto a la mañana siguiente. "Yerno mío", dijo él, "tus esposas me piden que coja peces para ellas, pero soy demasiado viejo. Cuando era joven solía pescar, pero ahora no puedo ver. Tú eres joven; te enseñaré un buen sitio de truchas. Mi vieja lanza y puntas de lanza están aquí; puedes usarlas."

Ellos partieron, fueron al río que tenía un puente sobre él hecho de un solo cabello. "Hermano mío", dijo Winishuyat, "éste es el lugar donde Sas ha matado a muchos de nuestro pueblo."

"Yerno mío", dijo Sas, "cruza el puente y coge un pez. Yo me iré a casa."

"Muy bien", contestó Tulchuherris, quien puso un pie en

el borde del río y cruzó de un salto. En el otro lado fue al cobertizo de pesca, fijado de tal forma que un hombre podía ver río arriba y río abajo mientras pescaba. Tulchuherris tenía su propio arpón, un palo de cielo; la cuerda era una correa de cielo. Tenía también su propia punta.

Esperó a un pez, y al fin vio algo que se acercaba lentamente desde el Sur. Se paró y luego le miró. Tulchuherris vio una cara y una cabeza con pelo largo atado en un moño con una cinta de cuero de pájaro carpintero, una cinta larga enrollada alrededor muchas veces. Tulchuherris llevaba puesta precisamente una cinta, pero los cueros eran de pájaros carpinteros de la montaña.

"¡Ah, cuñado mío", gritó la persona del agua, "cambiemos nuestros tocados!"

"Lo siento por ti, cuñado", dijo Tulchuherris. "Odio matarte, pero tengo que hacerlo porque mi suegro me ha enviado a matarte."

"Sigue adelante, sigue adelante", dijo Winishuyat. "No le perdones. Sas dice que es un pez. Él es el hijo de Sas, Supchit. Tienes que cogerle o sufrirás."

Supchit se dio la vuelta para regresar. Tulchuherris tiró el palo, lo atravesó debajo del brazo y la punta le atravesó hasta el otro lado. Supchit se dirigió hacia el Este con gran fuerza. Tulchuherris tiró la lanza con una mano, agarrando una espadaña con la otra, usando toda su fuerza. Luego dejó que se fuera la lanza y sujetó la correa. Aunque era fuerte, no pudo detener a Supchit. Se metió al agua hasta la cintura, luego hasta el pecho y al final hasta la barbilla.

"Hermano mío", dijo Winishuyat, "¿quieres ahogarte? Llama a tu ardilla terrestre –él tenía una ardilla terrestre en el mocasín– y mándale a tapar las salidas, bloquear todas las puertas de las casas de Supchit."

Tulchuherris envió a su ardilla terrestre a que tapara todos los agujeros, todas las puertas de Supchit. Sas estaba en casa ahora. Él oyó el gran alboroto y dijo:

"¡Oh, Tulchuherris, mi hijo acabará contigo! Éste es tu último día."

La ardilla terrestre tapó todas las aberturas y Supchit iba de un sitio para otro. Todas las puertas estaban cerradas. Tuvo que quedarse. Tulchuherris salió del agua poco a poco y tiró hasta que sacó a Supchit a la orilla, donde murió. Él lo llevó a casa con una mano, como si fuera un pez pequeño.

"Suegro mío", dijo Tulchuherris, "no he visto más pez que una trucha pequeña. He arponeado y traído a casa esta trucha pequeña."

Sas salió. Las dos hermanas fueron. "¡Es nuestro hermano!", gritaron ellas. "Es mi hijo", gritó Sas, "el mejor hijo que he tenido."

El anciano enterró a Supchit con la cabeza hacia el Norte, mirando al Sur, y cantó alguna canción que había cantado para su esposa y los osos pardos. Sas y sus hijas se cortaron el pelo sobre Supchit en señal de dolor.

"Yerno mío", dijo Sas a la mañana siguiente temprano, "levántate, te enseñaré un lugar donde solía jugar a menudo cuando era joven. Ahora soy viejo y no puedo jugar demasiado, pero te enseñaré el lugar, y puedo jugar contigo un rato."

"Iré", dijo Tulchuherris y partieron.

"Ahora, hermano mío", dijo Winishuyat, "vamos al lugar donde el mismo Sas ha matado siempre a todo el que ha escapado de los otros lugares. Ningún hombre ha escapado de este sitio al que nos lleva ahora Sas. Te llevará a un árbol, te pedirá que trepes, él lo curvará y lo devolverá a su posición original otra vez; te matará si no tienes cuidado."

Fueron a una llanura ancha y llana; en medio de la llanura había un pino grande, tremendo, inclinado un poco hacia un lado.

"Yerno mío", dijo Sas, "cuando era joven solía jugar aquí. No puedo jugar mucho ahora, pero te enseñaré cómo lo hacía."

"Hermano mío", dijo Winishuyat, "te diré qué hacer. Sas va a hacer todo lo que pueda por matarnos ahora. No lo mates hoy, tantéalo, engáñalo, haz que suba más y más alto por el árbol, y espera hasta mañana."

Sas trepó al árbol hasta cierta distancia y dijo:

"¡Ahora, yerno mío, estoy preparado!"

Tulchuherris agarró la parte más alta del árbol, tiró de él un poco y lo dejó volar a su posición. Sas se mantuvo agarrado y bajó deslizándose.

"Ahora, yerno mío, sube; sube más alto. Solía llegar muy alto cuando era joven como tú." Tulchuherris fue hasta donde había estado Sas.

"Sube más", dijo Sas.

"Quería quedarme donde tú", contestó Tulchuherris, "pero iré un poco más arriba."

Sas agarró el árbol en la parte de arriba, tiró de él hacia la tierra y lo soltó. Volvió a su posición original en el cielo con un ruido parecido al de un trueno. Tulchuherris se agarró y bajó deslizándose ileso.

"Bueno, suegro mío", dijo Tulchuherris, "inténtalo de nuevo."

"No puedo subir alto", dijo Sas, "pero subiré un poco más que la primera vez. No tires mucho del árbol." Subió.

"Sube más", dijo Tulchuherris.

"Yerno mío, no puedo ir más arriba, soy viejo."

Tulchuherris le provocó hasta que subió más, luego tiró más fuerte que la vez anterior. Sas se sujetó sin problema y se deslizó después hasta el suelo.

Dijo Sas: "Ahora te balancearé." Tulchuherris subió.

"Sube más", dijo Sas. Subió más.

"Sube más, eres joven", le incitó Sas.

"No me gusta ir arriba", dijo Tulchuherris. Pero subió un poco más.

El anciano Sas dio un buen tirón, más fuerte que el anterior. Tulchuherris se sujetó y bajó al suelo seguro. Yendo

a un lado dijo: "¡Whu, whu! ¡Deja que este día sea más corto!"
De esta forma el día se acortó y llegó pronto la tarde.

"Bueno, suegro, inténtalo ahora."

"Muy bien", dijo Sas, "da un tirón pequeño, me tiemblan los brazos. Soy viejo. No puedo sostenerme, soy tan débil." El anciano Sas subió.

"Sube más", dijo Tulchuherris.

"No puedo, soy viejo."

Tulchuherris tiró para abajo de la parte más alta del árbol, pero no demasiado. Mientras estaba tirando, dijo Sas: "¡Oh, yerno mío, no lo sueltes tan fuerte!"

Tulchuherris dio un tirón que dejó a Sas en el árbol y llegó abajo ileso.

"Ahora inténtalo una vez más", dijo Sas "y nos iremos a casa."

"Muy bien", dijo Tulchuherris.

"Ahora, hermano mío", dijo Winishuyat, "ésta es la última vez por hoy. Intentará hacerlo más fuerte para matarnos. Salta antes de que suelte el árbol."

Tulchuherris subió hasta dos terceras partes del camino. Sas tiró del árbol hacia el suelo y pensó que seguramente mataría a Tulchuherris; pero justo antes de que lo soltara, Tulchuherris se deslizó por la parte de atrás de él y se alejó deprisa. El árbol voló hacia arriba con un ruido como el de un trueno fuerte. Sas miró por todas pares, pero no pudo ver a Tulchuherris.

"Ahora, Tulchuherris", dijo él, "por fin he terminado contigo. No eres nadie, estás muerto", y partió hacia casa hablándose a sí mismo mientras caminaba.

"Suegro mío, ¿qué estás diciendo? ¿A quién estás hablando?"

Sas se dio la vuelta asombrado. "¡Oh, yerno mío, me alegra que estés aquí. Tenemos que ir a casa. No tenemos leña. Tenemos que conseguir leña."

Tulchuherris pensó: "Mi suegro quiere matarme. Mañana

147

haré lo que pueda por matarle. Cuando mi abuela me habló de Sas, yo no sabía nada; no le presté atención. Cuando me advirtió no la escuché, no la creí, pero ahora veo que decía la verdad cuando me hablaba de la casa de Sas."

Se levantó por la noche, se volvió hacia Sas y dijo:

"¡Whu, whu! Quiero, Sas, que duermas profundamente."

Luego estiró su mano derecha hacia el Oeste, hacia la casa de su abuela, y vino un palo. Él lo talló y lo pintó de forma hermosa, rojo y negro, e hizo un taladro. Luego estiró su mano izquierda hacia el Este y vino madera para hacer *mokos* (flecha más recta). Hizo el *mokos* y pidió a su zorro perro una piel de zorro. El zorro se la dio. Con ella se hizo una cinta para la cabeza y la pintó de rojo. Puso en su aljaba todas estas cosas.

"Estamos preparados", dijo Tulchuherris, "ahora, Luz del Día, quiero que vengas derecha, que vengas rápidamente."

Llegó el alba. Sas se levantó y poco después partieron hacia el árbol.

"Yerno mío, iré primero", dijo Sas, y trepó al árbol.

"¡Sube más!", dijo Tulchuherris. "No tiraré mucho, sube más."

Subió más y Tulchuherris no dio un tirón fuerte. Sas bajó seguro.

Tulchuherris subió casi hasta la copa. Sas le miró, vio que estaba cerca de la copa y entonces tiró del gran pino casi hasta la tierra, dando la espalda a la copa del árbol. Tulchuherris saltó por detrás de Sas y se fue corriendo al campo. Soltó al árbol hacia el cielo con un estruendo.

"Ahora estás muerto, yerno mío", dijo Sas. "¡No me causarás más problemas de aquí en adelante!" Hablaba para sí mismo y estaba contento.

"¿Qué estás diciendo, suegro?", preguntó Tulchuherris acercándose desde atrás.

Sas se dio la vuelta. "¡Oh, yerno mío, temía que te hubiese dañado. Lo sentía."

"Ahora, hermano mío", dijo Winishuyat, "Sas nos matará a menos que le matemos nosotros. A mediodía te matará con seguridad, a menos que le mates tú. ¿No somos tan fuertes como Sas?"

"Suegro, inténtalo de nuevo; luego iré yo a la copa y te sacudiré", dijo Tulchuherris.

Esa mañana después de que Sas y Tulchuherris se hubieran ido, la hija mayor de Sas dijo a su hermana:

"Hermana mía, nuestro padre Sas ha probado a toda la gente y ha vencido con creces a todos; pero hoy no vencerá, hoy morirá. Lo sé. No le busques hoy, no regresará; nunca regresará con nosotras."

Sas subió alto. "Le mataré ahora", pensó Tulchuherris, y lo sentía. Todavía le gritó: "Sube un poco más, yo subía más, yo subiré a la copa la próxima vez. No te haré daño, sube un poco más."

Sas subió más y más alto hasta que al final dijo: "No puedo trepar más, estoy en la copa; no des un tirón fuerte, yerno mío."

Tulchuherris cogió el árbol con una mano, tiró de él y lo curvó al máximo, tiró de él hasta que tocó el suelo y luego le dejó volar. Cuando el árbol se precipitó hacia el cielo, hizo un ruido horrible y poco después se oyó un estrépito, cien veces más fuerte que el de cualquier trueno. Todos los seres vivos lo oyeron. Tembló todo el cielo y la tierra. Olelbis, que vive en el lugar más alto, lo oyó. Todos los seres vivos dijeron:

"Tulchuherris está matando a su suegro. Tulchuherris ha partido a Sas."

El ruido horroroso fue la división de Sas.

Tulchuherris se quedó esperando, esperó quizá tres horas, después de que la tierra dejara de temblar. Luego, allá arriba en el cielo, oyó una voz que decía:

"¡Oh, yerno mío, me he partido, estoy muerto! Creía que era el poder vivo más fuerte, pero no lo soy. Desde ahora diré que Tulchuherris es el poder más grande del mundo."

149

Tulchuherris no pudo ver a nadie. Sólo oyó una voz allá arriba en el cielo que decía:

"Yerno mío, te pediré pocas cosas. ¿Me darás tu cinta de la cabeza de piel de zorro?"

Tulchuherris metió la mano en su aljaba de piel de zorro, sacó la cinta y se la lanzó a él. Fue directa a Sas y él la cogió. "Ahora ¿me darás tu *mokos*?" Tulchuherris sacó el *mokos* y se lo arrojó. "¡Dame tu taladro!" Se lo arrojó.

Otra voz se oyó ahora, no tan fuerte: "Desearía que me dieras una cinta de cuarzo blanco." Esta voz era la parte más pequeña de Sas. Cuando Tulchuherris le había dado la cinta, dijo:

"Suegro mío, te has partido en dos. La parte más grande de ti será Sas (el Sol), la parte más pequeña será Chanahl (la Luna, la blanca), y esta división es lo que necesitabas desde hace mucho tiempo, pero nadie tenía fuerza para dividirte. Ahora estás en un buen estado. Tú, Chanahl, te harás vieja rápidamente y morirás, luego vendrás de nuevo a la vida y serás joven de nuevo. Serás siempre así en este mundo. Y Sas, tú viajarás hacia el Oeste todo el tiempo, viajarás todos los días sin perder ninguno; viajarás día tras día sin descansar. Verás todas las cosas del mundo, cómo viven y cómo mueren. Suegro mío, coge esto de mí también."

Tulchuherris le arrojó a Sas una aljaba hecha de piel de puerco espín.

"La cogeré", dijo Sas, "y la llevaré siempre."

Luego Tulchuherris le dio a Chanahl una cinta de cuarzo y dijo:

"Llévala siempre alrededor de la cabeza para que cuando viajes por la noche la vea toda la gente."

Sas puso la piel de zorro alrededor de su cabeza y ató el *mokos* en forma de cruz en la frente. El taladro lo ató por detrás del pelo, poniéndolo vertical. Al amanecer vemos el pelo de la piel de zorro alrededor de la cabeza de Sas antes de ver al mismo Sas.

Después Tulchuherris arrojó dos bayas rojas y dijo:

"Toma esto y enrojece tus mejillas de la cara para que cuando te levantes por la mañana seas brillante y hagas brillar a todo."

Tulchuherris se fue al Oeste y consiguió algunas raíces blancas de la montaña, se las arrojó a Sas y dijo: "Ponte esto de un lado a otro de tu frente."

Luego estiró la mano derecha hacia el Oeste y vinieron a sus palmas dos conchas grandes, azules por dentro. Se las arrojó a Sas y dijo:

"Pon esto en la frente para indicar que te levantas por la mañana. Hay un lugar en el Este que es todo fuego. Cuando llegues a ese lugar, entra y caliéntate. Ahora ve a Olelpanti. Olelbis, tu padre, vive allí. Él te dirá adónde ir."

Sas fue a Olelpanti, donde encontró una casa de sudación muy grande y maravillosa. Era casi por la mañana y Olelbis estaba tumbado, cubierto con una manta. Mientras dormía oyó un ruido y cuando se despertó vio a alguien cerca de él. Él sabía quién era. Sas se volvió a él y dijo:

"Padre mío, estoy dividido. Creía que era la persona más fuerte del mundo, pero no lo era. Tulchuherris es el más fuerte."

"Bueno, hijo mío Sas", preguntó Olelbis, "¿dónde desearías estar y cómo te gustaría vivir?"

"He venido a preguntártelo", replicó Sas.

"Bueno", contestó Olelbis, "tienes que viajar todo el tiempo, y es mejor que vayas de Este a Oeste. Si vas al Norte y viajas hacia el Sur, no creo que estuviera bien. Si vas al Oeste y viajas hacia el Este, no creo que estuviera bien tampoco. Si vas al Sur y viajas hacia el Norte, no creo que fuera lo adecuado. Creo que lo mejor es lo que dijo Tulchuherris. Te dijo que fueras al Este y viajaras hacia el Oeste. Dijo que hay un lugar caliente en el Este, que tienes que entrar en ese lugar y calentarte antes de empezar cada mañana. Te enseñaré el camino de Este a Oeste. En un lugar en línea recta desde aquí hacia el Sur hay un árbol muy grande, un árbol de tabaco, justo a medio camino entre el Este y el Oeste. Cuando vengas del Este, siéntate a la sombra de ese árbol, descansa unos minutos y continúa. Cuando viajes nunca olvides tu aljaba de puerco espín u otros adornos. Al levantarte en el Este, verás maleza espesa a lo largo del camino, a ambos lados. En esa maleza hay osos pardos, tus hijos. Mantente en guardia contra ellos, ellos te matarían si pudieran. Cuando pases por él, deja que tu aljaba de puerco espín toque los arbustos, eso mantendrá alejados a los osos. Cuando vayas lejos hacia el Oeste, hacia el gran agua, salta a ella; todo el mundo llamará a ese lugar Sasunhluaston. Nadie en el mundo creerá en ti excepto Sedit. Tú y Sedit queréis que mueran todas las cosas cuando se hacen viejas. Ve al Este; entra en el lugar caliente todas las mañanas. Siempre hay fuego en él. Coge un bastón de roble blanco, mete el extremo del bastón en el fuego hasta que sea carbón incandescente. Cuando viajes hacia el Oeste lleva este carbón candente en la mano. En verano coge un bastón de manzanilla; ponlo en el fuego y quema el extremo. Este bastón estará al rojo vivo todo el día. Ahora debes ir al Este y empezar. Viajarás todo el tiempo, día tras día, sin parar. Todos los seres vivos te verán con tu bastón incandescente. Tú verás todas las cosas del mundo, pero siempre estarás solo. Nadie podrá quedarse en tu compañía o viajar contigo. Soy tu padre y tú eres mi hijo, pero no puedo permitir que te quedes conmigo."

SEDIT Y LOS DOS HERMANOS HUS

PERSONAJES

Después de cada nombre se da el del animal, pájaro o cosa en los que se transformó el personaje posteriormente.

Dokos, pedernal; **Hus,** buitre; **Klak,** serpiente cascabel; **Sedit,** coyote; **Wima,** oso pardo.

HABÍA dos hermanos Hus en Olelpanti, y Olelbis les había dado un sitio en su casa de sudación. Ahora, cuando Olelbis se decidió a enviar a todos abajo, a la Tierra, la gente de Olelpanti hablaba y decía:

"¿Qué haremos ahora? ¿Cómo se estará en el mundo? Dokos Herit, Klak Loimis y Wima Loimis han hecho mal. Están enfadados y piensan cosas malas. Crearán problemas."

"Entrad en la casa de sudación a hablar, pueblo mío", dijo Olelbis. "Decid qué es lo mejor que se puede hacer."

Todos los que estaban en Olelpanti en ese momento

entraron en la casa de sudación, donde hablaron cinco noches y cinco días. A la sexta mañana Olelbis llamó a los hermanos Hus y dijo:

"Tengo un gran trabajo para vosotros. Bajad a Tsarauheril, donde está el primer árbol. Justo allí surgirá un pueblo de la tierra, y vendrá pronto. Un poco más arriba de ese lugar, vosotros dos, hermanos, tenéis que ir a trabajar y a hacer un camino de piedra desde la Tierra hasta aquí arriba a Olelpanti. Buscaréis piedras y las amontonaréis firmemente. Haced la construcción muy fuerte. El camino será de escalones, uno más alto que otro. Cuando hayáis construido medio camino hacia Olelpanti, haréis un lugar donde la gente pueda pasar una noche. Poned agua buena allí. Cuando hayáis terminado todo el camino, el pueblo surgirá de la tierra y, cuando hayan surgido, ellos irán por los alrededores de la Tierra, por todo el mundo, y crecerán y se harán viejos. Cuando sean viejos, pueden ir al principio del camino hecho por vosotros y subir los escalones. Cuando estén en el agua, a medio camino, beberán de ella, descansarán una noche y al día siguiente viajarán hasta que lleguen aquí a Olelpanti. Pondré dos manantiales de agua en este extremo, uno para que se bañen y otro para que beban. Si llega un anciano, beberá del agua a medio camino, beberá y se sentirá mejor, y cuando alcance el final y llegue al agua de aquí, se bañará en un manantial, beberá en el otro y saldrá joven, fresco y fuerte. Si llega una anciana, beberá y se bañará y saldrá como una chica joven. Bajarán de nuevo a la tierra jóvenes y saludables. Cuando se hagan viejos por segunda vez, subirán, beberán y se bañarán de nuevo y serán jóvenes por segunda vez, y será así para siempre. Nadie morirá. Ningún hombre tendrá esposa, ninguna mujer tendrá marido; todos serán hermanos y hermanas. Cuando los árboles que son pequeños ahora se hagan grandes, no habrá ramas excepto en la copa y las bellotas de esos árboles no tendrán cáscaras. Estarán listas para comer sin pelarlas ni cascarlas, y será así en todos los árboles, ninguna envoltura, ninguna cáscara en las bellotas; nadie tendrá necesidad de trepar; las nueces caerán listas para comer."

Cuando Olelbis terminó de hablar, envió a los dos hermanos. "Id ahora", dijo él "y haced el gran camino."

Los dos hermanos partieron. Bajaron a Sonomyai, miraron alrededor y dijeron:

"Éste tiene que ser el lugar que nos ha dicho Olelbis. Éste tiene que ser el lugar donde hemos de trabajar, empezaremos aquí."

"Hermano mío", dijo el mayor de los Hus, "te traeré piedras, abundacia de ellas, piedras grandes. Tú las pondrás juntas, ponlas en orden y haz los muros."

Comenzaron a trabajar. El primer día hicieron montones tan altos como una casa grande. Al día siguiente apilaron todo el día; hicieron el camino tan alto como un árbol alto. El tercer día era muy alto; el cuarto todavía más alto. Aumentaba muy deprisa. Los hermanos trabajaban bien y tenían gran poder. La construcción era ya la más larga de las que se habían visto sobre la Tierra. Al quinto día apenas se podía ver la parte superior. Al sexto día tocaba las nubes.

Un poco antes de mediodía del sexto día los dos hermanos vieron algo que se movía en el Sudoeste. Cuando se acercó vieron a un hombre que llevaba un *mempak* alrededor del cuello. Llevaba puesta en la cabeza una cinta de piel de nutria, una aljaba de piel de nutria y una piel de Sedit, que llevaba de abrigo. Tenía polainas de ante adornadas con *kobalus* y la camisa iba llena de *kobalus,* el extremo afilado del armazón hacia afuera. Iba vestido de forma hermosa. Cuando se acercó este hombre, observó a los dos hermanos trabajando. Ellos no le hablaron.

Éste era Sedit, que dijo:

"Nietos míos, dejad de trabajad, descansad un rato; venid a decirme qué estáis haciendo. Venid y sentaos aquí conmigo y hablaremos. Cuando llega un tío o un abuelo, la gente siempre deja de trabajar y habla con sus parientes."

Los hermanos no contestaron; siguieron trabajando, no prestaron atención a Sedit.

"Nietos míos", dijo de nuevo, "parad un rato; venid a hablar conmigo; contadme qué estáis haciendo. Quiero aprender, venid a contarme lo que sabéis, descansad un rato. Debería deciros algo mejor de lo que sabéis. Quizá pensáis, nietos, que no sé nada. Venid a sentaros y os contaré algo sabio. Si no venís, estropearé vuestro trabajo. Destruiré lo que estáis haciendo."

Cuando los dos hermanos oyeron esto, se asustaron; pensaban que él podría estropear su trabajo y fueron. Cuando alcanzaron el suelo y se acercaron hacia Sedit, ellos preguntaron:

"¿Por qué camino viniste, abuelo? ¿Dónde vives?"

"Nietos míos", dijo Sedit, "vengo de un lugar no muy alejado de éste. Estaba caminando por los alrededores para ver si podía ver algo. Oí a gente hablar de vosotros anoche. Dicen que estáis haciendo un camino y pensé en venir aquí, ver vuestro trabajo y hablar con vosotros."

"Muy bien", dijeron los hermanos. "Este trabajo que estamos haciendo no es para nosotros. Es para otros. Quizá piensas que este trabajo es para nosotros; no lo es, se hace por orden de otro. Este trabajo es para Olelbis. Olelbis nos envió abajo para hacer este gran camino."

"¡Qué!", gritó Sedit. "¿Estáis trabajando para Olelbis? ¿Os envió abajo para hacer esto? ¿Os dijo que hicierais este camino y habéis venido aquí para hacerlo para él, nietos míos? ¿Creéis lo que os dice Olelbis? ¿Creéis lo que dice a otra gente? ¿Le cuidáis y trabajáis para él? Yo no creo en Olelbis. No creo en lo que dice, no me preocupa lo que dice."

"Abuelo mío", dijo el mayor de los Hus, "espera, deja de hablar. No me gusta oírte decir esas palabras, no me gusta oírte hablar de esa forma. Voy a contarte por qué se hace este trabajo, por qué se hace este camino. No te he dicho nada."

Sedit se sentó y dijo: "Bien, cuéntame. Me alegrará oír lo

que dices. Me alegrará oír por qué estáis haciendo este camino."

El hermano mayor empezó: "Olelbis dice que un nuevo pueblo vendrá pronto a la Tierra, que ellos vivirán e irán por los alrededores, y después de un tiempo se harán viejos. Cuando sean muy viejos, ellos vendrán a este camino que va a Olelpanti y serán jóvenes de nuevo. Cuando estén a medio camino hacia arriba, será por la tarde. Beberán del agua de un manantial y pasarán la noche allí. Al día siguiente continuarán y llegarán al extremo del camino por la tarde, estarán en Olelpanti, donde vive Olelbis. Encontrarán agua allí. Beberán de un manantial y se bañarán en el agua de otro. Cuando salgan, ellos serán jóvenes. Al día siguiente bajarán medio camino, beberán del agua, se quedarán una noche, luego vendrán a la Tierra y estarán jóvenes y frescos como lo estaban al principio. Ningún hombre tendrá esposa, ninguna mujer tendrá marido. Serán uno con otro hermanos y hermanas. Esto es lo que desea Olelbis, y porque lo desea nos ha enviado a hacer este camino. Cuando esté construido el camino a Olelpanti, donde vive Olelbis, estos árboles que hay alrededor, que son pequeños ahora, serán grandes. Crecerán y serán muy altos. No tendrán ramas a excepción de las que están cerca de la copa, donde se acaban las ramas. De estas ramas saldrán bellotas y las bellotas no tendrán cáscaras. Estarán listas y preparadas para comer. La gente que va a surgir de la tierra no será capaz de trepar a los árboles y no tendrán necesidad de trepar, porque las bellotas caerán y la gente las recogerá y tendrán comida en abundancia sin trabajar, sin problemas."

Sedit escuchaba y miraba al mayor de los hermanos Hus. Luego se volvió hacia el más joven y dijo burlonamente:

"¡Hu! ¿Tú crees en eso? ¿Creéis que es verdad cada palabra que dice Olelbis? ¿Creéis que es sabio? ¿Creéis que es bueno? Vamos, nietos míos, esperad un momento, os contaré algo. Debéis saber que un anciano como yo tiene palabras que decir, que él sabe algo juicioso. Tengo algo que deciros, que es mejor que todo eso. Os diré lo que es. Os lo diré ahora. Suponed que un anciano sube él solo por este camino, bebe de un manantial, se baña en el otro y se hace joven. Él estará tan solo como estaba cuando subió. Suponed que una anciana y un anciano suben, van solos, uno detrás del otro, y regresan solos, jóvenes. Ellos estarán solos como antes y se harán viejos por segunda vez, y subirán de nuevo y regresarán jóvenes, pero estarán solos, exactamente igual que al principio. No tendrán nada de que alegrarse en la Tierra. Nunca tendrán amigos ni hijos; nunca tendrán ninguna diversión en el mundo; no tendrán nada que hacer excepto subir este viejo camino y regresar abajo jóvenes otra vez. Ahora, nietos míos, os diré algo mejor, y os gustará lo que os digo. A mí me gusta porque es bueno. Voy a deciros algo más sabio de lo que Olelbis os haya dicho nunca. Será mejor, mucho mejor que los árboles tengan ramas hasta el suelo, y que las bellotas tengan cáscaras y envolturas. Cuando los árboles tienen ramas hasta el suelo, un hombre puede treparlos, coger un palo largo en la mano y tirar las bellotas al suelo. Otros vendrán debajo del árbol y las recogerán. Cuando caigan las bellotas, las mujeres saltarán y dirán ¡oh, oh! y reirán y hablarán y estarán contentas y se sentirán bien. Creo que eso es mejor. La gente podrá llevarse a casa las bellotas y ponerlas en el suelo. Luego dirán: 'Vamos, pelemos estas bellotas.' Los hombres y las mujeres irán y se sentarán a pelar bellotas. Cuando estén haciendo esto, se tirarán las cáscaras unos a otros. Se divertirán y se reirán, será agradable y se sentirán bien. Creo que esto es mejor; sé que os gustará. Por otro lado, ¿qué va a comer la gente si nada muere? Los ciervos no morirán, los peces no morirán; el pueblo que llega no puede matarlos. ¿Qué van a comer? No tendrán nada para comer a excepción de las bellotas. Creo que es mejor para las mujeres y para los hombres –hombres jóvenes y mujeres jóvenes– casarse, vivir día y noche con el otro. Cuando se levanten por la mañana, el hombre trabajará para la mujer, la mujer trabajará para el hombre, se ayudarán el uno al otro. Creo que ésa es la mejor forma. Si un hombre tiene una mujer, cogerá un pez y matará un ciervo, los llevará y se los dará a su esposa para que los cocine. Ella los cocinará y se los comerán los dos. Creo que ésta es la forma correcta. Si la gente vive de esta manera y una mujer tiene un hijo, sus vecinos dirán: 'Hay un hermoso bebé allí' e irán a verlo y dirán: '¡Qué bebé tan hermoso tiene esa mujer!' Creo que esto es mejor que lo que os ha dicho Olelbis. Cuando ese bebé crezca y otro bebé crezca, serán un hombre y una mujer, y se casarán los dos y tendrán hijos ellos mismos, y de esa forma habrá siempre abundancia de gente: gente nueva, gente joven. Cuando un hombre envejezca, morirá; cuando una mujer envejezca, morirá. Cuando mueran, otros irán por los alrededores y se lo contarán a sus vecinos y dirán: 'Una mujer ha muerto allí', o 'un hombre ha muerto aquí. Los enterrarán mañana'. Luego todo el pueblo estará dispuesto a ayudar a los familiares del difunto; llorarán, los familiares del difunto llorarán y se condolerán. Creo que esto es mejor. Cuando muera un hombre, sus familiares más cercanos se cortarán el pelo muy corto, se pintarán la cara de negro, y cuando la gente vea a uno de ellos que va o viene, dirán 'su padre ha muerto', o 'su esposa ha muerto', o 'su madre ha muerto' y hablarán sobre ese hombre y su padre muerto, o su madre muerta, o su esposa muerta, y dirán: 'Pobre hombre, ha perdido a su padre, o a su madre, o a su esposa.' Creo que esto es mejor. Cuando muera una anciana, ella dejará una hija y esa hija tendrá una hija, o cuando un hombre muera, él dejará un hijo y ese hijo tendrá otro hijo. Cuando envejezcan los hombres y las mujeres morirán, y la gente joven ocupará sus lugares. Creo que ésta es la forma correcta. Creo que es el mejor camino. Todos los seres vivos deberían ir por este camino. Cuando llegue ese pueblo y vivan alrededor de la Tierra, morirán de muchas formas: lucharán con otro y morirán; cuando los árboles envejezcan, morirán y caerán; todo morirá de la misma manera. Cuando muera un hombre, sus amigos pondrán *mempak* sobre él, como este que tengo alrededor de mi cuello, y una cinta de ante alrededor de la cabeza, y le darán una aljaba, le vestirán y le pondrán en la tierra. Cuando un hombre vaya a algún sitio, un oso pardo puede cogerlo y matarlo, o una serpiente cascabel le morderá y morirá, y cuando luche utilizará pedernal y se matarán unos a otros. La gente se enojará y luchará. Cuando haya una asamblea, alguien entrará corriendo y dirá: 'El pueblo de allí está luchando.' Los de dentro se acercarán para ver y encontrarán a un hombre asesinado y dirán: 'Han matado a un buen hombre', luego castigarán a los otros por haberle matado."

Los dos hermanos sentados allí no contestaron.

"Bueno, nietos míos", continuó Sedit, "sé que lo que os digo es verdad. ¿Qué pensáis?"

Los hermanos no dijeron nada al principio. Ellos pensaban y pensaban. Después de un rato el mayor miró a Sedit y dijo:

"Creo que lo que tú dices es mejor. Creo que es verdad. Supongo que es verdad. Creo que eres lo bastante viejo y debes saberlo. Creo que tienes razón."

"Abuelo", dijo el hermano menor, "¿te gustaría morir también como los otros y yacer en el suelo y no levantarte nunca más; nunca ir por los alrededores con tu cinta de ante sobre la cabeza y tu hermosa aljaba a la espalda, y cosas bonitas como las que llevas puestas hoy? Quieres que mueran otros, quieres a la muerte en el mundo. ¿Qué dirías si tuvieras que morir tú mismo? Quieres que muera todo el pueblo que llega y que mueran todas las cosas de ahora en adelante y que se vayan de aquí. Olelbis no quiere que muera nadie, pero tú quieres que todos los seres vivos de esta tierra mueran. Quieres estropear todo el trabajo que Olelbis nos ha enviado para hacer aquí abajo."

Cuando dijo esto el hermano menor, los dos se pusieron de pie y se alejaron un poco andando, y Sedit dijo:

"Nietos míos, regresad, regresad. No hemos terminado de hablar todavía. Tenemos que hablar más. Volveremos a hablar de todo otra vez. Regresad, nietos míos, regresad."

Pero los dos hermanos no se volvieron, siguieron andando, andando siempre en dirección al Este, sin decir nada. Después de un rato se volvieron y fueron a donde estaba el camino. Sacaron algunas piedras grandes y todo el camino cayó al suelo.

Los dos hermanos volaron en círculos durante un rato. Fueron más y más arriba hasta que al fin desaparecieron y fueron a Olelpanti.

Sedit les vio volar, les observó hasta que desaparecieron. Se quedó mirando alrededor durante mucho tiempo. Al fin dijo:

"¿Qué voy a hacer ahora? Ojalá no hubiera dicho todo eso, ojalá no hubiera hablado tanto. Ojalá no hubiera dicho nada."

Se quedó por los alrededores y siguió repetiendo: "¿Qué voy a hacer ahora? Lo siento. ¿Por qué hablaría tanto? Hus me preguntó si quería morir. Dijo que todo lo que hay en la Tierra tendrá que morir ahora. Eso es lo que dijo Hus. No sé qué hacer. ¿Qué puedo hacer?"

Miró alrededor y encontró una planta con hojas largas y anchas, un girasol silvestre. Encontró esta planta en abundacia y cogió muchas hojas. Se quitó todas sus ropas magníficas, las tiró a un lado, luego se pegó las hojas al cuerpo, por toda la parte de arriba y de abajo, piernas, cuerpo, brazos, y dijo:

"Ahora subiré a Olelpanti. No voy a quedarme aquí donde muere la gente. Voy a subir al lugar donde fueron los hermanos Hus."

Se hizo una cola de hojas, luego se levantó y voló en círculos, se elevó mucho; las hojas comenzaron a secarse y se rompían una tras otra. Después de un rato Sedit, girando y girando, bajó con gran fuerza, golpeó el suelo y se rompió en pedazos.

Los hermanos Hus subieron a Olelpanti. Olelbis dijo:

"Hay rocas en el Sur, no muy lejos de la casa de sudación; id allí y quedaos."

Olelbis miró abajo y vio a Sedit que trataba de volar hacia Olelpanti; le vio caer.

"Es culpa suya", dijo Olelbis. "Sedit es el primero en

morir, muerto por sus propias palabras; de ahora en adelante todo su pueblo caerá en los alrededores y morirá, y los encontrará muertos en los bordes de los caminos y en los lugares por donde pasa la gente. El pueblo que viene los verá allí."

El nombre del lugar donde estaba el camino en ruinas es Sonomyai.

Nuestro pueblo Wintu dice que desde que se asentaron los hombres blancos en el país siempre se han estado llevando las piedras que apilaron los hermanos Hus. Las han llevado hasta quince millas más allá para construir chimeneas.

HAWT

PERSONAJES

Después de cada nombre se da el del animal, pájaro o cosa en los que se transformó el personaje posteriormente.

Chírchihas, ardilla de la montaña (roja); **Handokmit,** serpiente rayada; **Hau,** zorro rojo; **Hawt,** anguila; **Hus,** buitre; **Kanhlalas,** comadreja; **Karkit,** cuervo; **Kinus,** paloma del bosque; **Kiriú,** somorgujo; **Lutchi,** colibrí; **Memtulit,** nutria; **Múrope,** serpiente toro; **Nomhawena; Nop,** ciervo; **Patkilis,** liebre americana; **Patit,** pantera; **Sedit,** coyote; **Tichelis,** ardilla de tierra; **Tsaik,** gayo; **Tsárakok,** martín pescador; **Tsaroki Sakahl,** serpiente marrón y verde; **Tsihl,** oso negro; **Tsileu,** verderón; **Tsudi,** ratón; **Tunhlucha,** niebla; **Waida Dikit,** trucha Dolly Varden; **Waida Werris,** Estrella Polar; **Wai Hau,** zorro gris plata; **Waiti,** lado norte; **Watwut,** gayo de la montaña; **Wima,** oso pardo; **Yípokos,** zorro negro.

———————

AL lado sur de Bohem Puyuk hay una montaña llamada Tede Puyuk. Cerca de esa montaña pequeña vivía Waida Dikit Kiemila. Vivía completamente solo, sin vecinos. No había ninguna casa cerca de la suya. Vivía desde hacía tiempo en aquel lugar, pensando lo que sería mejor para él, pensando, pensando. Después de mucho tiempo pensó: "Lo mejor sería construir una casa de sudación."

163

Construyó una casa de sudación a una milla de distancia del lugar donde estaba viviendo. Cuando hubo terminado, cogió una clase de tierra roja y pintó de color rojo la mitad exterior de la parte oeste de la casa. La mitad oriental la pintó de verde con pintura hecha de hojas de arbustos. Después de haber pintado la mitad occidental, todas las clases diferentes de arbustos cuyas hojas había utilizado para la pintura cubrieron esta casa de sudación.

La casa de sudación estaba preparada para ser utilizada ya y Waida Dikit fue a ver a un hombre, Tsaroki Sakahl, que vivía lejos al sur.

"Nieto mío", dijo Waida Dikit, "desearía que vinieras a mi casa y te quedaras. No tengo a nadie que me haga compañía. Me gustaría que vinieras y vivieras conmigo."

"Iré contigo", dijo Tsaroki, y se fue a vivir con el anciano.

Waida Dikit no le había hablado a Tsaroki de la casa de sudación, le llevó a la casa vieja. Después de dos o tres noches dijo Waida Dikit:

"Nieto mío, ¿qué te gustaría hacer? ¿Qué sería lo mejor para nosotros? Tenemos que hablar de algo. Debería haber algo de qué hablar. Tenemos que tener algo que decir."

"Bueno", dijo Tsaroki, "creo que quieres lo mejor, quieres ver a alguien, ver algo. Creo que ése es tu deseo. Creo que sé lo que quieres. La mejor forma de conseguir lo que quieres es construir una casa de sudación."

"Hablas con sabiduría, nieto mío, me gusta oírlo. Tengo construida una casa de sudación, totalmente terminada."

"¿Dónde está?", preguntó Tsaroki.

"Te la enseñaré pronto", contestó Waida Dikit.

Poniendo la mano por detrás de él, cogió una cesta pequeña, sacó pintura amarilla con sus dedos gordo e índice, y pintó una raya amarilla desde la cabeza hasta la espalda de Tsaroki. El joven había sido completamente verde; ahora era amarillo por la espalda. Después Waida Dikit cogió una red de tejido de fibra de hierba, como la red del pelo de una mujer, y se la puso en la cabeza a Tsaroki. "Ahora estás preparado", dijo. Luego le llevó fuera de la casa y dijo, señalando al Oeste: "¡Mira! Ahí está nuestra casa de sudación. Ahora, nieto mío, voy a llevarte a esa casa. La parte oriental está pintada de rojo. Cuando estemos allí, no te acerques a la parte oriental de la casa de sudación, pasa de largo pero no muy cerca, un poco alejado. Cuando entremos yo tomaré la parte oriental y me quedaré allí; tú tomarás la otra mitad y te quedarás en el lado occidental, donde está pintado de verde. Allí es donde te quedarás, en el lado verde."

Partieron. El anciano caminaba delante. Cuando entraron, Waida Dikit tomó la parte oriental de la casa y Tsaroki la parte occidental. El hombre joven se sentó y luego Waida Dikit cogió una pipa que había en la casa de sudación.

"Nieto mío", dijo él, "encontrarás una pipa allí en tu lado de la casa y una bolsa de tabaco. Puedes fumar si lo deseas."

Tsaroki cogió la pipa, la miró, le gustó mucho. Esta pipa provenía de Wai Hola Puyuk. Cuando aspiró el humo y echó la primera bocanada, se llenó de tal forma toda la casa que no se veía nada. Waida Dikit sacó la cabeza por la puerta. Había humo afuera por todas partes. No podía ver nada. Luego se volvió y dijo:

"Nieto mío, eres un buen hombre. Eres un hombre fuerte. Fumas bien. Está bien para ser la primera vez. ('Si lo hace otra vez', pensó el anciano, 'no se verá nada en este mundo; todo estará cubierto de humo'.) Y dijo: "Eres un hombre fuerte; es suficiente para ser la primera vez."

"Me gustaría saber por qué dice: 'Es suficiente'. ¿Qué querrá hacer conmigo?", pensaba Tsaroki. "Quizá me está probando de alguna manera."

"Nieto mío", dijo el anciano después de un rato, "me gustaría ver a alguien, me gustaría ver algo, ver gente, me gustaría divertirme y ver juegos de alguna clase."

"También me gustaría verlos a mí", contestó Tsaroki,

"Me gustaría verlos, abuelo mío. Tú eres más viejo que yo; si me dices qué hacer, lo haré."

"Nieto mío, ¿sabes tocar algo?"

"Me gustaría tocar si me enseñaras", dijo Tsaroki.

El anciano metió la mano por detrás de él a una bolsa con cosas, sacó una flauta y se la dio a Tsaroki, que la cogió rápidamente de lo contento que estaba. Se sentó, cruzó las piernas y antes de que soplara la flauta, justo cuando la tocó con los labios, salieron hermosos sonidos.

El joven estaba contento, maravillosamente contento. El anciano, que estaba sentado mirándole, dijo:

"¿Te gusta la flauta, nieto mío?"

"Me gusta mucho", dijo Tsaroki.

"Me alegra oírte tocar, nieto mío; me alegro cuando haces algo bueno. Cuando yo era joven, solía decir cosas buenas, solía hacer cosas buenas. Ahora, nieto mío, piensa en lo que sería mejor hacer."

"Me gustaría oír algo bonito, oír música, oír hermosos sonidos."

Después de haber cogido la flauta Tsaroki no dormía. Tocó tres días y tres noches sin parar; luego paró y preguntó:

"¿Qué es esta flauta? ¿De qué está hecha? Suena tan dulce."

"Nieto mío, te lo contaré. Esa flauta es de madera, de madera de aliso. Es una flauta de aliso, pero la madera es de huesos de personas. Había gente hace mucho tiempo y esa madera de aliso creció de sus huesos. Nieto mío, ¿te gustaría tener a otro hombre joven contigo o deseas estar solo? Creo que sería mejor para ti tener compañía."

"Abuelo mío, me gustaría tener conmigo a otro hombre, podría hablar con él. Entonces viviría de forma más agradable."

"Nieto mío, para ver a otro hombre joven tienes que ir al Oeste; tienes que ir a media noche, cuando esté muy oscuro para que nadie pueda verte. Nieto mío, es mejor que vayas esta noche."

"¿Adónde? ¿Por qué camino quieres que vaya, abuelo mío?"

"Ve hacia el Oeste desde aquí, muy lejos; partirás cuando esté oscuro; llegarás allí en la oscuridad. Irás donde vive la anciana Nomhawena Pokaila; ella es tu abuela. Cuando vayas a su casa, pregúntale por tu hermano; ella te dirá dónde está."

"Abuelo mío, no creo que pueda encontrar su casa. No sé qué clase de casa es."

"No puedes perderte, nieto mío. La noche será muy oscura; nadie será capaz de ver nada, pero tú puedes encontrar la casa. Es una casa pequeña; nadie puede verla, pero tú puedes encontrarla. Irás allí muy deprisa, aunque esté muy lejos de aquí y la noche sea oscura."

Luego el anciano le enseñó un sendero pequeño de arena; brillaba igual que un rayo de luz en la oscuridad, aunque era muy estrecho, tan estrecho como un pelo, y a su alrededor era noche oscura. El anciano había hecho este sendero a propósito.

Tsaroki partió, y podía ver el sendero derecho delante de él; fue tan rápido sobre él como una flecha desde el arco. Viajó recto y al final del sendero, justo en el mismo sendero, había una casa pequeña de corteza. Entró en la casa y vio a la anciana que estaba tumbada de espaldas al fuego; estaba durmiendo en el lado sur. Entró y se quedó en el lado norte. Luego se sentó y estuvo sentado un rato hasta que la anciana se despertó, volvió la cara al fuego y vio a alguien al otro lado. Ella se levantó, agitó el fuego para hacer luz, miró al joven y dijo:

"Veo a una persona aquí, ¿quién es?"

"Abuela mía, soy Tsaroki Sakahl. He venido porque mi abuelo, Waida Dikit, me envía a verte para que me hables de mi hermano. Me gustaría saber dónde vive mi hermano. He venido a ver a mi hermano y a hablar con él."

"Muy bien, nieto mío, te lo diré. Él vive allí en el Oeste."

Tan pronto como terminó de hablar, Tsaroki se puso de pie y salió hacia el Oeste. No había dado muchos pasos cuando vio un espacio amplio, ancho, en el que estaban sentados un gran número de personas. El lugar era oscuro, pero ellos se podían ver unos a otros. Tsaroki vio todo y miró alrededor cuidadosamente. Vio que todos estaban trabajando menos un hombre, que estaba sentado en el centro, en un buen lugar. Miró durante mucho tiempo, no sabía qué hacer porque Waida Dikit le había dicho:

"No tienes que permitir que nadie sepa por qué te envío, a excepción de tu hermano, y dile que no se lo diga a otros."

Ninguno vio a Tsaroki y pensó: "No sé cómo voy a acercarme a mi hermano sin permitir que nadie lo sepa." Al fin decidió qué hacer. Se metió en la tierra donde había estado sentado y salió justo enfrente del gran hombre, su hermano.

La gente llevaba ropa de piel, hacían puntas de flechas y terminaciones de flechas. Todos trabajaban menos el hombre del centro. Tsaroki salió enfrente de él y susurró:

"Hermano mío, he venido a por ti. Mi abuelo me envía a pedirte que vayas con él y que no se lo digas a nadie."

"Está bien, iré. Partamos."

Eso es todo lo que dijo. Este gran hombre era Hawt.

Tsaroki había traído su flauta, pero no podía usarla porque tenía que mantener en secreto su viaje y no dejarse ver; ocultó la flauta debajo del brazo.

"Vamos", dijo Hawt, "tú vas delante."

Tsaroki entró en la tierra, salió donde había estado sentado al principio y luego fueron a la casa de la anciana, su abuela. Hawt se puso de pie para prepararse para el viaje. La gente siguió trabajando. Todos eran gente de Hawt y el hombre grande era su jefe. Hawt se vistió y cogió su arco y sus flechas. Entonces se volvió y dijo:

"Pueblo mío, voy a dejaros, me voy por dos o tres días, quizá más."

Eso fue todo lo que dijo; no dijo adónde iba ni por qué. Se alejó andando y fue a casa de Nomhawena, donde le estaba esperando Tsaroki. Los dos hermanos sólo habían estado sentados un rato cuando la anciana les dijo:

"Ahora, nietos míos, tenéis que iros; tenéis que estar en casa de Waida Dikit antes del alba; tenéis que viajar mientras esté oscuro, no queremos permitir que otra gente sepa de vuestro viaje. Partid. Estaré en esta casa, pero oiré todo lo que ocurra en vuestro lugar."

Dejaron a la anciana y alcanzaron la casa de Waida Dikit antes del alba. El anciano estaba levantado ya y estaba al lado del fuego, en el centro de la casa de sudación, peinando su pelo rojo que le llegaba hasta los pies. En el momento en que entró en casa Tsaroki sacó la flauta, se tumbó de espaldas y comenzó a tocar. Hawt se quedó de pie un rato. No sabía dónde sentarse, hasta que Waida Dikit le dijo:

"Nieto mío, yo estoy viviendo aquí en una casa pequeña. No hay muchas habitaciones en ella, ve al norte del fuego y siéntate allí."

Justo cuando Hawt se estaba sentando en el lado señalado, llegó el alba. Tsaroki tocó dos noches y dos días. Hawt, tumbado en su sitio, escuchaba.

"Nieto mío", dijo Waida Dikit a Tsaroki: "Me gustaría oíros tocar a los dos. Tienes que dejarle esa flauta a Hawt algún rato."

Tsaroki le dio la flauta a su hermano, y de cuando en cuando se la pasaban el uno al otro. Los dos tocaban, los dos hacían música hermosa. Tocaban día tras día, noche tras noche, diez días y diez noches.

"Ahora tocáis bien los dos, nietos míos. ¿No os gustaría oír tocar a otras personas?"

"¡Oh!, nos gustaría muchísimo, nos gustaría oír tocar a otras personas", dijeron Tsaroki y Hawt.

"Solía oír a un amigo mío hace tiempo", dijo Waida Dikit, "y tocaba muy bien. ¿Os gustaría que tocara con vosotros?"

"Sí, sí, quizá pueda enseñarnos a tocar mejor."

"Mi amigo es muy viejo ahora", dijo Waida Dikit, "es Kanhlalas Kiemila."

"Iremos a traerle", dijo Tsaroki.

"Id, nietos míos, os enseñaré un sendero, pero no os acerquéis al lado este de mi casa de sudación. No está lejos. Kanhlalas vive al nordeste de aquí."

Tsaroki encontró la casa de Kanhlalas en el sendero. Oyó música dentro, música hermosa. Se quedó un rato escuchando, luego entró y vio al anciano tumbado de espaldas tocando. El anciano dejó de tocar, pero no habló. Tsaroki le tocó en el hombro y dijo:

"Abuelo mío, he venido a por ti. Waida Dikit, mi abuelo, me envía a pedirte que le visites."

"Iré", fue todo lo que dijo el anciano. No hubo preguntas que hacer ni preguntas que responder. "He venido a por ti", "Iré", no hubo más. Aquella gente de aquellos tiempos hablaban así, no hablaban demasiado.

Tsaroki volvió a casa. Kanhlalas se preparó para ir y fue por debajo de la tierra. Waida Dikit estaba tumbado en su casa cuando de repente salió Kanhlalas a sus pies. Waida Dikit se sentó cuando le vio, cogió su pipa y le dijo que fumara. Kanhlalas fumó y los dos hombres hablaron un buen rato. Los dos hombres jóvenes tocaban, primero uno, luego el otro. Estaba oscuro en la casa de sudación, pero después de llegar Kanhlalas él brilló y dio luz como una antorcha en una casa oscura. Se podía ver algo, pero no demasiado. Kanhlalas era el abuelo de Waida Werris.

"Mandé que fueran a por ti", dijo Waida Dikit, "porque pensé que podrías enseñar a mis nietos a tocar mejor. Les gusta hacer música. No piensan en nada más."

"Soy viejo", dijo Kanhlalas. "No soy como solía ser. No

puedo tocar mucho ahora. Cuando era un muchacho, cuando era joven, podía tocar. Pero tocaré un poco."

Hacia el anochecer dijo por segunda vez: "Tocaré un poco." Así que se tumbó de espaldas, cogió su propia flauta, que había traído con él, y empezó. Los dos hermanos se tumbaron y escucharon. Kanhlalas nunca se quitó la flauta de la boca desde la oscuridad de la tarde hasta el alba. Al día siguiente tocó, y toda la noche siguiente otra vez. Cuando llegó la mañana había una franja de luz en su pecho, y cuando salió el sol su pecho era blanco, porque la respiración casi había abandonado su cuerpo. Aquella mañana dijo el viejo Waida Dikit:

"Ahora invitaremos a que venga aquí toda la gente del mundo que sepa tocar."

"Si invitas a toda la gente del mundo que sepa tocar", dijo Tsaroki, "esta casa será demasiado pequeña para ellos."

"No", dijo el anciano, "no será demasiado pequeña. La encontraréis lo suficientemente grande cuando vengan."

Tsaroki fue enviado al Noroeste a invitar a la gente. Él fue muy rápido. En poco tiempo estaba en un lugar donde justo en ese lado el cielo toca a la Tierra. Fue a Nop Hlut. Cuando estaba cerca de la casa de sudación oyó zapatear una danza. Entró y vio una casa muy grande llena de gente sentada alrededor de la pared. Sólo una mujer y una chica joven estaban bailando en el centro de la casa, Nop Pokte y Nop Loimis. La chica era muy pequeña y tenía pies de cervato atados detrás de la cabeza. Sonaban tanto que podían oírse desde muy lejos. Cuando Tsaroki estaba entrando por la puerta del sur, vio a un anciano que estaba tumbado en el lado norte. Éste era Nop Kiemila, el dueño de la casa. Tsaroki fue derecho a él, puso la mano sobre su hombro y dijo:

"He venido a por ti."

"¿Qué clase de llamamiento haces?", preguntó Nop.

"Mi abuelo va a dar una representación de flautas."

"Iré", dijo Nop.

"Mi abuelo está invitando a toda la gente de todas las partes del mundo. Todos los que sepan tocar la flauta estarán invitados."

El mismo Waida Dikit fue al Sur a invitar a gente que vivía en el agua, y envió a Tsaroki a invitar a toda la gente de tierra firme. Fue lejos y cerca a invitar a todos. Después de un tiempo los dos se fatigaron y querían conseguir a alguien que llevara invitaciones. Pensaron en quién sería el mejor en el calor y en el frío, en la luz y en la oscuridad, y pensaron que sería Kinus; así que le llamaron y le contrataron para ir. Kinus fue tan lejos como pudo, fue alrededor del mundo, hasta donde baja el cielo. Después de un tiempo volvió y dijo:

"Este mundo es ancho y grande. He llamado a toda la gente de tan lejos como he ido, pero no soy capaz de ir a todas partes, este mundo va más allá de donde he ido. Durante días enteros no pude conseguir ni agua ni alimentos; pero he invitado a toda la gente que he visto."

Mientras Kinus estaba hablando la gente invitada estaba escuchando; había ya muchos de ellos entonces en casa de Waida Dikit. Lutchi se sentó a un lado y escuchó.

Dijo Waida Dikit: "Hay un hombre al que nos gustaría ver aquí, Waida Werris, y también a un hombre que vive lejos en el Este, Patkilis; vive detrás del cielo, más allá de donde el cielo toca la Tierra, y Sedit vive con él. Queremos a esos tres. Ahora Kinus no puede ir hasta ellos, nadie que conozcamos es capaz de ir a ellos. ¿Qué haremos?"

Todos hablaron sobre esto. Lutchi se sentó en silencio y escuchó todo lo que se decía.

"Esta casa de sudación es demasiado pequeña", dijo Kanhlalas.

"Veremos", contestó Waida Dikit.

La casa de sudación se estaba extendiendo, creciendo gradualmente, creciendo todo el tiempo según llegaba la gente. Un gran número llegó aquella tarde. Ahora se extendía la casa tan lejos como podía alcanzar la vista. Cada vez que llegaba gente nueva, Waida Dikit soplaba y decía: "¡Deseo que esta casa sea más grande!" Y la casa se alargaba, se hacía más ancha, más larga y más alta. Por la tarde ya había grandes multitudes allí.

Kinus y el resto hablaron toda la noche y al día siguiente. "Nadie puede ir hasta Waida Werris, Patkilis y Sedit. Eso fue lo que dijeron."

Preguntaron a todos los presentes y cada uno contestaba: "Yo no puedo ir a ellos." Ellos hablaron y hablaron. Al final un hombre le dijo a otro: "Preguntemos a ese Lutchi Herit de allí, quizá pueda ir." Un tercero dijo: "Sí, preguntémosle." Y los tres dijeron a Waida Dikit: "Pregunta a aquel hombre pequeño, quizá pueda ir." "Es pequeño", dijo Waida Dikit, "pero le preguntaré." Se fue hacia Lutchi, le tocó en el hombro y preguntó:

"Nieto mío, ¿puedes hacer algo por mí? Eres pequeño, pero te pregunto."

Lutchi no dijo nada, sólo levantó sus cejas que significaba "Sí". Tan pronto como hizo esto, Waida Dikit puso la mano debajo de su brazo y sacó una *kunluli* (una delicada flor azul que crece cerca del agua) y se la dio a Lutchi. Lutchi la cogió en la palma abierta, la miró, la frotó entre sus manos, escupió sobre ella e hizo una pasta que era una pintura azul bonita. Luego se frotó la cara, los brazos, el pecho –se convirtió en azul (desde este día Lutchi es azul, antes era blanco)–. Luego salió entre la gente y dijo:

"¡Gente, miradme! ¿Qué parezco? ¿No tengo ahora un color bonito?"

"Eres muy hermoso", dijo la gente. "Tienes buena presencia."

Estaba a punto de romper el día. Se podía ver un poquito de luz. Cuando estuvo preparado para partir, dijo Lutchi:

"No sé lo lejos que está, pero si voy a esos lugares regresaré al amanecer. Si están mucho más lejos, estaré aquí cuando el Sol esté tan alto como las copas de los árboles."

"¿Crees que regresarás al amanecer?", preguntó Kinus. "Esos lugares están muy lejos."

"Sé que están muy lejos", dijo Lutchi.

"Yo he estado por todo el mundo", añadió Kinus. "He caminado durante mucho tiempo, pero esos lugares están mucho más lejos que cualquier lugar de donde he estado."

"¡Oh! ¡Ahora me voy!", dijo Lutchi, y se lanzó directo al cielo, luego bajó, y subió y bajó otra vez. Luego gritó:

"¿Os gusta eso? ¿Creéis que puedo ir a esas gentes? Esta es la forma en la que viajo."

Salió disparado hacia el Este y volvió. Luego fue al Oeste y regresó en un abrir y cerrar de ojos. Luego se volvió al Norte y se fue. Nunca había viajado por el aire antes. Hasta esa mañana siempre había caminado por la tierra, tal como hacemos nosotros ahora. Fue directo a la casa de Waida Werris y entró. Era deslumbrante y le pareció tan brillante como le parece a un hombre la luz del día cuando sale de un lugar oscuro.

Lutchi vio a alguien dentro, era joven y hermoso. No podía mirarle a la cara, era demasiado brillante. Había dos hermanos en la casa. El más joven era Waiti, el mayor de los Waida Werris. Waiti nunca abandonaba la casa; nunca iba fuera ni se apartaba, se quedaba en casa todo el tiempo.

Dijo Lutchi: "He venido a invitarte a que te reúnas con toda la gente del mundo en una representación de flauta en la casa de sudación de Waida Dikit."

"Iré", dijo Waida Werris. Él sabía todo lo que seguía. Lo había visto mientras viajaba temprano, antes del alba.

"Me voy ahora", dijo Lutchi a Waida Werris. Y tan pronto como estuvo afuera se fue hacia el Oeste, regresó, se elevó en el aire, bajó y luego salió disparado hacia el Este, como un relámpago, en busca de Patkilis y Sedit. Pronto estuvo en el Este donde el cielo se junta a la Tierra. Cogió un palo de cielo que había llevado con él, abrió el cielo haciendo palanca, lo levantó un poco y luego fue por debajo al otro lado. Cuando bajó el cielo tras él otra vez y golpeó la tierra, hizo un ruido horrible que se oyó por todo el mundo. Tembló todo el mundo. Toda la gente de la casa de Waida Dikit oyó el ruido y se preguntaron:

"¿Qué puede ser?", preguntaron ellos. "¿Qué es ese ruido horrible?" Waida Dikit sabía lo que era el ruido, pero no se lo dijo a nadie.

Lutchi fue directo al Este desde el otro lado del cielo y no se detuvo hasta que encontró a Patkilis y a Sedit. Ellos estaban en otro mundo, otro cielo bajaba a su mundo, y ellos vivían casi al borde de este segundo cielo. Lutchi entró en su casa de sudación. Estaban sentados justo detrás de la puerta, uno a un lado y el otro al otro lado; la puerta estaba en el lado este. Cuando Lutchi se hubo sentado un rato, Sedit se levantó y dijo:

"Nieto mío, ¿por qué camino has venido?"

"He venido aquí a por ti y a por Patkilis", contestó Lutchi. "Waida Dikit me envía a invitaros a una representación de flauta en su casa de sudación. Nadie más podía llegar a vosotros, así que me pidió a mí que viniera."

"Estamos contentos", contestaron ellos. "Iremos. Tú ve delante. ¿Pero cómo pasaremos el cielo?"

"Os esperaré en el borde", dijo Lutchi y se fue.

Cuando Sedit y Patkilis estuvieron preparados, Sedit dijo: "Ojalá este camino por el que tenemos que viajar sea corto, muy corto."

Ellos partieron y encontraron el camino tan corto que Lutchi les estaba esperando en el borde del cielo sólo a una pequeña distancia de donde habían estado con él. Lutchi hizo palanca al cielo por segunda vez y pasaron los tres por debajo hacia el lado oeste. Otra vez hubo un ruido horrible y tembló el mundo entero.

"Ahora me voy rápidamente; os podéis mover como os guste", dijo Lutchi. Él se fue al Oeste como un rayo y justo cuando el Sol estaba apareciendo sobre las montañas él estaba de regreso en casa de Waida Dikit.

"¿Has oído qué ocurre en este mundo que ha hecho tanto ruido?", preguntó Waida Dikit. "Esta gente oyó un ruido fuerte horrible."

"Era mi viaje", dijo Lutchi. "Kinus, a quien enviaste primero, no podía llegar a estas tres personas. Yo fui. Están en el camino y llegarán aquí en pocos días."

Todo el mundo oyó esto y estaban contentos.

"Ahora oiremos gran música", dijeron ellos.

Mientras viajaban juntos, Patkilis hablaba con Sedit y le aconsejaba: "Cuando estemos en la casa de Waida Dikit", decía él, "no hables demasiado. Siéntate como un hombre sabio y observa; estate en silencio, no actúes como un muchacho."

Sedit iba hablando todo el tiempo. Le contó a Patkilis lo que iba a hacer. Él haría esto y aquello, decía.

Pasaron dos días y los dos hombres no habían llegado. Al tercer día, cerca de mediodía, la gente vio una flecha pequeña y hermosa que bajó justo a la puerta de la casa de sudación, una flecha brillante. Cuando golpeó el suelo, hizo un gran ruido y dijeron:

"Es una flecha bonita. ¿Quién enviará una flecha como ésta?" Y a todos les gustó.

Había multitud de gente en la casa de sudación. Algunos de ellos querían la flecha. Decían: "Saquémosla y veamos de qué está hecha." Pero Waida Dikit no les permitiría tocarla. "Dejadla donde está. No la toquéis", dijo él, porque sabía que era la flecha de Patkilis y eso significaba: "Estoy llegando. Estaré ahí pronto."

Mientras la gente estaba hablando de la flecha, dos hombres entraron majestuosamente por la puerta. Nadie vio sus caras ni sus cabezas, sólo sus piernas y sombras.

"Dadles habitación, dejadles entrar", dijo Waida Dikit.

"¿Dónde se pueden sentar?", preguntó Tsaroki.

"Dadle un sitio a cada uno en el lado este", dijo Waida Dikit.

Los dos, Patkilis y Sedit, fueron al lado este y se sentaron. Nadie había visto venir a Waida Werris, pero él estaba en la casa. Cuando abandonaba su casa aquella mañana, Waida Werris dijo a Waiti, su hermano:

"Te quedarás aquí a guardar la casa, como haces siempre. Estarás aquí, pero me verás todo el tiempo, me verás de noche y de día. Mírame; harán otras cosas allí aparte de tocar flautas."

Patkilis y Sedit preguntaron a Waida Dikit si Waida Werris había llegado.

"No sé dónde está", contestó el anciano. "Nadie le ha visto."

"Oh, no vendrá", dijeron muchos. "¿Qué clase de persona es Waida Werris? Él no es nadie. ¿Qué esperamos de él?"

Waida Werris estuvo sentado allí todo el tiempo escuchando. Waida Dikit sabía bien qué clase de persona era, pero no dijo nada. Aquella noche después de haber llegado todos los invitados, Waida Dikit dijo:

"Escuchad todos los que estáis presentes. He convocado esta asamblea para hallar al mejor flautista, que pueda hacer la mejor música de este mundo. Empecemos. Que cada uno toque solo."

Tsaroki comenzó la prueba. "Yo empezaré", dijo él a su hermano Hawt, "luego deja a los otros tocar. Tú puedes tocar cuando gustes."

"Estoy satisfecho", dijo Hawt. "Tocaré el último."

"Está bien", contestó Tsaroki. "Yo tocaré el primero, todos seguirán y tú debes tocar el último."

Tsaroki empezó. Tocó un rato, no mucho; tocó bien. El siguiente en tocar fue Kanhlalas. A todos les gustó su música. Watwut Kiemila tocó el tercero; tocó espléndidamente.

"Venid adelante y tocar, todos vosotros, pueblo", dijo Waida Dikit.

Tsileu Herit fue el mejor hasta ese momento, tocó hasta casi la mañana, hasta justo antes del alba. El interior de la casa se había convertido en rojo, algunos preguntaron:

"¿Por qué está rojo el interior de la casa de sudación?"

"No sabemos", contestaron otros. "Algo la hace rojo."

Un hombre se acercó a Waida Dikit y preguntó: "¿Por qué es rojo el interior de la casa de sudación?"

"Te lo contaré. ¿Ves a Tsileu Herit allí? Bueno, él ha estado tocando toda la noche, se ha quedado sin aliento, está rojo todo él y toda la casa de sudación está roja por él."

Casi al alba Tsileu paró, y luego oscureció en la casa como cuando se extingue un fuego en la noche. Ahora Tsaik tocó todo el día y a la puesta del sol la casa de sudación era azul, porque Tsaik se había puesto azul.

Todos tocaron para ver quién podía tocar mejor. Todas las clases de gentes tocaron. Cuando cada uno estaba sin aliento, dejaba de tocar y recibía un color nuevo. Cuando Murope perdió el aliento, él se cubrió de manchas. Cuando Handokmit perdió el aliento, estaba amoratado. Patkilis tocó tres noches y dos días, y cuando lo dejó, después del ocaso, él era marrón rojizo. Wai Hau tocó cinco noches y al amanecer de la quinta mañana él estaba rojo. Kiriu Herit tocó cinco noches y a mitad de la sexta noche estaba negro, y se había quedado sin aliento.

Y así, durante muchos días y noches, ellos tocaron, una persona después de otra, hasta que todos habían terminado excepto Hawt. Hawt era el último en tocar. Todos estaban dormidos ahora. Todos habían perdido el aliento y habían recibido colores nuevos. Tsaroki fue a su hermano al lado norte de la casa y dijo:

"Empieza, hermano mío; cerca del fuego hay sitio para ti; ve por debajo de la tierra y cuando salgas, tocas."

Hawt fue por debajo de la tierra y salió cerca del lugar del fuego. Se tumbó de espaldas y empezó a tocar. Él tenía dos filas de agujeros en su cuerpo, una a cada lado; puso los dedos en estos agujeros, cogió aire por las ventanas de su nariz y lo envió a través de los agujeros a ambos lados. Hawt estaba tocando con su propio cuerpo. Al principio, toda la gente dormía, excepto una persona, Tsudi Herit. Tsudi oyó a Hawt, y oyó, como entre sueños, sonidos maravillosos. Escuchó largo rato, creyéndolo en sueños. Cuando Tsudi halló que no estaba dormido, agitó al hombre que estaba a su lado y dijo:

"¡Despierta, despierta! ¿Quién está tocando? Han tocado todos, pero nunca he oído una música como ésta. Muchos han tocado aquí, pero ninguno ha tocado de esta manera."

La persona a la que levantó era Hus. Hus no dijo nada, él era viejo y casi calvo, cogió una pipa y empezó a fumar. Tsudi levantó a otras personas, una tras otra.

"Despierta, levántate, siéntate; escucha esa música que está tocando alguien."

Ellos se despertaron, uno tras otro. "¿Quién está tocando?", preguntó uno. "¿Quién es?", preguntó otro. "Hemos tocado muchos días y muchas noches, pero nadie tocó como éste. Todos tienen sus propias flautas. ¿Quién puede ser?"

Al final alguien dijo: "Sé quién está tocando. Es Hawt."

"¿Cómo puede tocar Hawt?", preguntaron otros. "¿De quién es la flauta que tiene Hawt? Él no tiene ninguna de su propiedad. Cada uno de nosotros trajimos una flauta, pero Hawt no trajo ninguna. ¿Qué flauta tiene ahora?"

Todos oían la música maravillosa y cada uno dijo: "Nos gustaría ver al hombre que toca de esa forma."

Era de noche y la casa de sudación estaba oscura. Todos empezaron a decir cuánto deseaban la luz para ver quién estaba tocando. Waida Werris estaba tumbado de espaldas en la mitad oriental de la casa de sudación y oyó cada palabra. Él también quería ver al músico. Se sentó, arrancó un pelo de su barba, se lo dio a Tsudi y dijo:

"Acércate al hombre que está tocando y coloca este pelo arriba para que la gente pueda verle."

Tsudi cogió el pelo y fue sin hacer ruido. Nadie le oyó. Colgó el pelo sobre la cabeza de Hawt y salió una luz de él que llenó toda la casa. Era tan brillante como el día. Se vio que toda la gente se sentaba, cada uno cogió su flauta. Ningún hombre prestaría su flauta a nadie más en el mundo por ningún precio. Todos estaban mirando hacia el lugar de donde procedía la música. A la luz vieron a un hombre tumbado de espaldas con los brazos cruzados en el pecho, pero no podían ver que estuviera haciendo nada. No tenía flauta, no hacía ningún movimiento con la boca porque él tocaba sus lados como si él mismo fuera una flauta y hacía música cogiendo aire por las ventanas de la nariz y enviándolo afuera a través de los agujeros de sus lados. Tsudi colgó el pelo de Waida Werris y la gente observó a Hawt y vio cómo hacía la deliciosa música. Estaba tumbado de espaldas haciendo sonidos maravillosos. Tocaba la música de la canción de Tsaik, de la canción de Waida Werris, de la canción de Tsaroki. Ellos podían oír la música, pero no había movimiento en la boca de Hawt y no podían ver tocar a sus dedos. Interpretó la música de la canción de Patkilis y la de Sedit. Interpretó la música de las canciones de toda la gente de la casa de sudación.

"¡Hawt ha vencido a todo el mundo!", gritó la asamblea. "Sabe hacer más que nosotros; nos rendimos, nos callamos. ¡Hawt es el mejor intérprete del mundo! ¡Nadie sabe tocar como él!"

Hawt interpretó su propia música después. Nadie conocía esa música excepto él, nadie podía tocarla excepto él. No había otra música tan alta y fuerte, ninguna música tan suave.

Cuando la gente hubo observado y escuchado a Hawt durante mucho tiempo, él calló. Todos gritaron entonces:

"¡Hawt es el mejor músico, el único gran intérprete del mundo!"

Tsudi quitó el pelo y todos se quedaron en la oscuridad. Él se llevó el pelo de nuevo y se lo dio a Waida Werris.

La gente comenzó a hablar y se preguntaban unos a otros: "¿De dónde venía esa luz, quién es?" Uno dijo que la tenía Tsudi, otro dijo: "No, nunca tuvo una luz como ésa." "¿Quién se la dio a él?", preguntó un tercero. "Alguien se la ha tenido que dar a Tsudi. Preguntémosle."

Aquí y allí decía la gente: "Sólo Waida Werris podría crear

una luz como ésa. ¿Qué clase de persona es Waida Werris? Nos gustaría ver a Waida Werris."

"Nunca he visto a Waida Werris, pero he oído decir a la gente que tiene muy buena apariencia y que se le puede ver desde lejos", dijo Patkilis. "Si estuviera aquí él podría crear una luz como ésa, pero no está aquí o le hubiéramos visto todos."

Waida Werris estaba tumbado cerca de ellos y oía todo lo que decían.

"Preguntemos a Waida Dikit", dijo Karkit Kiemila, un hombre grande, tumbado en el lado oeste, frente a Waida Werris, y empezaron a hablar a Waida Dikit.

"La gente desearía ver a Waida Werris", dijo él. "Tú has invitado a toda la gente del mundo y le has invitado a él. ¿Qué harás? ¿Está aquí? ¿Permitirás que le veamos todos?"

"¡Oh, no!", dijo un anciano. "Waida Werris es malo. Yo no quiero verle." "Nosotros hemos oído que es bueno", dijeron otros. "Queremos verle." Así que se dividieron.

Waida Werris fumó durante un rato en silencio. Al final Waida Dikit se inclinó hacia Patkilis y Sedit y preguntó:

"¿Qué pensáis? ¿Permitiré a la gente que vea a Waida Werris o no?"

"Ellos quieren verle", contestaron los dos. "Tú les has invitado a ellos y le has invitado a él. Si la gente desea ver a Waida Werris, dejemos que le vean."

"¿Dónde les permitiré que le vean?"

"Deja que toda la gente salga afuera de la casa de sudación", dijo Patkilis, "y que se queden en dos filas largas, una a cada lado de la puerta, y deja que salga Waida Werris entre ellos. Si él sale, todos podrán mirarle; en el interior de la casa sólo le verían unos cuantos."

"Muy bien", contestó Waida Dikit. "Ahora todos vosotros salid de la casa."

Tsaroki abrió la puerta y salió el primero. Todos le

siguieron y cada uno decía según salía: "Está oscuro, no veremos a Waida Werris."

"Le puedes ver en la oscuridad", dijo Waida Dikit. "Unid las manos, todos vosotros, e id alrededor del lado norte de la casa de sudación."

"Ve tú", dijo Waida Dikit a Tsudi, "y busca adentro. Dime cuando esté toda la gente afuera."

Tsudi buscó por todas partes. "Todos han salido", dijo él.

Waida Dikit cerró la puerta y dijo: "Algunos estáis dormidos, pero despertad, abrid los ojos, estad preparados para ver, mirad al norte."

"¿Qué podemos hacer aquí? ¿Por qué salimos en la oscuridad?", pregunto un tal Chirchihas. "No podemos ver nada a estas horas de la noche", y volviéndose a Lutchi preguntó: "¿Le has visto a él o a su hermano? ¿En qué clase de lugar viven ellos?"

"No te lo puedo decir ahora, le verás pronto."

"Estad preparados todos vosotros", dijo Waida Dikit. "Mirad al Norte."

Todos miraron. Había un montaña de pico no muy lejos y situada en línea recta delante de ellos. Vieron una luz pequeña que se elevaba hasta que alcanzó la cumbre de esa montaña; allí se quedó y pronto pareció que se acercaba, justo hasta pocos pasos de las caras de la gente. Era Waida Werris. En su alrededor era como si estuviera a la luz del día. Todos pudieron verle; todos le miraron.

"Ahora, gentes, ahí está Waida Werris ante vosotros, ¿le veis?"

"Le vemos."

"A partir de ahora todo el mundo le verá allí en el Norte, como le veis ahora", dijo Waida Dikit. "Regresad a la casa de sudación todos vosotros."

Tsaroki abrió la puerta y entraron todos. "Hablaremos", dijo el anciano, "luego comeremos y después de esto nos separaremos."

182

El día había llegado, había luz en la casa de sudación. Oyeron venir a alguien y pronto vieron a una anciana en la puerta. Era Tunhlucha Pokaila. Ella no entraría, pero se quedó un rato sujetando en las dos manos dos hermosas cestas de agua. Las puso en la puerta, miró adentro y se fue. Waida Dikit cogió las cestas, las puso en el suelo al norte del fuego y dijo:

"Aquí hay un poco de agua, pero venid todos a usarla, lavaos."

La anciana era la hermana de Waida Dikit; ella vivía al norte de la casa de su hermano, no muy lejos. Había una roca en ese lugar con un manantial. La roca era su casa. El agua brotaba a la superficie en esa roca y entraba de nuevo a la tierra en otra parte de la misma casa. La anciana tenía dos cestas: la más pequeña llevaba agua para beber, la más grande agua para lavarse. Grandes multitudes de gente bebieron de la cesta más pequeña y se lavaron con la de la otra; cada uno utilizó la que necesitaba, el agua nunca disminuía; mantenía siempre la misma cantidad.

"¿Os habéis lavado todos y habéis bebido?", preguntó Waida Dikit.

"Todos nos hemos lavado y hemos bebido."

El anciano quitó de en medio las cestas y puso otras dos que acababa de traer la anciana: una de venado cocinado y otra muy pequeña de gachas de bellota. Puso las cestas en medio de la casa de sudación y dijo:

"Ahora os pido que comáis todos."

"Probaré esa comida", dijo Karkit. Él fue y comió. El siguiente en comer fue Hus, luego Yipokos. Estos tres hombres comían carne de venado desde aquel momento y ya siempre encontrarán carne con el olfato. Ésta fue la primera vez que comieron venado. Tsihl y Wima, llamado también Bohemba, comieron todo lo que pudieron de la cesta pequeña, pero la comida no había disminuido ni un poquito. Patit comió en abundancia. Hus comió, y también Sedit. Todos comieron tanto como pudieron; todavía estaban llenas las cestas. La comida no disminuía. Waida Dikit seguía diciendo:

"Vosotros, gentes, aquí está la comida. Yo no la necesito. Venid a comer lo que hay."

Envió a Tsudi a preguntar a cada hombre si habían comido. Todos dijeron que habían comido hasta que Tsudi llegó a la mitad, entonces encontró a un hombre, Memtulit, que dijo que no había comido, pero era su deseo comer.

"Comeré si veo algo bueno", dijo él.

"Bueno, ve a comer", dijo Tsudi.

"¿Qué clase de alimento tienes?"

"Venado y gachas de bellota."

"No como esa clase de alimentos."

"Aquí hay un hombre que no ha comido", dijo Tsudi. "Él no puede comer esta comida."

Más allá encontró a Kiriu, que no había comido, y un tercero, un hombre muy joven, Tsararok. "Me gustaría comer", dijo él, "pero soy tímido. Hay tanta gente comiendo aquí…"

"¿Qué clase de alimentos comes, Kiriu?", preguntó Tsudi.

"No puedo comer venado. Como lo que vive en el agua." Los otros dos hombres dijeron lo mismo.

Waida Dikit fue a su casa vieja, donde tenía pescado seco. Además cogió una red llena de peces pequeños. Cocinó las dos clases y se las llevó a ellos a la casa de sudación, las puso en el centro y dijo: "Ahora venid a comer."

Memtulit comió, también Kiriu. Tsararok vino después de un rato. Comenzó a comer el pescado pequeño, no vio la otra clase; ésta es la razón por la que a Tsararok le gusta ahora el pescado pequeño.

El anciano preguntó de nuevo: "¿Habéis comido todos?"

"Hemos comido", contestaron todos.

Había tanta comida como al principio en las dos cestas, y el anciano las sacó fuera de la casa. Sedit vio esto y estaba enfadado. Dijo que la gente no debería dejar nada.

"No hables así", dijo Patkilis. "Lo que se ha hecho está bien."

"Todos sois libres de quedaros más tiempo", dijo Waida Dikit, "pero supongo que desearéis iros a casa, supongo que tendréis prisa."

"¿Por qué nos iremos tan pronto?", preguntó Sedit. "La gente del Oeste nos podría decir lo que saben; deberíamos decirles algo."

"Cállate, Sedit", dijo Patkilis. "Te dije que no hablaras. Hay muchos hombres grandes aquí, mejores hombres que tú, pero ellos no hablan. Waida Dikit dice que hemos estado el tiempo suficiente; eso es lo que significa. Deberías saberlo. Ha hablado como lo ha hecho porque deseaba decirnos algo bonito y ser amigos; pero tú te tienes que quedar callado."

Un hombre del lado oeste se levantó y vino al centro de la casa, cerca del fuego; se quedó allí, miró alrededor y escupió en el suelo. Toda la gente le vio escupir, y en un instante vieron que surgía una cesta del escupitajo. Dentro de la cesta había bellotas de la montaña que viven en robles. Este hombre era Patit. Regresó a su sitio y se tumbó. Waida Dikit puso la cesta en medio de la casa de sudación, sacó una bellota, se la comió y dijo:

"Pueblo, venid a comer. Mi amigo Patit ha hecho esto para vosotros, éste es su alimento."

Ellos nunca habían tenido bellotas de esa clase hasta entonces. Nop vino primero a la cesta y comió y desde ese día le gustan las bellotas. Luego Tsihl, Wima, Tichelis, Tsudi y Tsaik fueron a la cesta y comieron, y a todos les gustaban ahora las bellotas. No importa cuántas sacaron de la cesta, las bellotas no disminuían.

Sedit se sentó atrás malhumorado, quería que se comieran todas las bellotas. Waida Dikit sacó la cesta afuera.

Tsihl se levantó entonces, fue al sitio donde Patit había escupido y puso una cesta vacía en el suelo. Desató una correa ancha, o trenza de hierba, que llevaba alrededor de la cintura y la colgó en su mano. Algo fluyó de ella, como agua, hasta que se llenó la cesta. Luego se la ató de nuevo a la cintura. La cesta estaba llena de semillas de pino de azúcar. Waida Dikit comió de ellas; luego llamó a todos para comer. La gente vino y comió todo lo que quiso. La cesta estaba tan llena como antes. Sedit estaba muy enfadado.

Hau se acercó y puso un copa de piedra. Puso su oreja sobre ella, estiró la oreja y salió un torrente de bayas de manzanilla. Éstas fueron las primeras manzanillas. Nadie había visto nunca antes en el mundo estas bayas. Waida Dikit comió un puñado de bayas y se sentó, no dijo nada. Toda la gente se acercó a comer, se amontonaron alrededor de la copa, comieron tanto tiempo como fueron capaces, pero no pudieron hacer disminuir las bayas. En ese momento Waida Dikit comenzó a sentir picor. No sabía qué le molestaba. Pronto le salieron manchas por todo el cuerpo: rojas, amarillas y negras. Era porque había comido bayas. Su espíritu tenía miedo de lo que había comido. Su espíritu no deseaba que comiera bayas, no era su clase de alimento, y por esa razón le salieron manchas. Era el temor de su espíritu el que le produjo las manchas y él ha quedado moteado desde entonces. Él no comió porque lo deseara, sino porque era el amo de la casa. Tenía que probar todo, o la gente pensaría que era comida mala.

Vino después Wima, puso una cesta y se desató una tira blanca que llevaba en la cintura, dejó colgando la mano y cayeron a la cesta ciruelas silvestres que la llenaron.

Esta vez Waida Dikit mandó probar a Tichelis las ciruelas y colocó la cesta. La gente comió, pero había tantas ciruelas como antes.

Estos diferentes tipos de alimentos se dieron al mundo entonces por primera vez y ésa es la razón por la que los tenemos ahora.

Tsaik vino al centro de la casa de sudación. Pegó su nariz al suelo y salió un gran montón de bellotas.

Sedit había comido tanto como pudo y estaba enfadado

porque se guardaban. Seguía diciendo a Patkilis: "No me gusta."

"Sedit", dijo Patkilis, "te he advertido que no hablaras demasiado. ¿No sabes que después de un tiempo toda esa clase de gente nueva, la gente que viene, utilizará estos alimentos de esta forma, comerá lo que quiera y guardará el resto?"

"Vosotros habéis sido amistosos y habéis hablado amistosamente", dijo Waida Dikti. "Éste es el alimento que necesitamos, será nuestro único alimento a partir de ahora."

"Bueno", dijo Kanhlalas poniéndose de pie, "creo que casi hemos terminado. Si nos quedamos aquí mucho tiempo, alguna gente mala puede vernos y hablar sobre lo que estamos haciendo."

Otros decían: "Sí, hemos dado toda la comida que tenemos. Si esta reunión dura más tiempo, puede gente mala encontrarnos y causarnos problemas."

"Eso es cierto", dijo la asamblea. "Partamos."

"Partiremos", dijo Waida Dikit. "Yo me voy a mi antigua casa y me quedaré allí para siempre. Si el salmón sube el Wini Mem, llegará tan lejos como está mi casa y regresará."

A la mañana siguiente todos se pusieron en camino hacia sus casas. Tsihl cambió de idea en el camino y regresó a Tede Puyuk, donde encontró que se habían ido todos excepto Sedit, Patkilis, Nop y Hau. Estos cuatro estaban fuera de la casa y dijo Tsihl:

"Hemos regresado para ver este sitio de nuevo, nos agrada."

Se quedaron un rato, viajaron por el campo, y cuando Olelbis envió gente aquí abajo, vinieron a Tede Puyuk coyotes, liebres americanas, ciervos y zorros rojos, y después hubo muchos de ellos siempre alrededor de todo el país.

KELE Y SEDIT

PERSONAJES

Después de cada nombre se da el del animal, pájaro o cosa en los que se transformó el personaje posteriormente.

Hinwu, búho grande; **Kele,** lobo de montaña; **Kleréu Lulimet,** azucena silvestre; **Pili Lúlimet,** flor de junco; **Pokok,** búho terrestre; **Pom Piweki,** tierra sinuosa; **Satok Pokaila,** —; **Sas,** el Sol; **Tsurat,** pájaro carpintero de cabeza roja; **Tunhlucha,** niebla.

E N Puidal Winnem vivía Kele. Olelbis construyó una casa de sudación y le dijo que se quedara allí. Kele era viejo y vivía solo en aquel lugar; vivía allí desde hacía mucho tiempo, pensando, decidiendo qué hacer; él estaba en soledad y sediento. "¿Por qué me puso aquí Olelbis?", pensaba él.

Una vez se levantó al romper el día, salió deprisa, fue hacia el Oeste, fue a un riachuelo. Había un gran grupo de arces de montaña cerca de la orilla. Kele vio un palo derecho entre todos los otros. Cortó el palo, lo arrancó y quitó un trozo corto. De camino a casa partió el palo, lo alisó y lo fijó según andaba. Puso los dos palos arriba de la casa de sudación. Salió por segunda vez, encontró un roble blanco joven, firme y fuerte, cortó un trozo de dos pies de largo y lo puso en el hogar. Al día siguiente se tumbó de espaldas al fuego, se tumbó allí sin dormir en toda la noche. Justo antes de romper el día oyó pasos y le golpearon en la espalda. Un minuto más tarde le golpearon de nuevo en el mismo lugar. El anciano se levantó entonces e hizo un buen fuego de madera de manzanita.

Estaba amaneciendo y Kele dijo: "Hijas mías, venid al fuego, calentaos, sudad y luego nadad en el riachuelo."

Dos chicas vinieron al fuego, se calentaron de pie y pronto estaban sudando de calor.

"Hijas mías", dijo Kele, "hay un riachuelo cerca de aquí. Id a nadar en él."

Estas chicas procedían del palo que Kele había partido en dos y había puesto en la pared de la casa. Las chicas se bañaron en el riachuelo, regresaron y tenían buena apariencia. Cuando entraron, Kele trajo venado para que comieran sus dos hijas.

"Hijas mías", dijo el anciano, "os diré algo. Tenéis que ir a trabajar, hacer cosas buenas. Hay raíces en todos los bosques que nos rodean, raíces apropiadas para comer. Necesitaríais caminar. Salid a coger raíces." Ellas salieron a cavar raíces de azucenas silvestres. Después iban todas las mañanas.

Pronto empezaron a decir ellas: "Nos gustaría tomar otra comida; nos gustaría tener caza para comer. Vimos codorniz de montaña hoy, vimos ciervos." Al final ellas hablaban así todas las noches. Kele escuchaba y pensaba en qué hacer. Estas chicas tenían camas bonitas hechas de pieles, y hablaban todas las noches; pero una noche se fueron a la cama temprano y se quedaron dormidas en seguida. Kele había deseado que durmieran; ésa es la razón por la que se quedaron dormidas rápidamente. Él bajó deprisa a los árboles serbal, fue al centro de ellos y cortó cinco palos. Los talló, los alisó y a cada uno lo cortó en dos. Tenía diez palos lisos entonces. Luego cortó otros cinco palos. A éstos los dejó ásperos, también los cortó en dos; tenía diez de ellos. Kele puso a los veinte palos en la parte de arriba de su casa en el lado norte y se tumbó de espaldas al fuego. El fuego era bueno, un fuego caliente de manzanita. Su garrote de roble verde estaba allí en el hogar.

Kele estaba tumbado sin dormirse y esperaba. Estaba despierto y pensando. Parecía que las dos chicas dormían todo el tiempo. Justo antes de que rompiera el día oyó un sonido como si alguna persona descalza hubiera saltado al suelo desde arriba. Al momento siguiente uno cogió el garrote y le golpeó. Otro bajó de la misma forma y le golpeó. Diez veces le golpearon con el garrote.

Los diez palos lisos se habían convertido en personas. Cada hombre le dio un golpe, fueron a la pared de la casa y se sentaron allí. Kele no se levantó todavía. Oyó que alguien descalzo saltó abajo y agarró el garrote. Éste golpeó a Kele una vez. Un segundo saltó abajo y le golpeó dos veces, un tercero tres veces, un cuarto cuatro veces, y así continuaron hasta el décimo, que le golpeó diez veces. Había veinte en total; diez palos lisos y diez palos ásperos.

A los primeros diez palos los había tallado lisos y se hicieron diez buenos hijos, pero de los diez palos ásperos llegaron diez hijos toscos y ruidosos. Kele no les había alisado y ellos le golpearon muchas veces. Cuando el décimo de los hijos ásperos le dio el último golpe, Kele se levantó e hizo un gran fuego; apenas podía moverse, había sido muy golpeado con el garrote. Entonces se tumbó y dijo:

"Ahora, chicos, venid aquí; calentaos, bailad y sudad, luego id al riachuelo a nadar y venid aquí de nuevo." Entonces ellos cantaron e interpretaron su danza de hijos. Los chicos bailaron y se fueron al riachuelo a nadar, gritando cuando iban. Regresaron a la casa de sudación como personas de buena apariencia.

Ahora se levantaron las dos chicas. Ya sabían lo que había hecho su padre.

"Hijas mías, id a cocinar para vuestros hermanos", dijo Kele.

Las dos hermanas prepararon la comida y la colocaron delante de sus hermanos.

"Ahora, hijos míos, comed lo que tengo", dijo Kele. "Después saldréis, cazaréis y traeréis caza."

Los primeros diez, los hombres agradables, tenían buen sentido; los segundos diez eran inferiores; el noveno y el décimo de los segundos diez eran muy malos. Los primeros diez cogieron cada uno un bocado solamente; de los segundos diez, el primero cogió un bocado, el segundo dos, el tercero tres y así hasta el décimo, que cogió diez bocados. Después de esto se recostaron y se prepararon para salir.

"¿Qué haremos?", preguntaron los diez primeros. "No tenemos nada con qué cazar."

Kele sacó arcos y aljabas con flechas y se las dio a cada uno de ellos; les dio cinco cuerdas también, cuerdas de fibra de hierba. "Ahora estáis armados", dijo Kele, y les enseñó dónde colocar los cepos para los ciervos.

Bajaron lejos hasta el pie de la montaña y colocaron los cepos. Los diez hermanos buenos se quedaron en la cumbre de la montaña; los segundos diez, que eran bruscos, guiaron a los ciervos. "Tenéis que gritar para que podamos oíros todo el tiempo", dijeron los hermanos afables.

Hacia la tarde los hermanos buenos vieron ciervos en los cepos. Los diez buenos cogieron los cuerpos, la mejor caza; los diez rudos las patas, las orejas, los cuernos, todas las partes malas. Los diez buenos llevaron la mejor carne a casa; los diez rudos hicieron un gran alboroto, tenían poco sentido. Las dos hermanas cocinaron raíces y venado para todos.

A la mañana siguiente Kele hizo un gran fuego de madera de manzanita. "Arriba, chicos", llamó. "Id a nadar." Aquel día los veinte se quedaron en casa y las hermanas fueron a por raíces.

Vivieron de esta forma durante mucho tiempo, los hermanos cazando, las hermanas excavando raíces y cocinando, hasta que las hermanas desearon ver a otras personas aparte de sus hermanos. Un día cuando fueron a por raíces se sentaron en la ladera de la montaña. "¿Qué vamos a hacer?", dijo una hermana. "Queremos ver gente, no vemos nada más que a nuestros hermanos y a nuestro padre."

Aquella tarde, cuando todos estaban tumbados, la hermana mayor fue a Kele y se sentó cerca de él. "Padre", dijo ella, "deseo saber mi nombre."

"Tu nombre es Klereu Lulimet", dijo Kele; "el nombre de tu hermana es Pili Lulimet."

Le dijo a su hermana cuáles eran sus nombres. A las dos les gustaron los nombres y se alegraron de tenerlos.

Cada día los hombres sudaban y nadaban, mataban ciervos y cazaban con trampas. Las hermanas excavaban raíces de azucenas y las cocinaban.

Un día en vez de excavar raíces subieron a la montaña y se sentaron allí, se sentaron mirando al Oeste. Podían ver muy lejos, y las cosas parecían que estaban allí delante de ellas, aunque estaban allá lejos al lado de la orilla del gran agua del Oeste.

Era la primera vez que las hermanas tenían la oportunidad de ver tan lejos. Hasta ese día sólo habían tenido frente a ellas la ladera de la montaña y un bosque abierto; ahora tenían el campo entero para mirar. Justo después del mediodía vieron a un hombre que iba hacia el Norte, iba lentamente.

"¡Qué guapo es ese hombre! Mírale", dijo una hermana a la otra.

Él se detuvo en seguida, parecía que se sentaba y desaparecía en la tierra. Aquel día no le vieron más.

"Oh, nos gustaría ver a ese hombre y hablar con él", dijeron las hermanas. Ellas observaron, hablaron y se olvidaron de excavar raíces. Al final, un poco antes de la puesta del sol, dijeron: "¡Vayamos a por raíces!" Bajaron corriendo de la montaña, excavaron una canasta rápidamente y se volvieron a casa.

"Oh, padre, ¿nos enseñarás a cantar?", dijo la hermana pequeña a Kele aquella tarde. "Hemos intentado cantar todo el día. Yo intentaba enseñar a mi hermana y ella intentaba enseñarme a mí. No pudimos hacer nada."

"Podéis cantar así", dijo Kele, y empezó:

"O wi, no á, O wi, no í,
O wi, no á, O wi, no í."

"Eso está bien", dijo ella marchándose. No dijo nada a su hermana y se tumbó.

Poco después vinieron los veinte hermanos. Diez de ellos haciendo un gran ruido. La casa temblaba y se movía por el alboroto. Los segundos diez se habían untado con sangre de ciervo, se habían colgado las entrañas de los ciervos alrededor del cuello. Parecían salvajes y feroces. Cuando entraban se tranquilizaban; cuando salían y entraban ellos siempre lo hacían precipitadamente y gritando.

A la mañana siguiente Kele retuvo a los veinte hermanos en la casa de sudación. "Descansad un día", dijo él.

Las hermanas fueron a la cima de la montaña y miraron al Oeste. Pronto vieron a alguien que iba hacia el Norte, como el primer día.

"¿Te dijo nuestro padre cómo cantar?", preguntó la hermana mayor.

"Lo hizo, pero lo he olvidado."

Ella trató de recordar la canción y poco después se acordó:

"O wi, no á, O wi, no í,
O wi, no á, O wi, no í."

194

"Nuestro padre cantó de esta forma", dijo ella. "Inténtalo, hermana."

La mayor empezó, pronto cantaron las dos juntas.

"Oh, ahora tenemos una canción bonita", dijeron ellas.

Su canción fue directa a donde estaba el hombre, a gran distancia. Este hombre era Sedit. Estaba cogiendo tierra roja para pan de bellota. Utilizaba agua para empapar tierra roja y humedecer la harina de bellota. Sedit estaba cubierto de cáscaras. Era estupendo mirarle. Según excavaba la tierra, pareció que oía algo. Se paró, escuchó, escuchó con toda atención. Las hermanas dejaron de cantar y él excavó de nuevo; otra vez oyó el canto y paró. Cuando paró, las hermanas cesaron de cantar; cuando él excavaba, ellas empezaban de nuevo. Así continuaron toda la tarde. Retuvieron allí a Sedit todo el día haciendo poco, casi nada.

Un rato antes de la puesta del sol las hermanas excavaron sus raíces y se fueron a casa. Sedit fue a casa también. Él vivía en la casa de Satok Pokaila.

"¿Qué estás haciendo? Te esperé todo el día, al mediodía y por la tarde. Ahora es demasiado tarde para hacer el pan", dijo Satok.

Esta anciana vivía sola hasta que Sedit en sus vagabundeos llegó hasta ella. Trabajaba, traía leña y excavaba tierra roja para ella.

"Me dolía la cabeza", dijo él, "y tuve que tumbarme casi todo el día."

"Lo siento", dijo la anciana y le dio comida, pero él no quiso nada. Al día siguiente Sedit fue a por tierra roja. No comió mucho aquella mañana. No había dormido en toda la noche. Estaba pensando en aquella canción de la montaña.

Ese día las hermanas fueron a la cima de la montaña y miraron hacia el Oeste. Pronto vino Sedit a trabajar al mismo sitio, puso dos o tres puñados en su cesta, oyó cantar, lo oyó claramente, paró, se esforzó por ver quién cantaba, no vio a nadie. Otra vez excavó, otra vez cantaban ellas; otra vez dejaba de trabajar, otra vez cesaban de cantar; otra vez trabajaba, otra vez cantaban ellas. Sedit piensa ahora en seguir a las cantantes, trata de silbar su música —no puede cogerla—, mira alrededor, no ve a nadie. "Bueno, tengo que cantar", dijo él. Él canta y en ese momento coge la música.

Las hermanas cantaron ahora en respuesta. Ellas se movían, como él pensaba, y él siguió. Pero ellas no se estaban moviendo, se quedaron en un sitio. Simplemente hacían parecer que su canto estaba cada vez más lejos.

Sedit siguió hasta que al fin se detuvo, no cantaría más tiempo. No se le ocurría qué podía hacer. "Es mejor que vuelva a mi cesta", dijo él al final. Regresó, puso su cesta en la orilla este de la cantera y dijo: "Ahora, cesta mía, te dejaré durante un rato, me voy. Te pongo al lado este de la cantera. Palo de raíz, te pongo al este de la cesta. Si Satok Pokaila pregunta dónde estoy, tú, cesta, te moverás al Este, y tú, palo de raíz, te caerás hacia el Este. Ella sabrá el camino por el que me fui."

Él fue hacia el Este, fue a corta distancia, olvidó la canción, paró, penso qué hacer. Entonces la canción volvió a él. Las hermanas empezaron a cantar de nuevo. Sedit siguió su canción.

Satok Pokaila esperaba la tierra roja, esperó hasta mediodía, luego pensó: "Iré a ver si a Sedit le duele la cabeza." Ella encontró la cesta medio llena de tierra roja y el palo vertical al lado este de ella. Miró en la cantera donde Sedit había excavado y pensó: "Tiene que estar por aquí en alguna parte." Ella buscó, pero no pudo encontrarle.

"¿Dónde está Sedit?", preguntó a la cesta. "¿Adónde ha ido? ¿Dónde está Sedit?", preguntó al palo de raíz.

La cesta se movió hacia el Este hasta que alcanzó al palo, el palo se cayó hacia el Este. Ahora la anciana Satok sabía lo que había ocurrido. Ella cogió la cesta y el palo de excavar y se los llevó a casa, los puso seguros.

Sedit siguió a las hermanas, cantaba él mismo y escuchaba la canción de ellas. La canción iba hacia el Sur, lejos desde la montaña. Siguió hasta que alcanzó Tayam Norel. Sedit se sentó. La gente preguntaba de dónde venía, adónde iba. Él no lo diría, no hablaría, no le preocupaban las palabras de la gente. Él no pensaba en nada, no oía nada más que la canción de las hijas de Kele.

Se sentó solo un momento y siguió cantando y escuchando la canción de las hermanas. Ahora fue hacia el Este. Lo siguió hasta la montaña, donde vio a un hombre colocando una trampa. Era el viejo Pokok.

"Tío, ¿adónde vas tan deprisa?", preguntó Pokok.

"Voy al Este", replicó Sedit. "No me verás pasar por aquí otra vez."

Bajó deprisa la montaña, cruzó un riachuelo y subió recto a otra montaña, estaba ya en la cumbre cuando vio a un hombre muy grande que venía hacia él a mano derecha según iba Sedit hacia el Este. Sedit se paró y miró, temía algo. Los dos se miraron fijamente el uno al otro. El extraño era muy alto y muy grueso. Sedit estaba asustado. El hombre grande no se detenía, iba derecho hacia el Oeste. Sedit le miró largo rato y no se movió, le observó bajar la montaña. Después de haberse ido, Sedit se quedó un largo rato y se sentó.

"¿Por qué no me habló?", pensaba Sedit. "Es la primera persona que me he encontrado que no me haya hablado. ¿Quién es? Me gustaría saberlo."

Sedit se sentó y pensó durante todo el día en el hombre grande. Él oía la canción siempre, a veces muy cerca de él, pero pensaba tanto en el hombre grande que se olvidó la canción. Se preguntaba si el hombre grande vendría otra vez y se decía a sí mismo: "Esperaré y veré."

Casi de noche Sedit pensó: "Si viene y no me habla, le mataré." Esperó toda la noche. Se levantó muy temprano, no había dormido nada. Cerca del amanecer vio a un hombre que venía a lo lejos, desde el Este, se movía hacia el Oeste. Sedit observó, tenía preparados su arco y sus flechas. Era el que no le habló el día antes. Sedit le disparó al pecho, disparó de nuevo. El hombre grande no prestó atención, pasó de largo. Sedit disparó veinte flechas. El extraño miraba a Sedit todo el tiempo, no decía nada. Sedit disparó veinte flechas más, gastó todas sus flechas.

Después de haber disparado las cuarenta flechas y que el hombre hubiera pasado cerca de él, Sedit se sentó y pensó: "¿Quién es éste que no puedo matarle?" Pensó mucho tiempo, y luego supo que tenía que ser Sas Kiemila.

Era el viejo Sas. Sas había estado engañando a Sedit, igual que las hijas de Kele.

Sedit oyó la canción de nuevo y la siguió. Fue al Bohema Mem en Sawal Pom, subió Norken Mem hasta que llegó a Hin Pom, donde oyó un gran ruido. Mucha gente estaba bailando allí.

"Oh, viene Sedit", dijeron ellos. "¿Adónde va tan deprisa?"

"Tío, ¿adónde vas con tanta prisa?", preguntó uno de los hombres. "¿Qué noticias tienes? Cuéntanos qué has visto en tu viaje."

"Estoy viajando por este campo para verlo. No vi a nadie, no puedo daros noticias de nadie. No pasaré por este camino otra vez."

El hombre que habló y los que bailaban eran el pueblo Hinwa. Sedit continuó deprisa, llegó a un llano, donde vio un manantial y a muchas personas que bebían agua.

"Nietos míos, ¿qué estáis haciendo? ¿Por qué bebéis tanta agua? El agua es mala para la gente joven" (esta gente eran pájaros de todas clases). Sedit llamó al lugar Chilchil Balus (pájaro bebiendo). Él siguió sin parar y sin hablar, no tenía tiempo para ninguna de las dos cosas. Escuchó y oyó cantar cerca de una colina y corrió allí; oyó hablar a mucha gente, a los tsurats discutiendo sobre bellotas.

Sedit pasó por entre esta gente, cruzó el Norken Mem,

corrió a lo largo del sendero, vio a un anciano que estaba tumbado atravesado a los pies de la montaña. Sedit, al ir deprisa, saltó por encima del anciano, pero él se movió y Sedit se detuvo. "Abuelo mío, ¿qué estás haciendo?", preguntó Sedit. Éste era Pom Piweki. "No puedo decir lo que hago", dijo Pom. "Soy viejo, no puedo viajar, así que me tumbo aquí."

"Continuaré", dijo Sedit, "y volveré por este camino, creo." Oyó la canción más cerca ahora; la siguió, la siguió hasta el ocaso; entonces cesó. Se quedó toda la noche en aquel lugar.

A la mañana siguiente, después del amanecer, la canción comenzó de nuevo. Sedit contestó y la siguió. Luego cesó; él se paró de nuevo; luego la canción comenzó por segunda vez; él siguió; la canción cesó. La canción rodeaba la montaña, iba cada vez un poco más arriba; algunas veces estaba cerca, otras veces parecía alejarse, pero nunca llegaba a ella.

Después de vagar diez días, quizá, llegó a la cima de la montaña yendo en círculos por la ladera. La canción estaba ahora en la montaña todo el tiempo. Él estaba en la parte más alta de la casa de sudación de Kele. Kele, sus veinte hijos y las dos hijas estaban dentro, y las chicas y el anciano sabían que alguien estaba andando sobre el tejado de la casa de sudación. Los hijos de Kele salían cada mañana y también las hijas. Aunque ellos eran muchos, Sedit nunca veía a ninguno de ellos, ellos le engañaban. Al final, cuando Sedit estaba en la montaña, Kele gritó:

"Si hay alguien en mi casa, dejadle bajar a la puerta occidental."

Sedit oyó y regresó por el camino por el que había venido. Él fue a Pom Piweki y preguntó: "¿Sabes dónde está la puerta de esta casa de sudación?"

Pom Piweki no contestó. Se puso de pie y empujó para abrir una puerta; parecía como si él hubiera estado tumbado atravesado en la entrada. Cuando abrió la puerta, Sedit vio la casa por dentro.

"Sedit, si estás aquí para entrar, éste es tu camino", dijo Pom Piweki. "Verás a un anciano tumbado en el lado este, ve a él y háblale; ésta es su casa de sudación."

Sedit entró y se sentó cerca de Kele sin decir nada. Kele se levantó y le dio comida a Sedit, le habló, le contó qué clase de persona era él, Kele, y habló sobre sus hijos y dijo: "Sedit, si has venido aquí para quedarte, tienes que hacer lo que yo te diga; tienes que tener cuidado. Tengo hijos brutos; si se enteran de que estás aquí, te causarán problemas. Te esconderé. Ellos hacen ruido, pero tú no sufrirás si te mantienes quieto; si te mueves, te encontrarán y abusarán de ti con toda seguridad."

Kele puso a Sedit en una cesta en el suelo, le escondió allí, dejando un agujero para mirar a través de él. "Puedes mirar afuera, pero no te muevas", dijo Kele.

Tan pronto como había escondido a Sedit entraron las chicas con las raíces y se sentaron en sus sitios de dormir. Sedit estaba cerca de ellas. Él sacó la mano y pellizcó a la hermana más joven. Ella no dijo nada.

"Hermana, ¿has visto a alguien?", preguntó ella después de un rato. "Alguien me ha pellizcado."

"¡Sh!", dijo la mayor. "Calla y no digas nada; no dejes que nos oiga padre."

La mayor se fue a cocinar y los veinte hijos de Kele vinieron martilleando y andando pesadamente.

Los primeros diez, los educados, vinieron tranquilos como siempre; los segundos diez vinieron en avalancha y alborotando. Sedit se asomó.

La hermana más joven le empujó para atrás. "Estate quieto", dijo ella.

Sedit trató de levantarse, ella le retuvo abajo.

El primer hombre de los segundos diez gritó: "¡Bah!, Huele a Sedit."

El segundo dijo: "¡Bah! Huele a Sedit, ¡échale!"

"Callaos, chicos, no habléis así", dijo Kele. "Sedit es vuestro tío."

"¡Huy! Huele a Sedit", gritaron todos los de los segundos diez. Kele no pudo impedir que sus hijos sacaran a Sedit. Después de haber comido estaban más excitados. "¿Dónde está Sedit?", gritaron ellos. "¡Encontremos a Sedit!"

Al final encontraron a Sedit, le sacaron, jugaron al balón con él, le arrojaron de un lado a otro de la gran casa durante toda la noche. Kele no podía hacer nada, no podía detenerles. Se fue y se tumbó. Hacia el amanecer Sedit vociferaba. Estaba casi muerto. Los diez hijos ásperos de Kele le habían cubierto con sangre de ciervo y gritaron toda la noche. Los diez educados estaban sentados tranquilos, no podían hacer nada contra los diez brutos.

Al amanecer Sedit casi no podía respirar. Tenía una raíz debajo de su brazo izquierdo y, cuando era lanzado a través de la casa, la raíz cayó al fuego y provocó un gran humo. El olor era muy agradable. A los hijos de Kele les gustó. Ellos tiraron a Sedit donde le habían encontrado, le dejaron, y comenzaron a respirar el humo.

"Hijos míos", dijo Kele, "os dije anoche que no golpearais ni dañarais a Sedit, que le dejarais solo. Esa raíz que él ha dejado caer será buena para vosotros y a partir de ahora os gustará. La gente del futuro cuando vaya a cazar llevará esta raíz, *tsarauhosi,* nos la ofrecerán y dirán: 'Kele, danos ciervos.' Ellos os darán la raíz y nosotros les daremos ciervos. Cuando ellos vayan a cazar y tengan mala suerte, harán fuego, quemarán esta raíz, la ofrecerán mientras haga humo y dirán: 'Kele, ¿pondrás ciervos donde podamos verlos y matarlos?'" (los cazadores Wintu llevan esta raíz y la queman si tienen mala suerte a la hora de encontrar ciervos. A Kele le gusta el olor y les envía ciervos). Kele frotó a Sedit con médula de ciervo, le puso en el lado oeste de la casa de sudación y dijo: "Éste es tu sitio, te quedarás aquí."

Los chicos salieron a cazar y las chicas a excavar raíces.

"¿Cómo conseguiste estos hijos, hermano?", preguntó Sedit una vez.

"No tienes necesidad de saberlo. No te lo diré", replicó Kele.

"¿Cómo construiste esta casa? Dos ancianos no deberían vivir en una casa. Si tuviera una casa, tus hijos podrían visitarme cuando quisieran, ver la casa de su tío y quedarse toda la noche quizá."

"No creo que tú pudieras tener hijos, Sedit, o mantener una casa. No creo que tengas fuerzas para ello; estas cosas son duras de hacer", dijo Kele.

Pero Sedit siguió hablando sobre hijos y una casa de sudación. Kele pidió a Sedit que cantara para sus hijos mientras ellos bailaban y sudaban. Él cantó dos veces y cantó regular. "Podría cantar bien si tuviera una casa e hijos propios", remarcó Sedit.

"Construiré una casa de sudación para él", pensó al fin Kele. "Él podrá probarlo como yo he hecho. No creo que pueda, pero puedo permitir que lo intente."

A la noche siguiente Kele hizo que todos durmieran profundamente. Fue a corta distancia hacia el norte y deseó una casa de sudación. Al momento una montaña surgió frente a él. Kele volvió a casa antes del alba y se tumbó. Ese día Sedit continuó hablando como antes.

"Ven", dijo Kele, y le llevó a la nueva montaña. "Puedes vivir aquí si te gusta. Ésta es tu casa." Kele le dejó allí entonces.

Sedit hizo fuego, sacó una pipa y tabaco, fumó, se quedó allí muchos días y muchas noches. "Me gustaría saber como consiguió Kele a sus hijos", pensaba una noche. "Tengo que preguntarle."

Una mañana dijo Sedit: "Vengo a decirte que estoy solo. Quiero saber cómo obtuviste a tus hijos e hijas."

Kele no contestó durante mucho rato. Al final le dijo cómo obtuvo a sus hijas.

Sedit se fue a casa, hizo exactamente lo que Kele había hecho, luego se tumbó sin dormir. Hacia la mañana oyó que alguien saltaba al suelo; luego recibió un golpe en la espalda y más tarde un segundo. Las dos personas se alejaron y se sentaron. Sedit se levantó, hizo un gran fuego y comenzó a cantar una danza para sudar. Dos chicas estaban cerca del fuego, sudando, luego fueron al riachuelo, nadaron y volvieron a casa. Ellas tenían el pelo muy largo y buena apariencia. Sedit les dio cepillos de madera y pieles de visón para el pelo, les dio alimento y bonitas cestas pintadas de rojo, les dijo que excavaran raíces y las cocinaran.

Sedit vivió un tiempo con sus hijas, hasta que una vez pensó: "Quiero tener hijos." Fue a Kele y Kele le dijo cómo había obtenido a sus hijos, se lo contó detalladamente.

Sedit cortó los palos, hizo todo tal como le dijo Kele y se tumbó al lado del fuego, pero no podía evitar mirar arriba; en el momento en que miró todos los palos se cayeron al suelo. Sedit los puso de nuevo en su sitio, se tumbó junto al fuego y miró arriba. Los palos se cayeron por segunda vez; los colocó arriba otra vez, se tumbó y los miró por tercera vez. Los palos se cayeron por tercera vez. Estuvo poniendo los palos arriba hasta el alba y tuvo que dejarlo. Sedit fue a casa de Kele aquel día. "Mis palos se han estado cayendo toda la noche", dijo él.

Kele sabía ya lo que había ocurrido. "¿Por qué no has hecho lo que te dije? Te dije que no miraras arriba."

"No miraré más", dijo Sedit.

A la noche siguiente puso arriba los palos otra vez y esperó, recibió los golpes hasta que el último de los segundos diez le hubo dado diez golpes; entonces se levantó de un salto y vociferó. Los veinte hijos se dejaron caer y se volvieron palos otra vez. Era casi el alba. Sedit juntó los palos en una cesta y miró para ver si las chicas estaban despiertas. Ellas eran palos como los otros.

Sedit lo sintió mucho, no se le ocurría nada que pudiera hacer. Puso los dos palos con los otros veinte, los cogió uno por uno, los levantó y dijo: "Éste era mi hijo, ésta era mi hija."

Él lo sentía y se preguntaba si podría hacer otros. Fue a Kele y dijo:

"Hermano mío, no puedo conseguirlo."

"¿Qué te dije yo?"

"¿No puedo hacer más?"

"Quizá no puedas soportarlo." Kele no quería que él lo intentara.

"Lo siento por mis hijas", dijo Sedit; "quiero que vuelvan, estaba encantado con ellas."

"Puedes intentar tener hijos, pero esas chicas no regresarán."

Sedit lo intentó por tercera vez. El golpe fue tan fuerte que casi gritó; pero esta vez resistió y tuvo veinte hijos. La casa de Sedit se llenó de hijos, pero no tenía hijas; los palos no se convirtieron en chicas de nuevo, aunque hizo con ellos lo mismo que la primera vez.

Sedit envió a cazar a sus hijos. "Id a donde queráis", dijo él. "En el lado oeste hay una cumbre, subid a esa cumbre, manteneos en línea y cuando volváis alguien os puede ver y decir: '¡Qué multitud de chicos hermosos!'"

Los chicos de Kele estuvieron cazando todo el día y vieron a los hijos de Sedit en línea. "Mirad aquella fila de hombres sobre la cumbre", dijeron ellos. "Aquéllos son nuestros primos", dijo uno de los diez corteses, "aquéllos son los hijos de Sedit."

Los hijos de Sedit fueron al llano, bailaron y jugaron todo el día, cogieron arcilla amarilla, hicieron una pasta con ella y se pintaron de amarillo; ésa es la razón por la que los coyotes son amarillos hasta hoy; la pintura no se quitaba al lavarla. Todos fueron a casa en fila. Sedit tenía cena para ellos.

"¿Por qué venís sin ciervos?", preguntó Sedit.

"Bailamos en el llano y nos pintamos."

Sedit no dijo nada. Todos comieron, luego Sedit pensó: "Quiero que os durmáis muchachos." Todos cayeron dormidos. Sedit fue a Kele, le despertó y dijo:

"Mis hijos fueron a cazar, pero vinieron a casa sin ciervos. ¿Que haré con ellos?"

"Déjales que cacen aves. Déjales que cacen ardillas terrestres y saltamontes en las praderas. Las ardillas terrestres son tan buenas como los ciervos."

"Muy bien", dijo Sedit y se fue a casa a dormir.

Ellos trajeron saltamontes y ardillas terrestres de su caza al día siguiente y Sedit estaba satisfecho.

"Les dejaré vivir de esta clase de alimentos", pensó él.

Ellos hablaron de la caza de aquel día. "Queríamos agua", dijo uno de ellos "y nos encontramos a una anciana. 'Estamos secos y no podemos encontrar agua', le dijimos a ella. 'Os daré agua', dijo la anciana, 'venid conmigo.' La seguimos un rato. Yo tenía miedo y dije a mis hermanos: 'No bebáis del agua que nos dé.' Uno de mis hermanos gritó a la anciana y la asustó. Cayó para atrás y se convirtió en una ciénaga con un manantial en medio de ella. No nos acercamos al manantial, pero casi nos perdemos en la ciénaga."

"Ésa es una anciana malvada", dijo Sedit. "Ésa es Tunhlucha Pokaila. A menudo ahoga a la gente. Yo la encontré una vez y se acercó a mí para ahogarme. No vayáis cerca de ella. Cazad ardillas terrestres y saltamontes en otro lugar."

"Ahora, hijos míos", dijo Sedit algunos días más tarde, "id y dispersaros por los alrededores de este campo. Siempre que queráis verme venid aquí a mi casa de sudación."

Los hijos de Sedit se esparcieron por el Norte, el Sur, el Este y el Oeste. Están en cada cumbre y en cada punto (cardinal), en cada valle y pradera, en cada manantial y en cada río.

Los hijos de Kele permanecieron en su gran casa de sudación de la montaña, haciendo las mismas cosas, viviendo de la misma forma. Las dos hermanas nunca se casaron y todo el pueblo de Kele está ahora en las montañas. Cuando salen fuera tienen forma de lobos; pero cuando están dentro, cuando están en su casa de la montaña, son personas.

KOL TIBICHI

KOL TIBICHI nació justo antes del alba en Norpat Kodiheril en el Wini Mem. Cuando era pequeño solía salir solo. Si alguna vez iba a jugar con otros chicos, él no se quedaba con ellos. Se iba fuera de su vista, desaparecía y se perdía. Luego su padre o su madre u otros le encontrarían en uno u otro sitio inesperado. Algunas veces le encontraban en casa, otras veces a distancia, muy lejos en algún barranco o en alguna montaña. Sucedía que su madre miraba a su cama por la noche y le veía dormir. Miraba otra vez y se encontraba con que se había ido. Miraba una tercera vez y le encontraba igual que la primera vez. Durante el día se le veía en un sitio y se había ido al momento siguiente.

Una vez estaba jugando con los demás niños; se volvieron a mirar algo y luego le miraron a él. Él se había ido. Después de un rato le veían en el agua debajo de la casa del salmón. Otra vez desaparecía.

"¿Adónde ha ido?", preguntó un chico.

"No te puedo decir", contestó otro.

Pronto oyeron un canto.

Uno preguntó: "¿Oyes eso?"

"Sí", dijo otro. "¿Dónde está?"

Ellos escucharon y miraron. Pronto vieron a Kol Tibichi sentado cerca de la orilla norte del río, debajo del agua.

"Tenemos que correr a decírselo a su padre y a su madre."

Dos de los chicos corrieron a decírselo a su padre y a su madre.

"Perdimos a vuestro hijo", dijeron ellos. "Se fue de junto a nosotros. Le buscamos durante mucho tiempo y no pudimos encontrarle. Ahora le hemos encontrado, le hemos visto sentado debajo del agua, no sabemos qué está haciendo."

Su madre salió deprisa, corrió al río.

"Creemos que tiene que estar muerto", dijo la gente que se había reunido allí. "Ven, hijo mío", llamó su madre, extendiendo las manos hacia él; "ven, hijo mío; sal, ven a mí." Pero él permanecía allí, debajo del agua.

Un cuarto de hora después vieron que el chico se había ido del río. La gente le oyó cantar en algún lugar entre ellos y el pueblo. Miraron arriba y vieron al chico que estaba a medio camino de casa y volvía del río.

"Ése es tu hijo", dijeron a la mujer.

"Oh, no", dijo la mujer; pero corrió y vio que era su hijo.

Otra vez el chico fue al Sur con algunos niños. Éstos le perdieron, igual que los otros. A la media hora le oyeron cantar.

"¿Dónde está?", preguntó alguien.

"En ese lado", dijo uno.

"Allí", decía otro.

Al sur del río hay un gran pino de azúcar sobre una orilla empinada. Miraron y en lo alto de una rama que apuntaba al Norte le vieron colgado, cabeza abajo, cantando.

Corrieron a su madre. "Hemos visto a tu hijo colgado de un árbol por los pies."

La mujer se fue hacia el río, corre entre rocas y basura que rodean el árbol, se estira hacia el muchacho, se tira sobre las rocas gritando: "¡Oh, hijo mío, te matarás!"

Al momento se fue; no había señal de él en el árbol. Pronto se oye un grito en la casa: "¡Esposa mía, sube, no grites, nuestro hijo está aquí!"

Ella sale a cuatro patas de las rocas, sucia, corre a casa y encuentra al chico a salvo con su padre.

Entonces la gente comienza a hablar del chico maravilloso. Pronto todo el mundo habla de él. Hay mucha gente en aquel lugar. Norpat Kodiheril es un pueblo que está muy poblado.

"Algún yapaitu va a tomar la vida de este chico", decían ellos. "Algún yapaitu le matará."

Una mañana el chico bajó con los chicos a la orilla norte del río, pero iba apartado de ellos, delante, él solo. Él miró arriba vio un gran pájaro en el aire que volaba sobre él. "¡Oh, si tuviera esas alas de plumas!", pensaba el chico. Entonces sopló hacia arriba y lo deseó *(olpuhlcha)*. En ese momento el gran pájaro Komos Kulit cae abajo delante de él. Justo después de caer el pájaro él oyó una voz en el cielo, una voz alta, muy alta, que gritaba:

"Ahora, pequeño hombre, te puedes llamar a ti mismo Kol Tibichi. Tú serás el hlahi (doctor) más grande de Wini Mem."

"¡Mirad a ese chico!", dijeron los otros chicos. "¡Mirad! Tiene algo."

Ellos tuvieron miedo cuando vieron al gran pájaro, y el chico cogió las alas y condujo al maravilloso Komos Kulit. Algunos de ellos corrieron a su madre y le dijeron:

"Tu hijo tiene un pájaro grande. Le cayó del cielo. Tenemos miedo de ese pájaro. No podíamos coger un pájaro tan grande."

La gente mayor bajó corriendo, vieron al chico conduciendo a Komos Kulit. "¿Cómo conseguiste ese pájaro?", preguntaron ellos. "¿Cayó sobre ti?"

"Sí. Vi en el suelo la sombra del gran pájaro. Miré hacia arriba. Cayó y aquí estaba."

Los ancianos hablaron, hablaron mucho, hablaron durante mucho tiempo. Había muchos.

"No sabemos qué hacer, no sabemos qué pensar. No sabemos por qué cayó ese pájaro", dijeron algunos. "No deberíamos hablar sobre el pájaro, pero deberíamos pensar en este chico, descubrir qué está haciendo."

"Oh", dijeron otros, "hizo caer a ese pájaro soplándole. Ese chico será un gran hlahi."

El chico mató al pájaro con un dokos de yapaitu (pedernal de espíritu); él quería sus alas.

El padre y la madre del chico dijeron: "Dos hombres sabios deberían arrancar las alas de plumas más largas para el chico. Él las quiere, las quiere para guardarlas."

"Se hará", dijo la gente, y ellos encontraron a dos hombres que le arrancaron las dos alas de plumas más largas. El chico fue a un lado mientras ellos estaban arracándolas, simulando no ver ni preocuparse por lo que estaban haciendo; pero los dos hombres sabían por qué lo hacía. Cuando los dos hombres habían arrancado las plumas, el chico dijo a su padre:

"Me gustan esas plumas; guárdalas para mí, las quiero."

Su padre cogió las plumas y las guardó.

En otra ocasión el chico estaba caminando Wini Mem arriba, un poco antes de que hubiese estado en la danza Hlahi y de haber visto y recordado collares hermosos de plumas de colas que aleteaban. Caminó más allá y se dijo a sí mismo:

"Me pregunto dónde encontraría ese hombre esas plumas. Me gustaría tener plumas como ésas."

"Arranca un manojo de hierba con la boca", dijo el yapaitu, "déjalo caer en tu mano y míralo."

Él lo hizo así y hubo plumas que aleteaban en sus manos. Él las contó y halló quinientas. "Son plumas bonitas, las guardaré", dijo el chico.

"Kol Tibichi es tu nombre", dijo el yapaitu. "Serás el hlahi más grande de Wini Mem, pero tienes que obedecernos. Tienes que escuchar nuestras palabras, tienes que hacer lo que digamos."

Kol Tibichi cogió las plumas que aleteaban y caminó hacia

el Oeste, caminó a través de un barranco ancho hasta que llegó a un roble negro que se encontraba sobre Norpat Kodiheril.

"Me gusta ese roble", dijo Kol Tibichi. "Creo que es un buen lugar para que mi madre consiga bellotas." Entonces sopló y dijo: "Tú tienes que ser muy grande, ancho, alto y dar muchas bellotas en cada caída. Llamaré a este lugar Olpuhl-chiton" (lugar de soplar alto: lugar de deseos).

Luego se fue a casa y dio las plumas de cola aleteante a su madre. "Ahora, madre mía", dijo él, "deseo que guardes estas plumas por mí."

"¿Dónde las encontraste, hijo?", preguntó ella. "Siempre estás haciendo algo. Tú no las encontraste solo, el yapaitu te las consiguió. Las guardaré. Lo siento por ti, pero no puedo evitar lo que estás haciendo. No puedes evitarlo tú mismo. Pero guardaré estas plumas por ti, las guardaré en lugar seguro."

Todo el mundo hablaba mucho de Kol Tibichi ahora.

Una vez hubo una danza del Hlahi y el chico se quedó en casa, hasta que una noche vino a él un yapaitu y él comenzó a "hlaha". Su padre y su madre no sabían cuál era el problema.

"Tráele aquí", dijo el doctor más viejo.

"Él es un hlahi", dijeron los doctores cuando le vieron. "Sak hikai (el arco iris) es su yapaitu. Tienes que dárnoslo a nosotros hasta que le abandone el yapaitu. Mientras el yapaitu esté con él, dejadle quedarse dentro."

Estuvieron haciendo "hlahis" (doctores) durante cinco o seis días. El chico se quedó en la casa de sudación seis días, nunca comía, nunca bebía; otros comían o bebían, pero Kol Tibichi no comía ni bebía.

"Algo hay que hacer para que ese yapaitu le abandone. Tienes que poner una cinta alrededor de la cabeza de Kol Tibichi", dijo el jefe, "y el yapaitu le abandonará."

Consiguieron una cinta para la cabeza de cola de lobo blanco. El yapaitu no se fue. "Ésta no es la cinta correcta", dijo el doctor después de un rato. Lo intentaron con cintas de zorro, de gato montés, de coyote, de ciervo blanco, sin ningún efecto.

"No sabemos lo que quiere", dijeron algunos hlahis.

Luego lo intentaron con nutria, marta, mapache, tejón, oso negro, oso pardo, zorro gris plata, visón, castor, conejo y pájaro carpintero de cabeza roja.

"¿Qué quiere?", preguntaban algunos.

"Bueno", dijo el anciano doctor, "deberíais saber que este chico tomaría alimentos y bebidas, y no puede tomarlos hasta que se vaya el yapaitu. Sabréis que la cinta que quiere este yapaitu es un *tsahai loiyas*" (delantal de mujer hecho de corteza de arce, pintado de rojo).

Trajeron este delantal, hicieron una cinta y se la ataron a la cabeza.

"Ésta es", dijo el yapaitu.

Kol Tibichi empezó a cantar, el hlahi bailó cinco minutos. El chico sopló entonces y el yapaitu le abandonó. Kol Tibichi comió primero venado y bebió agua, luego cogió otras clases de alimentos. Desde ese momento Kol Tibichi era un hlahi.

Poco después de la danza del gran hlahi, quizá dos semanas, Notisa, jefe de Norpat Kodiheril, cayó enfermo; comenzó a sentirse mal a mediodía y por la tarde todos sus amigos pensaban que moriría. Por la noche el pueblo de Norpat Kodi vio una luz que iba en dirección a la casa de Kol Tibichi.

"Viene gente, tiene que haber alguien enfermo en el pueblo", dijeron el padre y la madre del chico. "Viene gente. Veamos, se mueve una gran luz hacia aquí."

Llegaron dos hombres a la puerta. "Entrad", dijo el padre de Kol Tibichi. "Pensamos que había alguien enfermo cuando vimos llegar la luz."

"Estamos aquí porque Notisa está enfermo", dijeron los hombres. "Se puso enfermo a mediodía."

Los dos hombres extendieron una piel de marta y dijeron: "Hemos traído esto para mostrárosla a ti y a tu hijo. Hemos oído que es un poderoso hlahi. El jefe nos dio esta piel para mostrárosla. Tememos que muera Notisa. Queremos que tu hijo venga con nosotros a verle."

Le dieron la piel a Kol Tibichi. Era la mejor piel de la casa del jefe.

"Iremos", dijo el padre de Kol Tibichi. "No digo que mi hijo sea un hlahi, pero puede hacer algo."

Despertaron al chico, le prepararon para irse. "Vamos", dijo su madre, y le llevó a la casa del jefe.

"Madre, bájame", dijo Kol Tibichi cuando se acercaban a la casa.

"No me gusta bajarte", dijo la madre.

"Bájame, bájame un momento", dijo el chico.

Su madre le bajó. Entonces él vio a alguien mirando alrededor de la casa de Notisa, merodeando, mirando, observando en la oscuridad, escondiéndose por los alrededores, y llevaba flechas. Era un yapaitu dispuesto a disparar a Notisa y matarle. Kol Tibichi llamó a su propio yapaitu, que se acercó al que estaba mirando, y dijo: "¿Qué estás haciendo aquí? ¿Qué quieres en esta casa?"

"No estoy haciendo nada", contestó el yapaitu.

"Estás esperando para hacer algo. Quieres hacer daño."

"Oh, no; sólo estoy mirando aquí por los alrededores, sólo intento encontrar la puerta. Quiero ver a alguien."

"Estás preparado para disparar un dokos de yapaitu. Quieres matar a Notisa. Estás observando los alrededores para matarle."

"Oh, no; yo no. Sólo estoy mirando alrededor, no estoy haciendo nada."

"Estás preparado para matar a Notisa, el jefe. Estás esperando para matarle", dijo el yapaitu de Kol Tibichi, que acababa de agarrar al yapaitu extraño; le retorció, le mató allí mismo y le enterró.

La madre de Kol Tibichi llevó a su hijo a la casa del je-fe. El chico sabía lo que había hecho. Su yapaitu le di- jo lo que había hecho y entró con él. El chico se sentó cerca de Notisa.

La gente pensó que el jefe estaba preparado para morir, pensó que quizá muriera en un momento. "Dejad que el chico ponga la mano sobre el hombre enfermo", dijeron.

"Pon tu mano sobre el jefe", dijo su padre. "Tienes que hacer lo que puedas. Tienes que intentarlo, haz lo que puedas por curarle."

Kol Tibichi escupió en sus manos, las pasó sobre el pecho y la cara de Notisa. "Tengo sueño, madre. ¡Oh, tengo tanto sueño...!", dijo el chico cuando hubo pasado sus manos sobre el jefe.

"No puede hacer nada más esta noche", dijo el padre. "Vayamos a casa."

A la mañana siguiente la gente de la casa de sudación oyó hablar a un hombre afuera. Éste entró y dijo: "¡Estoy bien!" Era Notisa.

"Nos alegramos", dijo la gente. "Kol Tibichi te ha sal-vado."

El chico creció y se convirtió en un gran hlahi. Cuando tenía veinte años él era el hlahi más grande de Wini Mem.

Una vez al año había una danza hlahi en El Hakam. Kol Tibichi era un hombre. Tenía treinta años entonces. Fue a la danza. Tulitot era el gran hlahi de aquel lugar y él se creía que era mejor que Kol Tibichi. Mientras bailaba, Tulitot sacó una serpiente de la boca, una larga serpiente de cascabel, y la sujetó con las dos manos mientra bailaba. La serpiente era su propio hijo. Kol Tibichi miraba y pensaba que él podía hacerlo mejor; así que, bailando delante, sopló, como hacen los hlahis, y arrojó grandes llamas ardiendo por los lados de su boca. Todos los presentes tuvieron miedo y, junto con Tulitot, corrieron delante de él asustados.

Cuando se terminó la danza, Kol Tibichi fue a Norpat Kodi

y vivió allí como gran hlahi. Vivió hasta que tuvo cien años de edad o más. No podía caminar muy lejos. Sabía que no podía seguir viviendo. "No puedo vivir más", dijo él. "Mi yapaitu me dice esto: No puedo caminar. No puedo hacer nada. Mi yapaitu me dice que tengo que dejar Norpat Kodiheril. (Él no estaba enfermo sino decrépito.) Mi yapaitu me va a coger y va a dejar mis huesos en este lugar con vosotros. Cuando me vaya de mi cuerpo, no lo enterréis. Dejadlo en el suelo allí. Dejadlo tumbado una noche. A la mañana siguiente veréis una gran roca en lugar de él. Cuando la gente esté enferma, dejadles que vayan a coger un trozo de roca, o tierra, o musgo de ella; eso les curará."

"No haremos eso", dijo Notisa, un hijo del anterior jefe; "nosotros enterramos a todo el mundo y te enterraremos como a todos los demás."

"No enterréis mis huesos", dijo Kol Tibichi.

"No nos gustaría ver tus huesos todo el tiempo. No deseamos ver a una roca en lugar de ellos."

"Bueno, llevad mi cuerpo al roble negro, ponedlo a ocho o diez pies del suelo, dejadlo allí una noche; a la mañana siguiente veréis agua en un hueco del roble. Cualquier hombre puede ir allí y obtener ese agua, frotarla por su cuerpo y beber un poco. Le curará."

"No", dijo el jefe, "no queremos ver el árbol allí todos los días. No deseamos verle todo el tiempo."

"Cavad una tumba profunda", dijo Kol Tibichi; "poned mi cuerpo en ella sin nada alrededor. Cuando vengáis a llorar, no os quedéis en el lado este de la tumba. A la mañana siguiente de mi entierro veréis un arco iris que sale de la tumba."

Kol Tibichi murió. Ellos hicieron todo exactamente igual que les había dicho. Todos vieron el arco iris y dijeron: "Deberíamos haber dejado su cuerpo sobre la tierra y haber hecho todo lo que nos pidió al principio. El yapaitu está llorando por él."

El arco iris se quedó allí en la tumba dos días y dos noches, luego se movió dos pies hacia el Este. A la mañana siguiente estaba a cuatro pies de distancia, luego a ocho, iba cada vez más lejos día a día hasta que estuvo en la casa del salmón donde solía ir Kol Tibichi cuando era un muchacho. Se quedó cinco días allí en la casa del salmón. Luego fue a la orilla norte del río, luego al lado de la colina más allá, luego a la cima de la colina, luego a la ladera de la montaña, luego a la cima de la montaña. Después, una noche, todo el pueblo de Norpat Kodiheril oyó un ruido y golpes en la tumba. A la mañana siguiente temprano vieron a un pájaro inmenso que salía desde la tumba de Kol Tibichi. Primero salió la cabeza y luego el cuerpo. Al amanecer había salido completamente y voló hacia el pino de azúcar del que se había colgado cabeza abajo Kol Tibichi en su niñez. Se posó en el árbol, estuvo cinco minutos y luego se alejó volando; voló a la montaña, hacia el arco iris, entró en el arco iris. El pájaro y el arco iris se alejaron, desaparecieron juntos. El pájaro era Komus Kulit. El arco iris era el yapaitu de Kol Tibichi.

EL TRIUNFO DE HALAI AUNA EN LA CASA DE TUINA

Este mito y todos los que siguen pertenecen a los Yanas, una nación de indios descrita en las notas. Los ocho mitos anteriores son de los Wintus, vecinos de los Yanas.

Las lenguas de estas dos naciones tenían diferencias radicales.

PERSONAJES

Después de cada nombre se da el del animal, pájaro o cosa en los que se transformó el personaje posteriormente.

Chuhna, araña; **Halai Auna**, estrella de la mañana; **Igupa Topa,** —; **Ochúl Márimi**, león de la montaña; **Pul Miauna**, arco de colores, el arco iris; **Pun Miaupa**, hijo del arco iris; **Tuina**, el Sol; **Utjamhji**, sol fingido; **Wakara**, la Luna; **Wediko**, meteoro; **Marimi** significa mujer.

———————

EL viejo Pul Miauna tenía un hijo, Pun Miaupa, una esposa y dos hijas.

Pun Miaupa discutió con su padre y decidió abandonarle. "Me voy lejos", dijo un día a su padre y a su madre. "Estoy cansado de vivir aquí."

La madre empezó a llorar.

"¿Por dónde te vas?", preguntó el padre.

Pun Miaupa no contestó; no le diría a su padre a donde iba a ir. El padre se puso de pie y salió andando de la casa. La madre dejó de llorar y dijo:

"Quiero que vayas derecho a mi hermano, tu tío Igupa Topa. Dile a donde vas a ir. No te vayas sin verle."

Pun Miaupa dejó a su madre, fue a casa de su tío y se quedó en el tejado de la casa de sudación. El anciano estuvo muy ocupado todo el día sacando hierba. Un gran número de gente se había reunido en su casa el día anterior; habían dejado mucha hierba dentro.

"Tío, ¿estás vivo?", preguntó Pun Miaupa.

El anciano miró arriba y vio a su sobrino, quien dijo:

"Tío, he crecido del todo. Me voy a un viaje muy largo, me voy lejos. Mi madre me dijo que viniera aquí a verte."

"¿Adónde vas, sobrino?"

"Al Norte."

"Pensé eso", dijo el anciano, que sabía que su sobrino iría a conseguir a la hija más joven de Wakara.

Wakara llevaba a todos los pretendientes de su hija a la casa de sudación de Tuina y allí los mataba. Igupa Topa sabía esto y dijo: "Espera un poco, sobrino, iré contigo."

"Tío", dijo Pun Miaupa, "eres demasiado viejo. No quiero que vengas, el viaje te mataría. Quiero viajar muy deprisa en este viaje."

"Iré a mi paso, iré como me guste", dijo el tío.

"Bueno, ven conmigo si puedes ir deprisa."

Igupa Topa se vistió, cogió un bastón y parecía muy viejo. "Vamos, estoy preparado", dijo él.

Pun Miaupa partió. Se dio la vuelta para mirar a su tío y vio al anciano, le vio caer mientras salía de la casa de sudación. Pun Miaupa paró, bajó la cabeza y pensó: "No llegará ni siquiera a Wajami."

El tío se levantó y siguió.

"Eres demasiado viejo, tío; no puedes andar bien. Quédate en casa, es lo mejor para ti."

"Ve delante", dijo el anciano, "camina rápido. Yo iré como pueda."

Pun Miaupa continuó; su tío le seguía. Igupa Topa tropezaba cada pocos pasos, se caía, se hacía daño, se desgarraba la piel. Pun Miaupa miraba hacia atrás con mucha frecuencia. El tío estaba cayéndose siempre. "Tiene que estar magullado y roto de esas caídas", pensaba el sobrino.

Pun Miaupa estaba en una colina más allá de Chichipana. Se sentó y fumó. Su tío llegó arriba mientras él estaba sentado allí.

"Déjame fumar, luego quiero verte saltar a aquella montaña de allí", dijo el anciano señalándola.

"Te dejaré atrás si hago eso."

"Déjame a mí", dijo el anciano.

Pun Miaupa se puso unas polainas de piel de ciervo y una camisa adornada con abalorios, una vestimenta espléndida. Entonces de un salto fue a la cima de la montaña de enfrente y miró atrás para ver a su tío; pero el viejo Igupa Topa había saltado también. Acababa de pasar a Pun Miaupa e iba mucho más allá que él.

"Pensaba que eras demasiado viejo para saltar", dijo Pun Miaupa cuando llegó hasta él.

Ellos saltaron de nuevo, saltaron a una segunda montaña, y el tío iba en cabeza por segunda vez. Después de esto caminaron. El anciano se caía con mucha frecuencia, pero a Pun Miaupa no le volvió a dar pena; se reía cuando se caía su tío. Viajaron un buen rato, viajaron rápido, y cuando los dos llegaron a la montaña Wajami se sentaron a descansar allí.

"Quiero que Wakara envíe a por leña a su hija más joven", dijo Pun Miaupa para sí, y al minuto siguiente Wakara, que estaba muy lejos en su casa de sudación, le dijo a su hija más joven que cogiera una cesta y fuera a por leña. Esta hija era Halai Auna.

En ese momento también, la esposa de Wakara, Ochul Marimi, dijo a la chica: "¿Por qué estás tumbada todo el tiempo y no me ayudas? Quiero que me cojas hojas para el pan de bellota."

Halai Auna cogió la cesta y fue al lado de la montaña para buscar leña y hojas. Pun Miaupa vio a la chica llenando la cesta.

"Ésa es la hija de Wakara", le dijo a su tío.

"¡Alto! ¡Ten cuidado!", dijo Igupa Topa.

El tío se metió ahora dentro del corazón de su sobrino para fortalecerle. Sólo se veía a una persona. Igupa Topa entró en su sobrino, entró porque sabía que Tuina mataba a todos los hombres que intentaban conseguir a Halai Auna y quería salvar al hijo de su hermana, Pun Miaupa.

Cuando la chica tuvo llena la cesta y se volvió para colocarla en su espalda, vio a Pun Miaupa delante de ella. Ella no pudo moverse de lo asustada que estaba.

"¿Por qué tienes tanto miedo? ¿Soy tan feo?", preguntó Pun Miaupa.

Él le agradó, pero no dijo una palabra, sólo corrió, corrió a casa con la cesta y la tiró en la puerta.

"¿Cuál es el problema?", preguntó la madre. "Creo que no te gusta trabajar."

"¿Qué pasa?", preguntó Wakara. "Estás asustada."

"Vi a un hombre en la montaña, un hombre con escalpes de pájaros carpinteros sobre la cabeza."

"La gente del Sur lleva puesto escalpes de pájaros carpinteros", dijo Wakara. "Tiene que ser uno de los del Sur."

Pun Miaupa saltó por el aire, bajó frente a la casa de sudación de Wakara, entró y se sentó sobre una piel de oso cerca de Halai Auna. Traía buena comida para todos y, cuando terminaron de comer, dijo Wakara:

"Ahora, hijas mías, y tú, esposa, Ochul Marima, preparaos; vámonos. Deseo ver a mi hermano Tuina y oír lo que dice del nuevo marido de Halai Auna."

Se vistieron, se pusieron adornos con abalorios y pintura roja en las caras. Halai Auna no dijo nada. Se sentó con la cabeza baja, ella lo sentía, le gustaba Pun Miaupa, estaba segura de que ellos le matarían.

Cuando todos estuvieron preparados, Wakara cogió la mano de su esposa y bailó alrededor del fuego con ella. Él tenía dos hijas solteras aparte de Halai Auna; una de ellas cogió la mano de su padre, la otra cogió la mano de Halai Auna, y todos bailaron alrededor del fuego y rodearon a Pun Miaupa. Le pusieron en el centro y bailaron en círculo; empezaron a cantar y luego se elevaron en el aire y bailaron hacia arriba, fuera de la casa de sudación; salieron por el agujero del humo y se movieron hacia el Oeste, cantando según iban:

"I-nó, i-nó, i-nó, no-má
I-nó, i-nó, i-nó, no-má."

Se movían cada vez más rápidos y bailaban todo el tiempo. Estaba oscuro cuando bailaban arriba por el tejado de la casa; nadie los vio, aunque había mucha gente alrededor. Los yernos del anciano Wakara vivían en aquel lugar; todas las estrellas eran sus hijas y sus hijas estaban casadas, excepto Halai Auna y las dos que bailaban alrededor del fuego. Wakara se fue sin ser visto. No permitiría que nadie tuviera a Halai Auna a no ser que fuera uno a quien Tuina no pudiera matar.

Un poco antes del alba alcanzaron la casa de Tuina. Wakara se quedó en el tejado de la casa de sudación y llamó: "Hermano mío, quiero que saltes de la cama."

Tuina estaba dormido en la casa de sudación. Tenía tres hijas y un hijo. Las hijas se llamaban Wediko y su esposa era Utjamhji. Wakara bajó, entró en la casa y se sentó al lado de Tuina. Tuina cogió una piel de oso y la puso al otro lado, y les dijo a Halai Auna y a su marido que se sentaran sobre ella. Tuina sacó una bolsa grande de tabaco y una pipa larga cortada de madera de arce. El tabaco estaba hecho de su propio pelo, enrollado y cortado fino. Lo puso en la pipa y se la dio a Pun Miaupa. Wakara y Tuina esperaban y le miraban. El hombre joven fumó todo el tabaco y le devolvió la pipa.

Tuina llenó la pipa ahora de un tabaco diferente más fuerte. Él se frotaba a menudo la piel, y lo que sacaba lo secaba y lo hacía fino. Ésta era su segunda clase de tabaco. Tenía un saco almacenado lejos y llenó la pipa de él.

Pun Miaupa fumó, parecía tragarse el humo. Sin embargo, no era él el que estaba fumando, sino su tío que estaba en el corazón. Vació la pipa y la devolvió. Tuina cogió ahora tabaco de una tercera clase, su propia carne secada y frotada fina. Llenó la pipa, se la dio a Pun Miaupa y esperó para verle caer muerto, si no a la primera calada, a la segunda.

El campo de afuera de la casa estaba lleno de muertos, todos matados con el tabaco de Tuina. Algunos de los cuerpos eran recientes, otros estaban descompuestos, algunos eran esqueletos enteros, otros unos cuantos huesos antiguos.

Pun Miaupa fumó esta pipa, se la devolvió vacía. Tuina le alargó una cuarta pipa. El tabaco estaba hecho de su propio cerebro, seco y frotado fino. Pun Miaupa fumó ésta y se la devolvió vacía a Tuina.

Entonces Tuina lo intentó con una quinta pipa. La llenó con médula de sus propios huesos y se la dio al marido de Halai Auna. Wakara y Tuina observaban ahora, esperaban verle caer. Pun Miaupa se tragó todo y devolvió la pipa.

Tuina no tenía más clases de tabaco y no podía hacer más. Dejó caer la cabeza. "No sé qué clase de persona es", pensó él. Todos recordaron en seguida al viejo Igupa Topa y pensaron:

"Éste debe ser un joven de esa clase. No puedo hacer nada con él, me ha vencido."

Halai Auna se alegraba de tener un marido como aquél. Éste era el primer hombre de todos los que habían venido a verla que no había sido muerto por Tuina. Se reía interiormente.

Pun Miaupa salió, mató cinco ciervos y los trajo adentro. Las mujeres cocinaron una gran comida aquel día. Wakara y Tuina se sentaron en la casa, hablaron y comieron venado fresco de Pun Miaupa. A la noche siguiente durmieron todos. Igupa Topa salió del corazón de Pun Miaupa, era alrededor de medianoche, y se sentó al norte del pilar en un lado de la casa, se sentó sin decir una palabra. Tenía una pluma blanca en la cabeza, y parecía muy enfadado y muy descontento.

A la mañana siguiente temprano Tuina y Wakara se levantaron y vieron al anciano sentado allí con esa gran pluma en la cabeza y le miraron.

"¡Oh!", dijo Tuina. "Ahora sé por qué el marido de Halai Auna puede fumar mi tabaco. Conozco al viejo Igupa Topa desde hace tiempo. Sé lo que puede hacer este viejo amigo."

Pusieron comida en abundancia delante de Igupa Topa, pero él no comió nada. Pun Miaupa mató cinco ciervos aquella mañana y los trajo. Los dos ancianos se alegraron al ver tantos venados hermosos. Igupa Topa se sentó y no comió nada.

"Tío, ¿por qué no comes?", preguntó Pun Miaupa.

Él no contestó, pero esperó hasta que se durmieron todos; luego se levantó y comió, comió durante toda la noche, se comió todo el pan de bellota, todas las raíces, todo lo que había en casa, excepto venado. Ésa no era su clase de alimentación; no la tocaría. Se sentó en el lado norte del pilar central cuando había terminado de comer.

"Tenéis que trabajar duro para cocinar comida suficiente", dijo Tuina a las mujeres a la mañana siguiente. "Alguien de esta casa tiene que estar muy hambriento."

Los mujeres trabajaron duro todo el día; por la tarde la casa estaba llena de buena comida otra vez. El tío de Pun Miaupa no comería ni un bocado de lo que le pusieron delante, pero cuando llegó la noche comió todo lo que había excepto venado.

"Tiene que haber alguien en esta casa que está muy

hambriento", dijo Tuina cuando se levantó a la mañana siguiente. "Preparad más comida hoy, trabajad duro, hijas mías."

"No trabajaremos hoy, ese viejo grosero se come todo durante la noche. No cargaremos con leña y agua todo el día para no tener nada para comer a la mañana siguiente."

"No me gusta a mí tampoco", dijo Tuina. "Se irá pronto, espero."

Igupa Topa oyó estas palabras y las recordó. La esposa de Tuina y la esposa de Wakara, ambas ancianas, tuvieron que trabajar aquel día sin ayuda. A media mañana una gran nube se elevó en el Sur. El tío de Pun Miaupa la provocó. "Que venga la lluvia, lluvia fuerte y pesada", dijo él en su mente. "Quiero oscuridad, quiero una gran tormenta y lluvia fría."

La nube era negra, cubría todo el cielo; entraron todos y pronto empezó la lluvia. Corría en torrentes, en ríos; llenó los valles, llenó todos los lugares. El agua alcanzó la casa de sudación de Tuina, entró precipitadamente y llenó todos los sitios; todo estaba anegado y la lluvia era muy fría.

Los ancianos Tuina y Wakara estaban tiritando; sus dientes se golpeaban; sus esposas e hijas estaban llorando. Igupa Topa se había llevado a su sobrino y a Halai Auna a su sitio del lado norte, cerca del tejado de su casa de sudación, donde estuvieron secos.

La casa de sudación estaba casi llena de agua. Todos estaban llorando ahora. Un poco antes del alba una de las hijas de Tuina se había ahogado, y luego las otras dos, y las dos hijas de Wakara. Al anochecer se habían ahogado Tuina y Wakara con sus esposas. Todos murieron en la casa de sudación excepto Igupa Topa, su sobrino y Halai Auna. Al alba paró la lluvia, el agua comenzó a bajar y todos los cuerpos salieron flotando por la puerta. El lugar estaba seco. Pun Miaupa hizo un fuego. Halai Auna se acercó al fuego y empezó a llorar por su padre, su madre y sus hermanas.

"No tienes que llorar", dijo Pun Miaupa; "lo hizo mi tío. Los traerá de nuevo a la vida rápidamente."

Pero Halai Auna tenía miedo y lloró durante algún tiempo.

Justo después de mediodía Igupa Topa salió afuera, vio los cuerpos muertos y dijo: "¿Por qué dormís todo el día? ¡Es hora de levantarse, vosotros dos, ancianos, y vosotras cinco, jóvenes!"

Tuina y Wakara se levantaron de un salto, fueron al riachuelo y nadaron. "Nadie más que Igupa Topa podía habernos hecho esto", dijeron ellos.

Todas las mujeres se levantaron como si sólo hubieran estado durmiendo.

"Hermano mío, me iré a casa mañana", dijo Wakara. "Es hora de irme."

Muy temprano a la mañana siguiente Wakara y su esposa comenzaron a bailar, luego las dos hijas, luego Halai Auna y su marido. Salieron bailando por el agujero del humo, se elevaron por el aire, cantaron y bailaron hasta llegar a casa.

Wakara había estado fuera cinco días, y todos los maridos de sus hijas estaban diciendo: "¿Dónde está nuestro suegro? Quizá le hayan matado." Todos se alegraron mucho cuando vieron al viejo Wakara en la casa de sudación al día siguiente.

Antes de abandonar la casa de sudación de Tuina, Igupa Topa se había metido de nuevo en el corazón de su sobrino. Cuando Wakara llegó a casa y cogió a su nuevo yerno para que practicara un deporte que él practicaba. El anciano había hecho un gran poste de nervios de ciervo. Este poste estaba fijado al suelo y era más alto que el árbol más alto. Wakara jugaba de esta forma: Un hombre trepa por el poste, un segundo lo inclina y trae la parte más alta tan cerca de sus pies como es posible. Luego suelta la parte más alta y se dispara en el aire. Si el hombre del poste se sujeta firmemente, estará seguro; si pierde su agarre es lanzado a lo alto, luego cae y muere.

"Ven, yerno mío", dijo Wakara un día. "Te enseñaré el lugar donde juego algunas veces agradablemente."

Fueron al lugar. El anciano trepó primero, se agarró al poste cerca de la parte más alta. Pun Miaupa tiró hacia abajo; su tío estaba en su corazón y era muy fuerte. Trajo la parte más alta hacia el suelo, no tiró demasiado, y dejó que el poste volara de nuevo a su sitio. Saltó al aire. Wakara no salió lanzado, se sujetó firmemente. Pun Miaupa tiró del poste por segunda vez, tiró de él con más suavidad y lo soltó. Wakara todavía se mantuvo en su sitio. Lo intentó por tercera vez. Wakara no vaciló.

"Hazlo por mí", dijo Wakara. "Sube ahora, es tu turno."

Pun Miaupa fue al poste y se sujetó con el poder de su tío. No era él el que sujetaba el poste, sino Igupa Topa. "Acabaré contigo esta vez", pensó Wakara. Él inclinó el poste casi hasta el suelo y lo soltó. Wakara miró atentamente para ver a su yerno salir disparado al aire, miró un buen rato, no lo vio. "Mi yerno ha subido muy alto", pensó él. Miró un rato más al cielo todavía; al final miró al poste y allí estaba su yerno.

Inclinó el poste por segunda vez, lo inclinó más que antes; luego le dejó volar. Esta vez Wakara miró al poste y Pun Miaupa estaba en la parte más alta de él.

Wakara estaba enfadado. Inclinó el poste hasta el suelo, lo inclinó con enfado y lo soltó. "Volará lejos esta vez, con seguridad", pensó él, y miró al cielo para ver a Pun Miaupa y no le vio; miró al poste, estaba sobre él. "¿Qué clase de persona es mi yerno?", pensaba Wakara.

Era el turno de Wakara para subir al poste y lo trepó. Pun Miaupa dio a su suegro un tirón más fuerte esta vez, pero se mantuvo en su sitio. La segunda vez Pun Miaupa habló a Wakara en su propia mente: "No me gustas, no me gustas, quiero matarte. Te enviaré alto ahora."

Inclinó el poste, trajo la parte más alta casi hasta los pies y le dejó volar. Miró a la parte más alta, Wakara se había ido. Él había sido lanzado al cielo y se quedó allí.

Pun Miaupa se rió. "Ahora, suegro mío", dijo él, "nunca bajarás aquí a vivir de nuevo; te quedarás donde estás ahora para siempre, te harás pequeño y morirás, luego vendrás a la vida y crecerás. Estarás de esta forma siempre, envejeciendo y volviéndote joven otra vez."

Pun Miaupa se fue a casa solo.

Las hijas de Wakara esperaban a su padre y cuando no regresó empezaron a llorar. Al final, cuando estuvo oscuro y vieron a su padre muy lejos en el cielo, lloraron amargamente.

A la mañana siguiente Pun Miaupa cogió a Halai Auna, su esposa, y a su tío, y se fueron a casa de su padre.

Chuhna, la hilandera más grande del mundo, vivía entre las hijas de Wakara. Todos los días estas mujeres lloran y se lamentan.

"¿Qué haremos?", decían ellas. "Queremos ir a vivir cerca de nuestro padre. ¿Quién nos puede llevar arriba con él?"

"Yo os llevaré arriba con él", dijo Chuhna, la hilandera, que tenía una gran cuerda atada al cielo.

Chuhna hizo una cesta inmensa, puso dentro a todas las hijas y a sus maridos, y los subió hasta que alcanzaron el cielo; las hijas de Wakara, las estrellas, están allí en el cielo todavía.

LOS HAKAS Y LOS TENNAS

PERSONAJES

Después de cada nombre se da el del animal, pájaro o cosa en los que se transformó el personaje posteriormente.

Darí Jowá, águila; **Haka,** pedernal; **Hakayámchiwi,** todo el pueblo Haka; **Ilhataina,** luz; **Tenna,** oso pardo; **Tsawandi Kamshu,** trébol de pedernal rojo; **Tsawandi Kamshupa,** trébol joven de pedernal rojo joven; **Tsuwalkai,** pedernal rojizo; **Marimi** significa mujer.

———

AL principio unas doscientas personas vivían con la anciana Tsuwalkai Marimi, en una gran casa. Todos descendían de ella. Eran los Hakayamchiwi, todo el pueblo Haka.

Ahora bien, hubo una disputa mortal entre los hakas y los tennas, que vivían cerca de ellos, y comenzó de esta manera: Los tennas invitaron a los hakas a cazar en las montañas; diez de cada pueblo iban a hacer una partida de veinte. Un tenna fue temprano la primera mañana a hacer un fuego a cierta distancia de la casa de sudación, en el lugar de encuentro para

229

los cazadores de los dos lados. Diez hakas salieron temprano, llegaron primero al fuego, pero los tennas llegaron también y entonces los veinte permanecieron alrededor para calentarse, los tennas en el lado norte del fuego y los Hakas en el lado sur.

Los hakas tenían cabezas de flecha de pedernal, que eran buenas; los tennas tenían cabezas de flecha de corteza de pino. Mientras se estaban calentando, un Tenna dijo a un haka: "Déjame ver tu punta de flecha."

"Aquí está", dijo el haka. "Mírala."

"¡Ja, ja, ja!", se rió el henna. "¡Esa punta no es buena!" Él la sacó, la miró y se rió de nuevo. "Si la pones en mi garganta, no me herirá."

"Déjame ver tu punta de flecha", dijo el haka.

"Aquí está", dijo el tenna.

El haka miró a la corteza de pino afilada, se rió y dijo: "Esto no es una cabeza de flecha, esto no es más que corteza de pino. Si me apuñalo con tu cabeza de flecha, no me herirá. No moriré."

"Deja que te vea apuñalarte a ti mismo", dijo el tenna.

"Mírame, me apuñalaré con ella."

El haka se apuñaló y la cabeza de flecha del tenna se rompió; no le hirió ni un poquito. "Ya ves", dijo él. "No me estoy muriendo."

"Déjame ver tu cabeza de flecha", dijo el tenna.

Le dio la punta de flecha y el tenna se apuñaló de la misma forma que lo había hecho el haka. La cabeza de flecha estaba muy afilada y entró en él y le cortó, le cortó los intestinos. Cayó y quedó tumbado en el suelo.

"Ya ves que mi cabeza de flecha es buena; matará a cualquiera", dijo el haka.

El tenna se estaba muriendo; muy pronto estaba muerto. Cuando los tennas vieron que su hermano estaba muerto, ellos se precipitaron contra los diez hakas y los mataron mano a mano antes de que pudieran utilizar sus flechas, antes de que pudieran salvarse a sí mismos.

Los tennas se fueron a casa, pero los hakas no volvieron a casa aquella tarde.

A la mañana siguiente, temprano, uno de los tennas fue a la casa de los hakas y gritó:

"Venid al fuego, primo, venid. Nos encontraremos allí. Oh, primos, es hora de ir a cazar, levantaos. Vuestros hermanos, los que fueron ayer, van a ir hoy otra vez."

"Iremos", dijeron los hakas, que no sabían que sus hermanos estaban muertos.

Los tennas hicieron un fuego en el mismo lugar del primer día y estuvieron esperando allí. Después de un rato los diez hakas llegaron y permanecieron junto al fuego de la misma forma que habían estado sus hermanos el día anterior. Ahora no discutieron, sino que fueron pronto a los bosques. Los tennas tenían todo preparado para cazar; otros tennas estaban ocultos en los bosques y diez hakas más fueron asesinados por ellos aquel día.

A la tercera mañana un tenna vino a los hakas y dijo:

"Primos, es hora de levantarse, hora de cazar. Vuestros hermanos de ayer y de anteayer están todos esperando."

"Iremos, iremos", dijeron los hakas.

El fuego estaba preparado, los Tennas estaban allí. Ellos llegaron más temprano y actuaron igual que lo habían hecho el segundo día. Diez hakas más fueron asesinados por ellos aquel día.

Los hakas no quisieron ir un cuarto día. Los tennas empezaron entonces a matar hakas siempre que se los encontraban cazando, o pescando, o dondequiera que los vieran en cualquier parte de los bosques. Cuando las mujeres haka iban a excavar raíces, o a buscar gusanos, o a recoger bellotas, los tennas las mataban en cualquier lugar que las cogieran. Cuando los niños salían a jugar o iban a por agua, los mataban. Los tennas continuaron matando hasta que de todos los hakas sólo quedaron una anciana, Tsuwalkai Marimi, y su nieto, Tsawandi Kamshu.

Una tarde Tsawandi Kamshu colgó su arco (un viejo arco atado ajustado alrededor con nervios de ciervo) sobre la cama en el lado sur de la casa de sudación. Con este arco colgó una aljaba de piel de nutria llena de flechas.

"Abuela", dijo él por la noche, "quizá no regrese mañana. Si algo ocurre, el arco y la aljaba y todo lo que hay con ellos caerán sobre la cama. Sabrás entonces que alguien me ha matado. Pero un niño se levantará del escupitajo que he dejado cerca de la cabecera de la cama, un niño pequeño saldrá del suelo."

Tsuwalkai Marimi escuchó, no dijo nada, no dio respuesta. Tsawandi Kamshu salió a la mañana siguiente al alba y estuvo fuera todo el día. Al atardecer cayeron el arco y la aljaba.

La anciana comenzó a llorar. Lloraba amargamente. "Todo nuestro pueblo ha muerto", dijo ella. "Todo nuestro pueblo se ha ido, estoy sola."

Lloraba y daba vueltas, fue por los cuatro costados de la casa, fue a donde estaban colgados los arcos, las flechas, las aljabas de piel de nutria; lloró toda la noche, lloró todo el día siguiente.

Los tennas esperaban a la anciana, la esperaban desde cerca. Querían matarla, pero no podían forzar la casa, y ella no saldría afuera. Querían matarla y poner fin al último de los hakas.

Mientras Tsuwalkai estaba llorando la segunda noche, los tennas estaban cerca de la casa escuchando y esperando.

"La anciana se está riendo", dijeron ellos. "Tiene alguna fiesta, ésa es la razón de su risa. Tiene que estar contenta esa anciana."

Tsuwalkai oyó esas palabras de sus enemigos. "Oh, tennas, no habléis así", dijo ella. "Puede ocurrir algo todavía que os haga daño. Quizá venga alguien que haga sufrir a vuestros corazones. Podéis derramar lágrimas todavía, quizá lo sintáis."

La anciana lloró la tercera noche y el tercer día. A la cuarta noche no derramó lágrimas, pero no podía dormir. En mitad de la cuarta noche, oyó un llanto en el suelo cerca del lugar de dormir de Tsawandi Kamshu. Un bebé estaba llorando, revolcándose, luchando, gimiendo. La anciana escuchó y oyó: "U ná, u ná." Estaba asustada al principio.

"Tengo que estar soñando con un bebé, tengo que estar soñando", dijo ella. "Oh, mi pueblo me está haciendo soñar. Oigo un ruido como el de un niño llorando en mi casa. Oh, no es un bebé, sólo estoy soñando."

El niño lloraba, seguía llorando. La anciana fue al lugar de donde venía el llanto, miró y encontró a un bebé cubierto de suciedad, lodo y cenizas. Ella no había quitado las cenizas desde que se había ido su nieto, pues no podía cargar con ellas. Los tennas estaban esperándola afuera, esperando para matar a la anciana. El niño se revolcaba en la suciedad y en las cenizas.

"No creo que alguien haya traído este bebé a mi casa", se dijo la anciana a sí misma. "Tsawandi Kamshu me dijo que saldría un bebé del suelo, que surgiría de su escupitajo. Quizá éste sea su espíritu que regresa y es un bebé de nuevo. Llamaré a este niño Tsawandi Kamshupa."

Cogió al bebé, al niño pequeño, y lo lavó, lo lavó toda la noche, pues el niño pequeño estaba muy sucio. Le lavó con agua fría, y él crecía mientras le lavaba. Le lavó hasta la mañana, pero no le dio alimento.

Los tennas oían ahora la voz de dos personas dentro. Tsuwalkai Marimi se alegró, pues ya tenía la compañía de este niño pequeño. Lavó al niño durante todo el día y dos noches. Él no comió nada.

"Quiero que vivas y crezcas mucho, niño pequeño", dijo la anciana. "Quiero que crezcas rápidamente; serás una gran ayuda para mí."

El niño pequeño no sabía lo que decía ella todavía. Ella lavaba al niño, le habló tres días y tres noches. Ahora el niño podía gatear alrededor de la casa, podía gatear por cualquier parte. Ella le lavaba por la noche, por el día, le lavaba a menudo. Él creció muy deprisa. En diez días era un hombre totalmente maduro. Ya podía hablar tan bien como cualquiera, y un día le preguntó a la anciana:

"¿Qué casa es ésta? ¿Qué gente vive aquí?"

Ella le contó toda la historia de su pueblo; le contó cómo habían sido asesinados por los tennas en los bosques, en los campos, en el agua.

"Siento oír lo que me cuentas", dijo él.

Entonces le pidió un arco. Ella le dio uno nuevo. Él lo rompió.

"Quiero uno para matar pájaros afuera."

"No tienes que salir", dijo la anciana, "hay gente mala cerca de nosotros."

"Sólo quiero matar pájaros. ¿Qué armas son ésas?", preguntó él señalando a los cuchillos, arcos y flechas de las paredes.

"Me aflige mucho contártelo, me aflige mucho hablarte de ellos. Son las armas de muchos hombres. Los tennas los mataron a todos ellos."

Ella fue al lado oeste de la casa y le dio arcos. Él los rompió uno tras de otro. Rompió todos los arcos de las paredes excepto uno. Cuando llegó a su propio arco, su viejo arco, rió. Lo cogió sin preguntar. Intentó romperlo y no pudo; lo intentó de nuevo, se rió, estaba contento.

"Tsuwalkai, ¿de quién es este arco?", preguntó él.

"Ése era el arco de un buen hombre."

"Él era un buen hombre, creo", dijo Tsawandi Kamshupa. "¿Por qué murió? Había un buen hombre en esta casa; él tenía ese arco, era un gran luchador."

Tsawandi Kamshupa intentó de nuevo romper el arco con los pies y con las manos, pero no pudo.

"Había un buen hombre en esta casa", dijo la anciana, "el mejor hombre de todo el pueblo Haka. Ése era su arco."

"Desearía ir a cazar hoy, pero iré mañana muy temprano.

Me iré antes del alba", dijo Tsawandi Kamshupa. "Voy a mirar por los alrededores. Voy a ir cerca a cazar. Volveré, no tengas miedo."

La anciana tenía miedo. Había perdido al dueño del arco, al mejor de sus nietos.

"Sólo bajaré un poco al sur", dijo él.

A la mañana siguiente temprano él cogió una piel de ciervo, envolvió su cuerpo con ella, se ató un cinturón en la cintura y cogió sus flechas. Todavía había rocío sobre la hierba. Miró abajo al lado de la montaña y vio a mucha gente cerca de un gran fuego y dijo:

"Sé quiénes son esas personas; son Teptewi" (mujeres tenna).

Había cincuenta de ellas. Habían llegado por la mañana temprano a ese lado pantanoso de la montaña. Habían llegado antes del alba para desenterrar gusanos y coger tréboles. Cada una tenía un palo para extraer gusanos.

El hombre joven se quedó observando a estas mujeres, y se dijo a sí mismo: "¿Qué haré? Estos tennas han matado a todo mi pueblo excepto a mi abuela. Ellos intentaron matarla. Nos matarán a ella y a mí si pueden. ¿Qué haré? Hay un gran número de mujeres aquí. Mataré a una solitaria para empezar, luego esconderé mi arco y mi aljaba e iré a aquellas de allá abajo."

Caminó un poco a lo largo de la ladera, llegó a una mujer tenna y la mató. Las otras no le vieron, no sabían que él estaba en la montaña, pensaban que todos los hakas habían muerto. Abrió la garganta de la tenna, le sacó el corazón, lo puso dentro de su manta y dejó el cuerpo muerto en el suelo. Las otras mujeres tennas estaban trabajando no lejos de un fuego. Estas mujeres habían sacado sus dientes y los habían colgado en un árbol cerca del fuego. Siempre que se enfadaban las mujeres se ponían estos dientes para morder con ellos.

Tsawandi fue a lo largo de la montaña cuidadosamente.

"Iré hasta el fuego", pensó. Luego dio un salto, se puso

cerca del fuego y se calentó las manos. Las mujeres no le vieron todavía. Una miró arriba, al fuego, pero no vio a nadie. "¡Eh!", gritó él, "vosotras, mujeres, salís muy temprano. Venid al fuego y calentaos. Cocinad gusanos para mí; estoy hambriento, quiero gusanos."

Las mujeres no contestaron, no dijeron nada. Tenían miedo; no podían morder porque no tenían los dientes. "Si tuviera los dientes, mataría a ese hombre", pensaba cada una de ellas.

Tsawandi echó un vistazo a los dientes, que estaban a un extremo del fuego; no dejaría que las mujeres se acercaran a ellos. "¡Venid, venid!", las llamó él. Al final ellas se levantaron y se sentaron cerca del fuego, pero no podían conseguir los dientes. "No sabía que las mujeres salían por la mañana tan temprano", dijo él. "Vi a un ciervo a cierta distancia aquí cerca y lo maté. Tenía prisa. Sólo cogí un trozo de carne pequeño."

Él sacó el corazón, lo cortó en trozos, lo asó en el fuego; luego dio un poco a cada mujer. Las mujeres estaban hambrientas y se alegraron de tener carne.

"¿No tenéis pan?", preguntó Tsawandi.

"No tenemos pan", dijeron las mujeres.

"Bueno, yo tengo pan." No tenía pan, pero metió la mano en el pecho y pensó: "Quiero pan de harina de pedernal rojo." Este pan llegó a su pecho y le dio un trozo a cada mujer. "Mi abuela hace buen pan", dijo él. "Siempre lo llevo conmigo para enseñárselo a la gente y dejarles que coman un poco. A todo el mundo le gusta el pan de mi abuela."

El pan sabía bien, todas comieron. Él observaba de cerca los dientes. Muy pronto una mujer cayó muerta; luego todas cayeron rápidamente y murieron. Él sacó los corazones, cincuenta corazones, y se los llevó debajo de su piel de ciervo. Ahora se alejó al sur; corrió rápidamente. Vio a cincuenta mujeres más trabajando cerca del fuego; se acercó al fuego, saltó a él y gritó:

"¡Eh, mujeres, salís temprano! ¿Por qué tan temprano? Hace frío; venid a calentaros las manos. Dadme algo de comer; dadme gusanos y trébol; dadme algo para comer y yo os daré algo; os daré pan, os daré venado."

Estas mujeres habían salido a excavar raíces; sus dientes estaban colgados en un árbol cerca del fuego. Las mujeres tenna nunca llevaban los dientes en la boca mientras estaban trabajando. "Ojalá tuviera los dientes en la boca", pensaba cada mujer, "mataría a ese hombre."

Las cincuenta mujeres vinieron al fuego, comieron pan de bellotas como habían comido las otras y murieron.

Desde este fuego Tsawandi Kamshupa fue a otro, y aquella mañana mató a todas las mujeres tenna que habían salido; no quedó viva ninguna, excepto unas pocas que se habían quedado en casa. Se fue ahora más allá hacia el Sur; hacia la casa de sudación. Era todavía por la mañana temprano. Todos los hombres tenna estaban en casa. "¿Cómo los mataré?", pensaba Tsawandi. "Entraré en la casa y diré que me envía mi hermano para invitarles a una fiesta y a una cacería. Ellos lo creerán."

Miró abajo desde la parte de arriba de la casa. Había muchos tennas allí. Todos los hombres tenna estaban en la casa de sudación. Tsawandi Kamshupa entró descaradamente y se sentó cerca del fuego, calentándose las manos. Los tennas susurraban unos con otros: "¡Ésa es mi sangre, hermana; ésa es mi sangre, hermano!", que significaba: "Él es mi parte, me lo comeré."

"Oh, vosotros, pueblo Tenna, ¿de qué estáis hablando? Soy vuestro vecino. No vivo muy lejos de vosotros, no soy un extraño. He bajado aquí esta mañana temprano para invitaros a una fiesta, a una cacería. Tsawandi Kamshu me envía aquí para pedíroslo, le gustaría veros en su casa."

"Parece el mismo Tsawandi Kamshu", susurró uno.

"Oh, no", susurraban otros. "Tsawandi Kamshu está muerto desde hace tiempo. Nosotros le matamos."

"¿Qué os decís unos a otros?", interrumpió Tsawandi Kamshupa. "No soy Tsawandi Kamshu. Él no se parece a mí. Él es mi hermano. Me envía a pediros que cacéis. Yo maté algunos ciervos de camino aquí, pero sólo pude traer sus corazones. Aquí están los corazones."

Él cortó en trozos los corazones y se los dio a los tennas. Asaron los corazones y se los comieron. Les dio pan de pedernal a ellos, como había dado a las mujeres de la ladera de la montaña. Todos comieron pan, lo alabaron, pidieron más, comieron ansiosamente. Pronto empezaron a caer por todas partes. Sólo cuatro tennas no comieron pan de pedernal. Cerraron la puerta de la vivienda, salieron apresurados, fueron a la parte de arriba de la casa de sudación y esperaron. Pronto todos los tennas de la casa de sudación estaban muertos.

Tsawandi Kamshupa miró arriba y vio a los cuatro tennas allí mirándole, y parecían muy enojados.

"¿Por qué estáis ahí mirando abajo de esa forma? ¿Qué estáis esperando, qué estáis intentando hacer ahí arriba? Toda la gente de aquí abajo se ha ido a dormir y no pueden hablar conmigo. Quiero que vosotros, hombres, habléis conmigo un rato. Bajad, vosotros, y hablad conmigo; luego me iré a casa."

Los cuatro tennas no dijeron nada.

"Queréis atraparme, lo sé. Os enseñaré cómo puedo saltar."

Ellos no dijeron nada, observaron atentamente, se sentaron unos frente a otros asomando sus dientes largos. Cuando él vio que ellos no abandonarían la abertura, dijo de nuevo: "Os enseñaré cómo puedo saltar."

Él se inclinó a un lado un poco, se disparó hacia arriba como una flecha y salió lanzado entre los cuatro. Lo siguiente que vieron los tennas fue a Tsawandi Kamshupa en el campo más allá de la casa.

Cuando hubo pasado a través de la abertura, los tennas cerraron las mandíbulas instantáneamente y casi se mor-

238

dieron las narices de unos a otros. Su mordisco fue demasiado tardío.

Tsawandi Kamshupa lanzó en ese momento tres flechas desde su viejo arco. Atravesaron los corazones de tres tennas; cayeron muertos donde estaban. El cuarto salió corriendo, corrió con todas sus fuerzas, no se le volvió a ver de nuevo en aquel lugar. Corrió hacia el Noroeste y de aquel tenna proceden todos los que hay en el mundo en nuestra era.

Tsuwalkai Marimi podía salir ahora y excavar raíces. Era libre de ir a donde quisiera. Mientras estaba excavando un día, vio un gran tallo de shitpayu que asomaba en la tierra. Excavó alrededor de él y debajo de las raíces encontró a un bebé. El tallo estaba creciendo desde el ombligo del niño. Cogió al bebé, retorció el tallo y vendó al niño. Ella no tenía nada con que arropar al pequeño, así que cogió su camisa hecha de piel de gamo, la única ropa que llevaba, y arropó al bebé. Sosteniéndolo cerca de su pecho, acarició al niño y dijo:

"Crece, pequeño, crece rápidamente; todavía podrás hacer compañía a tu abuela."

Trajo al niño a casa, lo lavó, lo lavó muchas veces, le puso una piel de gato montés. Cuando vino Tsawandi Kamshupa y vio a Tsuwalkai con el bebé, se asombró y dijo:

"Oh, abuela, ¿dónde encontraste a ese niño pequeño?"

Ella le contó cómo lo había encontrado en el campo, que le había sacado de la tierra y le había traído a casa. Aquel día vino Dari Jowa, el gran amigo de Tsawandi Kamshupa, y, viendo al niño, se rió ruidosamente.

"Oh, tía", dijo él, "este bebé no es tuyo. ¿Dónde encontraste a este niño pequeño?"

Ella le contó la misma historia que le había contado a su nieto.

El bebé creció rápidamente, se hizo grande en poco tiempo.

"Oh, tía", dijo Dari Jowa, "dame a este niño. Quiero oírle hablar. Le quiero para mí. Cuidaré bien de él. Quiero oírle hablar, quiero oírle gritar. Él será un gran gritador. Oh, tía mía, dame este niño."

La anciana asintió al fin. Dari Jowa cogió al niño y le llamó Ilhataina. Un día Dari Jowa llevó a Ilhataina a la casa de sudación y dijo: "Habla ahora."

Ilhataina empezó a hablar y se movió la casa de sudación. Gritó y toda la tierra tembló. Él estaba tronando.

ILHATAINA

PERSONAJES

Después de cada nombre se da el del animal, pájaro o cosa en los que se transformó el personaje posteriormente.

Ahalamila, lobo gris; **Demauna,** marta; **Gowila,** lagarto; **Ilhataina,** luz; **Jul Kurula,** larva; **Jupka,** mariposa del gusano de seda silvestre; **Tsoré Jowá,** cierta clase de águila.

———————

CERCA de Jigulmatu vivía Tsore Jowa, una mujer muy anciana. Una vez en primavera fue al Oeste a excavar raíces y encontró una gran mata de ellas. "Vendré mañana y las excavaré", pensó ella, y se fue a casa.

A la mañana siguiente fue a por las raíces. Excavó alrededor de toda la mata, pero no pudo arrancarla. Excavó más profundo, tiró y tiró fuerte; al final salieron las raíces y con ellas un niño con unos ojos que sobresalían de la cabeza. Empujó los ojos hacia atrás, le curó, le puso en una manta de piel de conejo que llevaba puesta ella y se fue a casa. Lavó al chico todo el día y no durmió por la noche. Le lavaba constantemente. Cuando él tenía cinco días, había crecido mucho. Al sexto día gateó, al noveno ya andaba. Cuando tuvo quince días, era un chico fuerte pero muy pequeño.

"Quiero un arco y flechas", dijo él.

"No debes salir", dijo la anciana, "no debes apartarte de mi vista."

Él insistió hasta que al fin ella le dio el arco y dijo: "Tienes que quedarte en el tejado y no irte."

Mientras estaba encima de la casa un pájaro voló arriba, se posó en la copa de un árbol y preguntó: "¿Por qué no te cuida tu madre?"

El pájaro repitió esto y se fue volando. El chico lloró, bajó y se lo contó a su abuela.

"¿Dónde está nuestro pueblo? Cuéntamelo", dijo él.

"Nuestro pueblo era muy numeroso", dijo ella, "pero Gowila les mató a todos. Ahora no tenemos gente."

"¿Quién es Gowila?"

"Oh, él es fuerte y terrible, no debes ver a Gowila."

Entonces el chico caminó por la casa, miró a las paredes y preguntó: "¿Puedo coger ese arco que cuelga ahí?"

"Puedes si quieres", dijo ella, "pero eres demasiado débil para usarlo. Eres pequeño, un chico pequeño."

Salió por el lado este de la casa y practicó con el primer arco, que lo rompió; siguió, cogió otro y lo rompió. Luego fue por toda la casa rompiendo cada arco que cogía hasta que alcanzó el último arco en el lado sur. Estaba hecho de nervios de ciervo. Lo dobló, lo intentó por todos los medios, lo intentó una y otra vez, pero no pudo romperlo. "¿Qué clase de arco es éste?", pensó él. "Es el más feo, el más viejo, pero no puedo romperlo." Cogió el arco y una piedra grande para aplastarlo. El arco salió volando de su mano y se cayó la piedra.

"¿Cómo murió el hombre que usaba este arco?", preguntó el chico.

"Gowila le mató, y a aquellos que tenían los otros arcos", contestó la anciana.

"Iré a por leña ahora y sudaré."

"No vayas lejos", dijo Tsore Jowa.

El chico salió corriendo hacia el Este, cogió un pino grande, lo ató arriba con una cuerda y lo llevó a casa con una mano. Hizo un gran fuego y puso piedras sobre él.

"Trae agua, abuela", dijo él, "luego te diré lo que hay que hacer." La anciana llenó de agua una gran cesta. Dejó caer las piedras cuando estaban al rojo y el agua hirvió rápidamente.

"Abuela, ponme en el agua hirviendo."

La anciana se asustó, pero hizo lo que le dijo.

"Cúbreme del todo", dijo el chico.

Ella le cubrió con otra cesta ajustada. Él se tumbó en el agua hasta que la cubierta voló de la cesta y él fue lanzado a través de la abertura de la parte de arriba de la casa y cayó afuera en el tejado. Bajó corriendo, nadó en el río que había cerca y luego regresó y habló con la anciana.

"Serás muy fuerte", dijo ella. "Te llamarán Ilhataina."

Corrió al Este por segunda vez, trajo pinos de azúcar. No durmió, cantó sin parar. Las rocas se calentaron como antes y se metió en una cesta más grande. La anciana puso a Ilhataina y le cubrió con cuatro cestas de un tejido apretado. Estuvo en el agua hirviendo hasta que reventaron las cuatro cubiertas y él voló por la abertura de la parte de arriba de la casa. Bajó corriendo al río otra vez y, mientras nadaba, se decía a sí mismo:

"Me encontraré con Gowila hoy, me encontraré con Gowila hoy."

Al amanecer se fue a casa. "Abuela, me voy aquí cerca", dijo él cogiendo su viejo arco y una flecha.

"Oh, nieto, no debes ir lejos; no tienes que apartarte de mi vista", dijo la anciana.

Contó veinte aljabas de piel de nutria llenas de flechas y dijo: "Me llevaré éstas."

Ella cocinó raíces para su desayuno y trajo una cesta pequeña llena para que se la llevara con él. Él fue al Oeste a un bosquecillo, encendió un fuego allí e hizo que alrededor de las ramas del árbol colgaran salmones. Se oía una multitud de hombres y mujeres que hablaban y reían cerca. Él lo hizo así. No había gente en el lugar. Él hizo el ruido para tentar a Gowila.

Luego empezó a excavar raíces. Excavó sin levantar la cabeza, excavó y siguió trabajando, cantando canciones mientras trabajaba. Pronto un anciano grande y feo llegó desde el Norte. Éste era Gowila. Tenía un gran perro y de su espalda colgaba una cabeza de ciervo con largos cuernos a cada lado.

"Cantas una bonita canción", dijo él.

Ilhataina nunca miraba arriba.

"Ven al fuego", dijo Gowila.

El chico no dijo nada; no dejaba de excavar.

"Ven al fuego, estoy hambriento", dijo Gowila.

Después de un rato Ilhataina fue al fuego.

"Cantas bien", dijo Gowila. "¿De dónde vienes?"

"De Jigulmatu. La gente canta bien en Jigulmatu y bailan bien."

Gowila se sentó cerca del fuego. "Ponme raíces en la boca. Ponme más", dijo él cuando el chico le dio unas cuantas.

El chico alimentó a Gowila hasta que se había comido todas las raíces de la cesta.

"¿Cuántas personas están excavando raíces por estos alrededores?", preguntó él.

"No lo sé, muchos", dijo Ilhataina.

A corta distancia se oía un gran murmullo de gente, un ruido de hombres y de mujeres que se reían y hablaban. Gowila vio mantas y cestas cerca del fuego. Ilhataina hizo que aparecieran. No había nada allí salvo las veinte aljabas de piel de nutria y el arco feo y viejo, y una flecha en su mano.

"Dame tu arco", dijo Gowila. "Déjame mirarlo."

Él lo pidió una y otra vez hasta que el chico le dio el arco. Gowila lo tiró al fuego.

"¿Por qué haces eso?", preguntó Ilhataina, sacando el arco del fuego. "Déjame ver tu arco."

Gowila le acercó el arco. Ilhataina lo rompió con la mano izquierda y luego saltó hacia el Este. Gowila se enfadó mucho y dijo "¡Teh!" a su perro. El perro se tiró al chico. Ilhataina disparó y golpeó al perro. Disparó todas las flechas menos una de las diez aljabas. Todas las flechas dieron, pero no dañaron, al perro. En ese momento una de las siete estrellas (las Pléyades) llamó a Ilhataina:

"Dispárale al dedo gordo del pie y morirá."

El chico dio al dedo gordo del perro. Cayó muerto.

Ilhataina corrió al fuego donde se había quedado Gowila. "No puedes matarme", le dijo a Gowila. "Tú eres grande y fuerte, pero no puedes hacerme daño."

"Te mataré", dijo Gowila, y le tiró una flecha, pero falló.

Ilhataina disparó su flecha y le dio. Cada flecha que mandaba entraba en Gowila, pero ninguna flecha le daba a Ilhataina. Había gastado todas las flechas de las segundas diez aljabas, menos una. En ese momento una de las siete estrellas llamó a Ilhataina:

"Dispárale al dedo gordo del pie. Si le das ahí, morirá."

Ilhataina dio al dedo gordo del pie de Gowila y cayó muerto.

Ilhataina le quitó la piel a Gowila, le peló desde la cabeza hasta los pies, se puso la piel y se pareció a su enemigo. Luego golpeó al perro con una vara de rosa roja y el perro se levantó de un salto, vivo y contento de ver a su amo. Ilhataina se colgó la cabeza de ciervo sobre los hombros, cogió sus aljabas y se fue a casa. El perro de Gowila le siguió. Cuando estuvo cerca de casa, dio fuertes pisadas y la anciana miró afuera.

"¡Oh, viene Gowila! ¡Viene Gowila!", gritó ella asustada terriblemente.

"Abuela, no temas, soy yo. Gowila está muerto. Yo le he

matado. Llevo puesta su piel. Soy tan grande y tan feo como lo era él. Iré a su casa esta noche, creo. He traído conmigo su hígado y sus bofes."

"Ve, nieto, ve. Ya no temo a nadie."

Ilhataina se fue diciendo: "Estaré aquí mañana al amanecer."

Él fue al Norte a la casa de sudación de Gowila; hizo un largo camino, pero lo hizo rápidamente; subió andando a la casa, era exactamente igual que Gowila. Mucha gente vivía en aquella casa. Toda clase de serpientes estaban allí: serpientes cascabel, serpientes toro, serpientes de agua, serpientes rayadas, toda clase de serpientes.

Colgó afuera el hígado y los bofes de Gowila, entró y se sentó entre las dos esposas de Gowila. El perro se tumbó en su sitio. Las esposas eran las mujeres Pupila, dos hermanas.

"Mete la carne que he colgado afuera y cocínala", dijo Ilhataina a la esposa más mayor.

Cortó en trocitos pequeños el hígado y los bofes y las dos mujeres los cocieron. Salía un gran vapor y un fuerte olor de estos trozos. En la casa todos eran ciegos menos las dos esposas, y sólo uno de los ciegos habló, el hermano menor de Gowila. "Huelo a carne de Gowila", dijo él.

"¿Cómo puedes oler a carne de Gowila cuando yo soy Gowila?"

Ilhataina estaba muy enojado y lanzó carbón en ascuas por la casa. Todos estaban aterrorizados. Todos comieron carne menos el hermano menor de Gowila. Él era muy sabio y no la tocaría.

Ilhataina salió y encontró un gran número de piernas alrededor de la casa. Gowila se había comido los cuerpos de miles de personas y había tirado las piernas extendidas por el campo.

Ilhataina las juntó en un lugar y regresó a la casa.

Dijo él: "Ciegos, quisiera que cantarais para mí, y vosotras, esposas mías, que bailarais. Luego me iré a dormir."

"Cantaremos y bailaremos", dijeron ellos.

Los ciegos cantaron y las dos mujeres bailaron.

Pronto pararon los hombres y las dos mujeres. Ilhataina dejó a todos somnolientos y cayeron dormidos. Luego salió, cerró la puerta y dijo:

"Quiero que las paredes de esta casa se cubran de resina."

Toda la casa se cubrió de resina y luego prendió fuego. Pronto oyó gritos terribles dentro y multitudes que corrían alrededor de la casa de sudación. Ninguno podía salir y rápidamente todos se quemaron hasta morir.

Ilhataina ató las piernas con una parra larga y las llevó a casa. Estaba allí al alba. Las colocó en el río y fue a la casa de sudación.

"Escóndeme y luego túmbate sobre la cara con los brazos debajo de la cabeza", le dijo a su abuela.

La abuela le puso en una cesta y le cubrió con otra, luego se tumbó como él le había indicado.

A media mañana hubo un gran ruido de gente que salía del río. Entraron por la parte de arriba de la casa de sudación. Cuando todos estuvieron dentro, la anciana se puso de pie. Todo su pueblo estaba vivo delante de ella: Demauna, Jupka y otros; todos habían vuelto.

"¿Quién nos trajo de nuevo a la vida?", preguntó Demauna. "Enséñame a la persona."

La anciana sacó de la cesta a Ilhataina y le llevó ante ellos. Demauna le cogió en sus brazos. "¡Bien hecho, hermano mío!", dijo él. Todos los demás le llamaron hermano.

"Déjame tenerle", dijo Ahalamila.

"No", contestó Demauna, "lo guardaré yo."

Preguntaron a la anciana dónde había encontrado a Ilhataina. Ella no se lo dijo.

"¿Sudaréis?", preguntó Ilhataina.

"Sí", dijo todo el pueblo.

"Traeré leña", dijo él.

Cuando salió corriendo, la casa de sudación bailó en su

sitio. Todos pensaron que era demasiado pequeño para transportar leña, pero cuando cogía un abeto alto la tierra temblaba. Cuando tocaba un gran pino de azúcar, lo aplastaba. Trajo tres árboles grandes en un momento, y cuando los puso en el suelo el lugar tembló. Todos estaban aterrorizados.

Cuando Ilhataina hablaba el mundo entero tenía miedo, y cuando se movía, el suelo por el que caminaba se estremecía.

Todos sudaron, nadaron en el río y regresaron a casa de la anciana. Ilhataina caminaba por la casa y su corazón se agitaba como si fuera a saltar de su cuerpo.

"No voy a quedarme aquí", dijo él.

Cuando Demauna oyó esto, lloró y las ancianas lloraron.

"Hermano mío", dijo Demauna, "me gustaría saber adónde vas a ir. Ojalá que te quedaras con nosotros."

Ilhataina no contestó.

"Hermano mío", dijo Jupka, "si no quedas aquí, desearía que fueras al cielo. ¿Cogerás entonces algún adorno como regalo mío?"

"No."

"¿Conchas?"

"No."

"¿Trajes de lobo?"

"No."

"¿Trajes de gato montés?"

"No."

"¿Trajes de piel de zorro?"

"No."

Jupka llevaba puesto un viejo traje harapiento de piel de conejo. Lo había llevado puesto durante mucho tiempo. "Creo que te gusta éste", dijo él.

"Sí", contestó Ilhataina, "ése es el que quiero."

Cogió el traje viejo y se lo ató con algas alrededor de la cintura. "Ahora estoy preparado para dejaros. Salid y verme marchar."

Había una nube negra en el cielo. Ilhataina la había traído

aquí. "Subiré a aquel lugar", dijo él. "Siempre que llueva en el futuro, será agua que cae del rabo de mi traje de conejo."

Todos salieron deprisa. El hijo de Jupka, Jul Kurula, que estaba arropado con una piel negra de oso, entró a la casa de sudación y lloró; no quería perder a Ilhataina.

"Amigos míos", dijo Ilhataina, "os dejo; a partir de hora cuando me veais viajar lo haré de esta forma", y se fue como un rayo a la nube negra.

Entró en ella y allí permanece ahora.

HITCHINNA

PERSONAJES

Después de cada nombre se da el del animal, pájaro o cosa en los que se transformó el personaje posteriormente.

Hitchinna, gato montés; **Hitchin Marimi,** mujer gato montés, su esposa; **Hitchinpa,** gato montés joven; **Metsi,** coyote; **Putokya,** pueblo calavera, o pueblo cabeza.

———————

HITCHINNA tenía una esposa y un hijo de pocos días. Hitchinpa, el hijo pequeño, estaba durmiendo, y Hitchin Marimi, la esposa, cuidaba de su niño. Hitchinna había soñado la noche anterior y su sueño había sido malo.

"Tuve un sueño anoche", le dijo a su esposa, "un sueño muy malo."

"¿Qué soñaste?", preguntó ella.

"Soñé que trepaba por un gran pino, el pino estaba lleno de piñas. Yo estaba tirándolas abajo, había tirado muchas cuando al final tiré mi brazo derecho. Luego soñé que tiraba mi brazo izquierdo."

Él no le dijo más a ella. Aquella mañana temprano, antes de que hubiese hablado de su sueño, la mujer dijo:

"Me gustaría tener piñones. Quiero comer piñones. Tengo hambre de piñones."

Él salió a buscar piñones y ella fue con él, y llevaba a su bebé. Llegaron a un pino grande y él trepó. Hitchin Marimi puso al niño a un lado, en el suelo, e hizo un fuego a cierta distancia para tostar los piñones.

Hitchinna tiraba abajo las piñas; ella las tostaba para sacar los piñones. Él tiró un gran número de piñas. Ella tostaba las piñas y sacaba los piñones.

Después de un rato se desprendió el brazo derecho de Hitchinna, que lo tiró al suelo; luego tiró el brazo izquierdo. Se desprendió su pierna izquierda, que la tiró abajo. Luego cayó la pierna derecha al suelo.

La mujer estaba tostando y pelando las piñas; no miró alrededor durante un buen rato. Cuando fue al árbol, encontró sangre sobre él y miró arriba; vio a su marido que se tiraba abajo y que no quedaba mucho de su cuerpo.

Hitchin Marimi se dio un susto de muerte y corrió a casa. Estaba tan aterrorizada que se dejó al niño en el bosque, se olvidó completamente de él. Cuando llegó a casa, reunió al pueblo y dijo:

"Mi marido subió al pino y tiró un gran número de piñas. Luego comenzó a tirarse él mismo: primero tiró un brazo, luego el otro. Tenemos que darnos prisa y escondernos en algún sitio. Será malo muy pronto; nos matará a todos si nos encuentra."

La gente preguntó: "¿Dónde podemos ir a escondernos de él: al Norte, al Sur, al Este o al Oeste?"

"Yo conozco un buen sitio", dijo un hombre, "y no está muy lejos de aquí: Wamarawi."

"Bien, tenemos que ir a ese lugar, e ir rápidamente", dijo

la esposa de Hitchinna, y todo el mundo estuvo de acuerdo con ella.

La gente corrió hacia Wamarawi, que es una montaña redonda; corrieron todo el camino y entraron en una cueva de la montaña. Cuando todos estuvieron dentro, cerraron la entrada firmemente, la cerraron herméticamente. Nada podía entrar a través de esa puerta.

Después de que su esposa había corrido hasta su casa, Hitchinna tiró sus costillas una por una y seguía preguntando a su esposa si estaba allí. Él no recibía contestación. Ella se había ido y él no lo sabía. Primero tiró todas las costillas del lado derecho, luego todas las del lado izquierdo. Cada vez que tiraba una costilla llamaba a su esposa: "¡Eh, eh!"

Al final sólo quedaba de él la cabeza en el árbol, que cayó abajo poco después. Ahora sus ojos eran muy grandes, sobresalían, brillaban con una mirada salvaje y loca. La cabeza se quedó debajo del árbol un rato. Se había convertido en Putokya. Era uno de los del pueblo calavera, un pueblo muy malo y terrible. Cada uno de ellos no es más que una calavera.

Ahora Putokya es nuevo. Tiene una mente nueva, deseos nuevos. Está debajo del árbol y se tumbó allí un rato. No podrá caminar nunca más. Sólo puede rodar sobre el suelo como un balón. Después de descansar y pensar un rato, él empieza a buscar a su esposa; rueda hasta que llega al fuego. No hay ninguna mujer allí. Mira alrededor, no puede encontrarla; mira otra vez y ve al bebé. Rueda hacia el bebé, le coge con la boca y se come al niño en un momento. La cabeza habla entonces y dice:

"Soñé anoche que me comía a mi propio hijo."

Ahora es espantoso. Esparce las piñas, apaga el fuego, rabia, ruge horriblemente, un Putokya auténtico. Rueda, bota, se golpea contra el árbol, lo tira, lo rompe en trozos y lo esparce.

Luego va hacia el pueblo, saltando y botando como un

balón de fútbol, provocando un viento terrible según marcha; alcanza la casa, mirá en ella. Todos se han ido de la casa y del pueblo. Todos han corrido hacia Wamarawi.

Primero golpea contra su propia casa, la rompe, la hace pedazos y luego rompe todas las otras casas de la misma forma, una tras otra. Él esparce y hace pedazos todo, destroza todo el pueblo, como si un torbellino le hubiera atravesado. Todo el pueblo está en Wamarawi, en la cueva de piedra de la montaña; una gran multitud de ellos.

Putokya mira alrededor, encuentra huellas, sigue a la gente hacia el Sur, va rugiendo de forma terrible, levantando una tormenta según se mueve. Rompe todo lo que golpea, excepto las rocas. Desde éstas bota como un balón de fútbol.

Sigue a la gente del pueblo, sigue sus huellas, se detiene delante de Wamarawi, rueda arriba hacia la entrada, escucha callado, oye un sonido dentro como un zumbido de abejas. Putokya está contento. Se para un momento y piensa qué hacer. "No os podéis ir de mí ahora", dice él.

Todo el pueblo estaba dentro menos Metsi, él se había ido a algún lugar del Norte.

"Forzaré la cueva", dijo Putokya.

Empezó en el lado oeste, regresó una milla, botó, se lanzó a sí mismo contra la montaña, silbaba en el aire con un ruido como el del viento más fuerte, golpeó la montaña, hizo un gran agujero en ella, pero no podía atravesar la entrada de la cueva. Putokya estaba seguro de que podría romperla. Regresó una milla entera otra vez, desde el lado norte, botó, se precipitó hacia delante, hizo un agujero tremendo en el lado norte; pero no pudo atravesarla y la roca se cerró de nuevo.

La gente de dentro se alegraba ahora; se ríen, piensan en su propia seguridad; se burlan de Putokya. Putokya les oye. Él está más enojado que nunca, está rabiando. "Lo intentaré por el lado este", dice él. "Es mejor."

Regresó como antes, botó hacia delante, hizo un agujero profundo en el lado este, pero se cerró de nuevo y lo abandonó.

Intentó por el lado sur. Fue igual que en los otros lados. Putokya se detiene un rato, teme no poder entrar.

"Los Yana no son muy sabios", dice él. "Me gustaría saber quién les ha dicho lo que tenían que hacer. No se conocen a ellos mismos. ¿Quién les dijo que fueran a Wamarawi?"

Intentó ir a la cima de la montaña y hacer un agujero allí. No podía rodar hacia arriba de ninguna forma. Él caía para atrás cada vez que lo intentaba. Sólo podía viajar sobre suelo llano, sólo podía subir botando.

"No puedo subir allí, no soy capaz", dijo él.

Se tumbó cerca de la entrada de la cueva y pensó un rato. Se decidió a botar como un balón, a saltar de punto a punto, cada vez más arriba, a las montañas vecinas, hasta que estuviera muy alto, y luego bajaría a la cima de Wamarawi. Hizo esto, subió muy arriba a la cima de otras montañas más altas hasta que al fin estaba muy alto; luego con un gran bote bajó a la cima de Wamarawi, bajó con un choque terrible. Hizo un gran agujero en ella, más grande que los otros cuatro agujeros juntos que había hecho a los lados, y este agujero no se cerró, pero no alcanzó la cueva.

Después de ese golpe fue otra vez a suelo llano. Se quedó allí y dijo para sí mismo: "He intentado cinco veces conseguir a esas personas. Lo intentaré una vez más. Puede que lo consiga esta vez."

Subió alto al cielo, más alto que antes. Estaba más enojado y más loco que nunca, y cayó abajo con un choque más fuerte; toda la montaña se movió y tembló. Nadie se reía ahora en la cueva; todo el pueblo estaba aterrorizado.

Putokya llegó casi hasta la cueva. La roca que estaba sobre la gente se quedó muy débil después de este golpe y de nuevo no se cerró el agujero.

"No lo intentaré más", dijo Putokya. "No puedo conseguir a esta gente." Él estaba desanimado y abandonó Wamarawi.

Toda la gente del interior estaba aterrorizada. "Si lo intenta una vez más, estamos perdidos", dijeron ellos. "Atravesará y nos comerá, se comerá a cada uno de nosotros."

El gran agujero se quedó en la cima de esa montaña y la gente dice que ahora hay un lago allí arriba con peces de oro dentro.

Putokya partió hacia el Norte, fue hacia Pulshu Aina, su propio pueblo. Mientras caminaba hacia casa, provocaba un gran clamor y viento, tiraba árboles y maleza, gente, animales, todo lo que se encontraba; dejó limpio el camino detrás de él. Barrió Pulshu Aina y fue hacia el Norte, fue casi a Jigulmatu.

Metsi bajaba hacia el Sur, por el mismo sendero; él iba muy bien vestido. Metsi siempre vestía bien. Llevaba un cinturón espléndido de piel de alce y una redecilla en el pelo. Tenía apariencia elegante.

Metsi estaba justo a mitad del sendero. Él había sabido que Putokya había salido a matar gente en el Sur; oyó el rugido a mucha distancia y se dijo a sí mismo:

"Oigo a Putokya. Está matando a todo el mundo."

Metsi pensó detenidamente lo que tenía que hacer. "Me encontraré con él. Le diré a este Putokya: Eres elegante, eres bueno, pero estás enfermo. Te curaré."

Metsi se quitó deprisa todas sus ropas elegantes y las escondió, se quedó desnudo. "Tengo que darme prisa", dijo. "El ruido y el viento se acercan más y más. Desearía tener delante de mí una cesta vieja y mohosa." La cesta apareció. Deseó una correa vieja para transportarla. La correa vieja apareció allí con la cesta.

Metsi se hizo anillos de piel de gamo alrededor de brazos y piernas, se convirtió en una anciana muy, muy vieja, toda chepuda y arrugada, con unas enaguas de piel de alce. Se puso la cesta mohosa a la espalda.

Putokya avanzaba deprisa, el rugido se hacía más alto y más cercano. Metsi sabía que Putokya era muy peligroso y que tenía que tener cuidado. Cogió arcilla blanca, se pintó la cara, se hizo a sí mismo una auténtica mujer vieja. Putokya se acercó. Metsi estaba preparado, la cesta sobre la espalda y un palo en la mano. Iba caminando lentamente, como una mujer muy vieja y decrépita. La anciana empezó a llorar: "¡En, en, en!"

Putokya se detuvo en el camino, no hizo ruido, escuchó a la anciana.

"Se ha detenido, está escuchándome", dijo Metsi, y lloró más, lloró con voz más alta y más lastimera.

Putokya se quedó quieto. Metsi caminó directo hacia él, le miró y dijo: "Me acerco a pisarte." Metsi lloraba más tranquilo ahora.

"¿Eres una persona muerta?", preguntó Metsi.

Putokya se quedó en silencio.

"Te oí desde donde estaba cuando tuviste un mal sueño", dijo Metsi; "te oí en el Sur, te oí por todas partes, te oí cuando te convertiste en Putokya, uno de los del pueblo calavera y querías matar a todo el mundo. Tú solías ser bueno, solías ser sabio, pero ahora estás enfermo. Morirás y no estarás más entre la gente a menos que te cures. Ésa es la razón por la que empecé a venir al Sur. Partí al Sur para encontrarte, para verte. Es bueno que hayas subido aquí, ahora te veo. Soy tu pariente, tu primo. Quiero que tengas salud, que seas como antes, que tengas tus brazos y tus piernas otra vez, que te sientas bien. Quiero curarte."

Metsi estaba sollozando todo este tiempo. Simulaba estar terriblemente apenado; no lo estaba, porque Metsi no lo sentía por nadie, no le preocupaba nadie de la Tierra; sólo quería quitar del camino a Putokya, matarle. Metsi era un gran estafador.

"Hace mucho tiempo", dijo Metsi, "me encontré un hombre como tú. Él había tenido un sueño y no era más que una cabeza, igual que tú. Viajé entonces como estoy viajando hoy y me encontré a este hombre igual que me he encontrado ahora contigo en este camino. Si crees lo que te digo, muy bien; si no lo crees, me da exactamente igual. Te diré lo que hice por ese hombre, cómo le curé. ¿Quieres que te cuente lo que hice por él?"

Putokya estaba mirando todo el rato a la anciana con grandes ojos de gato montés. Ahora habló diciendo: "Habla más, cuéntamelo todo, anciana. Quiero oír lo que tienes que decir."

"Bueno, hice un hombre de aquella cabeza", dijo la anciana. "Curé a aquel Putokya, le arreglé. Le hice nuevo y anduvo tan bien como antes. Le di piernas y brazos, todo lo malo salió de él. Le hice limpio, sano y bueno otra vez."

"¿Cómo hiciste aquello, anciana?", preguntó Putokya. "¿Cómo puedes arreglar a un hombre? Quiero verlo."

"Te diré cómo lo hice. Te sujetaré, te sujetaré justo aquí en este camino, igual que sujeté a aquel otro hombre. Hice un agujero en el suelo, un agujero largo y bastante grande. Lo bordeé con rocas, hice un pequeño fuego con madera de manzanita y, cuando se estaba bien y caliente en el agujero, puse abundancia de resina en él y puse al hombre en la parte de arriba de la resina. Era bueno y suave para él y estaba a gusto y agradablemente sobre la resina. Puse una roca plana sobre el agujero. Permaneció allí un rato y se curó."

Putokya creyó todo esto, tenía fe ciega en Metsi y dijo:

"Muy bien, sujétame como sujetaste al otro hombre; hazme nuevo otra vez, igual que solía ser."

Metsi añadió: "Puse un pie de resina muy gruesa todo alrededor y le puse en un agujero caliente, lo cubrí. Muy pronto empezó a estirarse y a crecer; creció hasta que fue tan bueno como siempre. Así es como curé a aquel hombre."

"Está bien", dijo Putokya. "Sujétame de esa manera, sujétame igual que le sujetaste a él."

"Lo haré", dijo Metsi. "Te sujetaré igual que sujeté a aquel hombre y tú saldrás igual que salió aquel hombre, estarás en el buen camino y no tendrás más problemas, nunca enfermerás de nuevo."

Metsi hizo todo lo que él dijo; hizo un profundo y largo

258

agujero, encendió fuego y puso una gran cantidad de resina, un pie de grueso.

Puso a Putokya sobre la resina, puso una piedra ancha plana sobre él, puso otras; puso las piedras muy rápidamente hasta que hubo un gran montón de ellas.

La resina comenzó a arder bien, a coger calor, a hervir, a cocer, a arder, a quemar a Putokya.

Él luchaba por salir botando de la resina, las piedras le mantenían abajo, la resina se pegaba a él. Murió de una muerte espantosa.

Si Putokya hubiera salido del agujero, hubiera habido tiempos duros en este mundo para Metsi.

Cuando Putokya estuvo muerto debajo del montón de rocas, Metsi tiró sus cosas viejas, su cesta y sus enaguas de piel de alce, se puso sus ropas hermosas y continuó su viaje.

Metsi era un gran estafador. Se podía cambiar a sí mismo siempre y estafaba a la gente siempre que tenía oportunidad, pero hizo algo bueno esa vez cuando quemó a Putokya.

TIRUKALA

PERSONAJES

Después de cada nombre se da el del animal, pájaro o cosa en los que se transformó el personaje posteriormente.

Chichepa, cría de halcón moteada; **Chikpina,** comadreja; **Hapawila,** serpiente de agua; **Jewinna,** cría de halcón; **Jewinpa,** cría joven de halcón; **Kedila,** raíz de jabonera; **Matsklila,** buitre; **Pakalai Jawichi,** lagarto de agua; **Tirukala,** anguila; **Wirula,** zorro rojo; **Weanmauna** significa el oculto.

———————

TIRUKALA vivía cerca de Jamahdi, en la montaña Juka Mapti, y él estuvo pensando, pensando durante mucho tiempo, cómo cambiar al mundo, cómo hacerlo mejor. "Tengo que asegurar esta tierra. Tengo que asegurarlo ahora", dijo Tirukala. "La haré mejor para vivir."

Cuando hubo dicho esto salió a caminar y empezó a cantar. Todas las montañas estaban demasiado cerca en aquella época, y Tirukala las empujó y las separó una de otra, hizo casas entre ellas. Puso riachuelos por todas partes y ríos grandes y pequeños. Hizo manantiales y pantanos en lugares diferentes.

Puso salmones y otros peces en los ríos y riachuelos, abundancia de ellos por todas partes.

Tirukala tenía dos personas que le ayudaban: Pakalai Jawichi y Hapawila. Los tres vivían juntos, trabajando y mejorando al mundo para vivir en él.

Tirukala nunca comía nada, nunca tomaba alimento de ninguna clase. Trabajaba siempre y cantaba durante su trabajo. Hapawila hacía trampas y cogía muchos salmones. Igual que Tirukala, él cantaba todo el tiempo. Después de un tiempo dos chicas jóvenes oyeron su canto. Eran las dos hijas de Kedila. Salieron a coger leña un día y oyeron el canto. Llenaron sus cestas y se fueron a casa, dejaron la leña, luego salieron a escuchar el canto. Pensaban que era muy dulce y hermoso.

"Acerquémonos al canto", dijo la hermana más joven.

Se fueron a poca distancia de la casa, se sentaron y escucharon. Luego otra vez se pusieron de pie y continuaron. Dos o tres veces hicieron esto, yendo más y más lejos. Pronto tuvieron a la vista una trampa de salmón y se dirigieron a ella.

"No veo a nadie aquí", dijo cada una de las dos hermanas. "¿Quién puede estar cantando?"

Miraron por todos los lados de la trampa y no vieron a nadie. Miraron río arriba y río abajo. No había nadie a la vista. Se sentaron cerca de la trampa, observaron y escucharon. Finalmente la hermana más joven vio quién estaba cantando. Vio a Hapawila en el río, donde estaba cantando.

Cuando vio a las chicas sentadas y escuchando, Hapawila subió hasta ellas.

"¿Por qué camino vais?", preguntó él.

"Oímos cantar y salimos a escuchar. Ésa es la razón por la que estamos aquí", contestó la mayor.

"Llevadle un poco de salmón a vuestro padre", dijo Hapawila, y les dio dos salmones muy hermosos. Ellas llevaron el salmón a casa de su padre.

"¿Dónde conseguisteis estos salmones?", preguntó Kedila.

"Un hombre que canta y tiene trampas de salmones te los envía."

Esa tarde Hapawila fue a casa del viejo Kedila. Las chicas le vieron llegar y se asustaron. A ellas les gustaba su canto, pero no les gustaba su apariencia. Salieron corriendo, encontraron un árbol, treparon y pensaron en pasar la noche allí. Pero Hapawila siguió sus huellas, llegó a los pies del árbol, miró arriba y vio a las dos hermanas cerca de la copa. Caminó alrededor y miraba al árbol.

"Dejémosle subir", dijo la hermana mayor, "hablemos con él un rato, quizá nos guste más si habla con nosotras."

"No", dijo la hermana más joven. "No me gusta él. No quiero hablar con él."

Él intentó trepar por el árbol, pero no pudo. El tronco era liso y el árbol sólo tenía ramas en la copa. Entonces la hermana mayor arregló el árbol para que pudiera trepar hasta ellas. Deseó que hubiera ramas en el tronco para que pudiera trepar, y aparecieron en un momento. Hapawila trepó hasta las dos hijas de Kedila.

La hermana más joven se enfadó por esto, se apresuró a bajar del árbol, corrió a casa y le contó a su padre que su hermana y Hapawila estaban hablando en la copa del árbol.

El anciano Kedila no dijo nada y se fue a la cama. Pocos minutos más tarde la hermana mayor estaba en casa. Ella también huyó de Hapawila cuando le vio por tercera vez.

Por la mañana temprano Kedila estaba muy enfadado. Cogió a su hija mayor, la empujó al fuego, la quemó y la echó puertas afuera. La hermana más joven recogió el cuerpo de su hermana y lloró amargamente. Después de un rato la llevó a un manantial, lloraba mientras la llevaba. Lavó el cuerpo de su hermana en el agua. Yació una noche en el manantial. Al alba del día siguiente la hermana mayor salió viva del agua, con todas las quemaduras curadas.

"¿Adónde podemos ir ahora? Nuestro padre está enfadado; nos matará si vamos a casa", dijo la hermana más joven.

Las dos partieron al Oeste, cantando mientras viajaban.

"Ojalá tuviera una cesta con toda clase de buenos alimentos", dijo la hermana más joven hacia la tarde. Pronto una cesta estaba allí mismo. Se dejó caer frente a ella. Ella miró. Había piñones en la cesta, raíces diferentes y buenos alimentos para comer.

Jewinna vivía en el Oeste. Tenía una casa de sudación muy grande y a mucha gente. Al hijo más jóven y él único vivo le guardaba arropado y escondido en una piel de oso.

Al atardecer las dos chicas llegaron a casa de Jewinna y dejaron su cesta de raíces cerca de la puerta. La esposa de Jewinna salió y metió a las dos chicas. El mismo Jewinna extendió una piel de oso y dijo a las chicas que se sentaran. Dijo a su hijo, que estaba arropado y escondido:

"Sal a sentarte con estas dos chicas jóvenes que han venido hasta nosotros."

El joven miró a través de un agujero pequeño de su piel de oso; vio a las dos mujeres, pero no dijo nada; no salió. Cuando cayó la noche, las dos chicas se fueron a dormir. A la mañana siguiente se levantaron, se lavaron, se vistieron y se cepillaron cuidadosamente. Luego fueron al Este, fueron hacia la casa de su padre.

El hijo de Jewinna, Jewinpa, salió poco después, nadó, se vistió, comió y siguió a las dos chicas. Ellas iban muy deprisa, iban sin parar; pero Jewinpa las alcanzó y fue con ellas a casa de su padre.

Kedila fue amable con Jewinpa y trató bien a sus propias hijas. Les habló como si nada hubiera ocurrido.

El viejo Jewinna, en el Oeste, llamó a todo su pueblo y dijo: "Pueblo mío, quiero que sudéis y nadéis, luego venid aquí a escucharme."

Después de haber hecho esto, Jewinna dijo: "Me temo que mi hijo se ha ido. Tengo que seguirle mañana. No sé por qué se ha ido. Ojalá no se haya ido lejos de este lugar. Preparaos, todos vosotros, nos iremos mañana."

Jewinna se levantó antes del alba, llamó a su pueblo y dijo: "No puedo comer. Siento que mi hijo se haya ido."

Todos cogieron flechas y adornos, pieles de nutria y escalpes de pájaro carpintero de cabeza roja, y partieron para seguir al joven. Cuando caminaban Jewinna cantó:

"I-no-hó, i-no-hó no-há, i-no-hó!"

Muchos le siguieron y repitieron:

"I-no-hó, i-no-hó no-há, i-no-hó!"

Continuaron todo el día, iban deprisa, y al atardecer estaban en una vasta llanura no muy lejos del lugar de Kedila. Éste tenía una casa de sudación grande y rica y estaba llena de gente. El anciano jefe tenía muchos yernos y mucha gente que le servía. Jewinna y sus hombres llegaron al lugar un poco antes de que cayera la noche y Kedila fue a la parte de arriba de la casa de sudación y dijo a los extraños:

"Quiero que entréis todos y os divirtáis. Quizá sea pequeña mi casa, pero la haré más grande."

Entonces sopló hacia los cuatro costados y dijo: "¡Sé más grande, casa mía, sé más grande!"

La casa de sudación se ensanchó y fue más larga. Había habitaciones para todos y todos entraron.

"Yernos míos, traed comida para Jewinna y su pueblo", dijo Kedila.

Trajeron toda clase de buenos alimentos y comieron todos con alegría.

"Traed vuestros adornos, pieles de nutria y escalpes de pájaro carpintero de cabeza roja y ponedlos aquí en este lado de la casa de sudación", dijo Jewinna a su pueblo.

Metieron todo y se lo dieron a Kedila. Cogió contento todas estas cosas ricas y las puso lejos.

Kedila cogió su parte, pieles de lobo y pieles de ciervo y se las dio a Jewinna.

A la mañana siguiente Jewinna dijo a su pueblo: "Salid diez de vosotros a cazar ardillas. Otros sujetarán cabezas a sus flechas."

Uno de los diez vio a una ardilla en un árbol; cogió un garrote, trepó detrás de la ardilla y la mató; vio otra y otra; el árbol estaba lleno de ardillas. Un segundo hombre vio ardillas en un segundo árbol, y luego un tercero y un cuarto en otros árboles. En seguida los diez estaban matando ardillas en diez árboles, y pronto tenían diez montones de ardillas, cada montón era tan grande como el hombre podía transportar.

Los dos jefes estuvieron encantados cuando vieron las diez cargas de caza y aquel día hubo un gran banquete de carne de ardilla en casa de Kedila.

Luego se sentaron a ambos lados a jugar, jugaron con palos, jugaron todo el día, jugaron hasta el atardecer. Ellos se apostaron toda clase de pieles. Los hombres de Jewinna ganaron muchas cosas y ganaron mucho más que los del mismo lugar.

A la mañana siguiente los yernos de Kedila querían volver a ganar las hermosas pieles y las otras cosas que habían perdido jugando, pero antes del mediodía habían perdido todo. Cuando se quedaron sin nada, los hombres de Kedila estaban enfadados.

"No jugáis honradamente", dijeron a los hombres de Jewinna. "No os llevaréis estas cosas."

"Hemos ganado todo honradamente", dijeron los hombres de Jewinna, "y nos llevaremos con nosotros estas cosas a casa."

Empezaron entonces a luchar. Los yernos de Kedila atacaron a los hombres de Jewinna tan pronto como estuvieron fuera de la casa de sudación.

"Estamos aquí para luchar si es necesario", dijo Jewinna; "id delante, hombres míos, es problable que muráis cada uno de vosotros."

Los hombres de Jewinna lucharon, yendo hacia el Oeste; lucharon llevándose con ellos lo que habían ganado. Jewinna luchó con valentía y cantaba mientras luchaba. La gente de Kedila seguía.

Lucharon hasta casi el anochecer. Todos habían muerto a excepción de ocho hombres, cuatro en cada lado: Jewinna, su medio hermano y dos más de la gente del Oeste. Kedila y otros tres de la gente del Este estaban vivos todavía.

Estos ocho se envolvieron en una lucha una vez más; los dos jefes cayeron con el medio hermano de Jewinna y el hijo más joven de Kedila. Matsklila sintió tanto lo de este último que tiró arco y flechas y cayó al suelo llorando amargamente. Viendo esto, Chikpina cogió una roca y le abrió los sesos a Matsklila. Wirula, en el lado de Kedila, mató a Chikpina, y quedaron solo dos: Chichepa, el último de los hombres de Jewinna, y Wirula, el último de la parte de Kedila.

"Ahora", dijo Wirula, "hemos luchado bastante. Estás solo. Ve a casa a decirle a las mujeres que han matado a todo tu pueblo. Yo estoy solo también. Iré a casa a decir que todo nuestro pueblo está muerto."

Jewinna había llevado a su hijo con él cuando dejó la casa de Kedila, y él también había sido asesinado en la lucha.

Entonces Wirula y Chichepa partieron en direcciones opuestas; fueron a corta distancia, se tumbaron en el suelo y rodaron llorando y lamentándose. Wirula se levantó de un salto y dijo:

"Mataré a Chichepa. Le mataré con toda seguridad y no quedará ninguno de nuestros enemigos."

Wirula se volvió y siguió a Chichepa lentamente; cogió su arco y mandó una flecha detrás de él. Pero Chichepa se echó a un lado. La flecha falló. Luego Wirula se alejó corriendo.

"Ahora mataré a Wirula", dijo Chichepa.

Se volvió y le siguió con cuidado, cautelosamente; le alcanzó y le golpeó fuertemente en el cráneo. Wirula cayó muerto.

Chichepa se dio la vuelta camino de casa, llorando todo el tiempo. Cuando estaba cerca de casa, las mujeres le vieron tambalearse, luego le vieron caer. Cuando alcanzó la parte de arriba de la casa de sudación, cayó dentro, rodó por el suelo y lloró. No comió nada aquella noche; sentía mucho lo de su pueblo. Dormía un rato y luego se despertaba llorando.

A la mañana siguiente temprano cogió diez pieles de nutria; regresó a donde estaban los muertos, arrancó un pelo de la cabeza de cada uno de ellos y llenó las diez pieles de nutria con pelos. Tendría el trabajo hecho antes del anochecer.

"Encended un buen fuego", dijo a las mujeres cuando llegó a casa aquella noche. "Dadme cuatro cestas de agua grandes." Le dieron las cestas. Las llenó de agua y puso rocas calientes en ellas. Luego vació las diez pieles de nutria en el agua.

"Quedaos toda la noche en vuestras casas. No dejéis que nadie asome la cabeza. Yo estaré en la casa de sudación", dijo él.

Las cuatro cestas hirvieron mucho. Justo al alba la cesta más grande se cayó, luego cayeron la segunda, la tercera y la cuarta. Después de esto hubo voces todo alrededor de la casa de sudación, cientos y cientos de ellas.

"Tenemos frío, abre la puerta", gritaron las voces.

Cuando había llegado el alba, Chichepa abrió la puerta y todos se apresuraron a entrar. Jewinna vino primero, y con él su hijo. Todos le siguieron, vestidos igual que cuando fueron a casa de Kedila; todos vivos y bien fuertes y sanos. Jewinna se rió. Estaba contento.

De camino a casa las dos hijas de Kedila tuvieron dos hijos, los hijos de Jewinpa. Los chicos habían nacido al día siguiente después de que Jewinpa hubiera mirado a sus madres. Ellos habían surgido de los ojos de su padre. Él sólo había mirado a las dos hijas de Kedila a través de sus dedos.

Después de que hubieran matado al hijo de Jewinna, y Chichepa le hubiera traído a la vida, fue al Este, a la gran casa de sudación de Kedila, y se quedó cinco días y cinco noches allí, luego cogió a sus dos esposas y a sus dos hijos y regresó a casa de su padre.

El hijo más joven de Kedila, nacido cuando su padre era anciano, vino a la vida. Se había sentado siempre en el pilar central, al borde de las cenizas, y siempre había estado moviendo los brazos, pero nunca había bailado ni sobre ese sitio ni sobre otro suelo. Se había quemado la cara porque se había sentado muy cerca del fuego, y había sudado a menudo por estar tan cerca de él.

Todos se reían de él; se burlaban de ese "Cara Quemada" que se sentaba noche y día en las cenizas. Él escupía siempre en un sitio. El hijo mayor de Kedila le había dicho muchas veces:

"Si nos matan volveremos a la vida de nuevo."

"No creo que lo hagamos", decía Cara Quemada; "pero cuando me maten volveré a la vida por medio de mi propio poder."

Cara Quemada salió a luchar, y le mataron con los otros.

Ahora salió un bebé pequeño del escupitajo de Cara Quemada, un chico. Las mujeres le cogieron y le lavaron. En una hora había crecido un buen trozo, en dos horas todavía más. Al día siguiente había crecido completamente.

Luego este hombre joven que había surgido del escupitajo salió de la casa. Siguió el curso de la lucha, encontró muerto a todo el pueblo de Kedila, les golpeó a todos con el pie y les dio la vuelta. Todos vinieron a la vida y se levantaron, tan bien como siempre.

Cuando Jewinna vino a por sus mujeres, sus hermanos y cuñados dieron regalos a las mujeres; pero cuando sus dos esposas y sus dos hijos fueron a casa con él y el viejo Jewinna les vio venir, cogió dos pieles de oso rápidamente y, cuando estuvieron en la parte de arriba de la casa de sudación, cogió a los muchachos, los puso dentro de las pieles de oso, los enrolló y los puso en su sitio para ser Weanmauna.

LAS ESPOSAS DE SUKONIA Y LAS HERMANAS ICHPUL

PERSONAJES

Después de cada nombre se da el del animal, pájaro o cosa en los que se transformó el personaje posteriormente.

Chikpitpa, comadreja joven; **Jahtaneno,** cierta clase de criatura con concha; **Metsi,** coyote; **Ichpul,** rana; **Sukonia,** nombre de marta cuyo nombre ordinario es Demauna; **Tsore Jowa,** cierta clase de águila.

EL viejo Jahtaneno tenía muchísimas hijas, y todas menos dos estaban casadas. En esa época Sukonia era un gran jefe en este país nuestro. Tenía una casa de sudación grande y mucha gente que le servía.

Un día Jahtaneno llamó a sus hijas y dijo: "Chicas, quiero que vayáis a casa de Sukonia. He oído que él es muy rico; id a verle. No tiene esposa todavía, puede casarse con vosotras. Levantaos temprano por la mañana, bañaros, cepillaros el pelo e id a ver al jefe Sukonia."

Las dos hermanas no respondieron, no dijeron nada,

obedecieron a su padre. Se levantaron temprano a la mañana siguiente, se bañaron, se cepillaron el pelo, se pintaron de rojo las caras (la gente joven se pintaba de rojo siempre). Su madre le dio a cada chica una bonita cesta, colgó adornos en sus cuellos y puso comida en sus cestas.

"Si algún hombre se encuentra con vosotras en el camino", dijo Jahtaneno al partir, "no le miréis. Se acercará a vosotras un hombre vestido ricamente y que lleva puestos muchos adornos, os hablará; no miréis a ese hombre, no es sino Metsi."

Las dos chicas empezaron a cantar cuando salieron:

"Au ni á, au ni á, mo a wé, he ló,
au ni á, au ni á, mo a wé, he ló."

Fueron hacia el Norte, por el camino por el que el anciano les había dicho que fueran. Él les advirtió más diciendo: "Hay una casa a este lado de Sukonia, y no muy lejos de ella dos mujeres viven en esa casa, dos criadas viejas. Aseguraos de no deteneros en esa casa. No os acerquéis a esas mujeres, pasad por aquel lugar rápidamente, no os paréis ante ella, no habléis a las mujeres. Ellas son malas, mujeres malvadas. Si entráis en su casa, nunca saldréis de ella; si vais, os matarán allí."

Las hijas de Jahtaneno partieron, se alejaron caminando rápidamente, cantanto según marchaban:

"Au ni á, au ni á, mo a wé, he ló,
au ni á, au ni á, mo a wé, he ló."

Metsi oyó la canción, escuchó y se dijo a sí mismo: "Es una buena canción, es un bonito canto; me gusta oír esa canción. Creo que esas dos chicas van a ver al jefe. Creo que van a visitar a Sukonia Mujaupa. Ahora habrá pieles de nutria aquí, delante de mí, y adornos en abundancia y conchas hermosas."

Él deseó todas las otras cosas que le gustaban. Metsi se vistió ricamente y esperó.

Las hijas de Jahtaneno caminaron y caminaron sin parar, no se encontraron a nadie en el camino hasta que llegaron a donde Metsi estaba esperando. La hermana más joven iba caminando delante; vio a Metsi en un lado del sendero, pero no le miraría una segunda vez. La hermana mayor miró una segunda y una tercera vez.

"Creo que es Sukonia Mujaupa", dijo ella.

"Nuestro padre no nos dijo eso", contestó la hermana más joven; "ése es Metsi."

Pero a la hermana mayor le gustó la apariencia del extraño y ella le miró muchas veces.

"Creo que es Sukonia", dijo ella.

"Ven conmigo", dijo la hermana más joven. "¿Has perdido la vista? Ése es Metsi."

La hermana más joven iba ahora delante a cierta distancia; la mayor se detuvo a mirar al extraño desde más cerca.

"¿Qué camino llevas?", preguntó Metsi.

"Nuestro padre nos envió a Sukonia, el jefe."

"¡Oh!, yo soy jefe", dijo Metsi; "vendrás conmigo. Iré a casa muy pronto."

"Mi hermana va delante, está esperando. Tengo que darme prisa y decírselo primero. Luego volveré contigo."

Ella alcanzó a su hermana y dijo: "Iré con este hombre, éste es Sukonia, el jefe. Dijo que era jefe."

"Has tenido que perder la cabeza", contestó la hermana más joven. "Ése es Metsi. No es jefe, no es Sukonia."

La hermana mayor fue con la más joven, pero quería regresar a Metsi, deseaba ir con él; le gustó su ropa, sus palabras le agradaron, ella creía en él. Las dos continuaron, aunque la mayor iba contra su voluntad.

"Veréis dos pieles negras de oso que cuelgan de la puerta de la casa de sudación", dijo el padre cuando partieron las hijas. "Parad allí, ésa es la casa de Sukonia, ésa es la casa a la que vais."

Hacia el atardecer llegaron cerca del lugar donde vivían las Ichpul.

"Paremos aquí", dijo la hermana mayor, "y comamos algo. Tengo hambre."

"Nuestro padre nos dijo que pasáramos esta casa; nos dijo que no paráramos cerca de ella, que no fuéramos a ella, que no la miráramos", dijo la hermana más joven, y continuó sin mirar, iba recta hacia delante.

La hermana mayor la siguió, pero la siguió de mala gana. Al fin las dos llegaron cerca de la casa de Sukonia y vieron dos pieles de oso que colgaban sobre la casa de sudación.

Chikpitpa, el hermano pequeño de Sukonia, estaba en el tejado, y Tsore Jowa, su hermana, estaba trabajando haciéndose una casa un poco más allá a un lado. Chikpitpa entró corriendo en la casa, diciendo a voces:

"¡Vienen dos chicas! ¡Dos chicas vienen con cestas!"

El anciano, el padre de Sukonia, trajo las pieles de oso para que se sentaran las jóvenes y esperó. Las hermanas entraron y tomaron los asientos que les mostraron. Chikpitpa estaba en un rincón cuando se sentaron las hermanas. Se acercó a una de ellas, luego a la otra, las miró, se sentó sobre sus regazos. Estaba muy contento de que hubieran venido las hermanas; le gustaba estar con ellas y hablar con ellas.

El anciano Sukonia salió afuera y llamó a Tsore Jowa: "Ven, hija mía, trae comida a nuestras invitadas, a las jóvenes que han venido a visitarnos."

Ella trajo médula de ciervo, trajo también otras clases de alimentos. Las hermanas habían dejado sus cestas afuera, cerca de la puerta. En el camino habían dicho a las cestas: "Dejad comida dentro, será bonito", y cuando las dejaron en la puerta, ellas dijeron: "Sed grandes y llenaos."

Las dos cestas estaban afuera ahora, muy grandes y llenas de toda clase de comida buena. Sukonia vino a casa con sus hombres al atardecer. Chikpitpa saltó al tejado de la casa y llamó a su hermano:

"Dos invitadas han venido a nuestra casa. Dos mujeres están sentadas adentro. Se han sentado en tu sitio."

Los hombres entraron y Sukonia se sentó con las hermanas. A ellas les gustó, a él le gustó la apariencia de ellas.

"¿Has traído comida para nuestras invitadas?", preguntó Sukonia.

"Traje algo", dijo Tsore Jowa.

"Oh, dame más. ¡Trae mucho de todo!"

Metieron en la casa las dos cestas que habían traído las hijas de Jahtaneno. Las hermanas invitaron a todos los presentes a probar su comida. Todos los hombres comieron alimentos de las cestas y los alabaron. Sukonia, el jefe, estaba cada vez más encantado con las hermanas aquella tarde, y se casó con ellas.

Después de haber comido todo el pueblo, a la mañana siguiente Sukonia se fue a cazar. Se llevó a muchos hombres con él.

Aquel día las hermanas de Sukonia enseñaron a sus esposas todos los sitios de la casa y de fuera de ella, les enseñaron dónde se guardaba el venado, las raíces y las bellotas; les enseñaron dónde estaba el agua. El manantial estaba en la casa, en un rincón, cubierto cuidadosamente.

Después de unos días Sukonia dijo a sus esposas: "Quiero que me digáis lo que os dijo vuestro padre cuando le dejastéis. ¿Cuándo quiere que regreséis? ¿Cuándo quiere que le visitéis?"

"Él no nos dijo cuándo volver a él. No nos dijo que regresáramos exactamente, sólo nos dijo que viniéramos aquí, pero queremos verle. Queremos decirle cómo vivimos aquí."

"Bien", dijo Sukonia, "id mañana, id a ver a vuestro padre. ¿Qué come él? ¿Qué le gusta?"

"Come salmón, le gustan los adornos bonitos, las pieles y las conchas."

"Le enviaré algo de mi carne, le enviaré venado. Le enviaré adornos y pieles."

"¿Puedo ir con mis cuñadas?", preguntó Chikpitpa.

"No, te quiero aquí", dijo Sukonia. "Te quiero aquí, hermano pequeño."

Las dos mujeres se levantaron temprano a la mañana siguiente, y Tsore Jowa les ayudó a prepararse. Sukonia les dio venado cebado y toda clase de adornos brillantes y ricos regalos para su padre.

Ellas partieron, se alejaron hasta la casa de Ichpul, donde vivían las dos hermanas rana. Las dos viejas criadas estaban en el camino y hablaron a las esposas de Sukonia. Ellas eran muy amables y agradables.

"Dejad vuestras cestas y sentaos un rato a hablar con nosotras", dijeron ellas.

Las hermanas Jahtaneno se asustaron. No deseaban detenerse. Temían a las mujeres Ichpul, no les gustaba hacer que se enfadaran rehusando. Tenían miedo de sentarse, miedo de rehusar.

"¡Oh, qué pelo tienes! Déjame ver tu pelo", dijo una mujer Ichpul a la hermana mayor.

"¡Oh, qué pelo tienes!", dijo la otra a la hermana más joven. "Déjame mirar tu cabeza."

"Pon la cabeza en mi regazo", dijo cada una de las hermanas Ichpul a cada una de las esposas de Sukonia.

Las dos tenían miedo, pero incluso así pusieron la cabeza en el regazo de la vieja criada. Las hermanas Ichpul mataron a las esposas de Sukonia, despellejaron los cuerpos y se pusieron sus pieles.

Al día siguiente al atardecer las dos mujeres rana fueron a casa de Sukonia; entraron y se sentaron donde se habían sentado siempre las hijas de Jahtaneno; tomaron el lugar de las esposas de Sukonia, parecían exactamente igual que ellas porque tenían puestas sus pieles.

Al anochecer Sukonia vino de cazar a casa. Chikpitpa, que corría delante, se precipitó dentro de la casa para ver si sus cuñadas habían regresado de casa de su padre. El vio a las dos mujeres, las miró. Parecían sus cuñadas, pero cuando se acercó a ellas él gritó en seguida:

"¡Puaf! ¡Huelen a ranas! Las hermanas Ichpul están aquí. ¡Éstas son las viejas criadas ranas!"

Lloraba y salió corriendo a encontrarse con su hermano.

"Hermano", dijo él, "las hermanas Ichpul están en nuestra casa. Mataron hoy a mis cuñadas. Sé que lo hicieron." Seguía llorando. "¡Ellas mataron a mis cuñadas, mataron a mis pobres cuñadas!", y lloraba sin parar, lloraba amargamente.

Las dos criadas viejas, que llevaban las pieles de las esposas de Sukonia, estaban haciendo gachas de bellotas. Cuando casi estaban preparadas, Sukonia miró a las dos mujeres. Parecían sus esposas, y dudaba, hasta que pensó en seguida: "Les pediré que me traigan agua del manantial; si no lo hacen, son falsas."

"Tráeme agua, esposa mía", dijo a una de las mujeres.

Ella se puso de pie, cogió una cesta de agua, se volvió hacia la puerta y dijo a Chikpitpa: "Sal conmigo a por agua, cuñado pequeño."

"Espera", dijo Sukonia. "No hace falta que vayas ahora."

Ella regresó al fuego y se sentó con su hermana. Sukonia sabía ahora que estas mujeres eran extrañas.

"Azótame", dijo Chikpitpa a su hermano. "Lloraré, rodaré y daré patadas. ¡Daré patadas a estas asquerosas ranas! Las mataré."

Cuando estaban cociendo al máximo las gachas de bellotas, Sukonia golpeó a Chikpitpa con un látigo y le regañó: "¿Por qué lloras? No puedo hacer nada para que llores así."

El chico rodó por el suelo, lloraba más que nunca, daba patadas, rodaba, daba patadas tan fuertes como podía, rodó hacia el fuego y daba patadas, de una patada echó a una mujer a las gachas cociendo, de otra patada echó a la otra al fuego que ardía, y de esta forma mató a las hermanas falsas.

Chikpitpa estaba contento, se reía. Sukonia lanzó a las dos mujeres puertas afuera y se lamentó toda la noche por sus esposas. A la mañana siguiente temprano se levantó y dijo: "Quedaos en casa hoy todos vosotros."

"¿Adónde vas?", preguntó Chikpitpa.

"Quédate aquí, hermano pequeño", dijo Sukonia. "Voy a alguna parte."

Sukonia siguió el rastro de sus esposas, alcanzó el lugar donde las hermanas Ichpul las habían detenido y encontró sus cuerpos muertos. Cogió su cuerda de arco de nervios de ciervo, golpeó a las dos mujeres, las llamó y se levantaron vivas.

"¿Cómo os mataron?", preguntó Sukonia. "¿Cómo ocurrió? ¿Fuisteis a casa de las Ichpul?"

"No fuimos a aquella casa, esas dos mujeres salieron al camino y nos pararon. Nos pidieron que nos sentáramos y habláramos con ellas. Teníamos miedo de sentarnos, teníamos miedo de rehusar. Nos sentamos y nos mataron."

Sukonia llevó a sus esposas a casa. Cuando tenían la casa a la vista, Chikpitpa estaba en el tejado observando.

"¡Oh!, ésas son nuestras cuñadas", dijo él a Tsore Jowa y salió corriendo para encontrarse con ellas.

"Ahora id a vuestro padre", dijo Sukonia a la mañana siguiente. "Llevad regalos y venado para él, y estad aquí al anochecer."

Las dos hermanas se levantaron temprano, cogieron dos cestas y partieron. Al mediodía estaban en casa de su padre. El anciano Jahtaneno se alegró cuando vio a sus hijas y vio los hermosos regalos.

"Nuestro marido nos dijo que fuéramos hoy a casa y no podemos quedarnos contigo mucho tiempo."

Ellas llevaron de vuelta muchos regalos de su padre y fueron a casa al atardecer. No se encontraron con ningún problema en el camino. Las hermanas Ichpul estaban muertas y Metsi no se encontró con ellas una segunda vez.

EL HALLAZGO DEL FUEGO

PERSONAJES

Después de cada nombre se da el del animal, pájaro o cosa en los que se transformó el personaje posteriormente.

Ahalamila, lobo gris; **Au Mujaupa,** señor del fuego; **Chil Daiauna,** gran granizo; **Chil Wareko,** gran lluvia; **Juhauju,** viento del Oeste; **Jukami,** viento del Norte; **Jukilauyu,** viento del Este; **Juwaju,** viento del Sur; **Gagi,** cuervo; **Metsi,** coyote; **Patcha,** nieve; **Sabil Keyu,** pequeño granizo; **Shushu Marimi,** mujer perro; **Siwegi,** pájaro pequeño, desconocido.

———————

AL principio Au Mujaupa tenía fuego muy lejos al sur, al otro lado del gran río. La gente de este país no tenía un fuego real; tenían una especie de fuego, pero no era bueno. Sólo calentaba un poco; no cocinaba como el fuego que tenemos ahora. La gente mataba ciervos y pescaba, pero tenían que comerse crudo el pescado y el venado.

En el Oeste la gente tenía fuego, pero no cocinaba. En el Norte había mucha gente, y también en el Este; pero no tenían fuego con el que poder cocinar.

279

"Tiene que haber fuego en algún sitio", decía la gente en Pawi. "¿Cómo podemos hallarlo?"

"Saldremos a buscarlo esta noche", dijo Ahalamila.

Esa noche fueron a buscar fuego. Fueron a la cima de Wahkanopa, miraron al Este y al Oeste, no vieron fuego en ningún sitio. Luego miraron al Norte; no había fuego en el Norte. Miraron al Sur, no vieron fuego por ninguna parte.

Ahalamila fue a casa y habló al jefe y al pueblo. "No vi fuego", dijo él. "No pude ver ninguno, pero iré a un lugar mejor la próxima vez y traeré fuego conmigo. Iré mañana por la noche a la cima de Wahkalu. ¿Quién de aquí tiene una buena cabeza, quién tiene vista aguda para ver el fuego? Quiero buscar fuego mañana por la noche desde la cima de Wahkalu; desde ese sitio miraré por todo alrededor del mundo para hallar fuego."

Dijo el jefe: "Tenemos a un hombre aquí que puede ver a través de un árbol, que puede ver a través de la tierra un lecho rocoso, que puede ver a través de una montaña. Le puedes llevar mañana contigo. Él es Siwegi."

Ahalamila le dijo a Siwegi. "¿Irás mañana por la noche a buscar fuego?", preguntó él.

"Iré si no es muy largo el camino."

"Oh, no será largo", dijo Ahalamila, "yo lo acortaré."

Siwegi estuvo de acuerdo en ir; cuando llegó la hora, partieron. Ahalamila dobló el sendero y lo hizo más corto; en un hora estaban en la cima de Wahkalu, los dos preparados ahora para buscar fuego. La noche era muy oscura; podían ver fácilmente el fuego más pequeño.

Miran al Este, miran con gran atención, miran un buen rato, no ven fuego; miran al Norte de la misma manera, no ven fuego; miran al Oeste, no hay fuego allí. Ahora Ahalamila mira al Sur, mira durante mucho tiempo y no ve nada; mira media hora al Sur, ve un pequeño resplandor como una luz muy lejana.

"Siwegi", dijo él. "Veo una luz pequeña abajo en el Sur; parece fuego muy lejano. Creo que es fuego."

"Mira otra vez", dijo Siwegi, "mira atentamente, quizá sea fuego."

"He mirado bastante, creo que es fuego", dijo Ahalamila, "pero quiero que lo veas, quiero que lo mires ahora."

Siwegi mira un buen rato. "Sí, eso es fuego", dijo él.

"Bueno", dijo Ahalamila, "vemos fuego, sabemos que está allá lejos en el Sur."

Ahalamila acortó el camino y estaban de regreso en Pawi en una hora. "Hemos encontrado fuego", dijo Ahalamila al jefe y a su pueblo. "Sabemos dónde hay fuego, podemos tener fuego ahora."

"Tenemos que conseguir ese fuego", dijo la gente.

"No hay forma de conseguir fuego si no vamos a por él", dijo Ahalamila.

"Bueno", dijo el jefe, "ya que Ahalamila vio el fuego irá a por él, pero el camino es largo. ¿Quién ira a ayudarle? ¿Quién irá a por fuego con Ahalamila?"

Unos cincuenta hombres se ofrecieron para ir, y ellos partieron a la mañana siguiente. El viaje era largo y muy duro. Pronto dos o tres hombres estuvieron cansados y se volvieron a casa. No mucho después se cansaron más, y cuando se habían alejado y bajaron al gran río, justo al norte de donde estaba el fuego, de los cincuenta que empezaron sólo quedaban tres: Ahalamila, Metsi y la anciana Shushu Marimi.

Justo al sur del gran río Au Mujaupa había un pueblo muy grande, y en el pueblo una gran casa de sudación. En esa casa guardaban el fuego, y había una gran multitud de gente que vivía a las afueras, en el campo, y le servían e impedía que cualquiera del mundo le robara su fuego. Estas personas eran Patcha, Chil Wareko, Chil Daiauna, Sabil Keyu, Juhauju, Juwaju, Jukami y Jukilauju.

Los tres, Ahalamila, Metsi y la anciana Shushu Marimi, estaban en el extremo norte del puente, y esperaron allí hasta que toda la casa de sudación estuvo en calma. El puente era muy estrecho y resbaladizo, así que Ahalamila se puso resina en los pies y en las manos, y en los pies y en las manos de Metsi y Shushu. Los tres cruzaron sin resbalarse y encontraron durmiendo a todos en la casa de sudación.

El anciano jefe, Au Mujaupa, había cubierto bien el fuego con cenizas. Todo estaba en silencio, dentro y fuera. Ahalamila, Metsi y Shushu se arrastraron hasta la casa de sudación en silencio y miraron dentro. Todos estaban dormidos.

"Bajaré yo primero", dijo Metsi.

"No, yo iré primero", dijo Ahalamila. "Conseguiré el fuego y te lo acercaré a ti, tú lo coges y corres muy rápido."

Ahalamila se deslizó abajo. Metsi y Shushu se quedaron en el tejado. Ahalamila abrió el fuego con cuidado, sacó un buen trozo y se lo dio a la anciana. Ella se lo puso en la oreja. Él le dio otro; ella se lo puso en la otra oreja, se deslizó desde la parte de arriba de la casa de sudación, corrió por el puente y se alejó deprisa.

Ahalamila le dio a Metsi dos trozos. Se los puso en las dos orejas y partió. Ahalamila llenó sus orejas y salió.

Los tres habían subido corriendo a las dos montañas cuando se despertó Au Mujaupa y vio que habían abierto las cenizas y que se habían llevado el fuego, y que un ascua había caído cerca del pilar central. Se levantó de un salto, gritó, llamó a todo el pueblo:

"¡Han robado el fuego! ¡Han robado el fuego! ¡Vamos, vosotros, seguidme!"

Ahora Patcha, Chil Wareko, Chil Daiauna, Sabil Keyu y todo el pueblo se levantó y persiguió, aceleró, provocó tormentas en todas direcciones. Tanta agua cayó que la región entera se inundó.

Ahora Juwaju iba delante de todo el pueblo Au Mujaupa persiguiendo a los tres ladrones. Chil Wareko vino también, y cayó sobre los tres con furia; les empapó y les heló. Luego vinieron Jukami y Patcha, que casi les congelan.

Metsi estaba casi muerto; el fuego salió de sus orejas. Ahalamila perdió el fuego también. Chil Wareko, Juwaju y Patcha lo apagaron y luego lo dejaron caer.

La anciana Shushu iba detrás un buen trecho, pero corría todo el tiempo. Mantuvo su mano sobre una oreja mientras corría. Perdió el fuego de la otra oreja y cuando cayó el trozo se rompió en dos y cayeron a un lado. Chil Wareko recogió el fuego y lo tomó de nuevo; encontró seis trozos, pensó que los tenía todos. Él y los otros dejaron de seguirles.

Ahalamila y Metsi corrían delante, dejaron que la anciana Shushu hiciera todo lo que pudiera, y llegaron a casa los primeros. Estaban mojados, tenían frío y estaban cansados.

"¿Dónde está tu fuego?", preguntó el jefe.

"No tengo ninguno, Chil Wareko cogió mi fuego", dijo Ahalamila.

"¿Dónde está tu fuego?", preguntó el jefe.

"Chil Wareko lo cogió", dijo Metsi.

El jefe lo sentía mucho y todo el pueblo lo sintió. La anciana no venía y el pueblo dijo: "Tiene que haber muerto congelada."

Al atardecer llegó la anciana Shushu, venía lentamente, estaba terriblemente cansada, pero animosa. Alcanzó la casa de sudación, entró, no dijo nada, se tumbó mojada y helada.

"¿Dónde está el fuego?", preguntó ella. "¿No trajeron fuego Ahalamila y Metsi? Ellos son jóvenes y fuertes y tenían mucho fuego."

Después de un rato se puso de pie, juntó polvo de madera, luego se sentó, abrió su oído y lo puso sobre el polvo; salió un gran trozo de fuego. La madera prendió rápidamente y pronto toda la casa de sudación estaba caliente. Los que tenían frío antes estaban calientes ahora y contentos.

"Trae carne y probaremos cómo sabe cuando está asada", dijo el jefe.

Cortó un poco de venado y lo asó. Uno y otro probaron la carne. "Está muy buena", dijeron ellos; un tercero dijo: "La probaré", y Gagi cogió una pizca. "Oh, está dulce, muy buena", dijo Gagi.

Todos asaron carne y comieron de buena gana. Al día siguiente fueron a cazar y tuvieron un gran banquete por la tarde. Un jefe de otro lugar vino al banquete y cogió fuego, se lo llevó a casa con él. Pronto toda la gente tenía fuego; todos tenían fuego en todas las partes de la región.

HAKA KAINA

PERSONAJES

Después de su transformación, los personajes de **"Haka Kaina"** fueron pájaros principalmente. No he sido capaz de identificar a la mayoría de ellos, y haré referencia a ellos en las notas a este mito. **Hwipajusi,** el padre de las tres chicas, es un cisne silbido. Encontramos entre los personajes a **Gowila,** lagarto, **Malwila,** alondra de las praderas, y **Maibyu,** paloma de los bosques. La única forma de identificar tales personajes es sin duda contratando a hombres que les disparen en los bosques y en las montañas. Esto he hecho con tanta frecuencia como me ha sido posible, pero en el caso presente las especies se perdieron antes de poder fijar su identidad. Toda la información disponible ahora la encontrarán en las notas.

———

HAKA KAINA era el jefe más grande de este país; su casa de sudación, muy grande y hermosa, era Wahkalu.

Una vez Haka Kaina robó a las tres hijas de Hwipajusi, un jefe que vivía abajo en el lejano Sur, más allá del valle del Daha. Cuando Haka Kaina se hubo llevado a las tres chicas dijo:

"Ahora tengo que encontrar a un hombre bueno, un hombre cauteloso, que guarde a estas tres chicas, un nombre que nunca duerma por la noche. Hwipajusi enviará gente aquí para robarlas de nuevo; tenemos que estar preparados para enfrentarnos a sus hombres."

Por fin el jefe eligió a Hohwitina porque él silbaba toda la noche. Todos pensaban que nunca dormía, porque silbaba todo el tiempo, silbaba sin parar desde la tarde hasta el alba. Hohwitina vigiló a las chicas muchas noches; nunca las cuidaba durante la luz del día porque descansaba en ese tiempo. Se las traían a él cada tarde al oscurecer, al pilar central de la casa de sudación. Los brazos de las chicas estaban atados juntos; una chica estaba atada al brazo izquierdo de Hohwitina, la segunda a su brazo derecho, y la tercera atrás atada a su cintura.

Después de un tiempo el anciano Hwipajusi envió a diez de sus mejores hombres del Sur para traer de nuevo a sus tres hijas; los nombres de estos hombres eran: Pusi Tena, Wija Lala, Chami Nuri, Malwila, Gowila, Grana Rana, Dekkech, Pushi Chowa, Manu Rana y Taki Lapiki. A estos hombres se les llamaba Yolaina, que quiere decir los más valientes, los hombres que no temen a nada.

Estos hombres se pintaron los brazos y las caras de negro antes de partir, cogieron buenos arcos y flechas y fueron a Wahkalu.

Hwipajusi había mantenido a las tres hijas siempre ocultas lejos de su casa de sudación, enrolladas en pieles de nutria cuidadosamente; pero Haka Kaina, el jefe de Wahkalu, había entrado a robar mientras estaban durmiendo y se había llevado lejos a las tres doncellas.

Los diez hombres de Hwipajusi llegaron cerca de Wahkalu una tarde entre el atardecer y la oscuridad, y estaban justo allí, cerca de la casa de sudación. Haka Kaina, el jefe, los vio llegar y preparó todas sus fuerzas para luchar.

Dijo él: "Ésa es gente enviada por Hwipajusi, hombres

muy valientes y fuertes. No tenéis que dejar que se acerquen a las chicas; no tenéis que dejar que se vayan de aquí; no tenéis que dejarles que cojan a las chicas ni que se vayan ellos; tenéis que matar a estos diez enemigos."

Uno de los hombres de Haka Kaina tenía un gran martillo. Puso un bloque de pedernal en el punto donde atacarían a los diez hombres cuando se acercaran; entonces golpeó el pedernal con su martillo; pequeños pedacitos cortantes salieron volando de ella como si fuera lluvia, cayeron sobre los atacantes y les cortaron terriblemente. Los diez hombres no tenían miedo del pedernal ni de otras cosas. Ellos se abalanzaron hasta que mataron a cinco. Los otros cinco no estaban asustados y siguieron adelante. El hombre del martillo golpeó el bloque de pedernal hasta que mató a cinco más.

Ahora los diez hombres valientes de Hwipajusi, que no temían a nada, estaban muertos.

Hwipajusi esperaba que regresaran sus hombres, los esperaba; esperaba verles traer a sus hijas, pero los hombres no podían llegar, estaban muertos. Ellos habían prometido traer a sus chicas con toda seguridad, pero no pudieron traerlas; los diez estaban muertos en Wahkalu.

Hwipajusi envió a otros diez hombres, hombres que eran muy sabios y astutos. Estos diez eran Itchi Watibila, Chini Pachuna, Maibyu, Tsigaga, Maltama, Howichi Laina, Aichuch Hisipa, Tsawila, Haiyude Maupa y Tarku Wana. Estos diez hombres se acercaron a la casa de sudación, se sentaron y se ocultaron allí por la tarde.

"Subiré primero sobre la casa de sudación", dijo Maibyu. "Vosotros pesáis demasiado, vuestros pasos son pesados. Si vais vosotros, os oirán, se despertarán; nos matarán como a los diez que vinieron delante de nosotros."

"Conozco al hombre que vigila a las chicas", dijo Maibyu. "Él silba toda la noche, pero duerme; nadie en la casa de sudación duerme con más profundidad que él. Entonces, cuando esté dormido, bajaré a coger a las chicas."

"Iré yo", dijo Itchi Watibila.

El pueblo de Haka Kaina bailó aquella noche y jugaron hasta tarde por la noche. Los diez hombres de Hwipajusi se acercaron arrastrándose y observaron a la gente bailando, pero nadie les vio a ellos. Haka Kaina estaba sentado dentro de la casa de sudación, fumando y hablando, hablando alto; los diez oían su voz. Al final, cuando ya era tarde, todos los hombres entraron en la casa de sudación y en otras casas y al rato estaban durmiendo en todas partes. Todos estaban en silencio menos Hohwitina, que estaba sentado vigilando a las chicas en el pilar central, y silbaba todo el tiempo.

Los diez rodearon la casa de sudación, vieron que todos estaban durmiendo. No oyeron más ruidos que el silbido de Hohwitina.

"Sé que está dormido ahora", dijo Itchi Watibila.

Cuatro hombres subieron a la parte más alta de la casa de sudación. El vigía no silbaba tan alto, pero silbaba. Itchi Watibila dio sus flechas a Chini Pachuna y Chini Pachuna se las dio a Maibyu, porque él tenía que elevar a las chicas.

"Ese hombre duerme, lo sé", dijo Itchi Watibila, y bajó lentamente por el pilar, alcanzó el fondo y se sentó un rato a escuchar. Miró de cerca a Hohwitina y vio que estaba silbando con los ojos cerrados. Itchi Watibila se rió de él. Vio que había una chica atada a cada brazo de Hohwitina y una a la cintura detrás de él. Las chicas se despertaron, las tres.

Itchi Watibila desató la mano derecha de la chica cuidadosamente; se la subió a Chini Pachuna, quien se la dio a Maibyu en la parte más alta de la casa de sudación. Hohwitina seguía silbando e Itchi Watibila cogió la chica de la mano izquierda, se la subió al otro hombre; al fin cogió a la tercera, la hija más joven de Hwipajusi, y no hizo ruido; se la subió a los otros, luego escaló él mismo, descansó un momento en la parte de arriba de la casa y miró abajo. Hohwitina estuvo silbando y durmiendo todo el tiempo. Los diez se deslizaron abajo sin hacer ruido y se fueron a casa; se volvieron hacia el Sur con las tres hijas de Hwipajusi.

El anciano Haka Kaina se levantó al alba, caminó por la casa de sudación, fue al pilar central para ver a Hohwitina y a las tres chicas que él guardaba. Vio a Hohwitina, oyó cómo silbaba, no vio a nadie cerca de él, ninguna chica atada a sus brazos y a su cintura.

"Ha dejado que se vayan las chicas", pensó Haka Kaina. "Tú silbas toda la noche, pero no vigilas", dijo Haka Kaina empujándole. Le despertó.

Hohwitina miró a su brazo derecho, no había ninguna chica; miró al izquierdo, la segunda se había ido; palpó su espalda, no había ninguna allí.

"¿Dónde están las chicas?", preguntó Haka Kaina.

"No te puedo decir", dijo Hohwitina.

Haka Kaina miró alrededor y vio huellas en las cenizas.

"Decías que nunca dormías por la noche; ahora mira esas huellas; son las huellas de alguien, alguien vino aquí esta noche. ¿Qué estabas haciendo? ¿Estabas despierto? ¿Estabas durmiendo? ¿Dejaste que se fueran las chicas porque quisiste o las cogió alguien mientras estabas durmiendo?"

Hohwitina no dijo nada, bajó la cabeza. Haka Kaina salió afuera y vio huellas en la casa de sudación, luego vio huellas abajo a cierta distancia de la casa de sudación.

"Vino gente del Sur que cogió a las tres chicas", dijo él. "Por supuesto les enviaría Hwipajusi."

Haka Kaina habló a su pueblo durante toda la noche siguiente, dijo cuánto sentía que hubieran cogido a las tres chicas, y dijo a dos hombres: "Tenéis que ir a recuperar a las mujeres."

Los dos hombres eran Bohkwi y Simu Nupchowa; ellos podían correr rápido y eran personas muy sabias.

Pero en la parte más alta de la casa, en el pilar central, Hwipajusi había puesto como centinela a Matsklila, que vigilaba con cuidado para ver quién podía venir. Hwipajusi sabía que Haka Kaina intentaría conseguir a las chicas de nuevo. Matsklila tenía un cuchillo en la nariz y otro en cada brazo.

Bohkwi y Simu Nupchowa se pusieron en camino para traer de nuevo a las chicas desde el Sur. Una tarde, al anochecer, llegaron cerca del pueblo; vieron multitud de gente por todas partes; hombres y mujeres jóvenes que jugaban en un gran pueblo.

El anciano Hwipajusi estaba sentado hablando y un gran número de gente, viejos y jóvenes, hombres y mujeres, estaban sentados alrededor de él escuchando. Los dos hombres de Haka Kaina se acercaron a la casa de sudación.

"Voy a entrar", dijo Bohkwi.

"No, voy yo", dijo Simu Nupchowa. "Tú no puedes correr deprisa. Tú te quedas cerca y cuando salga yo, tú corres delante, y yo puedo llevar a las tres chicas con facilidad. Te alcanzaré."

La gente estaba sentada allí, cerca de la casa de sudación, escuchando al jefe mientras hablaba. "Estad atentos; vendrán esta noche, estoy seguro", decía Hwipajusi.

Después de un rato todos se separaron, se fueron a sus casas y se echaron a dormir. A medianoche, cuando todo estaba en silencio, los dos hombres de Haka Kaina se acercaron silenciosamente y escalaron la casa de sudación para mirar adentro desde la parte más alta. Matsklila estaba en su puesto detrás del pilar central, permanecía quieto. Los hombres de Haka Kaina no le vieron.

"Miraré adentro", dijo Bohkwi.

"Yo también", dijo Simu Nupchowa.

Estiraron las cabezas y miraron. Se inclinaron sobre la abertura, estiraron más sus cuellos. En ese momento Matsklila se movió rápidamente y cogió las dos cabezas, rodaron abajo y cayeron al suelo afuera de la casa de sudación.

Cuando Hwipajusi se levantó a la mañana siguiente, salió afuera y vio dos cabezas que yacían en el suelo.

"Despertad, dad un salto, hijos míos", gritó él llamando a su pueblo, "los enemigos estuvieron aquí anoche."

Todos salieron deprisa y vieron dos cuerpos y dos cabezas. Uno preguntó: "¿Quién es éste que yace muerto?" Un segundo preguntó: "¿Quién es el otro hombre?"

"Conozco a los dos", dijo Hwipajusi. "Uno es Bohkwi, el otro es Simu Nupchowa, dos grandes hombres de las gentes de Haka Kaina."

Los dos yacieron delante de la casa de sudación todo el día. Aquella tarde Hwipajusi reunió a su pueblo y les habló: "Sujetad bien vuestras flechas, mirad vuestros arcos y tened todas vuestras armas preparadas. Haka Kaina enviará hombres aquí contra nosotros. Quiere robarme a mis hijas o llevárselas lejos otra vez a pesar mío."

En Wahkalu esperaban a Bohkwi y a Simu Nupchowa. Cuando no llegaron los dos hombres, el anciano Haka Kaina dijo: "Creo que estos dos hombres están muertos."

Reunió a todo su pueblo y dijo: "Tenemos que bajar y declarar la guerra a Hwipajusi; no hay otro camino. Me robó a las tres chicas. Ésas chicas son mías. Tengo que tenerlas otra vez."

Todos se vistieron a la mañana siguiente, se pusieron sus plumas y se oscurecieron las caras.

"Ahora, hombres", dijo Haka Kaina, "armaos, quedaos afuera en un lugar amplio, dejadme veros, luego quedaos en un círculo alrededor de la casa de sudación. Quiero ver lo que parecéis cuando estáis todos juntos."

Salieron y se quedaron juntos en un lugar amplio. Haka Kaina estuvo mucho tiempo yendo entre ellos. Después de esto todos regresaron y se quedaron en un círculo alrededor de la casa de sudación. Todos gritaron y saltaron un buen rato; luego regresaron y se quitaron su gran armadura de piel de alce.

"Me parecéis bien", dijo Haka Kaina. "Estáis preparados para la guerra y partiremos mañana temprano."

A la mañana siguiente las mujeres se pintaron la cara, se

pusieron plumas y adornos, bailaron detrás de los hombres, cantaron y les dijeron buenas palabras al partir. Según marchaban los hombres hacia el Sur, había tantos que el polvo que levantaban llegaba al Sol. Ellos marchaban hacia delante cantando. Haka Kaina cantaba también según dirigía a su gran ejército. Cuando se acercaban a la región de Hwipajusi, Haka Kaina envió a Pokil Kama, a Gaman Atpa, a Pahninopa y a Tsanu Noipa a examinar el terreno y traer noticias.

Estos cuatro hombres vieron mucha gente que pertenecía a pueblos diferentes y visitaron cuatro de ellos. Fueron a los pueblos de Pareko, Chapilkeya, Chil Wareko y Chil Dayauna. Vieron a mucha gente en estos cuatro pueblos; cada jefe tenía una inmensa casa de sudación, y el pueblo de Chil Dayauna tenía armaduras de piel de alce para luchar.

Los cuatro hombres regresaron al oscurecer y no habían visto todo lo que había que ver. Dijeron a Haka Kaina: "Vimos a mucha gente, tienes que tener cuidado, nuestro pueblo tiene que luchar bien."

Los hombres de Haka Kaina afilaron las puntas de sus flechas.

Los dos chicos Tsoplaina fueron con Haka Kaina. El jefe estaba encantado con estos chicos, y a ellos les gustaba él. Oyeron lo que habían dicho los cuatro exploradores, y en la oscuridad estos dos chicos fueron a casa de Hwipajusi y vieron a las tres chicas jugando alrededor del fuego.

"Mira, mira ese ratón", dijo una de las chicas.

"Es un ratón que viene detrás de ti", dijo Hwipajusi riendo.

"¿Dónde están los dos hermanos?", preguntó Haka Kaina, cuando perdió a los chicos Tsoplaina. Nadie había enviado a estos jóvenes a la casa de Hwipajusi.

Pero los hermanos Tsoplaina trabajaron duro, trabajaron toda la noche. Fueron por más de la mitad de las casas a destruir muchas cuerdas de arco. Al amanecer regresaron y contaron a Haka Kaina lo que habían hecho.

El pueblo de Hwipajusi vio que venía el gran ejército de

Haka Kaina; corrieron a por sus arcos, pero muchos estaban destruidos. Aquellos que tenían arcos lucharon bien. Pero los hombres de Haka Kaina tenían armas de pedernal y armas de todas clases, y derribaban todo delante de ellos. A mediodía el pueblo de Hwipajusi estaba destruido y le habían matado a él.

Haka Kaina cogió a las tres chicas y se puso en camino otra vez hacia Wahkalu, cogiendo todo lo que tenía Hwipajusi y su pueblo. Pero ocurrió que había dos hermanos, los Mini Auna, que vivían con sus hermanas en Wamarawi, cerca del sendero que no había utilizado Haka Kaina antes, pero por el que marchaba a casa ahora.

Cuando las fuerzas de Haka Kaina estuvieron a la vista de Wamarawi, las dos hermanas estaban afuera descascarillando bellotas. Se asustaron y corrieron a casa. Una de ellas corrió a sus hermanos y gritó:

"Venid, hermanos, salid deprisa y mirad. Viene un gran número de gente. No sé de dónde vienen ni adónde van. Quizá nos maten."

Cada uno de los hombres de Haka Kaina llevaba un gran bulto en la espalda y llevaba todo lo que podía. Se llevaban a casa todas las cosas del pueblo de Hwipajusi.

Los dos hermanos Mini Auna corrieron rápidamente a su casa; cada uno de ellos cogió un gran trozo de fuego. Las dos hermanas entraron corriendo en la casa de sudación y se escondieron allí. Los dos hermanos subieron a la parte más alta de la casa de sudación y cuando el gran ejército de Haka Kaina estaba bastante cerca, lanzaron el fuego alrededor de ellos, al Norte, al Sur, al Este y al Oeste. Estaban rodeados. Miraron a todos los lados, trataron de salir, pero no había salida por ninguna parte. El gran fuego se cerró alrededor de ellos y muchos hombres perecieron. Todos se quemaron hasta morir. Las tres hijas de Hwipajusi murieron con ellos.

Tan pronto como todos estuvieron muertos, el fuego se fue y desapareció; los dos hermanos regresaron a su casa de sudación.

Cuando los Mini Aunas iban a lanzar el fuego, Haka Kaina envió a dos corredores veloces a Wahkalu para hacerles saber a las mujeres que llegaban todos con un gran botín y traían a las hijas de Hwipajusi. Antes de que estos hombres estuvieran fuera de la vista del fuego, estaba rodeado el ejército entero, que pereció ante los ojos de los corredores veloces.

Cuando los corredores veloces alcanzaron Wahkalu, todas las mujeres estaban bailando; pensaron que sus maridos estaban luchando todavía contra Hwipajusi. Cuando se acercaban los corredores veloces, los mujeres dejaron de bailar, y cuando los dos subieron y dijeron que Haka Kaina y su ejército estaban muertos en Wamarawi, quemados por los Mini Aunas, las mujeres levantaron tal grito de pena que nunca nadie había oído antes en Wahkalu. Pronto dijeron algunas mujeres:

"Tenemos que bajar a Wamarawi, tenemos que ir un buen número de nosotras y rogar a esos dos hermanos que traigan a la vida de nuevo a nuestros hombres."

Cogieron regalos hermosos, conchas y pieles de nutria, las pusieron sobre sus espaldas y partieron; se fueron sin esperar, viajaron toda la noche, viajaron rápidamente.

Estaban en Wamarawi a la mañana siguiente. Fueron a los dos hermanos, les dieron regalos y les rogaron que trajeran de nuevo a la vida a sus maridos.

Al final los hermanos asintieron.

Había un gran manantial cerca de su casa de sudación, un manantial tan grande como un lago de buena medida, y los hermanos dijeron a las mujeres de Wahkalu y a sus dos hermanas que llevaran los huesos al agua.

Las mujeres Wahkalu y las dos hermanas cogieron cestas, llevaron huesos todo el día y los pusieron en el manantial. Al atardecer el campo estaba libre y todos los huesos estaban en el agua.

"Ahora", dijeron los hermanos a las mujeres de Wahkalu, "tenéis que acampar lejos del manantial y no acercaros hasta bien entrado el alba mañana; vosotras, hermanas nuestras, no os tenéis que levantar esta noche para salir de la casa de sudación."

Los dos hermanos cerraron la parte más alta de la casa de sudación y no durmieron.

Cerca del alba oyeron hablar en el manantial, luego más y más tarde un gran sonido de voces. Cuando había entrado bien el alba todos habían salido del manantial y toda la zona de los alrededores estaba llena de gente, multitudes de gente por todas partes.

Los dos hermanos miraron desde la parte más alta de la casa de sudación, vieron a todo el ejército de Haka Kaina que estaba allí, fuerte y bien. Cada hombre tenía su bulto con sus tesoros, el botín traído desde el pueblo de Hwipajusi; cada uno tenía puesto sus ropas de guerra y plumas. Las tres hijas de Hwipajusi estaban allí tambien, tan bien como siempre.

Haka Kaina fue a la casa de los Mini Aunas y habló con los hermanos. Les dio pieles de nutria, adornos y pieles de alce. Estaba agradecido y fue muy amable; les llamó primos. Después de esto fueron a casa con su ejército y sus mujeres. Todos los que se habían quedado en Wahkalu salieron a saludar a sus hombres, fueron lejos, bailaron, bailaron porque todos habían vuelto a la vida y porque habían traído de nuevo a las tres chicas.

Los hombres dejaron sus arcos, flechas y pieles de alce; todos se quitaron la pintura de sus caras.

"Ahora dadnos comida en abundancia", dijo Haka Kaina.

Entraron en la casa de sudación; todos comieron y hablaron hasta medianoche. A medianoche cada uno se fue a su sitio a descansar.

TITINDI MAUPA Y PAIOWA, LA HIJA MENOR DE WAKARA

PERSONAJES

Después de cada nombre se da el del animal, pájaro o cosa en los que se transformó el personaje posteriormente.

Hemauna Marimi, —; **Hitchinna,** gato montés; **Lawalila,** cría de halcón; **Paiowa,** hija menor de la Luna nueva; **Titildi Marimi,** mujer oso negro; **Titindi Maupa,** su hermano; **Topuna,** león de la montaña; **Tuina,** el Sol; **Wakara,** Luna nueva.

———————

TITINDI MAUPA vivía en un lugar llamado Kurulsa Mauna, donde tenía dos hermanas. Tres millas al oeste del lugar vivía el joven Topuna con su padre, que tenía una gran casa de sudación en Motiri Mauna.

Titindi Maupa deseaba que su hermana mayor se casara con Topuna, su gran amigo, que era un buen cazador y mataba muchos ciervos. Un día Titindi Maupa dijo a sus dos hermanas que prepararan mucha comida, raíces, bellotas y piñones.

Las mujeres prepararon estas cosas y las pusieron en una

cesta redonda. Se puso la cesta en la espalda, cogió dos pieles de nutria como regalos y fue a Motiri Mauna.

El anciano Topuna estaba sentado en casa. El hijo había salido fuera antes del alba a cazar ciervos en las montañas. Titindi Maupa vio una gran cantidad de venados y ciervos cebados que colgaban por todo alrededor de la casa de sudación.

Miró adentro desde la parte más alta de la casa de sudación y vio al anciano cortando carne, rompiendo huesos y sacándoles la médula. Entró. Topuna se puso de pie para saludarle, hizo un fuego, cocinó la carne, la puso en una cesta y la colocó delante de Titindi Maupa. Le dio también venado cebado y seco.

"Tengo alimentos en la parte de arriba de la casa", dijo Titindi Maupa. "Dejé allí mi cesta."

Topuna fue a traerla, la puso abajo, luego comió de ella. El visitante comió mucho, y los dos hombres se sentaron juntos mucho tiempo hablando y comiendo; estuvieron sentados hasta mediodía, cuando llegó a casa el joven Topuna. Había matado cinco ciervos y estaba contento.

"Has venido a vernos", dijo sentándose cerca del visitante.

"Sí", contestó Titindi Maupa, "y tú vendrás pronto a mi casa, espero. ¿Vendrás esta noche quizá?"

Topuna dio a Titindi Maupa venado y ciervo cebado, una gran cantidad de él. "Sé ligero y pequeño hasta que él te lleve a casa", dijo Topuna a la carne; "luego sé tan grande como eres ahora o más."

Le dio al visitante un traje hermoso de ante y Titindi se fue a casa.

El paquete fue ligero hasta que lo colocó en casa. Luego creció y se hizo tan grande como una casa pequeña. Su hermana mayor no comería venado de Topuna; a ella no le gustaba el amigo de su hermano; ella amaba al joven Hitchinna y no miraría a otro hombre.

Topuna se puso tres pares de mocasines y tres pares de

polainas gruesas de ante adornadas con abalorios; se puso tres mantas de ante y en la oscuridad salió por la puerta para ir a Kurulsa Mauna.

"Hijo mío", dijo el anciano Topuna, cuando se iba su hijo, "volverás apenado, te enfadarás por la mañana, conozco bien a esa mujer."

Todos estaban dormidos en casa de Titindi Maupa cuando llegó Topuna; pero Titildi Marimi había deseado que la casa entera estuviera cubierta por fuera de rocas puntiagudas y arbustos espinosos, porque sabía que iba a venir Topuna.

Cuando alcanzó el lugar, él no pudo entrar; ni siquiera pudo encontrar la puerta; todo estaba oculto con rocas puntiagudas y espinos. Estuvo afuera toda la noche, aunque no dejó de intentar encontrar el camino de entrada. Gastó los tres pares de mocasines, desgarró los tres pares de polainas y las tres mantas; los trozos estaban esparcidos todo alrededor de la casa de sudación. Al final se quedó desnudo y casi congelado.

Topuna se volvió a casa antes del alba, muy enfadado. Titildi Marimi le había oído, pero no había dicho una palabra.

Él se tumbó en la casa de sudación de su padre y se quedó allí todo el día.

Cuando llegó el alba, Titildi Marimi se levantó y salió de la casa de sudación; las rocas y los arbustos se habían ido según su deseo; no había nada más que los adornos bonitos que se le habían caído a Topuna. Ella fue al manantial, se lavó allí, se cepilló y arregló el pelo, se pintó la cara de rojo, se puso un gorro tejido bonito, cogió una cesta pequeña con un palo afilado y salió a la montaña; se fue lejos; excavó raíces dulces en los riachuelos de los llanos de la montaña.

Titindi Maupa estuvo enfadado con su hermana todo el día; se quedó en la cama hasta la tarde. Titildi Marimi excavó raíces, excavó muchas, cantando todo el tiempo mientras trabajaba. Hitchinna la oyó cantar desde su sitio y fue hacia ella. A ella le gustaba. Ella fue a saludarle, se alegraba de verle; se sentaron juntos, hablaron y estaban contentos. Se separaron por aquel día; él cazó ciervos, ella llenó su cesta de raíces y se fue a casa cuando caía el sol.

Titindi Maupa estaba todavía en la cama. No levantó los ojos cuando vino ella; no miró a su hermana.

A la mañana siguiente ella se levantó temprano; se levantó al alba. Ella había prometido a Hitchinna encontrarse con él por segunda vez. Se lavó, se cepilló el pelo, se pintó la cara, cogió una cesta con un palo de raíz y partió.

No había ido muy lejos cuando su hermano se levantó de un salto, se acercó al río, nadó en él; regresó a la casa de sudación estirándose el pelo por el camino con un palo que hacía que se secara rápidamente. Luego comió y dijo a su hermana menor:

"Me voy. Tengo que dejarte. Creo que llorarás porque me voy."

Se puso ropas ricas, luego ató una cuerda de adornos bonitos a un bastón y sujetó el bastón en una esquina de la casa.

"Si muero", dijo él, "estos adornos se caerán al suelo, no los toques mientras estén colgados, y dile a nuestra hermana que no los toque. Cuando llegue, no le digas que me he ido; si lo sabe, no tienes que enseñarle el camino que he cogido."

Luego se volvió a cada cosa de la casa y dijo: "Tú, mi vara, no tienes que decirle a mi hermana cómo me he ido; ni vosotras, mis cestas; ni tú, mi fuego; ni tú, mi cesta de agua; ni mis raíces, ninguno de vosotros tiene que decírselo." Y se lo dijo a todos excepto a la harina de bellota, olvidó decírselo a la harina de bellota.

"Ahora me voy", dijo él, y levantó el poste central de la casa, entró al suelo y el poste se colocó de nuevo en su sitio detrás de él. Él fue por debajo de la tierra hasta que alcanzó un manantial de agua. Desde el manantial regresó y fue hacia

300

el Oeste, luego regresó, fue al Norte y regresó; fue al Sur, luego regresó al manantial. Después fue en círculo alrededor de su casa para engañar a su hermana, para que así no pudiera rastrearle. Al final fue hacia el Oeste dos o tres millas; luego subió a la parte de arriba del suelo y salió a un sendero.

Cuando ella fue al llano de la montaña la segunda mañana, Titildi Marimi se quedó pensando un rato. Sabía que su hermano estaba fuera de la cama. que estaba muy enfadado. "Mi hermano se irá lejos hoy", pensó ella. "Tengo que estar pronto en casa otra vez."

Ella tiró su palo y su cesta rápidamente y se volvió a casa. Vio que su hermano no estaba en la casa, que su hermana estaba llorando.

"¿Dónde está mi hermano?", preguntó ella. "Dímelo hermana."

La hermana no hablaría, no contestó; bajó la cabeza y lloró amargamente.

"Dime rápidamente. El sol está alto. Si no puedo alcanzarle, morirá; si no le encuentro, sus enemigos le matarán." La hermana no contestó.

"Dime, roca, por qué camino se fue mi hermano; dímelo rápidamente. Dime, tú vara; decidme cestas." Nadie contestó. "Poste, dime, di rápidamente; casi es demasiado tarde, se me escapará." Preguntó a todos y no recibió contestación hasta que al final dijo: "Harina de bellota, ¿me lo dirás tú?"

"Tu hermano se ha ido", dijo la harina de bellota. "Está enfadado porque has ofendido a Topuna, su amigo; está muy enfadado y no desea que le sigas."

"¿Por qué camino fue?"

"Por debajo del poste."

"Está bien."

Entonces se alegró. Se preparó rápidamente; se puso cosas bonitas y nuevas; cogió su mejor arco y una aljaba grande de piel de nutria llena de flechas, se puso polainas como un hombre.

"Hermana mía, cuídate", dijo ella. "No quiero que muera mi hermano. Creo que el viaje es agradable, que el viaje es fácil. Iré también, le ayudaré."

Ella levantó el poste y siguió a su hermano; fue al manantial, regresó, le siguió por todas partes; salió al final al sendero y le rastreó, le siguió, avanzó con dificultad por la montaña Backbone. Ella siguió firme y rápida, ganándole terreno, continuaba ganando terreno; todavía tenía miedo de no poder alcanzar a su hermano. Luego se volvió al Sol y le dijo:

"¡Oh, Sol, deseo que vayas despacio! Ve muy despacio hoy, ¡oh, Sol! Deja que el día sea largo. Dame tiempo para alcanzar a mi hermano."

El Sol fue más despacio, le dio tiempo y ella se apresuró.

Titindi Maupa se daba prisa durante todo este tiempo, continuaba rápidamente y cantaba según marchaba. Su canción era de Paiowa, la hija menor de Wakara, una doncella de allá lejos en el Oeste.

Wakara tenía un gran número de hijas. Todas las estrellas del cielo eran sus hijas, y todas las hijas estaban casadas menos una, la menor, con la que Titindi Maupa iba a casarse si su padre se la daba.

Fue a lo largo del Daha, fue como una corriente que fluye, lo atravesó nadando y se sentó a fumar. Cuando había vaciado su pipa, subió a la cumbre de la montaña al oeste del río, alcanzó la ladera occidental, se sentó de nuevo y fumó por segunda vez. Ahora Titildi Marimi, su hermana, había cruzado el río y le seguía. Ella llegó a donde su hermano se había sentado a fumar por primera vez.

"Te alcanzaré pronto", dijo ella. "No puedes irte de mí ahora", y ella siguió, siguió muy deprisa.

El hermano, cuando fumó la segunda vez, se sentó al borde de un manantial pequeño en la ladera occidental de la cumbre de la montaña; la hermana alcanzó la cumbre; vio a su hermano un poco más abajo de ella. Él oyó algo atrás, miró arriba y vio a Titildi Marimi. Bajó la cabeza, no dijo nada.

"Estaré pronto contigo", gritó la hermana. "Podemos ir juntos. Has hecho un largo camino para encontrar un buen lugar para fumar."

Él no dijo nada, miró al suelo, esperó a su hermana. Pronto estuvo allí con él.

"Hermano mío, estoy cansada", dijo ella. "Dame tabaco. Deseo fumar."

Él le dio tabaco, ella fumó.

"Hermano mío", dijo Titildi Marimi, "quiero que dispares a una roca de cuarzo allí sobre la ladera de la montaña."

Él levantó su arco con una flecha y tuvo buena puntería.

"Ahora dale a aquella roca", dijo ella.

Él envió una flecha, después una segunda y luego una tercera. Dieron a la roca, pero rebotaron de ella.

"¡Tendrías que hacer un largo camino para herir al enemigo con una flecha de esa clase!", se rió la hermana. "¿Crees que son buenas esas flechas, hermano? Verás bastantes enemigos en dos días, verás enemigos en la casa de Wakara."

Entonces cogió su propio arco, cogió una flecha de su aljaba de piel de nutria y dijo: "¡Mírame ahora, hermano mío!"

Ella disparó a la roca y la dio. Su flecha hizo añicos la roca.

"¡Eso es lo que hacen mis flechas!", dijo Titildi Marimi.

Titindi Maupa inclinó la cabeza, no dijo una palabra, pero se levantó y bajó la ladera de la montaña hasta que llegó a un riachuelo; luego cruzó otra montaña, fue hacia el Oeste todo el tiempo hasta que tuvo a la vista a Wakaruwa, el lugar adonde iba; luego se sentó por tercera vez y fumó.

"¡Oh, humo!", dijo él. "Deseo que hagas amigos para mí esta noche y mañana."

Miró abajo al valle donde oía mucho ruido. Vio a mucha gente jugando a juegos y disparando.

Justo antes de esto Wakara había llamado a su hija menor, Paiowa, y le había dicho: "Quiero que recojas hojas de roble para el pan de bellota, y tierra roja para mezclarla con él."

Ella fue con su cesta a la espalda, subió a la ladera de la montaña, recogió tierra roja para mezclarla con la harina de bellota y hacer el pan ligero. Las hojas eran para ponerlas en la parte de arriba de la masa y cubrir el pan mientras estaba cociendo. Titindi Maupa puso a su hermana y a su aljaba en una piel de nutria y las transportó. Ella se había hecho a sí misma pequeña y parecía igual que una nutria; él la escondió en su hombro de esta forma.

Paiowa, la hija menor de Wakara, había puesto tierra roja en su cesta y la había llenado de hojas. Ahora dio la vuelta y se inclinó para levantarla, pero no podía, era demasiado pesada.

Titindi Maupa tropezó cuando llevaba la cesta. Ella se dio la vuelta para ver cuál era el problema y le vio justo allí, casi tocándola.

"¡Oh!", gritó ella, asustada y dejando caer su cabeza, ella estaba avergonzada ante el extraño.

"¿Por qué tienes miedo?", preguntó Titindi Maupa. "¿Es porque soy feo?"

Ella se subió la cesta a la espalda y se fue deprisa. Cuando alcanzó Wakaruwa, tiró la cesta afuera y entró corriendo en la casa por delante de su madre.

"¿Por qué estás tan asustada? ¿Qué pasa?", preguntó la madre.

No contestó una palabra.

El anciano Wakara estaba sentado dentro. "¿Por qué estás tan asustada, hija mía?", preguntó él. "¿Ha ocurrido algo, te ha hecho daño alguien?"

"Vi a un hombre allí en la montaña."

"¿Qué clase de hombre era?", preguntó Wakara.

"Tenía una nutria en su espalda y va vestido de ante, sus manos estaban rojas de sangre de ciervo."

Titindi Maupa tenía un gran trozo de venado cebado en su aljaba de nutria.

"Es un buen cazador, creo", dijo Wakara, y él bajó una piel de nutria, la puso en el lado norte de la casa y dijo a su hija: "Siéntate allí y deja que ese hombre venga a ti."

Pronto fue de noche. Todo el pueblo entró en la casa, se sentó y cenó. Titindi Maupa se detuvo afuera un rato y encontró un lugar donde Wakara almacenaba bellotas. "Te dejaré aquí esta noche", dijo a su hermana. "Mañana vendré a por ti."

Titindi Maupa dejó a su hermana en el depósito de bellotas, luego se hundió en la tierra y salió dentro de la casa de sudación justo al lado de Paiowa. El anciano Wakara se rió cuando le vio sentado cerca de su hija. Estaba contento.

"Dale comida al extraño", dijo él.

Paiowa trajo comida y se la dio al extraño.

Titindi Maupa comió algo y dijo: "Mira en mi piel de nutria, tengo un poco de venado."

Ella metió la mano, encontró un buen trozo, una hermosa faldilla de venado. Ella no podía sacar el trozo, era muy pesado. Luego se dirigió ella a su padre y le dijo: "Tengo que conseguir una cesta grande."

Ella llevó una cesta plana grande a su sitio. Titindi Maupa sacó el venado y lo puso en la bandeja, diciendo:

"Ahora, no seas pequeño, venado mío, quédate como estás, no importa cuanto cojan de ti."

Dos chicas llevaron la cesta y la pusieron delante de Wakara y Hemauna Marimi, su esposa. Los dos ancianos comieron. Después de ellos comieron todos los de la casa y la faldilla de venado era tan grande como al principio. Cuando habían comido todos los de la casa, el anciano Wakara salió a la parte de arriba de la casa y gritó:

"Hijos míos, os llamo para que entréis un momento."

Todas las estrellas del cielo eran la descendencia de Wakara; eran sus hijos e hijas. El mayor, un hijo, entró el primero. Cuando estaba cerca de casa sintió el olor a venado.

Detrás de él vino un gran número de gente. Todas las estrellas estaban en la casa de sudación de Wakara, todo el lugar estaba lleno de ellas. Cuando miraron y vieron a Titindi Maupa sentado con su hermana, ellos se rieron. Estaban contentos. Algunos se sentaron; otros cortaron venado y lo asaron. Todos comieron lo que quisieron.

El anciano Wakara cortó venado y dio una porción grande a cada hijo para que la llevaran a casa para sus esposas e hijos. Todos se marcharon riendo.

Titindi Maupa se levantó antes del alba a la mañana siguiente, cogió una cabeza de ciervo y fue a cazar a la montaña. Se puso la cabeza. Un ciervo venía y se quedaba delante de él, diez, luego diez más y pronto había un ciento. Él mató los cien ciervos. Cogiendo al más pequeño, lo abrió, hizo a los otros muy pequeños y los puso dentro del pequeño, que él llevó en una mano.

Todos estaban durmiendo en la casa de sudación cuando llegó Titindi Maupa. Él tiró el ciervo pequeño y los noventa y nueve restantes se hicieron tan grandes como al principio; ellos salieron corriendo del pequeño, hicieron un gran ruido y llenaron todo el espacio que había delante de la casa de sudación. La esposa de Wakara tenía que levantarse a hacer el pan de bellota. Ella intentó salir, pero no pudo a causa de todos los ciervos que yacían alrededor por todas partes. Volvió deprisa y llamó a su marido.

"Hay algo afuera", dijo ella. "No sé lo que es. Levántate y mira. ¡Levántate deprisa!"

Wakara salió, vio montones de ciervos, volvió corriendo, cogió su cuchillo y lo afiló. Luego fue a la parte de arriba de la casa, llamó al pueblo entero: "¡Venid aquí, venid todos vosotros!"

Toda la gente del pueblo vino pronto, y había tantos que arreglaron el venado rápidamente. Lo cocinaron y se lo comieron en compañía. Otros vinieron de más allá del río al sur de ellos, y comieron todo el venado que quisieron. Muchos se sentaron debajo de los robles y jugaron; algunos tiraban flechas a blancos y otros hacían carreras.

Se divirtieron todo el día; todo el día estuvieron de fiesta y volvieron a casa al atardecer muy contentos y alabando a Titindi Maupa.

Al oeste de Wakaruwa había un pueblo grande y mucha gente, todos yernos de Wakara, todos casados con sus hijas. El jefe era Lawalila.

"Me pregunto qué está haciendo mi suegro", decía cada uno de este pueblo; "habla muy alto en su casa de sudación. Nunca ha habido tanta charla allí antes."

Lawalila llamó a sus dos hijos y dijo: "Id a ver lo que está haciendo vuestro abuelo. Tu tía más joven tiene un marido, quizá ésa es la razón por la que hablan tan alto en la casa de sudación."

Los dos chicos subieron a la casa a hurtadillas, con mucho cuidado, y miraron furtivamente adentro. El menor vio a Paiowa, su tía, en un rincón, y a Titindi Maupa sentado cerca de ella. Wakara vio al chico mirando adentro furtivamente y le tiró un palo. Los dos chicos corrieron a casa.

"Mi tía tiene marido", dijo el chico más joven.

"No lo tiene", dijo el mayor.

"Yo lo vi", dijo el menor.

"No le viste", dijo el mayor.

Lawalila paró a los chicos, estaba satisfecho. Salió y llamando a todos dijo: "Paiowa, la hija menor de Wakara, ¡se ha casado!"

Todos estaban muy enfadados ahora, todos estaban enfurecidos porque había muchos en ese pueblo que querían a Paiowa.

A la mañana siguiente Lawalila levantó temprano al pueblo y dijo: "Pueblo mío, quiero que juguéis hoy. Tenéis que jugar lo mejor que podáis; tenéis que vencer a Titindi Maupa, el nuevo yerno de Wakara."

Después de que hubieron comido reunió a su pueblo y dijo:

"Cruzaré a casa de mi suegro, a la casa de Wakara, y dispararé flechas a una diana."

Fueron a casa de Wakara y preguntaron: "¿Dónde está Titindi Maupa? Deseamos probarle, queremos disparar flechas a una diana con él."

Titindi Maupa salió y disparó. Ganó el primer disparo, el segundo, ganó todo el tiempo, ganó todo lo que apostó la gente de Lawalila.

A media mañana Lawalila perdió los estribos, se enfadó, se levantó de un salto, intentó apoderarse y coger de nuevo todas las cosas que había perdido su pueblo. Titindi Maupa no le permitiría hacer eso; él se puso en su camino, no le permitiría coger nada.

Lawalila golpeó al nuevo yerno de Wakara. Titindi Maupa tiró a su oponente. Lawalila se levantó de un salto, corrió hacia su pueblo, cogió su arco e intentó tirar una flecha contra Titindi Maupa. Siguió una gran lucha.

Los hijos de Wakara vinieron y tomaron parte al lado de Titindi Maupa. El pueblo de Lawalila corrió a su lado. La joven esposa de Titindi Maupa salió corriendo a ayudar a sus hermanos y a su marido.

Lucharon muy duro en las dos partes. A media tarde todos habían muerto en el lado de Lawalila a excepción de él mismo. Llegaron fuerzas nuevas para Lawalila. Titindi Maupa estaba tan cansado que no podía mantenerse de pie. En este momento vino su hermana. Recogió a Titindi Maupa, se lo puso sobre la espalda y le dio su arco y sus flechas. Él disparó desde el hombro de ella y utilizó sus flechas más fuertes. Cada hombre que tocaba caía al momento. Mataron a todos los del Oeste, incluido Lawalila.

Titindi Maupa descansó y se fue a la casa de sudación. Su hermana fue con él. Los muertos de ambos lados yacieron toda la noche donde habían caído.

Antes de romper el día Titindi Maupa se levantó, cogió su taladro de fuego, salió y volvió hacia el suelo todas las caras de sus cuñados y les golpeó con el taladro de fuego. Todos vinieron a la vida y regresaron a Wakaruwa.

El pueblo de Lawalila yació en el campo toda la noche, al día siguiente y a la noche siguiente. A Titindi Maupa no le gustaba ver aquellos muertos tumbados allí; golpeó a cada uno de ellos con su taladro de fuego. Todos vinieron a la vida, se levantaron, se alegraron y se fueron a casa. A la mañana siguiente vinieron a Wakaruwa y hubo juegos otra vez, con buena fiesta y placer. No se enfadaron por segunda vez.

Titindi Maupa traía ciervos todas las mañanas. Sus cuñados venían a comer con él; ellos eran amigos y eran felices. Titindi Maupa se quedó veinte días en Wakaruwa. Mataba ciervos para todos ellos. En la mañana del vigésimo primer día Wakara dijo a su hija:

"Creo que a tu marido le gustaría irse a casa ahora."

A la mañana siguiente Titindi Maupa se puso en camino hacia casa con su esposa y su hermana; fueron en un día a Kurulsa Mauna.

Tres noches más tarde Topuna vino a visitarles; venía otra vez a ver a Titildi Marimi. Ahora ella le permitió venir. Temía que su hermano la dejara por segunda vez.

Así que al final Topuna tenía la esposa que quería y todos ellos vivieron juntos en Kurulsa Mauna.

LAS DOS HERMANAS, HAKA LASI Y TSORE JOWA

PERSONAJES

Después de cada nombre se da el del animal, pájaro o cosa en los que se transformó el personaje posteriormente.

Chuhna, araña; **Haka Lasi,** somorgujo; **Hitchinna,** gato montés; **Jamuka,** gusano de bellota; **Juka,** gusano de seda; **Metsi,** coyote; **Tsanunewa,** pescador (un pájaro); **Tsore Jowa,** águila.

———————

A cierta distancia al este de Jigulmatu vivía el anciano Juka. Él tenía muchos hijos y dos hijas: una gran casa llena de descendientes.

Las dos hijas eran Tsore Jowa, la mayor, y Haka Lasi, la menor. Después de un tiempo Haka Lasi se enamoró de su hermano Hitchinna. Un día ella se quedó dormida y soñó que él se casaba con ella.

Metsi vivía también en casa de Juka. Él no tenía parientes, sólo vivía allí como invitado.

Un día todos los hombres salieron a cazar. Fue entonces

311

cuando Haka Lasi vio a Hitchinna en un sueño. Ella empezó a cantar sobre él, y cantaba: "Sueño con Hitchinna, sueño que él es mi marido. Sueño con Hitchinna, sueño que él es mi marido."

Todos los hombres regresaron por la noche de la cacería. Al día siguiente, al alba, fueron a nadar y Tsore Jowa preparó comida para ellos. Haka Lasi cogió un hermoso bastón en la mano y subió a la parte de arriba de la casa de sudación. Ella miró adentro y cantó:

"¿Dónde está mi marido? Enviádmelo aquí arriba. Lo llevaré lejos. Tenemos que ir de viaje. ¿Dónde está mi marido? Enviádmelo aquí arriba."

Todos sabían que ella no tenía marido.

"No tienes marido", decían ellos.

Hitchinna estaba tumbado en un rincón abrigado con una piel de gato montés.

"No tienes marido en esta casa; aquí todos son hermanos tuyos", dijo Juka.

"Tengo un marido y quiero que venga aquí, a mí", contestó Haka Lasi.

"Bueno", dijo el hijo mayor. "Subiré a ella. Oigamos lo que dice." Él subió.

"Tú no eres mi marido", dijo Haka Lasi. "No te acerques a mí."

Ella mandó abajo a éste y gritó de nuevo: "¿Dónde está mi marido? Enviádmelo arriba."

"Ve tú", dijo Juka al segundo hijo.

"No te quiero", dijo Haka Lasi al segundo hijo.

Ella rehusó uno tras otro, y los mandó alejarse a todos hasta que sólo quedaba Hitchinna. Juka fue entonces a Hitchinna y dijo:

"Hijo mío, levántate y ve a ella; me parece que eres tú al que quiere."

"Él es", dijo Haka Lasi, "él es mi marido. Quiero que se vaya lejos conmigo."

Hitchinna no dijo una palabra, pero se levantó, se lavó, se vistió bien y fue a la mujer.

"El Sol está alto ahora", dijo Haka Lasi; "tenemos que ir deprisa."

Ella estaba contenta porque se llevó al que ella quería. Viajaron mucho y ella cantaba sobre Hitchinna mientras viajaba, cantaba sobre él todo el tiempo. Fueron a gran distancia, y por la noche ella arregló una cama y se tumbaron en ella. El joven Hitchinna no podía dormir, tenía miedo. Cuando Haka Lasi estaba dormida, se levantó rápidamente, cogió un trozo de madera blanda podrida, lo puso sobre el brazo de ella donde tenía colocada la cabeza, la cubrió, y luego corrió rápidamente, regresó deprisa, con todas sus fuerzas, hacia la casa de sudación de Juka. Cuando se acercaba el alba estaba en la casa de sudación.

Ahora bien, Chuhna, la hermana de Juka, vivía con él. Ella era la persona más grande del mundo a la hora de tejer hilos y retorcer cuerdas. Tenía una cesta de lana tan grande como una casa, y una cuerda que llegaba hasta el cielo y estaba sujeta allí.

"Sobrino mío", le dijo a Hitchinna. "Te salvaré a ti y salvaré a todos de tu terrible hermana. Estará aquí muy pronto; puede llegar en cualquier momento. Matará a todos los de esta casa; nos matará a todos si nos encuentra aquí. No puede encontrarnos en la cesta, no puede seguirnos a ese lugar."

"Yo me tumbaré abajo del todo", dijo Metsi, "soy un buen hombre, iré el primero, iré antes que otros; estaré en el fondo de la cesta."

Metsi entró primero; todos los de la casa de sudación le siguieron. Luego Chuhna subió corriendo, se subió a la cuerda y tiró de la cesta tras de ella.

La casa de sudación estaba vacía; nadie se quedó atrás. Chuhna continuó subiendo y subiendo, yendo más y más arriba.

Cuando se despertó Haka Lasi y vio que tenía un taco de madera podrido en su brazo en vez de a Hitchinna, dijo:

"No conseguirás alejarte de mí, te alcanzaré dondequiera que estés."

Ella regresó deprisa a la casa de sudación. Estaba vacía, no había nadie. Corrió por los alrededores, en todas direcciones, buscando huellas para hallar el camino por el que se habían ido. No encontró nada sobre el suelo; luego miró al cielo, y allá arriba, muy alto, cerca del Sol, vio a la cesta que se elevaba, subía sin parar.

Haka Lasi estaba furiosa; estaba tan terriblemente enfadada que prendió fuego a la casa. Se quemó rápidamente, pronto fue un montón de ascuas.

La cesta estaba casi en el cielo cuando Metsi se dijo a sí mismo: "Me pregunto a qué altura estaremos, quiero verlo." Y él hizo un agujero pequeño en el fondo de la cesta para mirar abajo a través de él.

En ese instante la cesta se abrió de golpe, salieron todos, llovió hacia abajo una gran corriente de gente y todos cayeron justo en el fuego de la casa de sudación.

Ahora bien, Tsore Jowa estaba afuera sobre la parte más alta de la cesta. Ella agarró al Sol, se sujetó a él y se salvó.

Hitchinna cayó con el resto, cayó en las ascuas ardiendo y se quemó como sus hermanos.

Haka Lasi estaba contenta de que no hubieran escapado de ella; cogió un palo, sujetó una red a él y esperó.

Todos estaban ahora en el fuego y se quemaban. Después de un rato estalló un cuerpo y salió volando el corazón. Haka Lasi cogió al corazón con su red. Pronto estallaron un segundo y un tercer cuerpo, y dos corazones más salieron volando. Ella los cogió igual que al primero. Cogió todos los corazones excepto dos, el propio corazón de Juka y el corazón de su hijo mayor.

El corazón de Juka voló alto, se alejó en el cielo y bajó sobre la isla de un río cerca del lago Klamath. Allí se convirtió en el mismo Juka. Se hundió en la tierra hasta la barbilla, sólo sobresalía su cabeza.

El corazón del hijo mayor salió volando a los pies de Wahkalu y allí se convirtió en él mismo. Cayó tan profundo en la tierra que sólo sobresalía su cara en la superficie.

Haka Lasi puso en una hebra todos los corazones que había cogido y se los colgó alrededor del cuello, y fue a un lago al este de Jigulmatu. Ella quería vivir en el fondo del lago, pero no pudo encontrar un lugar con la profundidad suficiente, así que fue desde el noroeste del lago Klamath hacia el lago Cráter, donde podría vivir en aguas profundas.

Dos hermanos Tsanunewa vivían cerca del lago con su anciana abuela. Una mañana temprano estos hermanos salieron a coger patos, y justo al romper el día oyeron que alguien lloraba.

"¿Quién es?", preguntó el hermano mayor.

"No sé", contestó el menor.

Pronto vieron a Haka Lasi saltar sobre el agua y gritar. Ella tenía una gran cuerda de corazones alrededor de su cuello. Luego se hundía otra vez en el agua. Salió de nuevo a cierta distancia y gritó por segunda vez.

Ahora bien, Tsore Jowa bajó del Sol y fue a la antigua casa de sudación, donde no encontró nada a excepción de montones de huesos y cenizas. Poniéndose resina sobre la cabeza y los brazos, y tiras de piel de ciervo con resina alrededor del cuello, lloró y se condolió por los alrededores. Después de un tiempo empezó a buscar a su hermana. Fue a todas partes, fue al lago Klamath.

Durante algún tiempo los dos hermanos Tsanunewa había oído una voz que cantaba:

"Li-wa-éh, li-wa-há,
li-wa-éh, li-wa-há."

Éste era el anciano Juka. Yacía en el suelo donde había caído y estaba llorando.

Tsore Jowa buscó, investigó, preguntó a todos por Haka Lasi, y contaba lo que había hecho, que ella había matado a sus propios hermanos y a su padre.

Un día, casi al anochecer, Tsore Jowa llegó por fin a la casa de los hermanos Tsanunewa y habló con su abuela. "Mi hermana Haka Lasi ha matado a todos mis hermanos y a mi padre", decía ella, y contaba la historia entera.

La anciana lloró cuando oyó lo que le contaba Tsore Jowa. Los dos hermanos estaban fuera cazando; llegaron al oscurecer con una cuerda larga de patos. "Esta mujer", dijo la abuela, "está buscando a su hermana, que ha matado a todo su gente."

Los dos hermanos lloraron cuando les contó la historia. Cuando habían terminado de llorar, dijeron a la anciana; "Cocina patos y deja que esta mujer coma en abundancia."

Cuando todos hubieron comido, los dos hermanos dijeron a Tsore Jowa: "Dinos qué clase de persona es tu hermana. ¿Por dónde se fue?"

"No sé por dónde se fue", dijo Tsore Jowa.

"Hace tres días", dijo el hermano mayor, "justo cuando llegaba el alba, vimos a una mujer que saltaba en el lago donde estábamos pescando. Parecía que tenía un collar grande alrededor de su cuello. Esa mujer puede ser tu hermana."

"Coged a la mujer por mí. Os daré pieles de nutria y collares. Os daré pieles de oso. Si queréis, me quedaré aquí con vosotros si la cogéis."

"No queremos collares ni pieles de nutria, ni pieles de oso", dijeron los hermanos.

"¿Qué queréis?"

"Queremos huesos de ciervo rojos y huesos verdes; pequeños, puntiagudos, para pescar peces con ellos."

"Tendréis todos los que queráis de las dos clases", dijo Tsore Jowa.

A la mañana siguiente ella se puso en camino con un saco, se fue hasta las altas montañas, recogió huesos de ciervo, huesos de patas rojos y verdes, y los puso en el saco. Al atardecer regresó a casa con el saco lleno.

Los dos hermanos se sintieron contentos. El mayor cogió los rojos y el menor los huesos verdes. (La grasa de los huesos de pata de ciervo se vuelve roja en unos y verde en otros.)

"Tenéis que coger por Tsore Jowa a su hermana mala", dijo la anciana a los nietos.

Toda aquella noche los hermanos estuvieron afilando los huesos y luego sujetándolos a los mangos de las lanzas. No pararon ni un momento. "Vayamos ahora, se acerca el alba", dijo el hermano mayor.

Ellos partieron y cuando alcanzaron el lago caminaron por el agua. Cada mañana al alba Haka Lasi saltaba a la superficie y llamaba desde el lago. El hermano mayor cogió un tallo de junco, lo abrió, lo colocó sobre el agua, se hizo pequeño a sí mismo y se sentó en medio de él. El hermano menor se sujetó a otro tallo de junco de la misma forma. Los dos tallos de junco se alejaron flotando sobre el agua, hasta que llegaron cerca del lugar donde los hermanos habían visto saltar a Haka Lasi la primera vez.

"Déjame tirar antes que tú", dijo el hermano mayor.

"Oh, no puedes tirar, fallarás", dijo el menor. "Déjame tirar a mí primero. Fallarás; no le darás en el corazón."

"Le daré", dijo el mayor.

Ellos esperaron y esperaron. Cada uno de ellos tenía tenso su arco preparado para tirar. Al fin llegó el alba. Haka Lasi subió rápidamente, llegó a la superficie del agua y levantó los brazos antes de gritar.

El hermano menor le envió la primera flecha, le dio en el cuello; el mayor disparó, le dio debajo del brazo derecho. Haka Lasi se dejó caer hacia atrás y se hundió en el agua.

Los hermanos esperaron y esperaron. Después de un rato vieron dos flechas flotando, y tenían miedo de haberla perdido a ella. Ella las había sacado de su cuerpo y habían subido a la superficie. Después de un rato subió el cuerpo. Haka Lasi estaba muerta. Los hermanos vieron que tenía muchos corazones en una ristra alrededor de su cuello. Luego la arrastraron hacia la orilla y la llevaron a casa. Dejaron el cuerpo escondido fuera de la casa y entraron.

"No la vimos", dijo el mayor de los Tsanunewa a su abuela.

Todos se sentaron a comer pescado y cuando estaban comiendo el mayor dijo a Tsore Jowa: "Sal a ver lo que cogimos esta mañana."

Ella salió corriendo con ellos y vio a su hermana muerta con una ristra de corazones en el cuello. Tsore Jowa se quitó la camisa de ante, abrigó el cuerpo y lo puso en la casa. Contó los corazones.

"El corazón de mi hermano mayor no está aquí, y el de mi padre no está aquí", dijo ella.

"Todas las mañana oímos llorar a alguien, allá lejos hacia el Norte; ése puede ser uno de ellos", dijeron los dos Tsanunewas.

Tsore Jowa se puso en camino para encontrar al que estaba llorando, si podía. Ella dejó el cuerpo y los corazones en la casa de la anciana y se fue hacia el Norte. Ella oyó pronto el llanto y lo conoció. "Ése es mi padre", dijo ella.

Tsore Jowa se acercó al lugar del que salía el llanto, no vio a nadie. Todavía oía el llanto. Al fin vio una cara, era la cara de Juka, su padre. Tsore Jowa cogió un palo afilado y excavó. Excavó hasta la cintura de Juka, intentó sacarle, pero no podía moverle. Excavó de nuevo, excavó un buen rato; tiró y tiró, hasta que al fin le sacó.

Juka estaba muy necesitado, no había carne en él. Tsore Jowa puso una piel de ciervo, arropó a su padre con ella y le llevó a la casa de la anciana. Luego le puso con el cuerpo de Haka Lasi y se los llevó a casa, a la antigua casa de sudación quemada al este de Jigulmatu.

Ella todavía lloraba, ya que un hermano suyo estaba

perdido. Dejó la cesta en la que los había transportado, la escondió, la cubrió cuidadosamente.

A los pies de Wahkalu vivía un tal Jamuka, un anciano que tenía esposa y dos hijas.

"Traed un poco de leña", dijo el anciano a sus hijas un día.

Las dos chicas cogieron sus cestas y fueron a traer leña. Pronto oyeron a alguien que cantaba:

"I-nó, i-nó, I-no mi-ná
I-nó, i-nó, I-no mi-ná."

"Escucha", dijo la hermana menor, "alguien está cantando."

Ellas escucharon, oyeron la canción; parecía que estaba justo a los pies de Wahkalu. Ellas fueron hacia el lugar de donde salía el sonido.

"Es una canción bonita", dijo la hermana menor. "Me gustaría ver al que canta así."

Se acercaron, no vieron a nadie todavía. "Llevemos la leña a casa", dijo la hermana mayor; "luego regresamos aquí; nuestro padre puede que se enfade si nos quedamos lejos mucho tiempo."

Llevaron la leña a casa, la dejaron y no dijeron nada. Las dos volvieron al lugar donde oían la canción y escucharon. Al final la hermana menor llegó al lugar correcto y dijo: "Creo que es éste el que canta."

Había una cabeza que sobresalía de la tierra y la cabeza estaba cubierta de agua. El hombre había llorado tanto que parecía sucio y feo.

Las hermanas cogieron palos afilados y excavaron todo alrededor de la cabeza, excavaron profundamente. No podían sacar a la persona; sólo habían excavado hasta la cintura cuando llegó la noche y tuvieron que irse.

"¿Por qué os quedasteis afuera hasta tan tarde?", preguntó su padre.

"Oímos cantar a alguien y queríamos saber quién era, pero no nos fue posible. Regresaremos por la mañana a buscar de nuevo."

"Eso está bien", dijo Jamuka. Él había oído cómo habían matado a los hijos de Juka. "Quizá uno de esa familia esté vivo todavía", dijo él; "tenéis que buscarle."

Salieron a excavar temprano a la mañana siguiente y sacaron al hombre. Se quitaron sus camisas de ante luego y le arroparon con cuidado. Él no era más que huesos, no había carne en su cuerpo. La hermana menor corrió a casa a conseguir pieles de gato montés para arroparle.

"Hemos encontrado al hombre, pero es todo huesos", dijo ella a su padre.

"Cuidad bien al extraño, alimentadle y curadle bien", dijo Jamuka; "debe ser el mismo Juka, y él es un buen hombre."

Ellas arroparon al hombre con pieles de gato montés. Una gran corriente de agua estaba fluyendo de sus ojos, y los ciervos bajaban de la colina a beber de ese agua.

Las chicas se tumbaron una a cada lado del hombre y le dieron alimentos; se quedaron toda la noche con él. A la mañana siguiente ellas fueron a casa a por más alimentos.

"Alimentadle, dadle en abundancia", dijo Jamuka; "él puede conseguir salud y fortaleza todavía."

Las hermanas regresaron y se quedaron una segunda noche. El hombre empezó a tener mejor aspecto, pero lloraba todo el tiempo, y muchos ciervos venían a beber el agua que manaba de sus ojos. Las chicas fueron a casa la segunda mañana. "El hombre tiene mejor aspecto", dijeron ellas a su padre.

Dijo el anciano Jamuka: "He oído que los hijos de Juka han sido asesinados. Éste tiene que ser uno de ellos."

Ellas regresaron y se quedaron otro día y otra noche con el extraño. El hombre parecía tener salud de nuevo. Comenzó a hablar: "¿Tiene vuestro padre un arco y flechas?", preguntó a las hermanas.

"Tiene, tiene muchas."

"Traedme un arco y flechas; muchos ciervos se acercan a mí a beber, puedo disparar a uno."

Ellos llevaron las palabras del hombre a su padre. Jamuka les dio un arco y algunas flechas y regresaron al hombre enfermo.

"Podéis iros a casa esta noche", dijo él. "Quiero estar solo."

Las chicas le dejaron. Al atardecer vino un gran gamo a beber de sus lágrimas, él le mató; más tarde vino otro, mató a éste; a medianoche vino un tercero, mató al tercero; ya tenía tres. Al alba mató a un cuarto gamo; ahora tenía cuatro. "Es suficiente", pensó él.

Cuando llegaron las chicas y vieron los cuatro gamos grandes que yacían muertos cerca del extraño, se asustaron; corrieron a casa y se lo contaron a su padre. El anciano Jamuka se alegró cuando se lo contaron. Él afiló su cuchillo, salió deprisa hacia los bosques y miró al extraño. "Ése es el hijo de Juka", dijo él; "cuidadle bien, hijas."

Jamuka despellejó a los ciervos, los llevó a casa y cortó trozos de venado para secarlo. A la tarde siguiente el hijo de Juka envió a las chicas a casa por segunda vez, y mató cinco ciervos grandes aquella noche. A la mañana siguiente las chicas vinieron a verle y corrieron a casa asombradas.

Su padre estaba muy contento. Él despellejó a los cinco ciervos como había hecho con los otros cuatro y cortó trozos de venado.

Durante todo este tiempo Tsore Jowa estaba recorriendo todos los sitios con el fin de encontrar a su hermano. Ella había dejado a los corazones, al cuerpo de su hermana y a su padre escondidos cuidadosamente; no había hecho nada todavía para salvarles.

La noche después de haber matado a cinco ciervos el hijo

de Juka, las dos chicas le llevaron a casa de su padre. Ahora estaba bien y era guapo, con buena salud y fortaleza. No lloró más después de aquello. Se formó un manantial salado en el lugar donde había caído y había derramado tantas lágrimas. El manantial está en ese lugar hoy en día y los ciervos van a beber en él en manadas. La gente espera cerca del manantial y los mata, como hizo el hijo de Juka. Tsore Jowa fue a todas las casas preguntando por su hermano. Al final llegó a la casa de Jamuka y allí le encontró. Ella se alegró entonces y quedó satisfecha. Dejó a su hermano con sus dos esposas y se volvió a casa.

Tsore Jowa hizo en una noche una gran casa de sudación, preparó una gran cesta y la llenó de agua. Cuando llegó la segunda noche, ella echó piedras calientes en el agua y puso todos los corazones en la cesta. Abriendo el cuerpo de su hermana, le sacó el corazón y lo puso con los otros. En este momento el agua de la cesta estaba hirviendo. Ella cubrió la cesta y la puso en la parte más alta de la casa de sudación. Luego entró, se tumbó y durmió.

El agua estuvo borbotando toda la noche. Al alba la cesta se dio la vuelta y hubo gran alboroto alrededor de la casa de sudación. Ellos empezaron a hablar llenos de vida.

"¡Tenemos frío, tenemos frío!", dijeron ellos. "¡Déjanos entrar!"

Pronto llegó el alba. Tsore Jowa abrió la puerta y entraron a la casa de sudación todos en multitud. Tsore Jowa no decía una palabra todavía. Entraron todos los hermanos, detrás de ellos Haka Lasi. Ella tenía buen aspecto, estaba bien. Su corazón estaba limpio, ahora no había nada malo en él.

"¿Dónde está nuestro hermano mayor?", preguntaron todos.

"Él está bien, le he encontrado. Tiene dos esposas", dijo Tsore Jowa.

Juka tenía buena salud y fortaleza. Ella le había lavado y le había dado comida.

Todos estaban felices y se fueron a cazar.

"Creo que a vuestro marido le gustaría ir a casa", dijo Jamuka un día a sus hijas.

El hijo de Juka y sus dos esposas se pusieron en camino para visitar a su padre; Juka vio llegar a su hijo; cogió una manta grande en seguida, le cogió a él, le colocó en ella y se la puso en seguida.

Las esposas de Juka entraron y se sentaron en la casa. Otros dos hermanos las tomaron por esposas. Ellas se quedaron allí mucho tiempo, nunca vieron de nuevo a su primer marido. El anciano Juka le mantenía en secreto, le hizo un Weänmauna, un oculto.

Después de un tiempo las dos mujeres desearon volver a casa a visitar a Jamuka. Ellas cogieron collares y mantas, cosas bonitas de todas clases, y fueron a casa de su padre a los pies de Wahkalu.

"Nunca hemos vuelto a ver a nuestro marido desde que fuimos a casa de su padre", dijeron ellas. "Ahora tenemos maridos nuevos."

"Creo que es bastante bueno eso", dijo Jamuka. "Su padre le ha alejado. Sus hermanos son tan buenos para vosotras como lo fue él."

Las hermanas estaban de acuerdo con su padre y regresaron a vivir a casa de Juka después de aquello.

EL SUEÑO DE JUIWAIYU Y SU VIAJE AL PAIS DE DAMHAUJA

PERSONAJES

Después de cada nombre se da el del animal, pájaro o cosa en los que se transformó el personaje posteriormente.

Damhauja, la Luna justo antes de hacerse nueva; **Darijua,** ardilla gris; **Halaia,** estrella de la mañana; **Jupka,** mariposa del gusano de seda salvaje; **Juiwaiyu,** bellota de roble negro del Este; **Kechowala,** arrendajo azul; **Mahari,** roble negro del Este; **Pahnino,** cierta clase de concha marina; **Periwiriwaiyu,** otra clase de roble negro del Este.

JUIWAIYU vivía muy lejos en el Este, en la parte sur. Su padre, Periwiriwaiyu, era anciano. Su madre, Maharia, era anciana también, pero los dos eran muy hermosos.

Juiwaiyu cazaba, pescaba, era feliz hasta que una noche soñó con dos chicas que vivían más allá de Wahkalu, vivían al norte de esa montaña.

"Soñé con dos hermanas", dijo a su padre y a su madre a la mañana siguiente. "Vi a dos mujeres anoche. Las dos eran

325

muy hermosas. Tengo que encontrarlas, las traeré a casa si puedo."

"No debes ir", dijeron su padre y su madre. "Si vas nunca volverás a este país. No te veremos de nuevo si nos dejas. Sabemos que esa gente te matará. Nunca te veremos de nuevo si te vas de aquí." Luego lloraron amargamente los dos.

Pero su padre y su madre no pudieron detener a Juiwaiyu, él se iría. Cuando estaba preparado para partir, dijo su madre:

"Tu tío vive en Shultsmauna, cerca de Kamshumatu. Para allí. Tienes que ver a tu tío, tienes que hablar con él. Su nombre es Jupka. Él es muy sabio, él te ayudará. Habrá truenos y unas gotas de lluvia aquí cuando toques la casa de tu tío. Entonces sabré que has llegado a salvo."

Juiwaiyu comenzó a cantar. Partió y se elevó en el aire. Subió muy alto y gritó, gritó y cantó mientras viajaba. Aunque él había decidido irse, tenía miedo de que las palabras de su madre fueran verdad, de que la gente de allá de Wahkalu pudiera matarle. Miró adelante a lo lejos y vio humo cerca del borde del cielo. "Ése debe ser el humo de la casa de mi tío", pensó Juiwaiyu.

Se movió hacia el humo; siguió hasta que estuvo justo encima de la casa de su tío. Luego bajó del tejado y miró furtivamente a través del agujero del humo. El anciano, que estaba tumbado de espaldas al fuego, le vio mirar adentro. Jupka se puso de pie, miró otra vez y se apresuró a coger su lanza.

"¿Es esa forma de mirar en mi casa? ¿Qué quieres aquí?", gritó Jupka apuntando al extraño con su lanza.

"Soy yo, tío. Yo, Juiwaiyu."

"¿Por qué no me llamaste tío cuando me miraste la primera vez? ¿Por qué no me dijiste quién eras cuando llegaste? Podía haberte matado. Estuve muy cerca de matarte con mi lanza. Baja, baja, déjame verte sobrino."

"Lo haré", dijo Juiwaiyu. "He viajado mucho hoy, estoy cansado."

El bajó por el poste central.

"Tío, he venido a hablar contigo, a hacerte saber adónde voy."

"Primero es mejor que comas", dijo Jupka, y cogió a Juiwaiyu entre sus brazos, le estiró el pelo y se alegró de verle.

"Estás cansado, sobrino; estás hambriento, tienes que comer."

"No estoy hambriento, no tengo tiempo para esperar. Tengo mucha prisa."

"¿Adónde vas, sobrino?", preguntó Jupka.

"Tuve un sueño anoche, tío. Soñé con dos hermanas, hijas de Damhauja."

"Mejor sería que te quedaras en casa. Sobrino mío, quédate en casa; sería mejor que no fueras a por esas hermanas. Olvídalas, no pienses en esas chicas", dijo Jupka. "Si vas, nunca regresarás. El lugar donde viven es malo; todo extraño que va allí muere. He visto a muchos hombres camino de Damhauja, muchos hombres han pasado por aquí buscando a esas hermanas, pero nunca he visto regresar a ninguno, con o sin mujer. Yo mismo he estado en ese país, lo conozco bien. Tuve que luchar por mi vida allí y estuve cerca de ser asesinado. Soy muchas veces más fuerte que tú, conozco a la gente mejor que tú, y yo no iría a ese país."

"No importa qué clase de país sea ése, no importa qué clase de gente viva en él, tengo que encontrar a esas dos hermanas. He soñado con ellas. No sirve de nada que me retengas. Tengo que ir; no puedo detenerme, no puedo evitarlo."

"Bien", dijo Jupka, "si tienes que ir, iré contigo. Te perderías sin mí. Tengo que salvarte, sobrino. Me haré pequeño; puedes colocarme sobre tu cabeza, puedes atarme fácilmente a tu pelo."

El anciano se hizo pequeño y Juiwaiyu le puso en la parte más alta de la cabeza, apretándolo firmemente a su pelo, apretándolo para que nadie pudiera verle. Luego salieron de la casa de sudación y se pusieron en camino, invocando al Sol.

"Sol, ¡oh, Sol!, deseo que vayas despacio", dijo él. "Tengo que ir muy lejos. Deseo que el día dure más."

"Te hablaré ahora del camino", dijo Jupka. "Cuando llegues cerca de una montaña pequeña al este de Wahkalu, habrá tres caminos allí delante de ti; uno a mano derecha es muy estrecho. Apenas podrás ver ese camino por lo pequeño que es, pero tienes que encontrarlo, porque no puedes ir por otro. Hay un camino en el centro, llano y ancho; verás tréboles frescos esparcidos por el camino, como si las mujeres hubieran llevado algunos y hubieran dejado caer unos pocos aquí y otros pocos allí. Si vas por ese camino, te matarán los piojos y el viento. A mano izquierda hay un camino; si coges ése, te perderás y nunca alcanzarás el lugar."

"Ahora cantaré", dijo Juiwaiyu, "y oirán mi canción en todas partes: al Norte, al Sur, al Este y al Oeste."

Él empezó y se elevó en el aire mientras cantaba; se elevó y según avanzaba todo el mundo le oía; todos miraban hacia arriba para ver quién estaba cantando, pero no veían nada.

"Suena como la canción de Juiwaiyu", decían algunos. "Creo que es la voz del hijo de Periwiriwaiyu", decían otros. "Creo que es él, porque canta así cuando viaja."

Intentaban ver quién estaba cantando, pero no vieron a nadie. La canción parecía que estaba justo encima de ellos, pero estaba muy alta, muy alta en el aire.

"Date prisa, sobrino mío, date prisa", dijo Jupka. "No me gusta acampar en este viaje, quiero estar en ese lugar antes de la puesta del sol."

Ahora Juiwaiyu cantaba más deprisa; no podía moverse sin cantar. Se movió rápidamente y pronto estuvieron al este de Wahkalu.

"Mira abajo con cuidado", dijo Jupka, "si ves trébol esparcido sobre el camino, no tienes que pasar por él. Pasa por el camino de la derecha, no mires al otro."

Damhauja había enviado a gente para que esparciera trébol en el camino del centro y a hombres atrayentes para hacerles pensar que era el camino hacia su casa de sudación.

"El camino del centro va directo a la montaña", dijo Jupka, "toda la gente que intenta pasar por él muere. Muchos yacen muertos ahora sobre ese camino, sobrino mío, no te acerques a él."

Juiwaiyu continuó, pronto oyó risas delante en la montaña pequeña, risas fuertes.

"Estás en el camino equivocado", dijo Jupka. "Da la vuelta, sobrino mío; si no, morirás con toda seguridad. Ésa es la risa de la gente enviada por Damhauja para matar a todo el que pasa por el camino del centro."

Juiwaiyu continuó; no escuchaba a su tío. Pronto llegó un gran viento, traía nubes de piojos con él; el aire estaba lleno de ellos. Cayeron sobre Juiwaiyu y se comieron la carne de su cuerpo. El viento le hizo retroceder en su viaje, y volaron los adornos de su cuello. La gente de la montaña hizo esto, la gente que Damhauja los pone y retiene allí.

Juiwaiyu estaba enfadado. Se fue hacia delante por segunda vez.

"Pasaré, cruzaré esta vez", dijo él.

"Te hablé de este problema", dijo Jupka, "te lo advertí. Te dije que éste era un camino maldito por el que no puede pasar nadie. Detente o morirás antes de que llegue la noche. ¡Detente! Bájame, te salvaré."

Juiwaiyu se bajó al suelo y cogió a su tío.

"Te salvaré", dijo Jupka. "Te devolveré la carne y la fortaleza."

El anciano cogió su pipa y echó humo con ella. El viento se alejó; los piojos desaparecieron, no quedó ninguno en ninguna parte. Jupka cogió una ramita de rosa. Azotó a

Juiwaiyu con ella y quedó tan sano y fuerte como siempre. Le devolvió toda la carne en un momento.

La gente de la montaña vio esto. "No podemos matarle", dijeron ellos; "tiene mucho más poder que nosotros."

"Tienes que dar la vuelta y empezar donde se separan los caminos", dijo Jupka. "A la derecha hay un sendero estrecho y pequeño; apenas puedes verlo, pero tienes que encontrar ese sendero. No puedes ir a casa de Damhauja por otro camino."

Juiwaiyu regresó a donde se separaban los senderos.

"Busca el camino", dijo Jupka. "Si ves un sendero pequeño y estrecho, ése es."

Al final encontró el sendero. "Ése es el camino correcto", dijo el tío.

Era tan estrecho que Juiwaiyu apenas era capaz de verlo. Avanzaba con facilidad, iba deprisa, como un hombre que baja corriendo una colina. Llegaron a la montaña pequeña, y cuando Juiwaiyu estaba sobre ella, oyó risas en un pueblo distante. "Ése tiene que ser el lugar adonde vamos", dijo él.

"Sobrino mío, vigila, ten cuidado. Cuando vayas a la casa de sudación de Damhauja y te sientes con sus hijas, te dará una pipa llena de huesos de gente machacados en vez de tabaco. Si respiras humo de esa pipa, morirás al instante. Con este humo él ha matado a los que escaparon de los piojos y del viento de la montaña."

Juiwaiyu descansó un rato y pensó en los adornos que había perdido. "Ojalá volvieran a mí mis adornos", dijo él. En ese momento los adornos estaban en su cuello. Estaban tan bonitos como siempre.

"Adornos míos, no tenéis que iros otra vez de mí. Tenéis que quedaros conmigo y tenéis que ser abundantes. Pahnino Marimi, deseo que envíes a tus hijas a por hojas, leña y agua. Sé amable cuando vaya a ti. No me mates. Continuemos", dijo él a su tío.

Siguieron adelante y pronto vieron a dos chicas, una

llevaba a la otra de la mano. Estas chicas venían hacia la montaña, balanceando las manos y cantando. Juiwaiyu se echó al suelo, se escondió detrás de un árbol y dijo: "Que haya leña en abundancia aquí, leña para estas mujeres." La leña estuvo justo allí en un momento.

Las dos chicas bajaron las cestas y las llenaron. "Ojalá viniera ese hombre", dijo una hermana a la otra, "el hombre con el que soñé anoche."

Bajaron las manos para coger las cestas. Juiwaiyu cogió sus manos. Ellas miraron alrededor, le vieron y se asustaron.

"¿Por qué os asustáis? Soñé contigo anoche, tú soñaste conmigo. Vamos a casa, id delante, apresuraos, yo os seguiré. Pronto estaré en casa de vuestro padre."

Ellas se pusieron las cestas en la espalda, corrieron rápidamente, llegaron pronto a casa, tiraron las cestas afuera en la puerta y se apresuraron a entrar en la casa de sudación.

"¿De qué estáis asustadas, hijas mías? Visteis a algún hombre joven en los bosques, creo", dijo Pahnino, su madre, que estaba haciendo pan de bellotas afuera en la puerta. "Creo que algún cuñado os estaba esperando cerca de la montaña."

"Nunca has visto al hombre que nos hemos encontrado", dijeron las hermanas.

Pahnino fue a mirar, miró atentamente, pero no vio a ningún hombre que viniera hacia ella por ninguna parte. Las dos hermanas extendieron una piel de oso negra y se sentaron sobre ella, se sentaron cerca la una de la otra y esperaron. El anciano salió a mirar, puso la mano sobre los ojos para ver al nuevo yerno, pero no pudo ver a nadie. Juiwaiyu estaba en la casa ya; bajó por el pilar central, atravesó el suelo y salió entre las dos hijas de Damhauja. Pahnino Marimi entró en ese momento para regañar a sus hijas. Ella miró y vio a Juiwaiyu entre ellas.

"Alguien se ha sentado con nuestras hijas", dijo ella al anciano.

Damhauja fue a por su pipa, puso en ella huesos machacados de Mapchemaina y alargó la pipa a sus hijas.

"Dad esto a mi yerno", dijo él.

A ellas no les gustaba coger la pipa, pero no podían negarse
a su padre, no podían evitarlo. Ellas estaban llorando.

"No tienes que fumar esto", susurraron ellas; "te daremos
de otra clase." Ellas sacaron tabaco y pusieron un poco de la
clase corriente. El anciano no se fijó mucho al principio, estaba
pensando solamente en ver caer muerto a Juiwaiyu. Las chicas
le devolvieron la pipa vacía a su padre.

Jupka, que estaba sentado en la cabeza de su sobrino, se
rió interiormente.

"No sé qué clase de hombre es éste", pensó Damhauja. "No he visto nunca una persona igual. Creo que
tiene que haber venido a luchar conmigo; le probaré una vez
más."

Llenó la pipa por segunda vez y se la dio a sus hijas. Ellas
se la alargaron a Juiwaiyu. Esta vez no cambiaron el tabaco.
Damhauja estaba vigilando con cuidado. Jupka fumó esta pipa.
Ningún humo podía dañarle. Damhauja, que esperaba ver caer
muerto a Juiwaiyu, llegó a asustarse cuando le vio tan bien
como siempre.

"¿Qué voy a hacer?", pensaba él. "Doy este tabaco a todo
el que viene a por mis hijas, y todos los que fuman mueren al
instante. Tengo miedo de mi nuevo yerno. No lucharé con este
hombre. Dejaré que mis otros yernos le prueben. Hijas mías,
quiero que deis buenos alimentos a vuestro marido; dadle cosas
buenas para comer, cuidadle lo mejor que podáis, tratadle bien.
Hijos míos, quiero que traigáis abundacia de buena comida
para mi yerno."

"Ahora daré venado a estas hermanas", pensaba Jupka, y
él sacó un trozo pequeño de venado cebado tan grande como
una nuez. Se lo dio a Juiwaiyu y le dijo que pidiera una cesta
grande. Ellos la trajeron.

"Tú, venado, mantén esta medida", dijo Juiwaiyu. "No

seas más pequeño, no tienes que acabarte", y luego lo cortó en rodajas.

Damhauja se llevó tres cestas grandes de carne, luego salió a la parte de arriba de la casa y llamó a sus hijos.

"Venid a por venado", dijo él. "Hay en abundancia para todos vosotros."

Damhauja tenía muchos yernos en el Oeste, más allá del río. Todas sus hijas estaban casadas menos dos. Estos yernos le oyeron llamar y se sorprendieron. "¿Qué ha ocurrido?", preguntaban ellos unos a otros. "No hemos oído nunca al anciano hablar así antes. Tiene que haber encontrado un nuevo yerno. Tiene que haber encontrado un marido para Halaia y Pahnino Marimi."

Todos los hijos de Damhauja entraron en la casa de sudación.

Kechowala, un yerno que era un jefe en el lado occidental, envió a sus dos hijos, Kechowala y Darijua, para que vieran lo que estaba ocurriendo en la casa de sudación.

Cuando los chicos llegaron y miraron adentro, el mayor creyó ver al hombre, pero no le conocía. Los hijos de Damhauja estaban bailando la danza del fuego. Los dos hermanos miraron alrededor atentamente, pero el menor no vio a ningún hombre extraño. Ellos bajaron corriendo de la casa de sudación y en el camino a casa empezaron a discutir.

"Creo que nuestro abuelo tiene un nuevo yerno; yo le vi", dijo Kechowala, el mayor.

"No le viste", dijo el menor.

"¿Por qué intentas encubrirlo, por qué lo niegas? Le vi con seguridad."

"Cuando lleguemos a casa tú dirás que viste al extraño en la casa de sudación; pero si yo lo hago, mentiré."

"Creo que veremos grandes disturbios", dijo el mayor. "Habrá lucha ahora que nuestro abuelo tiene un yerno nuevo, habrá una gran lucha."

Los dos chicos corrieron muy deprisa, discutiendo mientras marchaban. Llegaron al río, lo cruzaron nadando, corrieron a casa.

"Hay un hombre extraño allí; el abuelo tiene un yerno nuevo", dijo Kechowala.

"No creas lo que dice", gritó Darijua a su padre. "Yo no pude ver a ningún hombre."

"¿Por qué quieres esconderle, por qué lo niegas? Lo has tenido que ver claramente."

"Yo no lo vi y tú tampoco. Vi a todos los que estaban allí, pero no vi a ningún extraño."

"Le vi sentado entre las dos chicas", dijo Kechowala.

"Él está allí", dijo el padre. "Veré a ese hombre mañana."

"Yerno mío", dijo Damhauja, "tienes que tener cuidado mañana. Tengo muchas hijas aparte de tus dos esposas; sus maridos intentarán matarte." Luego Damhauja dijo a sus hijos: "Nos iremos a dormir y nos levantaremos temprano; cuidad mucho de vuestro cuñado mañana."

Todos se fueron a descansar; Juiwaiyu y sus esposas también lo hicieron como los demás.

Cuando todos estaban durmiendo, Juiwaiyu sacó a Jupka de su pelo y lo levantó. "Deseo que llegue el alba rápidamente", dijo él.

Luego retumbó un trueno y llovió un poco; Juiwaiyu deseaba que supiera su madre que él estaba bien. Salió, dio un paso y fue desde la casa de sudación al otro lado de la montaña más cercana, con el segundo paso llegó a la cima de una montaña más allá.

Jupka estaba enfadado porque Damhauja había intentado matar a Juiwaiyu con una pipa venenosa. Ahora se vengó. Puso a las dos hermanas en un lugar elevado de la casa de sudación y provocó una fuerte tormenta de viento y lluvia. Pronto todo el lugar estuvo lleno de agua. Arrolló y barrió la casa de sudación, ahogó a Damhauja y a su esposa, y se llevó los cuerpos fuera de la puerta.

Juiwaiyu cogió su flauta yaiyauna y empezó a tocar sobre

la montaña. Todo el mundo le oyó, toda la gente fue a las cimas de las colinas y a las cimas de las montañas, todos extendían sus manos hacia arriba y escuchaban, todos decían: "Ése tiene que ser Juiwaiyu; nadie toca de esa forma sino Juiwaiyu." Los ciervos empezaron a venir del Este por el mismo camino que había venido Juiwaiyu, y todos se quedaron delante de él.

"Dejad que uno se quede delante de mí y mire", dijo Juiwaiyu, "dejad que todos los demás se queden detrás de este primero."

Ellos se pusieron en línea, un cervato en primer lugar. Les disparó a todos, a cientos de ellos, con una flecha. La flecha entró en la boca del ciervo de enfrente y salió cerca del rabo del último. Luego Juiwaiyu cogió al cervato pequeño y lo abrió; hizo a los ciervos muy pequeños, los puso a todos dentro del cuerpo del cervato y lo llevó a casa con una sola mano; tiró el cervato sobre el suelo de la casa de sudación. Los ciervos de dentro del cervato se hicieron tan grandes como habían sido antes, bajaron rodando y llenaron todos los alrededores de la casa de sudación.

Entonces Juiwaiyu vio a Damhauja y a Pahnino que yacían fríos y muertos, así que entró corriendo hacia Jupka en la casa de sudación. "Tráelos a la vida, tío mío. ¡Tráelos a la vida de nuevo!"

Jupka les azotó a los dos con un ramita de rosa y los trajo a la vida. Damhauja se sacudió y dijo: "He dormido demasiado profundamente."

"No te hubieras despertado después de todo si no hubiera sido por mi sobrino. Tú querías matarle. Yo te castigué."

Damhauja reconoció entonces a Jupka. "¡Oh! ¿Por qué no me permitiste saber que tú estabas aquí? No hubiera intentado hacer daño a Juiwaiyu."

El anciano vio tantos ciervos alrededor de la casa de sudación que no sabía qué pensar. Subió entonces a la casa de sudación. "Venid, hijos míos, venid", gritó él. "Hay venado aquí para todos vosotros."

335

Vinieron todos los hijos. Cada uno tenía un ciervo y había otros tantos para guardar.

Todos los yernos del Oeste estaban enfadados porque los hijos de Damhauja tenían mucho venado.

"Pasaremos a ver a ese hombre", dijo Kechowala, el jefe. "Nos divertiremos con él hoy."

Cuando el hijo mayor de Damhauja llevaba venado a su padre, vio a Kechowala. "Viene", dijo el hijo.

Kechowala tenía cara de enfado; caminaba deprisa. Cuando alcanzó la casa de sudación, todos estaban comiendo venado. Él fue a la parte de arriba de la casa de sudación, cogió una flecha de debajo de su brazo y dijo: "Levantaos, preparaos, tenemos que jugar hoy."

Luego miró adentro y vio a Juiwaiyu sentado entre las dos hermanas. "Ahora sé quién es ese hombre; es del Este. Aliméntale bien, vístele bien, suegro. Tenemos que divertirnos antes de que se vaya de aquí. Tiene que demostrar lo que sabe hacer antes de que nos deje."

El anciano salió y regañó a Kechowala:

"Hablas alto, quieres venado cebado; a eso es a lo que has venido, ésa es la razón por la que estás en la casa de sudación."

Jupka oyó todo lo que dijo Kechowala.

"Ahora me iré a casa", dijo Kechowala, "pero estaré aquí después de desayunar."

"Mi yerno morirá hoy", dijo Pahnino Marimi. "¿Qué podemos hacer? Van a venir a matar a nuestro yerno que nos trae tanto venado. Quédate en la casa, no salgas", dijo Pahnino.

"No salgas", dijeron los hermanos; "nosotros nos enfrentaremos con esa gente."

Todos miraron y vieron que venía una gran multitud desde el Oeste. Los yernos se aproximaban y cuando estaban cerca gritaron a los hijos de Damhauja. Las dos hermanas trataron de detener a Juiwaiyu.

"Dejadme ir, esposas", dijo él, "dejadme ir. Si me quedo

aquí, me llamarán cobarde. No permitiré que nadie me dé ese nombre."

"Quiero ver a ese hombre nuevo que está aquí", gritó Kechowala. "Quiero hablar con él."

"Saldré", dijo Juiwaiyu a sus esposas. "Mi padre y mi madre me hablaron de este lugar. Sé lo que es."

"¡Sal!", le llamó Kechowala en la puerta. "Sal; no tengas miedo de nosotros, no seas cobarde."

"Iré cuando esté preparado, me encontraré contigo."

Kechowala se dirigió a su pueblo: "Pronto estará aquí", dijo él.

Todos se rieron, todos estaban contentos. "Si viene le mataremos", pensaban ellos.

Juiwaiyu salió y se quedó en la parte más alta de la casa, miró alrededor, miró a sus enemigos, bajó lentamente, fue como si no le gustara encontrarse con ellos.

"¿Por qué tienes miedo", preguntó Kechowala. "¿Piensas que te vamos a hacer daño?"

Él se acerco a ellos y se sentó en una piedra. Sólo tenía una flecha y sin punta. Era un bastón que le había dado su tío. El terreno de juego estaba más allá de una colina a cierta distancia de la casa de sudación. "Ponte de pie y juega", dijeron los yernos, y empujaron a Juiwaiyu para tirarle, pero no se cayó. Todos fueron al terreno de juego. Juiwaiyu cogió los huesos en su bastón en el punto medio, luego los lanzó; corrió a cogerlos por segunda vez, corrió otra vez, puso los huesos más allá de la barrera. Él hizo lo mismo por segunda vez y ganó el primer juego. Ganó dos juegos.

"Bueno", dijeron los yernos del Oeste, "nunca hemos visto a nadie que juegue a los huesos como él. Tenemos que probarle de otra manera."

Le propusieron entonces una carrera. La carrera era hasta la montaña de enfrente. Juiwaiyu tenía que llegar allí el primero si era capaz. Ellos pensaban golpearle desde atrás, matarle fácilmente, pero no pudieron acercarse a él. Llegó a la montaña antes de que ellos hubieran corrido la mitad de la distancia. Por la tarde jugaron a los huesos por segunda vez. Pensaron matarle de esta forma con toda seguridad. Entre el centro del terreno de juego y la barrera de Juiwaiyu pusieron una gran araña venenosa justo en el sendero por el que iba a correr Juiwaiyu, Jupka conocía su plan y advirtió de la araña a su sobrino. Juiwaiyu saltó sobre la araña, la aplastó inmediatamente antes de que se pudiera volver para envenenarle; luego llevó los huesos más allá de la barrera.

Él regresó al centro del terreno de juego. Los hombres de Kechowala no dijeron nada, no mencionaron la araña. Juiwaiyu llevó los huesos más allá de la barrera esa vez y ganó el segundo turno. Esto hizo en el primer juego de la tarde. Mientras se estaban preparando para el segundo juego, Kechowala puso sobre el sendero cuchillos de pedernal y puntas de lanza para que Juiwaiyu se cayera y se matara.

Comenzaron el segundo juego. Juiwaiyu cogió los huesos de todos y corrió hacia adelante, corrió velozmente. Cuando estaba cerca de los cuchillos y de las puntas de lanza, Jupka le advirtió dónde estaban; pasó entre algunos, saltó sobre otros, llevó los huesos más allá de la barrera y regresó como si nada hubiera estado puesto sobre el sendero; fue por segunda vez y ganó el segundo juego.

Él había vencido a todos los que habían jugado en su contra. Ellos estaban muy enfadados. "Tenemos que matarle de otra forma", dijo Kechowala.

El terrero de juego estaba lejos de la casa de sudación, y cuando Juiwaiyu hubo ganado el segundo juego él se dio la vuelta para regresar a la casa de sudación. Kechowala envió a una serpiente cascabel y a un oso pardo para que se encontraran con él, una en un lugar y otro en otro lugar. Juiwaiyu saltó sobre la serpiente y le aplastó la cabeza. Cuando llegó al oso, le dio una patada con el pie y le mató. Despellejó a los dos, cogió las pieles y las colgó arriba delante de la casa de sudación.

Cuando los hombres de Kechowala vieron las pieles, se

enfadaron y se excitaron terriblemente; se detuvieron delante de la casa de sudación, saltaron y gritaron:

"Queremos ver a Juiwaiyu. Deja que salga aquí Juiwaiyu. Queremos verle."

Juiwaiyu salió. Todos los cuñados del Oeste fueron en masa hacia él, todos querían matarle entonces. Él no tenía más armas que el bastón que le dio Jupka. Todo lo que necesitó fue señalar a uno y decir: "Deseo que mueras", en ese momento la persona caía muerta. Nadie podía acercarse a Juiwaiyu cuando le atacaban, y antes de que ellos dejaran de amenazarle él mató a la mitad de los yernos de Damhauja. Entonces los otros corrieron a casa y mataron a sus propias mujeres y a las de los hombres muertos. "No tendremos nada que venga de la casa de Damhauja", dijeron ellos. Mataron a todos los niños también; sólo escapó Darijua, que se fue corriendo a la casa de sudación y contó la matanza.

Aquella noche Jupka provocó una gran tormenta y ahogó a todos los hombres del Oeste que había dejado vivos Juiwaiyu. A la mañana siguiente temprano éste fue, golpeó la cabeza de las mujeres y de los niños muertos con una ramita de rosa y trajo de nuevo a todos a la vida, excepto a los hombres, y los llevó a casa de Damhauja.

Juiwaiyu había traído tantos ciervos aquella mañana como había traído la primera. Damhauja hizo que se extendiera y agrandara su casa para dar habitaciones suficientes a todos los niños. Cocinaron venado y festejaron, festejaron todo el día en la casa de sudación.

A la mañana siguiente Juiwaiyu se volvió a casa con sus dos esposas y su tío.

LA PRIMERA BATALLA DEL MUNDO Y LA CREACIÓN DE LOS YANAS

PERSONAJES

Después de cada nombre se da el del animal, pájaro o cosa en los que se transformó el personaje posteriormente.

Ahalamila, lobo gris; **Bohkuina,** zorro gris plata; **Chichepa,** halcón moteado; **Chuhna,** araña; **Hehku,** serpiente cornuda; **Hitchinna,** gato montés; **Howichinaipa,** pájaro pequeño; **Hurskiyupa,** huérfano; **Jewina,** cría de halcón rojizo; **Jihkulu,** búho grande; **Jupka,** mariposa del gusano de seda salvaje; **Kaitsiki,** ardilla terrestre; **Kaltsauna,** lagartija (especie de lagarto); **Kechowala,** arrendajo azul; **Lawalila,** halcón grande; **Maibyu,** paloma; **Malewula,** lobo; **Mapchemaina,** primer pueblo; **Pakalai Jawichi,** lagarto acuático; **Petaina,** mofeta; **Popila,** pato; **Topuna,** león de la montaña; **Tsanunewa,** pájaro pequeño; **Tuina,** el Sol; **Wihlaina,** ardilla listada.

———

D ESPUÉS de que Hehku se hubo levantado de la muerte y se hubo ido a casa, Jupka dijo a todos los Mapchemaina: "Sudad ahora y nadad. Iréis a cazar mañana temprano."

Los Mapchemaina fueron a cazar al día siguiente, pero no

pudieron matar ciervos. No tenían puntas de flechas buenas. Las puntas que tenían estaban hechas de piedra corriente. Cuando por la tarde regresaron sin venados a Jigulmatu, Jupka dijo:

"Hay un anciano en el Sur que mata muchos ciervos, se llama Kaltsauna. Tengo que traerle aquí arriba para que os muestre cómo los mata. Enviaré a alguien al Sur a por él. Maibyu, tú vas a por ese anciano; tú viajas muy rápido."

"No sé dónde está la casa; no sabré encontrarla", dijo Maibyu. "Sería mejor que enviaras a otro."

"Lawalila, tú vas", dijo Jupka.

Lawalila se vistió bien; cogió su arco, su aljaba y sus flechas y se fue. Él fue tan rápido como si hubiera habido sólo un paso hasta la casa de Kaltsauna. Éste estaba sentado adentro con las piernas cruzadas. Estaba haciendo puntas de flecha de pedernal.

Lawalila entró en seguida y sorprendió al anciano Kaltsauna. Tenía un cuchillo de pedernal a su lado y amenazó a Lawalila como si fuera a matarle.

"Alto. Soy yo, tío; no debes matarme."

"¿Por qué me llamas tío?", preguntó Kaltsauna escondiendo sus puntas de flecha rápidamente.

"He venido a por ti, tío. El jefe me envió aquí. Jupka te invita a que vayas a Jigulmatu. Quiere que vayas a su casa. Quiera verte. No podemos matar ciervos con puntas de flecha de piedra. No tenemos otra clase. El jefe sabe que tú matas ciervos siempre. Quiere que vayas a su pueblo y muestres a su gente cómo matar ciervos."

Kaltsauna se frotó las manos, las frotó para limpiárselas, frotó todo el polvo de pedernal que había en ellas, y enrolló sus pedernales cuidadosamente en una piel. Luego mezcló polvo de pedernal, se frotó la cara, hizo pintura, cubrió su cara con ella y atravesó el tabique nasal con un trozo de pedernal afilado. Cuando estuvo vestido y armado para el camino parecía muy amenazador y fuerte.

"Estoy preparado. Tú vas delante. Yo iré más tarde", dijo a Lawalila.

La aljaba de Kaltsauna era de piel de oso pardo; sus arcos y flechas estaban hechos de roble negro. Puso sus pedernales debajo del brazo izquierdo y cogió su arco y sus flechas en la mano derecha.

"Vamos, ve delante. Yo iré más tarde. Iré por mí mismo. Ve ahora y di al jefe que haga un gran fuego de madera de manzanita."

Lawalila fue delante y dio a Jupka el mensaje de Kaltsauna. El jefe hizo un gran fuego, un gran fuego de madera de manzanita. "Ya viene, ya viene", dijo la gente cuando vieron a distancia a Kaltsauna. Cuando estaba cerca, ellos procuraban no mirarle, agachaban la cabeza.

"¡Haceos a un lado, haceos a un lado! ¡Pegaré a menos que me deis habitación!", dijo Kaltsauna según se acercaba a la multitud de gente.

"El anciano siempre habla así", dijo Jupka. "Él es muy fuerte. Por eso es tan audaz; por eso habla así."

"Extiende una piel", dijo Kaltsauna a Jupka.

Se extendió la piel y Kaltsauna vació su ropa que estaba llena de puntas de flecha. Se sentó entonces y dijo:

"Dividiré éstas y las pondré en sitios diferentes."

Juntó cada tipo de pedernal en un montón, luego lo pisó y dijo mientras lo pisaba: "Tú irás a este sitio o a aquel otro."

Pisó el pedernal blanco y dijo: "Tú ve a Hakamatu."

El pedernal blanco se fue; desapareció de la ropa; fue a Hakamatu y hoy hay abundancia de pedernal blanco en aquel lugar.

Al pedernal azul lo envió al límite de nuestro país Yana. Al pedernal amarillo lo situó en Iwiljami. Al Oeste envió el pedernal con un rayas finas negras, azules y blancas; lo envió a Hakachimatu. Al pedernal verde lo puso en Jigulmatu y dijo:

343

"Encontraréis siempre estos pedernales en los lugares donde los he puesto hoy, y la gente que vendrá después de vosotros los encontrará allí. Siempre habrá pedernal en aquellos lugares, durante el tiempo que los quiera la gente."

Aparte del pedernal Kaltsauna dio a cada mapchemaina una cuña hecha de cuerno de ciervo y un trozo de piedra; les mostró cómo cubrir el pedernal y hacer puntas de flecha. Las primeras puntas de flecha de la Tierra fueron éstas hechas por Kaltsauna.

A la mañana siguiente, después de haber dado el pedernal a los mapchemaina y de haberles mostrado cómo hacer puntas de flecha, Kaltsauna se fue a casa. Al segundo día Jupka reunió a todos los mapchemaina y dijo: "Preparad vuestras puntas de flecha; sudad esta noche; nadad por la mañana temprano y salid mañana a una gran cacería."

Ellos hicieron todo lo que les ordenó Jupka, y a la mañana siguiente fueron hacia el Jidjilpa. Fueron al Oeste a lo largo del Jidjilpa, fueron por los dos lados de él; fueron al Oeste hacia Tahaujwakaina, que está en el cañón más allá de Hakamatu. Fueron a la roca y más allá de ella.

A cierta distancia al oeste de la roca salió corriendo un oso pardo de un bosque espeso de robles. Entre la gente que cazaba estaba Chichepa, y el oso se precipitó sobre él. Chichepa había soñado la noche anterior que esta roca del cañón saltaba del suelo y le había asustado. Cuando se acercó a los robles, el oso gruñó y saltó.

Chichepa regresó corriendo, corrió hasta que llegó a Tahaujwakaina; el oso se acercaba a él. El oso estaba tan enfadado que hacía pedazos los robles grandes según corría. Había un agujero en la parte de arriba de la roca. Chichepa saltó a él. El oso se puso de pie sobre sus patas traseras. Apenas podía ver la parte de arriba de la roca. Él miró y no vio nada, se dejó caer, corrió alrededor de la roca, miró por todas partes, no vio señales de Chichepa. Luego volvió y entró en el bosque espeso de árboles de donde había salido.

La gente se fue hacia el Oeste un rato, luego hacia el Sur, y empezaron a encontrar ciervos. Bohkuina mató al primer ciervo, Howichinaipa al segundo, Kechowala al tercero, Jihkulu al cuarto, Petaina al quinto, y así hasta que tuvieron veinte ciervos. El grupo se dividió en dos entonces. Los que tenían ciervos se volvieron a casa hacia Jigulmatu y entraron por el mismo orden en el que los habían matado, Bohkuina el primero, los otros le siguieron cada uno en su turno. El segundo grupo cazó hacia el Este y luego hacia Jigulmatu. Después de un rato llegaron a Ketmatu, donde Malewula mató a un ciervo y Topuna mató otro; Tsanuneva mató a un terrible ciervo grande y feo que parecía como si toda la carne de su cuerpo estuviera hinchada. Hitchinna, Kaitsiki, Wihlaina y otros mataron ciervos; cada persona mató un ciervo. Entonces el grupo entero se volvió hacia Jigulmatu, donde hubo gran alegría en la casa de sudación de Jupka. Las mujeres prepararon bellotas y ratones para comer.

Jupka nunca iba a cazar, siempre se quedaba en Jigulmatu; sólo se tumbaba allí en la casa, decía todo lo que tenían que hacer y les mostraba cómo hacer lo que se necesitaba. Cuando vinieron de la cacería, todos pusieron su venado delante del jefe, pusieron ante él todos los ciervos que habían matado. Jupka cogió entonces su cuchillo de pedernal y cortó la carne en trozos. Asó costillas, asó todo lo que trajeron ellos. Cuando estuvo cocinado, los mapchemaina se sentaron y se comieron la carne juntos. Jupka colocó delante de ellos en tres sitios diferentes tres cestas muy grandes de ratones y enfrente de cada cesta había gente para repartir ratones a las personas que quisieran alguno. Cuando hubieron comido, Jupka se puso de pie y habló a todos los presentes.

"Deseo que todos vosotros entréis en la casa de sudación esta noche", dijo él. "Deseo deciros donde vais a cazar mañana."

Entraron en la casa de sudación aquella tarde, se sentaron y fumaron, y mientras estaban fumando Jupka se levantó y les

345

habló. Jupka nunca comía nada de ninguna clase; él fumaba tabaco, fumaba todo el tiempo; eso es lo único que tomaba su cuerpo. Cuando habló, dijo:

"Creo que es mejor cazar en el Norte mañana."

"No nos gusta ir al Norte cuando cazamos", dijeron algunos del pueblo.

"Bueno, pensémoslo. Esta noche cantará y bailará Howichinaipa por los ciervos."

Luego Jupka pensó un rato y dijo: "No, será Ahalamila, él es una buena persona para soñar y cantar sobre ciervos y para bailar. Le diré a Ahalamila que cante y baile esta noche. Él dirá adónde debemos ir, él nos dirá qué camino tomar. Quiero que todos os tumbéis y durmáis esta noche, ancianos y jóvenes, y todas las mujeres; durmamos todos hasta mañana, dormid hasta que os llame para ir a cazar."

Cuando llegó la tarde, Ahalamila hizo un fuego y cogió su pipa. Él sopló humo alrededor, en todas direcciones. Dejó la pipa luego y cogió hojas de abeto; las tiró al fuego y mientras se estaban quemando cantaba:

"Wílichuláina kúlmachi, Wílichuláina kúlmachi
(Roca de cuarzo, roca blanca, roca de cuarzo, roca blanca)."

Puso luego sobre el suelo una roca hermosa de cuarzo blanco; a cada lado de ella clavó en la tierra una ramita pequeña de abeto y un haya azul; las puso en los lados este, oeste, norte y sur del cuarzo. Ahalamila se quedó mirando a las ramitas, que subieron rápidamente, crecieron y se convirtieron en arbolitos. Caminó alrededor de ellos y cantó; cantaba y quitaba con los dedos una hoja de una rama o un brote de otra mientras caminaba. Pronto la piedra comenzó a moverse y se hinchó y cambió de forma hasta que al final se convirtió en un cervato blanco. Justo al romper el día el cervato empezó a andar entre los árboles y a olfatear.

Ahalamila cogió al pequeño cervato; sopló humo por su

boca, lo sopló alrededor por todos los lados; luego posó el cervato otra vez y se convirtió de nuevo en cuarzo.

Llegó el alba y Ahalamila dejó de cantar. "He terminado ya", dijo él. "Será mejor para nosotros cazar en el lado sur."

Jupka llamó: "Pueblo mío, quiero que os levantéis y salgáis a cazar. Howichinaipa irá delante y hará fuego."

Howichinaipa fue delante; fue a cierta distancia al Sur; los mapchemaina siguieron poco después; fueron al lugar donde Howichinaipa había hecho el fuego. Cuando llegaron había un buen fuego en un lugar llamado Wewauna, a media milla de Hakamatu.

"Venid al fuego, esperad un rato antes de empezar, hablemos y preparemos la caza", dijo Howichinaipa.

Diez hombres siguieron más hacia el Sur para encontrar ciervos, mientras que los otros esperaron en el fuego. Aquellos diez hombres fueron al Sur rápidamente; luego cinco giraron al Este y cinco al Oeste para encontrarse de nuevo en Wewauna. Regresaron aproximadamente a la vez, pero ninguno de ellos vio ciervos o caza de ninguna clase. A todos les sorprendía que no hubiera caza en ningún sitio. Ahalamila y Howichinaipa empezaron a discutir y luego a pelearse porque los diez hombres no pudieron encontrar ciervos.

Howichinaipa estaba enfadado; estaba ofendido porque Jupka le había nombrado a él el primero, luego cambió de opinión y llamó a Ahalamila para que cantara por los ciervos. Estaba enfadado, también, y celoso porque quería a una de las esposas de Ahalamila que era la propia hermana de su esposa. La esposa de Howichinaipa era una chuhna, la esposa de Ahalamila era su única hermana. Howichinaipa quería tener a las dos hermanas como esposas; quería a las dos. Por estas dos razones los mapchemaina no pudieron encontrar ciervos aquel día. Howichinaipa tenía poder sobre los ciervos y los había enviado a todos debajo de la tierra. Los diez hombres habían mirado en muchos sitios; habían corrido al Sur, al Este, al Oeste, y no pudieron encontrar ciervos. Luego todo el grupo se volvió al Sudeste; fueron a Chupirkoto. Algunos dijeron: "¿De qué sirve ir más lejos? Hoy no podemos encontrar ciervos. Ahalamila nos dijo que encontraríamos ciervos. ¿Dónde están? No podemos verlos."

"No sé por qué no encontramos ciervos", dijo Ahalamila. "Canté y bailé anoche. Soñé que veía ciervos, que los veía al sur de Jigulmatu."

"No verás ciervos ni ninguna otra clase de caza hoy", dijo Howichinaipa; "no encontrarás ciervos, no importa cuanto hayas cantado y bailado. No eres capaz de encontrar ciervos, pero tienes una esposa bonita. Ella es muy guapa."

"Los ciervos estaban viniendo", dijo Ahalamila, "pero tú los detuviste, los llevaste lejos", y él saltó sobre Howichinaipa para pegarle. Howichinaipa se echó a un lado y atravesó el suelo.

Todo el pueblo se dividió en dos partes y empezaron a luchar: algunos estaban con Ahalamila, otros estaban de parte de Howichinaipa. Howichinaipa salió de un salto desde debajo de la tierra y se puso delante de Ahalamila; le disparó. Ahalamila se echó a un lado y le disparó también. Howichinaipa esquivaba muy rápidamente.

Lucharon de esta forma, lucharon fuerte, se movían hacia Jigulmatu luchando sin desmayo. Finalmente hirieron a Ahalamila y cayó muerto. Mataron también a Topuna y a Hitchinna. Muchos trataron de matar a Howichinaipa, pero él se echaba a un lado siempre, se echaba a un lado tan bien, tan rápidamente, que ninguno de sus enemigos podía darle. Jihkulu ayudaba a Howichinaipa; no dejó de luchar en ningún momento.

Ellos lucharon durante todo el camino hasta Hwitalmauna, justo al sur de Jigulmatu; la batalla allí fue muy dura y caía gente en los dos lados. Ahora hay muchas rocas en Hwitalmauna y estas rocas son los mapchemaina asesinados en esa primera batalla.

Los amigos de Ahalamila lucharon fuerte contra Jihkulu y

gastaron muchas flechas, pero no podían darle porque él tenía un traje de piel de conejo alrededor de su cuerpo.

"Tenemos que dar a ese Jihkulu, tenemos que matarle", dijeron los amigos de Ahalamila.

"No es necesario que habléis así", dijo Jihkulu, "no podéis matarme. Soy el mejor luchador de todo este mundo. He estado en todas partes; nadie me ha pegado nunca, nadie me ha herido nunca."

Jihkulu disparó a Jewina, pero falló. "¡No puedes darme!", gritó Jewina. Jihkulu quitó de un disparo la piel de coyote de Jewina y luego le mató. Jewina había soñado mucho tiempo antes que si llevaba puesta una piel de coyote en la batalla no le matarían, y ésa es la razón por la que la llevaba puesta; pero cuando Jihkulu le quitó de un disparo la piel, le mató con facilidad.

Ahora bien, Jupka, como siempre, estaba tumbado en la casa de sudación de Jigulmatu y oyó el ruido y los gritos de Hwitalmauna. "Están luchando. ¡Tengo que detener la batalla!", gritó él. Entonces corrió hacia el Sur y se precipitó en medio de la lucha.

"¡Quiero que se detengan los dos bandos!", gritó Jupka.

La batalla se terminó justo allí; todos siguieron a Jupka hacia Jigulmatu. Aquella tarde dijo: "Mañana cazaréis en el Norte." Todos estaban entonces en la casa de sudación y estaban escuchando. Jupka les habló durante un tiempo y luego todos ellos hablaron a la vez; parecía como si la casa fuera a estallar cuando ellos hablaban.

Al día siguiente encontraron ciervos en el Norte, y los encontraron en abundancia. Cada uno tenía uno para llevar a la casa de sudación. Cuando estaban llegando a casa a través de un bosque espeso, Popila deseó agradar a los amigos de Ahalamila y se convirtió en oso para matar a Howichinaipa, que había luchado el día anterior con Ahalamila y le había matado. El oso salió y echó sus brazos alrededor del grupo de malezas en el que estaba Howichinaipa. Pero éste salió a tiempo y corrió. El oso se apresuró detrás de él, le alcanzó y casi le cogió en la roca cercana a Hakamatu. Howichinaipa saltó sobre la roca y dijo:

"Estoy casi muerto. Deseo que se abra esta roca, estoy demasiado cansado para correr. No puedo ir más lejos."

La roca se abrió y Howichinaipa se dejó caer dentro. El oso se precipitó arriba, metió la cabeza y las patas delanteras detrás de Howichinaipa, pero la roca se cerró y el oso quedó atrapado y murió.

Howichinaipa salió y se quedó al lado del oso. "Estoy cansado", dijo él. "Estoy casi muerto. Hiciste lo que pudiste por matarme, pero soy duro de matar." Luego cogió su cuchillo de pedernal, cortó alrededor del cuello del oso y por detrás de las dos patas delanteras y le despellejó, se puso la piel sobre el hombro y partió hacia Jigulmatu. Él llegó detrás de los otros, alcanzó su casa al oscurecer. Colgó la piel cerca de la puerta y dijo:

"Oiremos lo que dicen mañana por la mañana los amigos de Ahalamila."

La madre de Popila oyó lo que había hecho su hijo y cuando vio la piel de oso lloró y rodó por el suelo. Al día siguiente la anciana estaba barriendo; barría a un niño de orejas rojas, un Pakalai Jawichi, y según le barría ella él se quejaba. Popila Marimi le levantó, cogió una piel de ciervo e hizo una manta con ella, y puso al pequeño niño en esta piel de ciervo. Luego ella hirvió agua con rocas calientes y le lavó, y cada vez que le lavaba ella esparcía polvo de pedernal sobre el niño para que le hiciera fuerte. A la mañana siguiente él ya sabía gatear, pero ella dijo:

"Quédate en un sitio, no tienes que moverte. Debe haber veneno en alguna parte; si lo tocas te morirás. Quédate justo donde te ponga yo."

Al segundo día el muchacho sabía hablar. "Tú lloras siempre, abuela. ¿Por qué lloras?", preguntó él.

"No me hagas esa pregunta, nieto; me aflige oírte. Toda

mi gente estaba muerta menos mi hijo; ahora le han matado y no tengo a nadie."

Al quinto día el muchacho estaba andando por la parte de afuera alrededor de la casa.

"Abuela", dijo él, "haz un gran fuego."

Ella hizo un fuego en la casa de sudación. El muchacho se quedó cerca del pilar central y cantó: "Hála watá, hála watá."

Él se quedó dormido mientras sudaba; durmió hasta la mañana. Al día siguiente cuando se despertó dijo a su abuela: "¿Qué voy a hacer con mis manos?"

La anciana le dio un cuchillo de pedernal y dijo: "He tenido esto durante mucho tiempo; tómalo ahora y arregla tus manos con él."

Sus dedos estaba unidos hasta la primera articulación y ella le enseñó a separar uno de otro. Cortó primero el dedo pequeño, luego el tercero, luego el segundo y el primero. Al dedo gordo le llamaba dedo grande. Cuando los cinco dedos estuvieron separados y libres uno de otro, ella le dijo que llamara al dedo gordo el dedo grande; al primero, uno; al siguiente, dos; al siguiente, tres; al siguiente, cuatro, y al dedo pequeño, el cinco.

Ésta fue la primera vez que se contaba en el mundo. Y cuando Jupka creó a los yanas, les dio manos como las de Pakalai Jawichi.

Cuando estaba terminada la mano izquierda, Pakalai Jawichi dijo: "No sé cortar con la mano izquierda."

La anciana le ayudó a liberar los dedos de la mano derecha. Cuando estuvieron libres todos los dedos, el muchacho ya podía disparar y quería un arco y flechas.

La anciana le trajo todos los arcos de sus hijos muertos; rompió todos menos uno que tenía un cuerda hecha de nervios del hombro de un ciervo. Cogió éste y salió. Este día Howichinaipa estaba escondido en un cedro; estaba esperando un pájaro. Pakalai Jawichi sabía que él estaba allí y le llamó con la voz del pájaro que Howichinaipa estaba esperando. Howichinaipa bajó del árbol, bajaba cada vez más para ver de dónde venía la llamada.

Pakalai Jawichi estaba escondido en el árbol de enfrente, donde Howichinaipa no podía verle; siguió llamando y Howichinaipa seguía bajando. Pakalai Jawichi le tenía bien a tiro.

"Si le doy en el cuerpo", pensaba él, "la flecha no le herirá, tengo que darle en el dedo gordo del pie."

Lo hizo y Howichinaipa cayó herido al suelo. Pakalai Jawichi le sujetó al suelo con una flecha, luego con otra; sujetó sus dos lados al suelo con dos filas de flechas. Pakalai Jawichi corrió a casa.

"¡Oh, abuela!", gritó él.

"¿Qué pasa?", preguntó la anciana. "Casi te caes al fuego."

"Hay alguien aquí afuera. Quiero que le veas."

La anciana cogió su bastón y siguió a Pakalai Jawichi.

"¿Viste a esa persona tumbada ahí?"

La anciana miró y vio a la persona que había matado a su hijo, le vio sujeto al suelo. Estaba tan contenta que lloraba, luego se dejó caer al suelo y rodó. Después de esto se levantó de un salto y bailó alrededor del cuerpo, bailó muchas veces, bailó hasta que estuvo cansada.

"A partir de ahora", dijo Pakalai Jawichi, "todo el mundo te llamará Howichinaipa. No serás ya una persona. Sólo serás un pájaro pequeño, con estas marcas de flecha a los dos lados de tu pecho."

Luego se convirtió en un pájaro pequeño y se alejó volando, es el pajarito que llamamos Howichinaipa.

A la mañana siguiente después de la segunda cacería Jupka oyó un gran grito en el Este; un gran mapchemaina había asomado la cabeza arriba, en el límite del cielo. Esta persona tenía plumas hermosas que se agitaban sobre su cabeza. Jupka le había hecho gritar y le dijo a él:

"Cada vez que te eleves y te muestres al pueblo de Jigulmatu tienes que gritar de esa forma."

Esta gran persona del Este tenía dos perros; eran pequeños pero muy fuertes. "¿Quién de vosotros va a venir conmigo?", preguntó él aquella mañana. "Quiero un buen perro. Siempre tengo miedo cuando viajo a la luz del día."

"Te daré un nombre", dijo Jupka a esta persona del Este: "Todos te llamarán a partir de ahora por el nombre que te doy ahora: el nombre que te doy es Tuina. Siempre te conocerán por este nombre. Y tu nombre", le dijo al perro, "será Machperkami."

Cuando Tuina estuvo preparado para partir, hizo a su perro más pequeño todavía, muy pequeño; se lo puso debajo del pelo en la parte más alta de la cabeza y lo ató allí.

Cuando estuvo vestido por completo y preparado, con el perro sujeto a su pelo, Tuina se llenó de tanta luz como tiene en nuestra época. Antes de que se vistiera y se armara y tuviera a su perro en la cabeza, Tuina no brillaba, pero cuando partió llenó al mundo entero de luz, como hace ahora a la luz del día.

Bohkuina había hecho un camino para que Tuina viajara por él; había hecho este camino en el cielo, y Tuina iba recto hacia el Oeste, hasta que alcanzó el gran agua. Cuando estaba preparado para sumergirse en el agua, salió un hatenna (oso pardo) del agua y le vio. Tuina sacó las manos y movió sus brazos como si tuviera alas, se movió como si fuera a saltar adentro.

"¡Tuina viene!", dijo el oso pardo desde el agua. "Todo se calentará mucho si viene. Preparémonos para irnos a las altas montañas. No podemos quedarnos aquí si viene Tuina."

Una gran multitud de osos pardos salió del océano, dirigiéndose a las montañas. Tuina saltó al agua y se salió por todas partes hirviendo; se alejó por la costa, llegaron a tierra a la vez toda clase de conchas del océano.

Tuina avanzó en el agua, bajó hasta el fondo; atravesó el fondo, en las profundidad del agua y de la tierra, y volvió al Este.

Mucho antes Jupka había hecho un camino debajo de la tierra para que Tuina viajara por él, un camino que volvía al Este. Jupka dio la vuelta al fondo de la tierra e hizo este camino recto atravesando de Oeste a Este, y antes de que Tuina partiera Jupka le dijo:

"He hecho un camino para ti, un camino recto debajo de la tierra, un buen camino; no hay rocas, todo está llano. Bohkuina hizo el camino del cielo, el camino de Este a Oeste para que tú corrieras por él; yo hice el camino de abajo, el camino debajo de la tierra de Oeste a Este. Cuando alcances el Este, descansarás un rato, te levantarás por la mañana, subirás e irás al Oeste otra vez por el camino que hizo Bohkuina; harás esto todos los días sin fallar; harás esto siempre."

Cuando Jupka dejó de hablar, Tuina fue al Oeste y regresó por la noche por el camino de Jupka, y así hace siempre.

El día después de que Jupka había hablado con Tuina, dándole nombre y trabajo, dijo: "Ahora haré yanas y les daré un buen país para que vivan en él."

Cogió palos de castaño de indias, rompió muchos; deseó que yacieran en la cima de Jigulmatu y deseó hacer yanas. Puso el primer palo y dijo: "A éste le llamaré Iwilau Yana" (Yana del centro).

Cuando hubo dicho estas palabras se levantó un hombre delante de él, un yana.

"Te quedarás en este país del centro", dijo Jupka. "Tú serás el jefe."

Jupka puso otro palo de castaño de indias y se convirtió en una mujer yana ante las palabras de Jupka. Puso un tercer palo que se convirtió en un chico.

"Éste es un huérfano, sin padre ni madre", dijo Jupka, "y el chico se llamará Hurskiyupa."

Jupka puso otros palos de castaño de indias, un gran número de ellos, alrededor del primero, el jefe, y los hizo gente corriente. Todos se quedaron alrededor del jefe y Jupka les dijo:

"Éste es vuestro jefe, él os dirá lo que tenéis que hacer; tenéis que obedecerle y hacer lo que ordene."

"Ahora", dijo Jupka, "¿qué comerá la gente del país del centro? ¿Qué les daremos?", y pensó un rato. "Comeréis trébol y raíces", dijo él. "Os daré palos para excavar estas raíces. Comeréis pescado también, y venado. Comed y sed fuertes, sed un buen pueblo yana. Cuando el jefe quiera un ciervo, él os reunirá y dirá: 'Deseo comer venado; quiero que salgáis, quiero que cacéis ciervos y traigáis a casa venado para comer.' Tenéis que obedecer al jefe siempre."

NOTAS

Las notas siguientes están tan condensadas como ha sido posible. Están destinadas a explicar los actores o caracteres de los mitos y a informar sobre los significados de los hombres de las personas y lugares.

Los mitos del uno al ocho incluido son wintus; del noveno al final son yanas. Estas dos naciones, aunque vecinas, no están relacionadas; sus lenguas son radicalmente diferentes.

NOTAS

E N 1895 hice un viaje a California como consecuencia de un
acuerdo con el difunto Charles A. Dana, editor de "The Sun".
Conforme a este acuerdo el señor Dana iba a publicar varios
domingos seguidos tantos cuentos mitológicos como yo considerara de
valor suficiente para aparecer en su periódico. Estos mitos los hallaría
yo en California, Méjico y Guatemala.

Empecé en el nacimiento del río Sacramento y bajé poco a poco
hacia su desembocadura; mi última parada fue en los extensos campos
del valle más bajo.

En San Francisco escribí el siguiente informe abreviado de los
wintus. Hecho esto, me puse en camino hacia Méjico.

En la ciudad de Guadalajara copié los mitos conseguidos en
California y los envié al "The Sun". Después de esto trabajé en "Quo
Vadis", la parte más grande la traduje en Guadalajara.

Todos los mitos de este volumen fueron publicados en "The Sun"
y aparecieron como parte de unas series que pertenecían a los indios de
California, Méjico y Guatemala.

Solamente la parte de California se ha publicado hasta ahora.

Después de abandonar Guadalajara pasé casi un año en Guatemala
y Chiapas, el Estado más al sur de Méjico. Entre los últimos lugares
que visité está Palenque.

LOS WINTUS

Los wintus formaban una nación o reserva de indios que antes de
que llegara el hombre blanco tenían en propiedad y ocupaban toda esa
parte de California situada en la orilla derecha del Sacramento, desde

su nacimiento cerca de los pies de monte Shasta hasta su desembocadura en la costa norte de la bahía de San Francisco.

Estos indios se extendieron al condado de Trinidad en el Oeste y todavía más allá, a la ladera de la montaña que hay hacia el Pacífico. Sin embargo, sólo un pequeño número de ellos estaban en el declive occidental. El gran grueso de la nación vivía en las laderas orientales de la costa montañosa y en el valle del Sacramento. Algunas de sus producciones intelectuales más excelentes están relacionadas con el curso alto del Sacramento y con el río MacCloud, o Wini Mem.

Es difícil determinar cuál era la población wintu hace un siglo, pero, a juzgar por el número de casas en los pueblos, los nombres y posiciones que me han dado a mí los ancianos, diría que no pudieron ser menos de diez mil y fácilmente podrían haber sido el doble de este número. En la actualidad no existen más de quinientos wintus.

Los wintus han sufrido cruelmente; muchos fueron asesinados por los hombres blancos, otros han perecido a causa de enfermedades traídas por extraños; pero los que perviven son fuertes y tienden más a incrementarse que a disminuir. Los tiempos de violencia han pasado y los wintus actuales están deseando adaptarse a las condiciones modernas, y son capaces de hacerlo.

Puede que sea de interés para los lectores de estos cuentos mitológicos saber algo de la situación actual de los wintus.

En 1889, cuando estuve en California por segunda vez, encargado por el mayor Power para hacer investigaciones lingüísticas entre varias tribus de la costa del Pacífico, unos cuantos wintus vinieron a verme en Redding, California, y se quejaron de su condición lamentable. No había ni un espacio de tierra, decían ellos, donde pudieran construir una cabaña sin el peligro de que les ordenaran que se fueran de allí. "Este país fue nuestro una vez", añadían ellos, "pero el hombre blanco lo ha cogido todo." Les dije que reunieran a su pueblo y que invitaran también a los yanas, que habían sufrido más que los otros pueblos de esa región, y luego me explicaran lo que necesitaban.

Los dos pueblos se encontraron sobre un campo pedregoso pequeño en un lugar baldío con malezas, fuera de la parte deshabitada de Redding. Allí hubo charlas y discutieron asuntos durante tres horas el primer día y otras tantas el segundo. Me dieron todos los puntos de lo que querían ellos, que eran simplemente que los Estados Unidos diera a cada uno de ellos un trozo de tierra que les ayudara a empezar una vida en ella. Tomé nota en forma abreviada de lo que me dijeron, se lo leí y quedaron satisfechos. Al día siguiente se copió el papel en forma de petición al presidente Harrison de parte de las dos naciones. Ellos firmaron la

360

petición ante un notario de Redding y me lo dieron a mí con el ruego de que lo llevara ante el presidente.

A principios de 1890 estaba en Washington. Ansioso de ganar el caso de mis pobres amigos indios (o "excavadores", como les gustaba llamarles a algunos hombres de forma desdeñosa), busqué a algún miembro del Congreso que tuviera influencia para que fuera conmigo a apoyar la petición delante del presidente. No hallé a la persona apropiada hasta que me encontré con mi compañero de clase y amigo, el gobernador Greenhalge de Massachusetts, en esa época miembro del Congreso. Cuando oyó la historia de la masacre de los yanas y se dio cuenta de la situación difícil y triste de los wintus, se ofreció en seguida a cooperar conmigo. Se entrevistó con el presidente y le explicó el asunto. Dos o tres días más tarde él me acompañó a la Casa Blanca. Di la petición al presidente Harrison, quien prometió apoyarla con su iniciativa ejecutiva. Él hizo esto con tanto ardor y con tanto énfasis que nombró muy pronto a un agente para que buscara tierra para estos indios. El agente encontró tierra para ellos en varios sitios, pero dentro del radio de sus primitivas posesiones. La condición de los wintus hoy en día es ésta: tienen las tierras que se han descrito, pero en la mayor parte de los casos los límites no están indicados con ninguna marca material, o al menos muy pocas de ellas lo están. Los hombres blancos están traspasándolas y es imposible para los indios protegerse a sí mismos hasta que sus límites no estén fijados tangiblemente. No tendrán los medios para empezar un trabajo serio hasta que no reciban ayuda. Ahora están esperando que la comisión de Asuntos Indios haga un reconocimiento de sus tierras y que el Congreso haga una pequeña asignación en beneficio de ellos. Éste es el alcance de sus esperanzas y deseos. Están muy contentos de tener tierra y la mayoría de ellos hará un buen uso de ella. Cuando me encontré con ellos en 1895, estaban muy agradecidos por la parte que había tomado yo para establecerles una vida, añadiendo que ellos no podían establecerse por ellos mismos sin ayuda. Como yo no puedo sino hacer un reconocimiento enfático de la generosidad y ayuda efectiva dada por el gobernador Greenhalge.

"Olelbis", el primer mito publicado en el "The Sun" (29 de marzo de 1896), se puede preceder de la siguiente introducción breve:

Los wintus, con cuyos mitos de la creación empiezo estas series, son un pueblo muy interesante. Su lengua es armoniosa, rica y flexible de forma notable. Tiene un gran poder de descripción de los acontecimientos físicos del país en el que hablan esa lengua, así como las creencias e ideas de los mismos wintus.

El cuadro de Olelbis, un ser que vive en lo más alto y ve todo, se dibuja de forma más clara y más realista que cualquier otro personaje de otros sistemas religiosos americanos, hasta donde he sabido.

La teoría de la creación desarrollada por los indios de Norteamérica es completa, sencilla y simétrica. Me he referido algo a ello en la introducción a "Hero Tales of Ireland"[5], en "Myths and Folk-lore Of Ireland"[6] y en "Myths and Folk-tales of the Russians, Western Slavs, and Magyars"[7]. La forma abreviada de esta teoría es:

Existía un pueblo antes de la raza actual de hombres; al hablar de la raza actual de los hombres, los cuentos cuentan sólo con los indios. Este primer pueblo vivió en armonía durante un período indefinido, de duración inimaginable, sin divisiones ni discordias, sin diferencias por así decir. Ésta fue la edad de oro de la existencia, un Nirvana preliminar a la vida tal como la conocemos en la actualidad; un Nirvana de los dioses, como la extinción de la personalidad budista es el Nirvana de los hombres justos cuando todo será uno en el todo y uno es uno. Al final llega la época en la que aparece el personaje y con él las diferencias y los conflictos. Cuando los conflictos fueron pasado y se libraron las batallas, la mayor parte del primer pueblo se convirtió en todas las cosas animadas que andan, se arrastran, andan a cuatro patas, nadan, vuelan, que se han visto siempre en la tierra, en el agua o en el aire. Ellos se convirtieron también en árboles y en plantas de todas clases, algunos con cuerpos celestiales; otros en piedras y rocas importantes, como en la Biblia la esposa de Lot se convierte en una columna de sal.

Conforme a esta teoría, cada existencia individual que vemos en el mundo que nos rodea es un dios transformado o caído. Cada bestia, pájaro, reptil, pez, insecto o planta fue en un tiempo una divinidad de grado alto o bajo, una persona no creada que había vivido en armonía con sus camaradas desde el principio hasta la época en la que la variación del personaje, o la individualidad, apareció y trajo con ella las dificultades, o quizá debamos decir el castigo. Con la individualidad llegaron los conflictos; cuando se acabaron los conflictos la creación estuvo terminada.

Al término de cada conflicto particular el ganador, por medio de una palabra, transforma al vencido en lo que incluye y expresa su carácter. El vencido por su parte tenía una palabra impuesta similar, y cambia a su oponente en un animal, pájaro u otra existencia que le describa; en otros términos, le da a su oponente la forma física, la

---

[5] "Cuentos de Héroes de Irlanda". (N. T.)

[6] "Mitos y Folklore de Irlanda". (N. T.)

[7] "Mitos y Cuentos Populares de los rusos, los eslavos occidentales y los húngaros". (N. T.)

personalidad externa, que corresponde a la naturaleza de su carácter oculto o al menos no evidente. Aparte de estas divinidades metamorfoseadas o caídas, hay un grupo en la mitología india, una minoría pequeña, que no cambió, sino que dejó este mundo y se fue debajo del cielo al Oeste, para vivir en armonía y deleite, y viven de esa forma en este momento. Algunas veces este grupo, o parte de él, se fue a vivir sobre el cielo.

Todos los mitos indios de la Creación relatan las aventuras y hazañas del "primer pueblo", los dioses; ninguno relata seres humanos y ninguno toca nada que se hiciera desde que el hombre apareció sobre la Tierra. Son los relatos de lo que tuvo lugar cuando había un orden diferente del actual y explica cómo surgió del primero el orden actual.

En esencia ésta es la base de los sistemas religiosos americanos y el método de todos ellos, hasta donde se ha examinado. El wintu es diferente de muchos otros en sus métodos y detalles, pero el resultado es el mismo en todos los casos. Olelbis, con pocas excepciones, dispuso del primer pueblo, retiene con él a todo el que le gusta, envía a la Tierra y transforma a aquellos que cree que son más útiles abajo que arriba y da ejemplo de ser una divinidad gobernante sencilla que, sin ser representada como todopoderosa y sabia, se guía a través del conocimiento y servicios de otros para ejercer su gobierno sobre todas las cosas.

OLELBIS

Este mito contiene una exposición completa relacionada con los comienzos de la creencia wintu. Olelbis ocupa el primer lugar en la estimación de los wintus. Para entender el pensamiento wintu es indispensable empezar por Olelbis. Otros mitos ilustran a éste, explican partes del sistema wintu y ayudan a explicar la vida intelectual del pueblo; pero este cuento de la Creación es para los indios de la mitad occidental del valle del Sacramento lo que los libros sagrados son para las razas históricas.

Ningún wintu se ha convertido al cristianismo, por tanto la fe de la nación no ha disminuido y su adhesión a la religión primitiva no se ha debilitado. No puedo explicar su posición mejor que dando las palabras de uno de los wintus más inteligentes que me he encontrado.

Después de que hube coleccionado todo lo que pude encontrar y de haber recibido tantas explicaciones necesarias como ha sido posible, hablé algún tiempo con este hombre. Refiriéndose a su religión e ideas, dijo: "Cuando hablo de estas cosas, tengo miedo, siento una especie de pánico."

Eso explica su posición perfectamente. Su fe es de las más firmes, están llenos de temor, creen que Olelbis está allí arriba en el "Azul Central", en su maravilloso Panti Hlut, la estructura más hermosa del universo, y desde allí ve todo lo que ocurre. Esta casa celestial está elaborada de robles vivos, que dan bellotas continuamente, el pan indio de la vida; esa casa tiene dentro y en los alrededores todas las flores que han florecido siempre, flores cuyas raíces nunca pueden morir.

Winishuyat, mencionado en "Olelbis" y en otros cuentos, es uno de los personajes más interesantes de la mitología wintu. Se le describe como un hombre pequeño, de la medida de un dedo gordo aproximadamente, y está situado siempre en la parte más alta de la cabeza de la persona a la que acompaña y ayuda. Esta persona nunca deja de atar su propio pelo a Winishuyat, y así le oculta de cualquier extraño. *Winis* significa "él ve"; el significado literal de *huyat* no he sido capaz de conseguirlo de forma satisfactoria hasta ahora. El significado esencial de toda la palabra es que él ve en la mente el peligro que se acerca antes de que sea evidente a los ojos físicos. Winishuyat significa por tanto la presencia del peligro, ve el peligro mientras está todavía a alguna distancia; no necesariamente a una distancia geográfica, porque el peligro quizá esté presente pero escondido en el pecho de un enemigo oculto, y en algún tiempo, corto o largo, puede estar entre él y el suceso presente.

Lo peculiar del caso es que la previsión está separada del héroe y crea la cualidad distintiva de su ayudante pequeño del tamaño de un dedo gordo; igual que si cada poder estuviera relacionado con una persona, ninguna persona tiene más de un rasgo característico principal.

En la mitología yana no hay ningún nombre que corresponda a Winishuyat, pero tiene la misma función un tío materno.

En el cuento de "Juiwaiyu", Jupka, el tío del héroe, se hace tan pequeño como un dedo gordo y está atado debajo del pelo de su sobrino. Cuando ganan a Paiowa, en la casa de Tuina, Igupatopa realiza para el hijo de su hermana esta misma clase de servicio dado por Winishuyat, con esta diferencia: que él es más activo; no es simplemente un consejero, es un ayudante, un refuerzo, da consejo a su sobrino para hacerle sabio y luego entra dentro de su corazón para fortalecerle, para darle valentía y fortaleza.

Es curioso e instructivo advertir en los cuentos populares europeos la supervivencia de Winishuyat y su equivalente aproximado, el tío Yana. En los cuentos eslavos esta persona es el pequeño potro asqueroso, miserable y descuidado que le llevan fuera de la ciudad, le sacuden y se convierte en un corcel mágico maravilloso, con el pelo dorado, infatigable y sabio, fiel a su amo como lo es el Sol en su curso por el cielo.

Este corcel sabe lo que viene, sabe exactamente lo que hay que hacer, sabe los errores que su amo va a cometer con toda seguridad, sabe cómo corregirlos, y el efecto acumulativo de estas correcciones incrementa inmensamente el momento del triunfo final.

El Tom Thumb[8] de los cuentos infantiles, el mentor de sus hermanos grandes, nos recuerda también notablemente a Winishuyat.

MEM LOIMIS

Este hermoso mito en el que el viento y el agua son personajes en movimiento, necesita pocas explicaciones o ninguna, a excepción de un punto, el que se refiere a Hlahi, comúnmente llamado doctor por los hombres blancos. La palabra Shaman utilizada en Siberia describe su posición con precisión. No es exactamente el dueño de los espíritus, pero es el amigo favorito de uno o más espíritus; esto es, de tantos espíritus como le prometan su cooperación a la hora de convertirse en hlali. Si esta persona cumple las reglas de la vida que le son impuestas siempre a él que disfruta de la amistad de este o de aquel espíritu (estas reglas se refieren principalmente a comidas agradables al espíritu), y hace lo que sea necesario cuando se invoca al espíritu (lo necesario en este caso incluye fumar y bailar), junto con el canto de la canción de este espíritu (cada espíritu tiene su propia canción), el espíritu vendrá a su llamada.

Sahinas Yupchi fuma y baila; las chicas Tsudi cantan o salmodian. El nombre de Sanihas Yupchi significa el arquero de Sanihas; Sanihas significa el alba o la luz completa del día desde el alba hasta la oscuridad (en otras palabras, toda la luz que da Sas, el Sol, entre una noche y

---

[8] Thumb: dedo gordo. (N. T.)

otra), aunque Sanihas, la luz del día, está siempre representado como una persona y no es producto de la actividad de Sas. Este Sanihas Yupchi, el arquero de la luz del día, el ujier del alba, no es otro que Tsaroki Sakahl, que tiene una raya blanca en la espalda, el mensajero que envía Torihas para invitar a Katkatchila a la caza que causa el incendio del mundo en "Olelbis". También aparece con el enviado que corre en la oscuridad por el sendero de arena brillante para invitar a Hawt a la casa verde y roja de Waida Dikit, donde se lleva a cabo el concierto del mundo, en el que Hawt demuestra ser el músico más grande que existe.

En la nota a "Kol Tibichi" se dará cuenta de cómo el hlahi recibe la ayuda y la cooperación de los espíritus.

Las creencias más interesantes están relacionadas con Wokwuk, el hijo de Olelbis y Mem Loimis. Los wintus creen que Wokwuk es la fuente más grande de poder y salud.

Según "Olelbis", trocitos diferentes de Wokwuk bajaron a la Tierra y se convirtieron en alces y varias criaturas valiosas; la punta del dedo pequeño de Wokwuk se convirtió en el Wokwuk terrestre.

Los wintus me contaron que si un hombre iba a ver al Wokwuk terrestre, el que estaba hecho de la punta del dedo pequeño de Wokwuk, él se haría inmensamente rico de la buena suerte que le traería verle. El último Wokwuk visible que apareció fue hace poco más de cien años. La historia de esta aparición es la siguiente:

Un día una anciana de un pueblo llamado Tsarken, a unas veinte millas al norte de Redding, fue a por leña. Pronto corrió a casa casi sin aliento, dejando la cesta atrás.

"Oh, nieto mío", gritó ella al jefe. "Estoy asustada. Mi abuelo y mi abuela solían decirme cuando era niña: Algún día verás algo maravilloso. Acabo de ver algo maravilloso sobre la colina. Creo que era un Wokwuk. Los ancianos me dijeron que si se ve un Wokwuk él se quedará en un lugar durante mucho tiempo. Creo que se quedará este Wokwuk, y quiere que le veamos."

El jefe hizo un hermoso cobertizo de árboles pequeños, lo cubrió con ramas de abeto y colocó dentro hierbas con un aroma dulce. Mandó llamar a los jefes vecinos y al día siguiente todos fueron con sus mejores galas hasta Wokwuk; llevaron agua en la cesta más bonita del pueblo y transportaron un gran costero de roble y una cuerda. Encontraron al Wokwuk de cara al Norte y se acercaron a él. El jefe encendió su pipa, sopló el humo hacia todos los lados y dijo al Wokwuk:

"Has venido a vernos; nosotros hemos venido a saludarte. Tienes que venir a presentarte. Eres una gran persona, y todos los wintus del país te escucharemos; todos los jefes de todas partes hablarán contigo. Me alegra que estés aquí. Me alegra que hayas venido a mi país."

Habló más al Wokwuk, habló muy amablemente. Luego cogió agua en la boca y la soltó alrededor en cada dirección. Después de esto el jefe fumó raíz fragante en vez de tabaco, soplando el humo hacia el Wokwuk, hablándole con gran respeto.

"Ahora te llevaremos a casa con nosotros", dijo el jefe. Ellos llevaron el costero de roble al Wokwuk, pero él no se movió. Ellos le empujaron sobre el costero y le ataron una pata a él, luego le llevaron a casa, colocaron el costero en el cobertizo y desataron al Wokwuk. Se quedó dos meses allí, nunca comía nada, nunca intentaba escapar.

Cada mañana hablaban al Wokwuk. Durante dos meses nadie fue a cazar, nadie comió venado o pescado. Finalmente fueron invitados todos los wintus y todos los yanas a una gran asamblea.

Ellos saludaron al Wokwuk, cada jefe se dirigió a él; el último de todos fue un jefe de Wini Mem, llamado Tópitot, que llevaba un oso negro. Este oso caminaba erecto como un hombre. Tenía bandas de púas de puerco espín alrededor de sus patas delanteras y traseras y una banda de ante cubierta de escalpes rojos de pájaros carpinteros alrededor de la cabeza. El oso se inclinó hacia el Wokwuk y el jefe se dirigió a él. Cuando otros jefes hablaron al Wokwuk durante los dos meses anteriores, nunca levantó la cabeza o hizo una señal de contestación; pero cuando Tópitot hubo terminado, levantó la cabeza e hizo un sonido alto y largo.

A la mañana siguiente el jefe del pueblo deseó buena suerte a todos, luego trajo una cuerda, colgó a Wokwuk en un árbol y cogió su vida. Le desplumó y dio las plumas a los jefes, incluido él mismo; le cortó la cabeza y la guardó; llevó el cuerpo a un hormiguero y, cuando las hormigas hubieron cogido toda la carne, se separaron los huesos uno de otro y se dieron a cada jefe.

Cuando los jefes se fueron a casa hablaban a las plumas y a los huesos como si rogaran; al principio cada mañana, luego una vez a la semana, luego una vez al mes, y continuaron así durante mucho tiempo. Después de eso cada uno guardó su hueso o su pluma en una envoltura triple. El hueso o la pluma fue envuelto primero en una cubierta de escalpes rojos de pájaros carpinteros cosidos juntos; sobre ésa había dos esterillas hechas de caña.

El propietario de un hueso o de una pluma de Wokwuk no se la enseñaba a nadie, ni siquiera a su esposa o hijos. Cuando él moría se la dejaba a su hijo o, si no tenía hijos, a su hija. La posesión de reliquias de Wokwuk da suerte, pero el propietario nunca tiene que comer venado ni retoños; esto ofendía a Wokwuk.

Cinco años después de guardarse las plumas solamente quedaban de ellas los troncos, cinco años más tarde ellas estaban tan frescas como si las acabaran de arrancar. Si se exponían ante el pueblo, todo el pueblo moría; si se exponían a una persona, esa persona perecería.

El propietario de una pluma o hueso la desenvuelve ocasionalmente, pone agua cerca y habla diciendo: "Danos buena suerte, haznos bien. Te doy agua, tú nos das fortaleza." Si él señala la reliquia y menciona el nombre de una persona diciendo "Ponle enfermo", el hombre morirá con seguridad.

Si el propietario de una reliquia de Wokwuk muere sin herederos, el hueso o la pluma se hunden en un manantial sagrado; si fuera enterrado con el propietario, todos enfermarían y morirían.

Tanto las plumas como los huesos envejecen en apariencia, pero más tarde ellos tienen una apariencia fresca y perfecta como antes.

NORWAN

Después de "Olelbis" está "Norwan", los dos son valiosos e interesantes. Este mito destacable hace recordar a la fuerza la historia de Helena de Troya, tanto en su plan general como en muchos en particular.

La gran guerra entre el primer pueblo está causada por la mujer Norwan. Norbis Kiemila, que reclama ser su marido, es descendiente del roble blanco celestial que forma parte de Olelpanti Hlut, la mansión divina en el "Azul Central".

El nombre completo de Norwan es Pom Norwan en Pitchen, es decir, hija de la tierra sobre la orilla sur. Ella tiene otro nombre: Hluyuk Tikimit, que significa puerco espín que baila. Su residencia, o hlut, era Norwan Buli, la montaña Norwan. El nombre yana de esta montaña es Wahkanopa, que significa el hijo de Wahkalu. Wahkalu es monte Shasta, y Wahkanopa, montecillo de Lassen.

Norwan, o Hluyuk Tikimit, el puerco espín que baila, tiene todavía un tercer nombre, Bastepomas pokte, la mujer que da alimento o que produce alimentos. En su calidad de productor ocupa una posición en la mitología wintu similar a la del descendiente divino de la Tierra y del Sol en el sistema religioso algonquino. Este mito algonquino es uno de los más hermosos y significativos, no entre los de la Creación, pero sí entre los mitos de acción. Y aquí ruego su atención de nuevo ante la distinción que hago entre las dos clases de mitos.

Los mitos de la creación se refieren siempre a lo que se ha hecho en "el primer pueblo del mundo que precedió a éste", mientras que la creación continuaba o, más correctamente quizá, duraba el tiempo de esas transformaciones o metamorfosis de las cuales resultó el mundo actual y el orden de las cosas que están contenidas en él.

Los mitos de acción se refieren a los procesos siempre periódicos de la naturaleza que empezaron tan pronto como el Sol tuvo su curso marcado para él y el mundo físico que nos rodea recibió su forma y adaptación actuales; esto ocurrió antes de que todo el "primer pueblo" fuera metamorfoseado. La inmensa mayoría habían recibido los cuerpos físicos que tienen en la actualidad, pero quedaron unos pocos, y ellos permanecieron en varios lugares hasta que vieron u oyeron a la raza nueva, los indios. Por tanto, los mitos de acción se refieren a varios procesos de la naturaleza que nunca cesan. Para nosotros los más importantes son esos que afectan a las relaciones entre el Sol y la Tierra.

El gran mito algonquino en su forma más extensa describe a la Tierra como doncella que llega a ser madre por haber sido mirada por el Sol. Da a luz a una hija a la que llama Wakos Ikwe, la mujer zorro; esta hija llega a ser la madre de un gran héroe, el benefactor más grande del hombre aborigen de América. Él es el dador de alimentos y de cada don bueno que sostiene la vida.

De este mito hay una versión más breve en la que el héroe nace de la Tierra directamente; él es su hijo, no su nieto.

Este benefactor y dador de alimentos no es otro que el aire templado que vemos bailando y temblando sobre la tierra cuando hace buen tiempo. Descendiente del Sol y de la Tierra, este aire templado sostiene a todas las cosas que tienen existencia vegetal o animal.

Este mito tiene una forma más extensa, es al que me he referido primero, es similar a ese en el que Schoolcraft junta las partes y el que Longfellow toma como base para su hermoso poema "Hiawatha", aunque no idéntico a él.

Schoolcraft, con su asombrosa propensión a cometer errores, con su notable don de perder la verdad y confundir todo con lo que se pone en contacto, dio el nombre de Hiawatha a su labor hecha a base de trozos.

Hiawatha es un nombre iroqués relacionado con Nueva York

Central. Los iroqueses eran enemigos mortales de los algonquinos y la enemistad entre estas dos reservas era la más empedernida y la que más lejos llegó en América. De hecho fue el único odio tribal indio que alcanzó importancia histórica, y a causa de la adhesión de los iroqueses, las "Cinco Naciones" de Nueva York, el dominio inglés se estableció en Norteamérica.

La fuerza algonquina de América estaba al lado francés, pero los iroqueses mantenían toda la comunicación por agua entre el lago Erie y el Ontario, la posición más estratégica del continente en ese período. Partieron en dos a los algonquinos e impidieron que Francia recibiera una ayuda firme.

De haber tenido todo el poder algonquino añadido al francés, hubieran tenido grandes oportunidades de victoria. De haber sido los iroqueses amigos de los algonquinos y de haber actuado con ellos, sin duda podrían haber triunfado sobre Francia en esa unión. Pero los algonquinos y los iroqueses eran enemigos mortales; los algonquinos eran aliados de los franceses y los iroqueses de los ingleses.

A pesar de todo esto Schoolcraft hace a Hiawatha, que es peculiarmente iroqués, el personaje principal de su conglomerado algonquino; Hiawatha es de carácter iroqués en Nueva York Central (él está relacionado más particularmente con la región por Schenectady), mientras que las acciones que Schoolcraft relaciona con él pertenecen a los chippewas algonquinos en las proximidades del lago Superior.

Es como si los europeos de alguna era futura fueran a situar ante ellos una gran narrativa épica de aventuras heroicas francesas en la que el príncipe Bismarck apareciera como el jefe y figura central gala en la gloria y triunfo de Francia. El error y lo absurdo sería, como dijeron los alemanes, *colossál,* pero no más grande y más desmedido que el Hiawatha de Schoolcraft. Por supuesto Longfellow no pudo librarse del error que contenía su material, pero el error, que no era suyo propio y que no había medios para corregirlo en aquella época, no le impidió dar a su obra ese encanto particular que es inseparable de todo lo que hizo.

En el mito original algonquino el héroe al que han adaptado a Hiawatha era un hijo del Sol y de la Tierra. Cualesquiera que sean sus nombres en las numerosas versiones halladas en las veintiocho lenguas de esta reserva india de Norteamérica, la más rica y variada, él es siempre el benefactor generoso del hombre, el más amable de todos los poderes divinos que nunca hayan aparecido sobre la Tierra. Él es siempre en realidad esa luz templada que baila y tiembla ante nosotros cuando hace buen tiempo, y a través de la cual cada hombre, bestia, reptil, insecto, pez, pájaro y planta vive y florece.

Este mito ha recibido en la costa del Pacífico, o más correctamente en partes de ella, un tratamiento diferente del que se le ha dado al este de las montañas Rocosas. Allí el benefactor es femenino, una hija de la Tierra. No nos dicen quién era su padre. Es significativo que ella baila todo el día, que se le llama el puerco espín que tiembla y la mujer que produce el alimento.

En los mitos indios desde Nueva York a California, el puerco espín está siempre relacionado con la luz; en algunos casos es el mismo Sol. En "Tulchuherris", en este volumen, Sas (el Sol) lleva una aljaba de puerco espín y se le aconseja que nunca la deje a un lado, porque siempre que la lleve sobre su hombro está a salvo de sus hijos los pardos (las nubes), que desean matarle.

En California, Norwan, hija de la Tierra, ocupa en parte el lugar del héroe algonquino, el hijo del Sol y de la Tierra. Su vida normal está en el orden y gobierno de la casa; tiene grandes suministros de alimentos en su hlut, o residencia, y ella baila sin parar cada día hasta la noche. El suceso mayor y característico de su vida, su salida del baile con su pareja, tiene el mismo alcance y significado que el último viaje de Hiawatha cuando navega hacia el Oeste y desaparece en las regiones del ocaso. El héroe del mito algonquino tiene que irse, no puede quedarse; él tiene que desaparecer en un resplandor rojizo de la tarde, porque él es el aire templado que baila durante el día. Tiene que irse tanto si quiere como si no. Sin embargo, antes de irse él alegra a los que deja atrás diciéndoles que vendrá otro del Este que tome su lugar y les consuele. A la mañana siguiente, por supuesto, viene el consolador, porque la vida del héroe algonquino está incluida en el espacio de un simple día y está destinado a que venga un sucesor con la misma seguridad que él está destinado a irse.

Norwan baila y luego se marcha con su pareja para aflicción desesperada de Norbis Kiemila, su posible marido, que desea tenerla para él exclusivamente. Ella baila, como dice, sin saberlo y se va inconscientemente. Ella baila con su pareja porque no puede evitarlo, y se va sin darse cuenta.

¿Quiénes son los rivales de su persona?

Norbis significa "que vive en el Sur"; él vive en el Sudeste, la tierra de una mayor productividad, en la región de Hlihli Piu Hlut Ton, la casa más hermosa sobre la Tierra y la segunda solamente después de la mansión divina del "Azul Central". Él es descendiente de uno de los robles blancos de la casa celestial.

La persona que fue metamorfoseada después en un pájaro rojo wiu (Tede Wiu) es su rival, la persona con la que Norwan abandona el baile;

de esta manera causa la primera guerra del mundo. ¿Era esta persona el rojo del anochecer que se convirtió luego en Tede Wiu? Si admitimos que era y si estamos deseando admitir a Norbis como el representante de toda la gente que vive al este del Oeste, tenemos en seguida las dos partes de una rivalidad irreconciliable en las cuestiones más vitales, la posesión de la luz templada del Sol, y ésa causa tan vital está encarnada en la persona de una mujer. Ésa fue la causa de la primera guerra del mundo y de la disputa del páramo. Podemos pensar que, en esencia, una historia parecida a ésta es la base fundamental de la *Ilíada*. Se ha olvidado el origen mítico del cuento en particular a partir del cual Homero construyó su épica; eso se puede admitir, pero se duda poco de que los campesinos griegos pudieran haber dado origen a un cuento similar que era mitológico más que casual, y la Helena de esa historia, o su equivalente, era una persona como Norwan. Incluso ahora, con los materiales en nuestro poder, tenemos suficiente para indicar esto, porque ¿no era Helena la hija de Leda y el cisne divino, una mujer para que lucharan por ella con toda la energía disponible en el mundo de ese período y para que lucharan por ella en una guerra que sobrepasaba en importancia a todo lo que había sucedido siempre?

Helena de Troya, la hija de Leda y de Zeus, el arquero del cielo, con toda su luz; Norwan, la hija de la Tierra, con el montecillo de Lassen, California, como residencia, y los algonquinos cuyo sitio es tomado por Hiawatha, todos son representaciones diferentes de la misma persona, expresiones diferentes para el mismo fenómeno, y esa persona o fenómeno es el aire templado que baila sobre la tierra con el buen tiempo. Este aire, en un caso observado aquí, está concebido como el benefactor más grande del hombre, ese ser que da los dones más selectos y necesarios a todos, y, en los otros dos casos, como un tesoro inestimable, en la forma de una mujer que se lucha por ella con todo el valor que se puede reunir posiblemente, y de una manera que en el caso de Helena inspiró la épica más grandiosa conocida por el mundo hasta el momento.

Estos tres casos muestran claramente los métodos de mitología y prueban la necesidad absoluta de conocimiento que tenemos que distribuir (tomando prestado el lenguaje matemático) en constantes y variables puestas juntas (conociendo claramente cuáles son las constantes) y no sólo con variables, suponiendo que sean constantes, o con constantes y variables mezcladas juntas sin ser capaces de distinguir cuáles pertenecen a una clase y cuáles a la otra. Si hubiera algún escritor que tratara de la capacidad prensil de las criaturas animadas, y describiera cómo se ejercita, encontraría una variedad en los órganos utilizados para coger cosas que representarían muy bien la variedad de métodos empleados por el hombre primitivo de la mitología para representar el mismo fenómeno o fuerza de la naturaleza.

Si al hombre se le considera que se tiene de pie con sus pies traseros, sus pies delanteros (las manos) son sus instrumentos para agarrar. En el elefante la nariz es prensil; en los monos la cola realiza este oficio, en parte al menos. En los tigres y leones, perros y gatos, la boca y los dientes son los instrumentos prensiles de gran fuerza y precisión. En el oso las patas delanteras son casi manos. Los dos pies con sus garras, que corresponden a las patas traseras de los cuadrúpedos, son las agarraderas de las aves de presa, instrumentos de trabajo en las aves domésticas y armas en algunos otros pájaros, como por ejemplo el avestruz.

Tomemos otro caso, los dientes, uno de cuyos oficios es reducir el alimento a partículas finas; en todos los mamíferos sirven a este propósito, y en muchos casos tienen otros también. Los pájaros no tienen dientes, pero tienen un sustituto en la molleja que ellos forran con grava y otras partículas duras, y en este segundo estómago se muele por contracción el grano hasta hacerlo una pasta y ablanda otro alimento en el buche o primer estómago. La boa constrictora no tiene dientes ni segundo estómago; mastica por medio del aplastamiento entre su cuerpo y un árbol el animal que se va a tragar. La boca masticadora de la boa tiene como mandíbulas al árbol por un lado y a su propio cuerpo por otro; entre estas dos mandíbulas reduce a una masa blanda el cuerpo de la criatura que se va a tragar.

Al considerar los personajes varios de la mitología, todo es importante para descubrir, lo primero de todo, qué son ellos y luego qué hacen. El oficio desempeñado por cierto personaje de un grupo de mitos pertenecientes a una raza o tribu dada puede ser realizado por un carácter totalmente diferente en una serie de mitos similares de otra tribu. Algunas veces resulta esto por las condiciones diferentes geográficas y climáticas, y algunas veces por mirar de otra forma el fenómeno o el proceso de la naturaleza. Hay tanta variedad en el tratamiento de un sujeto por varias tribus como hay variedad de miembros prensiles y el uso de ellos entre las criaturas que agarran, o como hay diferencia en la forma de reducir el alimento a finura entre los cuadrúpedos, pájaros y las boas constrictoras.

TULCHUHERRIS

TULCHUHERRIS nos recuerda a ciertos cuentos europeos más que cualquier otro de esta colección. Aparte de otros méritos, el valor de tal cuento en la mitología comparativa es evidente.

La anciana, Nomhawena, es en este caso un gusano de tierra; el narrador indio dice que no hay duda sobre este punto. Pom Pokaila, su segundo nombre (Pom, tierra; Pokaila, anciana), admite dos traducciones: anciana de la tierra o la anciana Tierra. En el primer caso se aplicaría a Nomhawena, que excava la tierra siempre, es una mujer de la tierra; en el segundo, significaría la tierra misma. La Tierra es, de hecho, la madre de Tulchuherris. Nomhawena es su abuela, al menos en un sentido titular. En más de un país, la abuela es el título de una comadrona, y el oficio de la comadrona lo representa Nomhawena en el nacimiento de Tulchuherris.

Podemos dibujar para nosotros mismos las escenas y circunstancias del nacimiento de Tulchuherris. Root Flat (Llanura de Raíz) es uno de esos lugares llanos donde los gusanos de tierra sacan a la superficie innumerables montones pequeños de tierra fina. Sobre este valle, igual que en otros muchos de la costa del Pacífico, se extiende la niebla después del amanecer, la niebla que procede de la tierra excavada por el pueblo de Nomhawena en todas direcciones. En esta niebla está Tulchuherris, el hijo poderoso de la Tierra; en otras palabras, relámpago, electricidad, ese hijo de la Tierra que llega a la madurez tan velozmente.

Kulitek Herit, hermano de Tulchuherris, por quien Nomhawena se afligía tanto, es ahora la pluma blanca que aparece algunas veces en la cola negra del buitre negro. Komos Kulit es el nombre wintu para este buitre. Hay tres plumas grandes entre los wintus, transformaciones de tres grandes personas del primer pueblo. La primera de éstas es la pluma blanca que acabo de mencionar, la del Kulitek metamorfoseado; la segunda es la pluma negra más larga de la cola del buitre negro, que es la forma actual de Hamam Herit, que luchó en la batalla de Norwan; la tercera es la pluma más larga del ala del mismo buitre. Esta pluma es el Tubalus Herit metamorfoseado.

Las dos primeras plumas se utilizan en la guerra en grandes ocasiones; la tercera pluma sólo la utilizan los doctores o hlahis.

En la mitología india hay una conexión sutil, pero cercana y firme, entre el girasol y el Sol, que se ilustra en esta historia notablemente. La anciana, por su arte mágico, quema enormes montones de árboles grandes en dos o tres minutos, mientras que un manojo de raíces de girasol está más allá de su poder y mantiene el fuego vivo durante años. Este ejemplo de los indios, en el mundo material, nos recuerda a una de las voces calmadas y pequeñas del mundo espiritual de los hebreos. La raíz del girasol en este cuento de Tulchuherris es invencible por su relación con el Sol, la única fuente de luz y de calor; a la voz calmada y pequeña se la considera todopoderosa por su relación con toda la vida moral y la luz que existe en el universo.

Los dos cuchillos de obsidiana de la casa de Sas son un recuerdo interesante de la espada de Damocles.

En el caso de Tichelis, ahora ardilla terrestre, y de Hawt, la actual anguila, tenemos casos de un conflicto personal que resulta de la transformación. En la mitología wintu es excepcional, y en este ejemplo unilateral, que el vencido no hiciera un intento de transformar a Tulchuherris.

SEDIT Y LOS DOS HERMANOS HUS

SEDIT estaba a favor de la muerte de los hombres y da sus razones. No se puede decir que él trajera la muerte al mundo, pero él detuvo la obra que la hubiera dejado afuera.

Su discurso con los hermanos Hus es curioso; representa como árida y monótona la inmortalidad y la bondad de una criatura débil y limitada como es el hombre. La comparación entre esta conversación y la de Adán y Eva antes y después de la Caída no carece de interés.

El crítico, escéptico y desobediente Sedit, que está tan deseoso de hacer que la vida varíe y tan interesado en la muerte, durante tanto tiempo como se mantiene a un lado su propia inmortalidad, y su gran inquietud y ansiedad cuando cree que tiene que morir él mismo, se saca en ayuda.

Los hermanos Hus, sinceros y honestos, se mantienen en fuerte contraste con el burlón de Sedit. El personaje de Hus es noble en la mitología wintu. Esto puede extrañar a un estudiante nuevo de las ideas indias, cuando recuerda la criatura tan peligrosa que es el buitre.

Al buitre se le considera como un purificador de la tierra, y con toda seguridad el servicio que rinde el ave a este respecto es memorable en regiones de América Central. El buitre es la figura más frecuente y notable por todas partes en Guatemala y el sur de Méjico, tanto en el campo como en la ciudad. En California hay una multa de cinco dólares para el que mate uno.

El personaje original de Hus está concebido por los wintus como el que se esfuerza por la purificación religiosa de forma tan vigorosa como el buitre de la tierra trabaja por limpiar la tierra de carroña de varias clases.

Los comentarios siguientes acompañaron al cuento cuando se publicó en el "The Sun":

Este cuento de Sedit y los hermanos Hus es un fragmento espléndido de filosofía aborigen americana, y toca tópicos que han preocupado a muchas mentes aparte de las de la América primitiva. El tema de la vida y la muerte se trata aquí de una forma tan sencilla, y al mismo tiempo tan bien, que creo que pocos lectores pedirían una explicación o comentario.

Sin embargo, algunas afirmaciones que tocan a Sedit no están fuera de lugar, creo. El coyote es muy prominente en la mitología de cada región donde se encuentra. La base de su personaje es la misma en todos los mitos que he coleccionado. Él es un tremendo glotón, presumido, charlatán, astuto y excepcionalmente inclinado hacia el otro sexo, lleno de curiosidad, un mentiroso, un embaucador, que engaña muy hábilmente y se engaña a sí mismo a veces. Llega a la congoja con frecuencia a causa de sus pasiones y sus cualidades peculiares. Es un tramposo ingenioso que tiene puntos en común con el demonio del folclore europeo, siendo en muchos casos un doble americano de este personaje curioso e interesante.

Las tribus de la costa norte del Pacífico de los Estados Unidos, los Modocs, han dado la máxima distinción al coyote. Entre ellos el jefe coyote es un embacaudor de la escala más alta, y ha conseguido la posesión del disco indestructible del Sol, aunque es inmortal, o, al menos, se renueva todos los días para llevar ese cuerpo luminoso. A causa de su vanidad y presunción, el coyote emprende varias empresas que fracasan por sus pasiones.

Los manantiales sagrados y los lagos pequeños de las montañas son muy prominentes en la religión Modoc. Un joven que espera ser mago o doctor va a estos manantiales de la montaña antes de casarse o conocer mujer. Allí él ayuna y espera una semana o más hasta que está casi exhausto. Si va a ser mago o doctor, los espíritus se aparecen en este intervalo. Un coyote fue a esas montañas (por supuesto en la época antes de que estuviera el hombre sobre la Tierra), esperando ganar el gran poder mágico, pero por el camino comió varias clases de alimentos odiadas por los espíritus de los manantiales. Estos espíritus estaban disgustados con el olor de la comida que procedía de él, le castigaron con sarna, le llevaron lejos, le hicieron pasar hambre, penas y desgracias para siempre. Él salió corriendo, aullando y lamentándose, sin esperar perdón. De este coyote desciende una raza especialmente mala de coyotes en Oregón. Todos tienen penas y hambre hasta hoy. En las noches oscuras con viento los descendientes sarnosos de ese glotón se oye lamentar la pena de su antepasado, su propio estado de caída y la pérdida de la felicidad.

Los indios Shasta tiene un cuento largo de un coyote cuya encantadora abuela trató de hacerle a él un gran hechicero. Cuando llegó la hora, ella le envió a la montaña sagrada y le dio muchas instrucciones. Él no tenía que detenerse, ni comer, ni beber por el camino, ni hablar con nadie. Cuando hubo hecho dos tercios de la distancia, pasó cerca de una casa; dentro se oían fuertes golpes y martillazos; una mujer rana estaba machacando semillas y cantando; su casa estaba llena de comida; el coyote captó el olor, se paró, no pudo resistir la tentación de entrar. Entró, comió y bebió todo lo que le pusieron delante. En la mitología india las mujeres ranas no son vestales; así que romper su ayuno y glotonería no eran las únicas ofensas de él. Él había derrumbado la expiación anterior. Cuando dejó la casa de la mujer rana corrió una serie de aventuras indecibles, al final de las cuales sólo le quedaba la cabeza, que estaba en un pozo al borde del camino, e igual de vivo que siempre.

Dos hermanas, después patos, que fueron por ese camino, encontraron al desafortunado y se apiadaron. No era fácil transportarle, pero la más joven prometió hacerlo si él cerraba los ojos y no los abría hasta que le dejaran sobre el umbral de la casa de su abuela. Esta condición era para prevenir que él viera cómo le transportaban. Cuando estaban a mitad de camino de casa, la curiosidad le venció. Aunque sólo tenía la cabeza, abrió los ojos y cayó al suelo.

La mujer pato tuvo piedad de nuevo y le llevó a su abuela. Grandes fueron sus lamentos al ver a su nieto perdido y echado por tierra.

Sedit fracasó por las peculiaridades de su carácter.

HAWT

Este mito de Hawt es muy curioso y misterioso; es uno de los mejores cuentos que he encontrado. Hay una parte de él y, al mismo tiempo, una comprensión total y firme en la parte de Waida Dikit, el jefe de la asamblea, que produce un gran efecto.

Aunque la historia es larga, creo que no necesita más explicaciones de las anotadas en la introducción y en las notas anteriores, excepto algunas anotaciones que tocan al personaje de Hawt.

Hawt, el gran músico, está identificado con el agua; él es, y era, el espíritu del agua hecho visible.

En este mito sólo se muestran los poderes musicales de Hawt; pero en el Tirukala yana, que significa lo mismo que Hawt (anguila), vemos el lado activo del mismo personaje, le vemos como un trabajador. De hecho Hawt es original, una flauta viva, toca con sus dedos en su propio cuerpo como si él fuera un instrumento; inhala aire y lo expulsa afuera a través de las aberturas de los lados.

La anguila actual tiene marcas de agujeros en sus lados, como las tenía antes.

KELE Y SEDIT

El anciano Kele, el lobo de la montaña, es sin duda uno de los primeros que envió abajo Olelbis desde el cielo; no una parte, sino en persona. Sus hijos e hijas no eran sus hijos, sino su creación. Los hacía de palos, igual de Jupka hace a los yanas en Jigulmatu.

En las notas a "Kol Tibichi" hay una referencia wintu al personaje y a las acciones de los hijos e hijas de Kele. Es una referencia muy interesante y valiosa; explica la idea del hombre lobo perfectamente. El hombre lobo del norte de Europa, el *Lykanthropos* de los griegos, tiene que haber sido una persona igual que los hijos e hijas de Kele, que en apariencia eran personas cuando salían a hacer daño a los indios, pero que se convertían en lobos cuando eran descubiertos y se resistían. En casa, en su gran casa de sudación, estas personas son lobos; pero cuando salen a viajar por el mundo, son exactamente igual que los wintus, a excepción solamente de sus pies peludos.

KOL TIBICHI

En relación a este cuento añado las siguientes anotaciones sobre una de las dos formas de hacer doctores y sobre ciertos espíritus. Se dan estas anotaciones de una forma tan cercana a la narrativa original wintu como ha sido posible.

Por otro lado he añadido las canciones de cuatro grandes existencias o dioses. Cada existencia individual de la mitología india tiene su propia canción. Esta canción se refiere a lo más destacable de las acciones o del carácter de esa existencia. La canción dada es cantada por un doctor inmediatamente después de que el espíritu de esa existencia ha entrado en él.

El yapaitu de Kol Tibichi (Yapaitu es otro nombre para uno del primer pueblo), el arco iris, no le dejaría hasta que no utlizaran un delantal rojo de una mujer como cinta para la cabeza, porque el arco iris está asociado con los períodos catameniales de Sanihas (luz del día).

El dokos del yapaitu (proyectil de yapaitu), mencionado más adelante, es una proyección del espíritu mismo del yapaitu. Algunas veces huye del paciente, el deber del doctor en tal caso es encontrar el dokos. Si no lo hace, puede volver al hombre enfermo después de que se haya ido el doctor, y en ese caso la última condición del paciente es peor que la primera. Sin embargo, por lo general, él espera que le echen.

CÓMO HACER DOCTORES ENTRE LOS WINTUS

El jefe asiste siempre a esta ceremonia porque el doctor sólo se puede hacer en una casa de sudación. Dos jefes pueden consultar juntos y ponerse de acuerdo sobre este asunto con los doctores ancianos, o lo puede hacer un jefe también si ello le conviene. Si empiezan los doctores, tienen que consultar al jefe porque a él le pertenece la casa de sudación.

Los doctores y el jefe, o jefes, acuerdan la hora y luego dan la noticia de que en una noche determinada van a crear doctores. Las personas jóvenes que deseen ser doctores van a la casa de sudación; la mayoría de la gente mayor se queda en casa.

Los hombres calientan la casa de sudación, la cierran totalmente y se sientan. El sudor sale a borbotones de ellos igual que la lluvia. Cuando han sudado lo suficiente, todos van al río a nadar. Después de eso el pueblo, hombres y mujeres, entran en la casa de sudación. Uno o dos doctores empiezan a cantar. Los hombres y mujeres solteros que son candidatos se presentan ellos mismos. Los doctores chupan de todos ellos lo que hay malo, todo lo que es impuro, sucio. Aspiran la frente, el pecho, la espalda, los brazos. Algunas veces chupan sangre, a veces sale algo puntiagudo como un hueso fino. Chupan todo lo malo. Cuando han terminado de chupar, el doctor canta de nuevo y pone una pluma de verderón en las orejas de todos los candidatos. La pluma puede desaparecer de la vista, o el doctor la pone sobre la cabeza de la persona y la pluma puede hundirse a través del cráneo. Entonces baila el pueblo, y especialmente los candidatos a la dignidad de ser doctor. El jefe sale, se queda en la parte de arriba de la casa y llama para que vengan todos los yapaitus de las rocas, del agua, de Olelpanti, de los árboles, de los manantiales para bañarse. "Vamos a hacer doctores", dice el jefe; "tenéis que venir a ayudar a mi pueblo."

Después de esto el jefe entra y cierran todos los agujeros, cada grieta de la casa de sudación, los cierran todos con toda seguridad. No hay fuego, no hay luz dentro. Cuando han empezado a hablar en la casa de sudación, un doctor llama para que vengan todos los espíritus yapaitu del Este, Oeste, Norte y Sur. Muy pronto se puede oír a un espíritu en la parte más alta de la casa; los espíritus hacen el ruido de un silbido cuando vienen. En ese momento cae un hombre o una mujer y todos saben que el espíritu ha entrado en la cabeza de esa persona.

Entonces grita el doctor: "¡Uno más, uno más!"

Al momento se puede oír otro silbido según toca el espíritu la parte más alta de la casa. Otro hombre o mujer cae; el espíritu ha entrado en él. Las personas en las que ha entrado el espíritu no saben nada. Ellos se transforman como si estuvieran locos, como si hubieran perdido el juicio. Ellos intentan ir a la parte más alta de la casa, algunos intentan escalar por el poste central, otros quieren abandonar la casa de sudación; no saben nada durante media hora quizá.

Un doctor continúa llamando a los espíritus, y viene cada vez uno. Se pueden hacer muchos doctores en una noche, o unos pocos, o ninguno. Hay siempre mucha gente en la casa de sudación a quienes los espíritu no vendrán. Los espíritus nunca entran en la gente a menos que les gusten. El espíritu mira directamente a través del hombre y le conoce inmediatamente.

El pueblo baila toda la noche. No hay luz en la casa de sudación; el lugar está muy caliente, aunque no hay fuego allí. Al día siguiente aquellos a los que les ha llegado el espíritu dicen a los doctores y al jefe qué espíritus están con ellos. Si no, el jefe quizá les dé alimentos ofensivos a los espíritus, y los espíritus les matarían si comieran. Algunos espíritus pueden quedarse dos o tres días con una persona, entonces se sentará dentro todo el tiempo. Los doctores ancianos tienen que preguntar a este espíritu lo que desea y hacer que se vaya durante un tiempo para que la persona poseída pueda comer algo. Cada espíritu tiene su propia clase de alimentos. Si damos a un hombre algo que el espíritu nunca come, le matará directamente mientras come. Los doctores ancianos preguntan a su espíritu lo que quiere y él habla. Al espíritu salmón, por ejemplo, le gustan las hojas o el agua; una sanguijuela de las montañas comería piñones de la montaña, pero una sanguijuela de valle necesita piñones cogidos de un pino cavador. Si se coloca comida extraña delante del espíritu, se asusta; pero si el hombre poseído come este alimento, el espíritu le matará. A algunos espíritus no les gusta el ante, y el hombre al que ha venido no tiene que llevarlo puesto.

Los espíritus malos son numerosos, la sanguijuela es uno de ellos y así es Kele (el lobo de la montaña). Este lobo es peligroso; te puede dañar de esta forma: tú crees que ves a un hombre o a una mujer con buena apariencia en la montaña o en los bosques. Si vas hacia esta persona o esta persona viene hacia ti, se acerca a ti, te habla y tú estás de acuerdo con ella, lo siguiente que sabes es que este hombre o mujer extraño se convierte en un lobo, sale corriendo y tu mente se ha ido; el lobo la ha cogido. La sanguijuela hace lo mismo, pero desaparece ante tus ojos o se convierte en algo feo.

Hay enfermedades por tres causas. La primera es cuando un espíritu yapaitu bueno está enfadado con un hombre y le golpea con su punzón de espíritu; segundo, cuando un espíritu malo pone su proyectil en un hombre y le hace enfermar (el espíritu en este caso lo hace por iniciativa propia); tercero, cuando un espíritu malo envía su proyectil a un hombre a petición o ruego de un doctor.

Cuando el espíritu que ayuda al doctor que cura saca el dokos o proyectil que ha sido enviado al hombre, el doctor fuerza al dokos para que le diga qué yapaitu le envió y qué doctor hizo el ruego. Pero el dokos no dice la verdad en todos los casos, y algunas veces acusa a la persona equivocadamente. Es muy difícil, por tanto, saber con seguridad qué doctor es culpable de enfermar a un hombre. Un doctor, si el espíritu está en él cuando viene a ver al enfermo, es capaz de mirar directamente al cuerpo del paciente y ver dónde yace el dokos. Algunas veces no es capaz de sacarlo; puede ver dónde está el dokos, eso es todo; pero si su espíritu fuera más fuerte que el del que lo puso allí, él podría sacarlo y curar al paciente.

Sin embargo, hay peligro a la hora de sacar un dokos muy poderoso mediante la succión, porque cuando está saliendo del cuerpo del enfermo, el espíritu al que pertenece el dokos puede bajar al cuerpo del doctor a través de la boca y matar al doctor de esta forma.

Un doctor puede tener veinte o treinta espíritus, y es raro que muchos puedan trabajar juntos en un caso dado.

El oficio de doctor es muy peligroso, especialmente si el doctor es poderoso. Si él tiene muchos espíritus que le ayuden, cada uno tiene que ser agradado de una forma especial; cada uno tiene su propio alimento, prefiere ciertas clases y les disgusta otras. El doctor no tiene que comer alimentos que odien sus espíritus; si lo hace, él es responsable de que le maten. Por tanto un hombre que tenga veinte o treinta espíritus está muy limitado en su manera de vivir.

A algunos espíritus no les gusta el venado, otros no comen pescado; el doctor que dispone de estos espíritus no tiene que comer ni venado ni pescado, y así con otras clases de alimentos en el caso de otros espíritus.

El hombre que busca ser doctor no puede elegir a sus espíritus; ellos vienen a él; no puede rehusar recibirlos y tiene que vivir de una forma determinada para agradarles.

Cada dokos se puede extraer del cuerpo de un enfermo con la ayuda de un espíritu más fuerte que el del que lo puso dentro.

Entre otros espíritus, los doctores tienen la ayuda del espíritu del Sol, los espíritus de las estrellas y de las nubes. Éstos son espíritus buenos. El espíritu de Sedit no puede ayudar mucho a los doctores. Ellos le llaman algunas veces, pero él no hace mucho; no tiene poder. Suku (perro) es muy poderoso y malo. Si Suku quiere matar a un hombre, lo hace rápidamente. Un doctor que tiene el espíritu de Suku a su servicio es grande. Si un hombre ha sido enfermado por Suku, vomitará sangre o sangrará por la nariz siempre. El espíritu Suku es bueno para enviarle a matar gente. Chir (el pez sanguijuela) es un espíritu malvado también. Cuando Chir quiere matar a un hombre, le produce mareos y locura directamente. Él se queda insconsciente y muere, a menos que le cure algún doctor, y generalmente los doctores no pueden hacer nada contra

Chir. La enfermedad de Chir es la peor que traen los espíritus. Se la llama chiruntowi, enfermedad de la sanguijuela. El hombre que la tiene muere; no puede decir dónde le molesta; él se marea y pierde el sentido. Nadie puede curarle sin tener muy buena suerte. Algo que intente el doctor puede salvarle sólo por casualidad, sólo porque sucede así. Kele es también un espíritu malvado. Él tiene una canción, la misma que cantaban sus dos hijas en la cima de la montaña (ver el cuento de "Kele y Sedit") y que Sedit oyó a larga distancia en el Oeste. Ésta es una canción venenosa, que lleva a la gente tras ella. Supongamos que Kele está aquí ahora, en Cottonwood o en Tehama, y ve a un hombre arriba en Yreka. Kele canta y la canción va tan directa al hombre como una flecha. Ella le extrae y le extrae; le extrae como cuando alguien bombea agua. El hombre tiene que seguir la canción; él tiene que actuar así, no puede evitarlo, está enfermo; su enfermedad se llama lubeluntowi (enfermedad de lubelis). El hombre seguirá yendo, yendo y yendo. Él no sabrá qué le hace ir. Supongamos que yo estoy escuchando la canción de Kele. Yo voy, y es la canción la que me lleva. La oigo, pero nadie más lo hace. Los espíritus de las chicas de Kele tiraban de Sedit; él no podía evitarlo, no podía parar; él tenía que quedarse arriba en casa de Kele. Los espíritus de Chir y Kele siempre hacen enloquecer a la gente.

Muchas mujeres wintus pierden la cabeza y son asesinadas por los hijos de Kele. Muchos hombres wintus se han perdido a causa de las hijas de Kele. Supongamos que yo estoy afuera en el bosque, veo a una mujer que viene, una mujer bonita. Ella se detiene y habla, yo le hablo a ella. Si tengo sentido común miro a los dedos de sus pies para ver si es una de esas mujeres Kele. Si lo es, ella tiene un mechón de pelo en la punta de sus pies y, si yo lo veo, diré allí mismo: "¡Tú eres una Kele!" Ante estas palabras ella me abandonará y correrá. Cuando esté a diez pies de allí, se convertirá en un lobo de la montaña, y veré a Kele alejarse corriendo muy deprisa.

Supongamos que alguna mujer está afuera en los bosques. Ella estará pensando en algún hombre que le guste, y directamente ve al mismo hombre que está pensando. Él viene a saludarle. Se acerca y pregunta: "¿Adónde vas?" La mujer se alegra de verle. Se lo dice. Él la lleva a la montaña y sus amigos u otros nunca más vuelven a ver a esa mujer. Era uno de los hijos de Kele el que tomó la forma del hombre que ella estaba pensando; así la seduce, la lleva lejos y la destruye. Si la mujer tiene sentido común, ella mirará hacia abajo, a los pies del extraño, verá el penacho de pelo y dirá: "Tú eres Kele, vete." Él se convertirá en un lobo en ese lugar y se alejará corriendo hacia la montaña. Todos los wintus iban descalzos en la antigüedad, y se podía ver este penacho si una persona tenía sentido suficiente para buscarlo. Como ahora todos llevan puestos zapatos o mocasines, no sería fácil encontrarlos. Pero hasta este día los Keles despistaban a la gente. Todos los wintus les conocen y les temen.

Ellos viven en Wenempuidal, una montaña alta cerca de la orilla izquierda del Sacramento Pequeño. Dekipuiwakut, un riachuelo pequeño, baja desde la montaña de Kele y cae al Sacramento. Los hombres blancos lo llaman Hazel Creek (riachuelo del Avellano). Los Keles viven en el nacimiento de este riachuelo. Toda la montaña es su casa de sudación. Ellos están allí arriba ahora, y casi todas las noches puedes oírles aullar sobre la montaña ~~mientras los~~ hermanos malvados se van a casa.

Las cuatro canciones espirituales siguientes son de mi colección wintu. Dos de ellas son originales, con traducción literal; las otras dos son traducciones solamente. La canción del relámpago, haciendo referencia a la relación entre el relámpago y la sanguijuela, que tiene uno de los espíritus más impresionantes, nos permite sospechar por qué la ventosa es tan temida por los wintus. En la canción de Olelbis, el más grande de arriba es el que impone las nubes, como en la mitología clásica. El bronceado se describe en "Olelbis". En la canción de Hau, al Hau celestial se le describe como un viajero de la Vía Láctea. Éste es el comentario wintu sobre el texto. Muchos lectores estarán de acuerdo, creo, en que la canción de la Estrella Polar, la cuarta, está compuesta a una escala verdaderamente inmensa. La canción del relámpago suena maravillosamente como un extracto del sánscrito "Rig Veda".

CANCIONES DE LOS ESPÍRITUS

1. Walokin tsawi, Canción del Relámpago.

> Mínom tóror wéril chirchákum sáia
> Dúne wérem winwar dún bohémum.
> Llevo la antorcha sanguijuela al oeste de la loma arbolada.
> Mírame a mí el primer nacido (y) el más grande.

2. Olelben tsawi, La Canción de Olelbis.

> Olél bohéma ni tsulúli káhum síka ni.
> Soy grande arriba. Yo bronceo a la nube negra (allí).

384

3. Canción de Hau (zorro rojo).

"Sobre la loma pedregosa del Este voy.
Sobre el camino blanco yo, Hau, voy agachándome.
Yo, Hau, silbo en el camino de las estrellas."

4. Canción de Waida Werris (la Estrella Polar).

"El recorrido de la tierra que tú ves,
la dispersión de estrellas que tú ves en el cielo,
todo eso es el lugar de mi pelo" [9].

LOS YANAS

COMO prólogo a los pocos mitos yanas que han sobrevivido, siento ofrecer las siguientes palabras que tocan a este pueblo desdichado:

Antes de agosto de 1864, los yanas eran unos tres mil, según me ha informado la autoridad competente fiable de hombres blancos. Tomando los nombres y la población de los pueblos que me han dado los indios supervivientes, diría que esta estimación no es muy favorable.

Durante la segunda mitad de agosto de 1864, los yanas sufrieron una masacre, con la excepción de un pequeño remanente.

Los indios de California, y especialmente los del valle del Sacramento, estaban entre los más inofensivos del género humano. En vez de ser peligrosos para los colonos, ellos trabajaban para ellos a cambio de buenos sueldos. Los yanas se distinguían mucho más de los otros por su buena disposición a ganar dinero. Los hombres blancos ocupados en tierras de labranza conocían su valor, y en cada estación les empleaban en la siega del heno y en la cosecha.

Hoy en día los wintus y los pocos yanas que han quedado bajan al valle y trabajan durante la estación en los campos y en las viñas.

¿Por qué mataron a los yanas?

La contestación es la siguiente: Ciertos indios vivían, o mejor dicho se escondían, alrededor de Mill Creek, en tierras incultivables un poco

---

[9] El pelo en la mitología india, como en otras mitologías, es el equivalente a los rayos de luz cuando se relacionan con el Sol y planetas luminosos.

hacia el este de Tehama y al norte de Chico. Estos indios de Mill Creek eran fugitivos; proscritos de varias tribus; entre otras, de los yanas. Para perjudicar a estos últimos, fueron al país yana a mediados del mes de agosto de 1864 y mataron a dos mujeres blancas, la señora Allen y la señora Jones. También cuatro niños fueron dejados por muertos, pero los niños se recuperaron. Después los asesinos de Mill Creek volvieron a casa sin ser reconocidos y se llevaron varios artículos como botín.

En seguida se formaron dos grupos de hombres blancos para vengar a las mujeres y a los cuatro niños. Sin intentar de ninguna manera saber quién era culpable, cayeron sobre los yanas inmediatamente, sin perdonar sexo ni edad. Habían resuelto exterminar a toda la nación. Los pocos detalles siguientes mostrarán el carácter de su obra:

En Millville, a veinte millas al este de Redding, los hombres blancos cogieron a dos chicas yanas y a un hombre. Dispararon a éstos a unas cincuenta yardas del hotel del pueblo. En otro lugar fueron a la casa de una mujer blanca que tenía a una chica yana de siete u ocho años de edad. Cogieron a esta niña, a pesar de la mujer, y le dispararon en la cabeza. "Tenemos que matarlos, a grandes y pequeños", decía el líder; "las liendres serán piojos."

A pocas millas al norte de Millville vivía una chica yana llamada Elisa, trabajadora y muy querida por aquellos que la conocían. Estaba trabajando en una granja en aquella época. El grupo se detuvo ante esta casa y entraron tres hombres. "Elisa, sal", dijo uno de ellos; "vamos a matarte." Ella rogó por su vida. Le dijo al portavoz, con el que ella había trabajado de empleada algún tiempo antes: "No me mate, cuando estaba aquí yo cocinaba para usted, lavaba para usted, era amable con usted; nunca le pedí una paga; no me mate ahora."

Sus ruegos fueron en vano. Junto con su tía y su tío llevaron a Elisa a poca distancia de la casa y dispararon a los tres. Mi informante contó once balas en el pecho de Elisa.

Después de este asesinato el grupo bebió y partió; pero el líder al matar a Elisa dijo: "Creo que la pequeña india norteamericana no está muerta todavía." Así que regresó y destrozó su cráneo con el mosquete. El hombre que contó los agujeros de bala en su pecho, también hombre blanco, la vio después de que la hubieran roto el cráneo. Él conocía bien a la chica y me dio estos detalles.

Otro grupo fue a una granja en Little Cow Creek, donde encontraron a tres hombres yanas machacando semilla de heno en un granero. El granjero no estaba en casa. Ellos mataron a los tres indios y entraron en la casa. Estaban allí las tres esposas de los hombres asesinados en el granero y empezaron a gritar. La esposa del granjero salió deprisa con una colcha, la echó alrededor de las tres mujeres y se quedó delante de ellas, sujetando los extremos de la colcha. "Si las matáis me mataréis a mí", dijo ella enfrentándose al grupo. La mujer era intrépida y, como sucedió, era magnánima con los niños. Matar, o intentar matar bajo esas condiciones sería una hazaña demasiado horrorosa incluso para aquellos héroes; así que ellos se fueron jurando que matarían a las "indias norteamericanas" más tarde. A estas tres mujeres indias las salvaron y las alejaron del alcance del peligro dos hombres blancos.

Y así continuaron los "vengadores" de la señora Allen y la señora Jones. En un lugar mataban a una mujer india y su niño, en otro a tres mujeres. En la ciudad de Cottonwood mataron a veinte yanas de ambos sexos. La matanza más terrible de todos los sitios fue cerca de la punta de Oak Run, donde encontraron a trescientos yanas en una danza religiosa. Les atacaron en masa y no escapó ni un alma. La matanza siguió día tras día hasta que despejaron el territorio entero de yanas. Los pocos que escaparon fueron los que estaban fuera de casa, fuera de su país, y unos doce que fueron salvados por Oliver y Disselhorst, ambos de Redding. La cifra total de yanas supervivientes de sangre pura o mezclada no iba más allá de los cincuenta.

Algún tiempo después de que se hubiera realizado este acto sangriento, se descubrió que los proscritos de Mill Creek habían matado a la señora Allen y a la señora Jones y que los yanas eran inocentes. A los de Mill Creeks les dejaron sin castigo.

Mis preguntas sobre cómo los hombres civilizados pueden cometer tales atrocidades encontraron las siguientes respuestas:

En 1864 había una gran población flotante y minera en el norte de California, que "no soportaba a los indios" y estaba dispuesta a matarles a la menor provocación. A diferencia de esta gente había un pequeño número de colonos que vivían amistosamente entre los yanas y les contrataban para trabajar en el campo. La matanza la realizaron hombres que no conocían a los yanas. Esos colonos que conocían a los yanas fueron intimidados, y fueron incapaces de salvarlos, excepto en secreto, como en el caso de los dos hombres que rescataron a las tres mujeres de Little Cow Creek llevándolas más allá del peligro. Oliver y Disselhorst, que salvaron a doce, estaban al extremo de Redding, donde era posible aguantar. Al principio la furia de los grupos asesinos no tuvo límites, juraban que las mujeres blancas no serían asesinadas de nuevo en aquel país y que no dejarían a ningún indio vivo en él. Un intenso sentimiento de indignación por el asesinato, unido al desprecio tácito por los indios, fue el móvil en la mayor parte de los corazones de los hombres blancos. Si hubieran mirado a los yanas con sentimientos de justicia normales, hubieran tratado de encontrar al culpable en vez de matar a toda la nación. Hubo otro elemento entre los asesinos de los indios, uno vil, un elemento que se esfuerza en atacar a cada movimiento, bueno o malo, y en todos los sitios, un elemento de saqueo. Ese año los yanas habían trabajado mucho, y no era raro en esas personas sencillas tener de cuarenta a sesenta dólares. Un informante me dijo que un hombre le había enseñado a un amigo cuatrocientos dólares que había cogido de indios asesinados. El dinero y todas las cosas de valor que tenían los yanas fue arrebatado por estos ladrones.

Casi todos los hombres que mataron a los yanas se han ido del país o están muertos. Unos cuantos están todavía en California y los hijos de alguno de los muertos están viviendo ahora allí. Aunque sea grande la indignación de uno por los actos de 1864, no hay costumbre de mencionar nombres ahora. Todo lo que queda por hacer por los pobres supervivientes de un pueblo interesante es lo que se ha hecho por los indios en otras partes: darles tierra supervisada apropiadamente y los medios para empezar una vida en ella.

EL TRIUNFO DE HALAI AUNA EN LA CASA DE TUINA

A los yanas les encantan los mitos astronómicos, o los mitos del mundo de arriba. La estrella de la mañana y la Luna aparecen en ellos con frecuencia. La gran casa de sudación del Sol es la cúpula del cielo.

El nombre del misterioso y poderoso tío Igupa Topa me parece a mí que se deriva de Iguna, jefe de la casa de sudación, y de Tuina o Toina, el Sol. Tuina es la pronunciación predominante, pero Toina se usa también. Igupa es la forma regular de hijo de Iguna, como lo es Topa de Toina. Él es una persona cuya fortaleza es bien conocida por el Sol, quien tiene desde luego una percepción clara de lo peligrosa que es una persona.

El lanzamiento de Wakara al cielo es una variante curiosa de la inclinación del árbol de Tulchuherris y Sas en el mito wintu.

LOS HAKAS Y LOS TENNAS

EL mito describe una enemistad a muerte entre el pueblo que se convirtió en pedernal, esto es, fuego, probablemente relámpago, y el pueblo pardo o nublado. Después de haberle persuadido para que me facilitara la historia, el narrador me la contó con verdadero gusto. Su simpatía por la anciana Tsuwalkai era grande y su estusiasmo por Kamshupa, que surgió del escupitajo de Tsawandi Kamshu, era evidente y notable. El origen de Ilhataina en este mito y en el siguiente llamado "Ilhataina", que es el nombre corriente para relámpago, fortalece mi opinión de que el Tulchuherris wintu, un nombre que es simplemente un epíteto que significa "desenterrado", es la misma persona a la que los yanas llaman Ilhataina. Al relámpago reconocido normalmente los wintus le llaman Walokit, que es un hijo de Wima Loimis, la doncella oso pardo, y del Sol.

ILHATAINA

EN este mito el relámpago es "desenterrado", como en el mito anterior. La electricidad es uno de los hijos de la Tierra.

El ponerse Ilhataina la piel de Gowila es uno de los hechos curiosos frecuentes de la mitología india. En la adoración azteca de Méjico, en tiempos de Montezuma, el sacerdote del sacrifico se ponía la piel de la víctima hasta la cintura. El deseo que tiene Ilhataina de conseguir el traje de piel de conejo merece atención.

HITCHINNA

ENTRE los iroqueses el ciclón estaba representado como una gran cabeza; el nombre que da Séneca es Dagwa Noenyent. Esta cabeza pasaría a través del bosque y despedezaría los árboles más grandes desde las raíces.

El método que utiliza el mentiroso Metsi para librar al mundo de Hitchinna le puede recordar a uno la forma de cocinar ostras en la ribera de Virginia, cerca de los lugares donde se cogen.

TIRUKALA

ME he referido a Tirukala en el mito wintu de "Hawt". La batalla descrita en este mito y el niño que surge del escupitajo de Cara Quemada, y que llega a la madurez en un día, son muy importantes.

Tirukala ofrece la parte activa y trabajadora del agua en forma de personaje, el que ensancha los valles, el que empuja y separa las montañas, el que hace todas las corrientes y ríos. Tirukala trabaja sin cesar, canta mientras trabaja y nunca come alimentos de ninguna clase.

Hawt (el mito wintu) ofrece la parte artística y poética de la misma persona, su voz es esa del Niágara y del océano encrespado al máximo, esa del arroyo más diminuto o de la gota de lluvia más ligera.

LAS ESPOSAS DE SUKONIA
Y LAS HERMANAS ICHPUL

Es digno de mención que en los mitos indios siempre que dos hermanas son enviadas a alguna parte, como en el caso presente, y prevenidas por el padre o la madre contra algún embustero que probablemente se encuentren por el camino, la hermana mayor está preparada generalmente para convertirse en la víctima, mientras que la más joven es la sabia y obediente, como en este mito.

Tenemos de nuevo un caso de ponerse la piel de una persona muerta para hacerse como él o ella.

La prueba de traer agua fue perfecta, porque nadie que no fuera de la familia podía saber dónde estaba.

EL HALLAZGO DEL FUEGO

En este mito, al igual que en todos los mitos indios sobre el hallazgo del fuego, éste se obtiene mediante el robo. La persecución en todos los casos es muy activa.

En un mito se colocan postas a lo largo del camino a intervalos cortos; éstas reparten el fuego de una a otra con gran rapidez. Al final los perseguidores están muy cerca cuando le dan el fuego a él, quien luego se convierte en tortuga; él coloca el tesoro en su boca y rueda hasta un río profundo, donde se esconde hasta que los desconcertados dueños del fuego se vuelven a casa afligidos.

HAKA KAINA

Aquí encontramos otro mito del pueblo pedernal.

En los Hakas y Tennas tenemos una batalla entre los relámpagos y los nublados. En Haka Kaina el mito representa el avance de la primavera a regiones más frías. Las doncellas cisne van al Norte con el relámpago temprano del año. De aquí que Haka Kaina, el jefe de la guerra de Wahkalu, la gran residencia de Jupka, está representado como un ladrón. En otro mito, del cual por desgracia sólo tengo un fragmento, Haka Kaina dirige a estas mismas doncellas cisnes hacia el Norte con gran pompa y ceremonia. Al jefe le acompaña una inmensa escolta, en la cual todos los personajes son fenómenos de la estación de la primavera. Su fuerza regular, sus guerreros de confianza no emigran; se quedan todo el año en Wahkalu, a menos que estén ausentes en alguna expedición. La persona más característica de la escolta es una especie de álamo, cuyas hojas tiemblan como las de un álamo temblón. Este héroe baila todo el tiempo desde su punto de partida en el Sur hasta que alcanza el monte Shasta. Esto produce un cuadro hermoso de esa clase de árbol que alarga las hojas y que tiemblan de alegría cuando se acercan las doncellas cisne.

La formación que hace Haka Kaina de tropas tan numerosas que rodeen la enorme base del monte Shasta, el enorme polvo que levantan, polvo que sube hasta el Sol, su muerte por el fuego a manos de los Mini Aunas, su resurrección y vuelta a casa con las doncellas cisne y todos los botines del pueblo de Hwipajusi, están concebidos a una escala verdaderamente grandiosa.

––––––––––

TITINDI MAUPA Y PAIOWA, LA HIJA MENOR DE WAKARA

PAIOWA es la estrella vespertina. Las hijas más interesantes de Wakara son siempre Halaia, o Halai Auna, y Paiowa. La primera es la estrella de la mañana, la segunda es la vespertina.

En este mito la hermana de Halaia, Pahnino, se convirtió luego en concha, o una especie de criatura que vive en una concha, igual que su madre. No sé qué tipo de concha es Pahnino. Tiene colores brillantes.

El incremento y disminución del alimento, el poder mágico de las armas, los celos y la hostilidad de los maridos de otras hermanas son normales en los mitos yanas de este tipo.

––––––––––

LAS DOS HERMANAS HAKA LASI Y TSORE JOWA

EL amor de esta clase, de una hermana por un hermano, se encuentra en la tradición europea ocasionalmente y es, por supuesto, supervivencia de un pasado muy remoto. Este mito trata del amor de uno del primer pueblo, una fémina después transformada en somorgujo, por su hermano, que después se transformó en gato montés.

Traer a la vida es una de las representaciones más familiares tanto en la mitología americana como en la celta. En la yana se hace golpeando a un cuerpo o dándole la vuelta con el pie; cociendo en agua un pelo algunas veces, otras veces el corazón, o golpeando el cuerpo con una ramita de rosal rojo. En la celta se hace con más frecuencia con un golpe de varilla druida o mágica, que se parece al método yana de la ramita de rosa. Sin duda la rosa roja tiene un significado. En lo que respecta a la celta no nos han dicho qué clase de madera cogían para la varilla druida.

En Séneca los mitos que surgen de los muertos son impresionantes. Algunas veces se encontraban los huesos secos, sin carne, de cientos y cientos del primer pueblo, que yacían en un montón o muy juntos. El héroe, otro del primer pueblo, empujaba un nogal americano como si fuera a tirárselo encima, gritando al mismo tiempo: "¡Levantaos o el árbol caerá sobre vosotros!" En ese momento todos los huesos secos daban un salto, cogían la carne e inmediatamente asumían sus antiguas formas. El humor indio surge algunas veces ofreciéndonos dos personas cojas de la compañía levantada. En la prisa y precipitación, mientras los huesos secos están arreglándose a sí mismos, se extravían dos piernas; dos personajes tienen cada uno una pierna que les corresponde y otra que pertenece a su vecino.

JUIWAIYU

Este mito tiene muchos elementos y muy valiosos que le hacen uno de los cuentos yanas más ricos: la importancia de los sueños, parar o disminuir el curso del Sol, la música de Juiwaiyu mientras se mueve, la elección del camino correcto, la tormenta de bichos, Jupka como monitor y ayudante, el llamamiento para enviar a las hijas de Damhauja a que se reúnan con él, el venado inagotable que no es más grande que una nuez, la música maravillosa de Juiwaiyu en la montaña, traer a casa incontables ciervos dentro del cuerpo de un cervatillo, la carrera de los yernos de Damhauja, el encuentro con la araña venenosa, la serpiente cascabel y el oso pardo, la tormenta, la caída de Damhauja y su resurrección.

Jugar con dos huesos se parecía muchísimo a jugar al balón. Se colocaban barreras cerca de los dos extremos del campo, y cada bando tenía que pasar los huesos hacia la barrera que estaba enfrente.

El punto de partida era el centro del campo, a igual distancia entre las dos barreras. Al empezar el juego todos los jugadores se juntaban en este punto medio; los huesos se tiraban al alto y todos luchaban por ellos. Cualquiera cogía los huesos en su palo o los lanzaba hacia la barrera más allá de donde quería ponerlos, o corría hacia ella sujetándolos en la punta de su palo. Si había corredores más rápidos que él, ellos le quitaban los huesos, o si él los lanzaba hacia delante, ellos corrían para arrojarlos o llevarlos hacia una barrera u otra. Los huesos estaban atados juntos con una cuerda de algunas pulgadas de larga.

En los cuentos yanas, Damhauja, la Luna en el último cuarto, jugaba o casi jugaba una gran parte. Digo jugaba porque, por desgracia, sólo nos queda un fragmento de la tradición yana después de los sucesos de 1864. En este cuento los yernos de Damhauja del lado oeste del río eran varios pueblos Mapchemaina; esto es, seres que algo más tarde se convirtieron en bestias, pájaros, plantas, rocas e insectos en la Tierra. Todas las estrellas eran su descendencia. Sus hijas, las estrellas, estaban casadas con gente de Mapchemaina, excepto las dos con las que sueña Juiwaiyu. Sus hijos, estrellas también, vivían cerca de él y estaban en enemistad con sus yernos.

———————

LA PRIMERA BATALLA DEL MUNDO Y LA CREACIÓN DE LOS YANAS

El comienzo de este mito es algo similar al de "Olelbis". Se envía a un mensajero para invitar al Dueño del Pedernal a que venga a enseñar a matar ciervos a los mapchemaina, o primer pueblo. Kaltasauna, el dueño del pedernal, es como el Katkatchila de los wintus. Más tarde se convierte en lagarto. Tiene un carácter diferente, es viejo e irritable aunque liberal, mientras que Katkatchila es afable, pero maravillosamente tenaz con su arma, y la valora tanto que cuando le roban el pedernal no duda en incendiar el mundo entero.

Kaltsauna pone varias clases de pedernal en los lugares donde se encuentran hoy y enseñó al primer pueblo a hacer puntas de flechas.

Estas cacerías del primer pueblo o dioses son para los yanas los grandes prototipos de caza. Hasta hoy en día toda clase de caza está bajo el control de ciertos espíritus del primer pueblo, cuyo favor es esencial para el éxito de la caza.

La historia de la transformación de Howichinaipa en un pajarillo nos da un buen ejemplo de la metamorfosis forzosa y también una buena imagen del espíritu austero de la venganza india heredada desde el primer pueblo.

La venganza es un deber sagrado y no son libres de faltar a él bajo ningún concepto. "La venganza es mía, dice el Señor, y yo la tendré."

Machperkami, el perro diminuto del pelo de Tuina (el Sol), es un sustituto exacto del Winishuyat de los wintus.

El descenso de Tuina al lado más bajo de la Tierra, su viaje nocturno desde el Oeste al Este por el camino hecho por Jupka, está descrito con una brevedad clara y precisa. Tampoco hay dudas sobre la naturaleza de los osos pardos del agua que surgen del océano y van a las montañas cuando se acerca Tuina.

La narración de la creación de los yanas es tan concisa como ha sido posible, y al mismo tiempo es completa.